RUDOLF LODEMANN

10001 KILOMETER FRANKREICH

EINE REISEREPORTAGE

RUDOLF LODEMANN VERLAG SCHWARZENBEK

© 1984 by Rudolf Lodemann Verlag,
Schwarzenbek
Alle Rechte vorbehalten
Redaktion: Marianne Lodemann
Fotos: Rudolf Lodemann
Gesamtherstellung: Mohndruck,
Gütersloh 1
Printed in Germany
ISBN 3-924421-00-5

All meinen alten und neuen Freunden in Frankreich und Deutschland, allen, die mir mit gutem Rat und tatkräftiger Hilfe dieses Buch erst ermöglicht haben, sage ich ein herzliches Dankeschön.

Wozu überhaupt?

Die Idee zu diesem Buch ist einfach: Ich will endlich einmal in Ruhe unterwegs sein und jederzeit anhalten können, wenn mir danach zumute ist. Nicht weiterrasen wie bisher und mir vormachen: Beim nächsten Mal schaue ich mir das an.

Anhalten, mich umschauen. Mit Leuten reden. Fotografieren. Vor allem aber: Mit Leuten reden. Menschen kennenlernen also.

Wer erlebt das nicht auch immer wieder, dieses Nicht-Rasten-Können, diesen Jieper auf ein Ziel, den man Reisefieber nennt. Der einem keine Zeit läßt für die kleinen Dinge am Rande. Jetzt habe ich die Chance, ein halbes Jahr lang überall Pause zu machen, wo ich will. Mal sehen, was dabei herauskommt. Mal sehen, wie ich mich verhalten werde, wenn ich wirklich einmal Zeit habe, Zeit zu schauen, Zeit zu reden. Und vielleicht sogar Zeit, nachzudenken...

Was ich nicht will: Mit dem Reiseführer in der Hand durch Städte, Kirchen und Museen laufen. Kunsthistorische Exkursionen nachvollziehen. Oder gar selbst einen Reiseführer produzieren. Genau das nicht! Allerdings werde ich Informationen anbieten, wie und wo man sich Prospekte und andere Unterlagen leicht beschaffen kann. Mit anderen Worten: Dies soll die Reportage einer Reise werden, die weitgehend ungeplant ist. Damit vielleicht ein Mutmacher für alle, die Ähnliches im Sinn haben. Es muß ja nicht gleich für ein halbes Jahr sein.

Ich fahre mit einem kleinen Wohnmobil, das gleichwohl mit Mindestkomfort ausgestattet ist: Heißwasserdusche, Heizung, Toilette, Kühlschrank und Kleinküche sind an Bord. Aus praktischen Erwägungen habe ich kein busähnliches Supergefährt genommen. Damit kann man sich nicht durch Minidörfer und enge Gassen schlängeln. Damit kann man nicht in

Feldwege einbiegen, weil man nie weiß, ob es am Ende eine Möglichkeit zum Wenden gibt. Mein kleiner Arca-Junior dagegen findet überall Platz, wohin man sich auch mit einem Pkw traut. Und seine Ford-Technik garantiert mir, daß ich bei Pannen nahezu überall mit Hilfe rechnen kann. Mit diesem fahrbaren Untersatz bin ich unabhängig von Hotel und Restaurant. Wo ich bleiben will, da bleibe ich eben. Auch über Nacht.

Die Regel für Frankreich: Wo Parkraum für einen Pkw vorgesehen ist, darf auch ein »Campingcar« stehen. Gelegentlich gibt es Einschränkungen. Auf dem Platz Jeanne d'Arc in Chinon zum Beispiel darf man nicht länger als drei Tage bleiben. Das gilt dort allerdings für alle Fahrzeuge. Einschränkungen gibt es in Frankreich auch für das sogenannte fahrende Volk. Gemeint sind damit Zigeuner. Die läßt man oft nicht einmal auf die meist simplen Gemeinde-Campingplätze (Camping municipal). Und ärgert sich dann, wenn sie sich irgendwo wild im Wald niederlassen...

Ich starte also ein Stück Abenteuer, und das mitten in Europa. Ich tue endlich das, wovon der alte Nomade in mir – ich nehme an, er steckt nicht nur in meiner Haut – schon lange geträumt hat.

Beim Start im Winter habe ich den Traum vom Sommer schon vor Augen: Sonnenblumen bei La Rochelle

Vorbereitungen

So einfach in den Wagen setzen und losfahren – das geht natürlich (oder leider) nicht. Da gibt es erst noch allerlei Papierkram zu erledigen. Daueraufträge für laufende Zahlungen einrichten, Einziehungsgenehmigungen erteilen, und vor allem: Versicherungen abschließen.

Bei mir hat sich herausgestellt, daß die Anbieter von Lebensversicherungen keine günstigen Tarife für Gepäck- und Auslandskrankenversicherungen anbieten können. Über Reisebüros ist dergleichen eher zu arrangieren. In jedem Fall sollte man sich mit dem Kleingedruckten vertraut machen. Wer mehr als die übliche touristische Kameraausrüstung mitnehmen will, sollte sich unbedingt der kniffligen Mühe unterziehen, die die Ausstellung eines »Carnet A.T.A.« mit sich bringt. Dieses international gültige Papier bekommt man bei der Handelskammer. Darauf werden alle Ausrüstungsgegenstände – also etwa Kameras, Objektive, Blitzgeräte und dergleichen detailliert festgehalten. Auf diese Weise muß man nicht damit rechnen, irgendwo Zoll zahlen zu müssen. Gegen derartige Mißhelligkeiten – sollten sie dennoch vorkommen – wird man von der Handelskammer sogar versichert. Die Prämie dafür ist auf jeden Fall gut angelegt. Unerläßlich ist allerdings, daß man sich bei allen Grenzübergängen die nötigen Stempel holt. Ich habe dabei nirgendwo länger als eine Viertelstunde warten müssen, auch nicht für die Transit-Stempel in Belgien.

Aus dem Logbuch

Grenze Belgien–Frankreich. Es ist gerade sechs Uhr durch. Die Belgier haben mein Carnet A.T.A. schnell abgefertigt. Für die Grenzbeamten ist das A.T.A. offensichtlich Alltagsroutine. Bei den Franzosen treffe ich die Beamten im Mantel an.

»Carnet A.T.A., ist das hier?« frage ich, obwohl es groß über der Tür steht. Der längste unter den Uniformierten kommt langsam auf mich zu und flüstert: »Monsieur, ich habe keine Lust mehr. Ich will nach Hause. Schluß für heute.«

Und ein Kollege sagt laut: »Da müssen Sie morgen früh wiederkommen.«

Machen die nun Witze, oder ist das Ernst? Soll ich mich auf die Hinterbeine stellen und Krach machen? Ist das mein Empfang in Frankreich? Soll ich bitten? Bin ich also durch dieses ekelhafte winterliche Schmuddelwetter gefahren, um hier gleich an der Grenze hängen zu bleiben?

Da kommt eine Beamtin durch die Tür. Eine Schwarze.

»Hallo, Boß, hier ist noch ein A.T.A. Hast du Lust?«

Die dunkle Fee murmelt etwas von dämlichen Kollegen, nimmt meine Papiere, ballert Stempel darauf, malt Hieroglyphen hinein, und keine 30 Sekunden später lächelt sie mir freundlich »Bon voyage« zu. Gute Reise. Ich kann's gebrauchen.

Valenciennes. Ich halte am Rande der Innenstadt auf einem Pkw-Parkplatz. Schaue nach, ob ich um diese Zeit noch Geld in die Parkuhr stecken muß. Aber das ist zu dieser Stunde nicht mehr erforderlich. Bis morgen früh um neun darf ich ohne zu zahlen bleiben. Wäre ich auch, wenn hier nicht so viel Verkehr vorbeibrausen würde. Ich steige also aus, laufe um den Block, kaufe ein bißchen Käse und ein frisches Weißbrot und finde einen Platz, der mehr Ruhe verspricht. Unterwegs begegnet mir eine Polizistin. Einfach nur, um eine Bestätigung zu bekommen, frage ich sie, ob man auch in Valenciennes mit einem Campingcar auf einem öffentlichen Parkplatz stehen dürfe.

»Aber sicher«, sagt sie. »Wenn Sie niemanden behindern, können Sie da ruhig bleiben. Machen Sie sich keine Sorgen. Als Ausländer würden Sie von uns sowieso nicht so schnell behelligt werden. Wir sind da ziemlich großzügig. Wie gesagt, solange Sie niemanden behindern. Gute Nacht, Monsieur.«

Kaum eine Stunde in Frankreich, und schon bin ich zwei netten Damen in Uniform begegnet. Das fängt gut an.

Von Valenciennes nach Arras. In meinem Michelin-Campingführer sehe ich, daß es in Marchiennes, nordöstlich von Douai, einen Dauer-Campingplatz gibt. Die Leute dort müßten eigentlich wissen, ob man deutsche Gasflaschen hier so ohne weiteres gegen französische tauschen kann. Irgendwann wird ja mein deutsches Gas aufgebraucht sein. Da will ich mich lieber rechtzeitig informieren. Ein Tankwart meint, das sei kein Problem. Der Fahrer eines Gasflaschen-Lastzuges, der zufällig vorbeifährt, glaubt, daß es nicht möglich ist. Viele Tankstellen bieten hier nämlich außer Sprit auch Gasflaschen an. Bevor es so weit ist, will ich möglichst Sicherheit haben. Am besten, ich fahre erst einmal nach Marchiennes, um mich zu erkundigen.

Aber es ist wie verhext. Das Nest ist zwar klar auf meiner Michelin-Karte verzeichnet, aber immer wieder verpasse ich die richtige Abzweigung. Das Gewirr von Dörfern und Unterstädten ist zu groß. Ich fahre an allen möglichen Fabriken vorbei, sogar ein Atomkraftwerk umkreise ich, aber Marchiennes will und will nicht auftauchen. Dann habe ich es urplötzlich vor mir. Schon bin ich drin – und stehe mit meinem Wagen in einer engen, hundert Meter weiter gesperrten Straße. Bauarbeiten. Eins von diesen flinken Mopeds, die hier viel schneller fahren dürfen als daheim, flitzt an mir vorbei und verschwindet in einer Seitenstraße, die ich bisher noch nicht entdeckt hatte. Also hinterher. Und wenige Augenblicke später habe ich jenseits der Stadt den Campingplatz vor mir. Er liegt hinter einem schmalen Kanal und ist umgeben von vielen Seen. Ein Platz also für Angelfans.

Alles ist ruhig. Das Bürogebäude offenbar zur Zeit gar nicht benutzt. Jemand zeigt mir ein Privathaus in der Nähe. Dort öffnet auf mein Klingeln eine junge Frau im Morgenmantel. Freundlich bedauert sie, keine Ahnung von Gasflaschen zu ha-

Noch ein Griff in die Zukunft: Paris – nachts um halb zwei am Trocadero

ben, und ihr Mann, der gerade in der Stadt sei, wisse auch nichts davon, weil man sich nicht mit Gasflaschen befasse. Der Campingplatz mache so schon Arbeit genug.

Noch reicht ja mein Gas, und ich mache mich auf die Suche nach der N 50, die mich nach Arras führen soll. Dort habe ich vor längerer Zeit einmal zwei dicht beieinander liegende, weit ausladende Stadtplätze gesehen, beide von alten Häusern umgeben, beschaulich trotz ihrer Größe. Die will ich wiedersehen. So etwas habe ich mir ja vorgenommen.

Irgendwo auf der N 50 weist an einer Abzweigung ein Schild nach »Quiery la Motte«. Das ist wie ein böser Schatten. Gefangenschaft, Lager, Hunger- und Haßzeit. 1945. Fast 40 Jahre her. Vergiß es ...

Arras. Kaum zweimal bin ich einem Schild »Centre Ville« gefolgt und abgebogen, da liegt der Große Platz auch schon vor mir. Umgeben von alten, schöngiebligen Bürgerhäusern. Aber leer. Völlig leer. Ketten sperren ihn für Autos ab. Die Straße führt dicht an den Häusern entlang. Der Platz wirkt wie tot.

Gleich anschließend der Heldenplatz. Kleiner, aber voller Leben, und abgeschlossen vom »Beffroi«, einem hohen Turmhaus. Ich ergattere einen Parkplatz. Mein erstes Ziel ist erreicht. Ich bin ein bißchen müde, öffne die Tür, lasse ein Bein hinaushängen. Erst mal sacken lassen, denke ich. Hier fängt meine einsame Frankreichreise eigentlich erst an.

Rückblick

Da redet jemand von der Seite auf mich ein. Mit unverkennbar Berliner Zungenschlag fragt er: »Aus Köln kommen Sie? Weite Fahrt, und das um diese Jahreszeit!« Ein älterer Herr, freundlich. Strahlt nur so vor Gesundheit.

»Nein, ich komme aus Hamburg. Der Wagen ist allerdings aus Köln. Das ist richtig.«

»Ich lebe hier. Seit fast 40 Jahren. Bin nach dem Krieg hier hängengeblieben. Da freue ich mich immer, wenn ich mal einen Landsmann treffe. Jetzt im Winter sieht man allerdings selten einen.«

»Sie waren hier in Gefangenschaft?«

Er nickt und zählt die Lager auf, in denen er war. Einige kenne ich aus eigener Erfahrung: Dannes, an der Küste, und Le Portel bei Boulogne. Aber ich mag nicht darüber reden. Nicht mehr.

Er war gelernter Drucker, hat es hier zum Betriebsleiter gebracht und sich mit 58 vorzeitig pensionieren lassen. Seine Hobbys sind Videofilme, die er sich meist von Freunden in Deutschland vom Bildschirm mitschneiden läßt, und Spazierengehen. Über 250 Videofilme hat er schon gesammelt. Und nachmittags fährt er mit seinem Wagen in die Stadt und bummelt.

»Ich kenne Arras und die Umgebung inzwischen natürlich gut. Meine Frau ist von hier. Klar. Sie hätten schon heute morgen hier sein sollen. Sonnabends ist auf dem Heldenplatz immer Markt. Vor allem lebende Kleintiere werden hier verkauft, da ist jede Menge los. Das lohnt sich anzusehen. Sonst tut sich in Arras so gut wie gar nichts. Allerdings, wissen Sie, daß der Platz, auf dem Sie hier stehen, darunter hohl ist? Da gibt es viele uralte Gewölbe, mit langen Gängen. Das kann man besichtigen. Sollten Sie tun. Es gibt vorher sogar eine Filmvorführung. Es sind, wie gesagt, uralte Gewölbe. Drüben den großen Platz hat man künstlich unterhöhlt, um unterirdische Parkplätze zu schaffen. Dafür darf nun kein Auto mehr obendrauf. Ich finde, es sieht nicht gut aus, so leer. Was machen Sie denn hier um diese Jahreszeit?« Ich erzähle ihm von meinen Buchplänen.

»Haben Sie schon Unterlagen vom Office de Tourisme? Kommen Sie mit, es ist nicht weit. Beim Bahnhof. Ich begleite Sie. Ich habe da sowieso meinen Wagen geparkt.«

Mit seinen schöngiebligen Bürgerhäusern und Arkaden ist der »Große Platz« von Arras ein Juwel des Städtebaus, aber er ist menschenleer ...

Er zeigt mir, wo man deutsche Zeitungen kaufen kann, wo es gutes Fleisch gibt.

»Wissen Sie, ich mag die französische Küche nicht sonderlich. Ich fahre mit meiner Frau deshalb im Urlaub immer nach Bayern. Da gibt es was Ordentliches auf den Tisch, glauben Sie mir.«

Im Office de Tourisme bekomme ich einen Prospekt über die unterirdischen Anlagen des Heldenplatzes. Vor der Tür meint mein freundlicher Begleiter: »Diese unterirdischen Gänge führen übrigens auch aus der Stadt hinaus, bis weit in die alten Stellungen aus dem ersten Weltkrieg. Das sollten Sie sich da draußen auch ansehen. Wissen Sie was? Sie haben doch sicher Zeit. Fahren wir doch gleich mal hin...«

Ich kann schlecht ablehnen. Mein Rentner aus Berlin und Arras fährt einen Mercedes. »Ich kaufe mir alle zwei Jahre ein neues Auto. Das ist eigentlich mein drittes Hobby. Diesen Wagen habe ich allerdings schon zweimal vergeblich inseriert. Ist den Leuten wohl zur Zeit zu teuer. Ist schon schlimm, was diese linke Regierung hier alles anrichtet.«

Ich gehe nicht darauf ein. Ich kann mir kein Urteil anmaßen über französische Wirtschaftspolitik. Also etwa darüber, ob es für die Nation schädlich ist, wenn ein Mercedesbesitzer seinen gebrauchten Wagen nicht losfwerden kann.

Wir fahren also hinaus. Das Land ist weit und offen, leicht hügelig. In der Ferne sieht man hohe Abraumhalden vom Kohlebergbau. Wir nähern uns einem Kiefernwald.

»Den haben die Franzosen den Kanadiern geschenkt. Wir sind hier also auf kanadischem Boden. Überall sehen Sie die alten Stellungen und Granattrichter.«

Ein dichter Grasteppich ist darüber gewachsen und, wie schon gesagt, inzwischen auch der Kiefernwald. Wir steigen aus, gehen ein paar Schritte. Ein Inder begegnet uns mit seiner ehrfürchtig folgenden Familie.

»Hier haben die Deutschen gelegen, und da drüben, knapp 50 Meter weiter, die Kanadier.«

Sonntags fährt er oft hierher, um spazierenzugehen, erzählt er.

»Wissen Sie, die Franzosen machen immer noch einen Wind um den letzten Krieg, daß einem elend werden kann. Sie müßten mal sehen, was da noch an Hetzfilmen gegen uns läuft. Schlimm ist das. Dabei haben sie mal gerade knapp über 150000 Mann verloren. Wenn ich bedenke, was wir an Toten gehabt haben! Allein in französischer Gefangenschaft sind doch über 50000 Deutsche verhungert. Nach dem Kriege!«

Ich kenne diese Zahlen nicht. Aber ich finde seine Aufrechnungen auf eine entsetzliche Weise grotesk. Was ich nicht finde, das sind Worte der Entgegnung. Ich kann diesem alten Mann gegenüber meine Empfindungen in diesem Augenblick nicht schildern. Was heißt hier alter Mann. Der ist doch höchstens zwei oder drei Jahre älter als ich. Ist er die letzten 40 Jahre stehengeblieben? Hat er gar nichts mitgekriegt? Wahrscheinlich weiß er es nicht besser. Er sieht so rosig, gepflegt und gesund aus.

Wir fahren weiter, höher den Hügel hinauf, der oben kahl ist und wie gekrönt von zwei flügelartigen hellen Steintürmen.

»Die Quader haben die Kanadier zu Hause geschlagen und per Schiff hierhergebracht. Sie sind kürzlich saubergemacht worden. Königin Elizabeth hat das Ehrenmal zusammen mit ihrem Philipp besucht.«

Die Straße führt in weitem Bogen um das Mahnmal herum. Beinahe hätte ich gesagt, es sieht aus wie ein Sacre Cœur unter den Kriegsdenkmälern. Aber ich schlucke es herunter und schäme mich. Dieses Denkmal war seinerzeit – und ist es für viele sicher heute noch – sichtbarer Ausdruck des Schmerzes über den Tod der Väter, der Söhne, der Kinder. Und das über einen makabren, unbegreiflichen, von Menschen verursachten Tod. Da versagt sich jede Bemerkung über Kunst oder Geschmack. Was bleibt – man geht in sich. Läßt sich mahnen.

Auf dem Rückweg halten wir bei einem deutschen Kriegerfriedhof. Über 40000 Tote sind hierher umgebettet worden. Die weißen Kreuze stehen wie an Schnüren gewachsen. Am Eingang wurde kürzlich ein Holzkreuz in die Mauer gelassen. Daneben steht sinngemäß: »Allen, die guten Willens sind!«

Nach einem Bibelspruch. Egal, woher die Worte stammen – sie treffen mich. Zeigen sie doch das menschliche Dilemma ganz schlicht auf. Denn schließlich glaubt doch jeder von sich, daß er guten Willens ist. Die Widmung gilt also allen Menschen. Warum nicht? Aber was nützt es? Diese Frage geht mir noch lange nach.

Mein Ford-Arca-Junior steht einsam auf dem Heldenplatz. Er sieht traurig aus, wirkt auf dem großen Platz wie geschrumpft, zu kurz geraten. Ich taufe ihn Shorty und verkrieche mich in ihm. Es beginnt heftig zu regnen. Die Tropfen pladdern immer härter auf Shortys Dach.

Wackelkontakt

Spät in der Nacht werde ich von Stimmen geweckt. Jemand sagt: »Glaubst du wirklich, daß da jemand drin ist?«

»Warum nicht. Die Fenster sind zugezogen.«

»Na und?«

»Sollen wir ihn mal wecken?«

»Nein, laß das!«

»Doch, ich weck ihn.«

»Mach keinen Ärger, gehen wir lieber!«

Und dann kommt der erste doch heran und wackelt am Wagen. Nicht kräftig, aber doch spürbar. Witzigerweise ist das für den, der drinnen wachliegt und zugehört hat, auch nur komisch. Irgendwie spürt man, daß die jungen Leute keine bösen Absichten haben. Getrunken haben sie natürlich, sind zu mehreren und fühlen sich stark.

Soll man rufen, sich bemerkbar machen? Dann lachen sie doch erst recht. Also still bleiben. Ist wohl vernünftiger. Richtig, die Jungen ziehen bald weiter.

Ihre Rufe hallen über den Platz. Sie fühlen sich gut. Sie haben halt ein bißchen an Shorty gewackelt.

Hinterher frage ich mich aber doch, wozu junge Leute, die getrunken haben, fähig sein könnten. Da schaukelt sich im Alkoholnebel, im Schau-mal-was-ich-mir-zutraue, im Mädchen-sieh-mal-was-ich-kann, Übermütiges schnell zu Ärgerem auf. Luft aus den Reifen lassen. Spiegel und Antennen abbrechen. So was ist immer drin. Muß ich in das Risiko einer solchen Fahrt einbeziehen. Auch wenn man mitten auf dem Heldenplatz von Arras steht, auf dem sonnabends Kleinviehmarkt abgehalten wird.

Um drei höre ich die Glocke des Beffroi schlagen. Hinterher eine kurze Melodie. Mitten in der Nacht.

Arras
Michelin-Karten 53 und 236. Nordfrankreich, Département Pas de Calais, 50 000 Einwohner. Entfernungen: Paris 178 km, Amiens 65 km, Calais 117 km, Rouen 175 km. Sehenswürdigkeiten: Großer Platz und Heldenplatz mit Beffroi und Gewölben. Informationen über Office de Tourisme, 7 pl. Mar. Foch (beim Bahnhof), Tel. 00 33 21 / 51 26 95

Aus dem Logbuch

Sonntag, aber kein schöner Tag. Es regnet immer noch, wenn auch nicht mehr so stark wie in der Nacht. Die Normandie zeigt sich nicht von ihrer besten Seite. Ein Tankwart sagt: »Was wollen Sie, Monsieur, es ist Winter. Da ist das Wetter nun mal so.« Eigentlich noch eine milde Angelegenheit. Ende Januar, zwischen fünf und zehn Grad plus.

Weil Sonntag ist, koche ich heute nicht, nehme ich mir vor. Ich habe eben keine Lust zum Kartoffelschälen und dergleichen. Ich kehre in ein Relais Routier ein. Das ist nicht teuer, auch nicht die Sonntagskarte, die mehr bietet als das alltägliche Stammessen für die Fernfahrer. Heute sind die Tische sogar mit rotkarierten Decken geschmückt. Die Fernfahrer sind Papiertücher gewohnt.

Um ehrlich zu sein – ich gehe natürlich auch deshalb ins Restaurant, weil ich Leute sehen möchte. Leute gucken, das habe ich schon immer gern getan. Sie regen meine Phantasie an. Ich denke mir Geschichten aus. Am liebsten auf Flughäfen. Da knistert es von Geschichten. Aber auch auf Bahnhöfen, und eben in Restaurants. Natürlich weiß ich, daß diese Geschichten mit der Wirklichkeit nichts zu tun haben. Aber sie haben ihre eigene Realität, und es macht Spaß, sie zu erfinden.

Mittagskrimi

Es ist nur noch ein Einzeltisch in der Nähe der Tür frei. Prima. Dort kann ich den ganzen Raum prächtig überblicken. Und sofort fesselt eine große Tischrunde mein Interesse. Ich zähle vierzehn Personen, nehme an, es handelt sich um eine Familienfeier. Der Mittelpunkt – ob nun der Feier, aber jedenfalls dieser Gesellschaft – sitzt an der vorderen Ecke, mit dem Rücken und am nächsten zu mir.

Sie mag 15 oder 16 sein, trägt ihr Haar in langen, aschblonden Locken bis über die Schultern herab. Ihr großkariertes, graugrundiges Kleid wird von einem breiten roten Lackgürtel um die Minitaille gerafft. Auf den Schultern liegt eine gelbe flauschige Stola, die sie immer, wenn sie aufsteht, mit einer wie einstudiert lässigen Bewegung zurückwirft. Das Gesichtchen des Teenagers ist eher apart als schön zu nennen.

Sie steht oft auf. Ich nenne sie bei mir Genoveva. Vielleicht heißt sie in Wirklichkeit nur Geneviève. Genoveva also steht öfter auf, um zu fotografieren. Und sie erregt immer wieder Aufmerksamkeit damit, denn ihr Apparat blitzt nicht nur, er liefert im Polaroidverfahren auch schon nach wenigen Minuten die fertigen Bilder, die dann meist mit Ohs und Ahs und großem Gelächter kommentiert werden. Wie das so üblich ist. Manchmal aber nimmt Genoveva-Geneviève auch einen Halbformat-Apparat, auch mit Blitz ausgestattet, und damit lichtet sie nun keineswegs dieselben Verwandten ab. Ich merke bald – die einen, vor allem eine ältere Dame im Hintergrund (eine Erbtante vielleicht) will sie unterhalten und nach Möglichkeit erfreuen. Denen legt sie die Polaroids neben den Teller. Die anderen, die sie mehr beobachtet, bannt sie in ihren kleinen Knipser. Für später. Für die bissigen Kommentare?

Die Gesellschaft scheint ausgelassen und fröhlich zu sein. Der Wein wird in immer neuen Flaschen aufgetischt. Es wird viel gelacht. Aber allmählich erkenne ich noch mehr Sympathien und Antipathien.

Aber vorher schnell noch einen Blick auf die junge Frau, die serviert. Sie gibt sich Mühe, niemanden warten zu lassen.

Fast rennt sie. Dabei ist sie schwanger, im siebten oder achten Monat. Vielleicht die Frau vom Koch? Das Steak, das sie mir bringt, ist ausgezeichnet. Und der Pfirsich Melba zum Nachtisch wird ein Gedicht sein. Aber so weit sind wir ja noch nicht.

Am Familientisch sitzt auch eine blonde schmale Frau, die mit ihren hervorstehenden Basedowaugen alles, was Genoveva tut, die geringste ihrer Bewegungen genau beobachtet und immer wieder kommentiert. Neuerdings schaut sie auch zu mir des öfteren herüber, denn sie hat natürlich mitbekommen, daß Genoveva nicht mehr aufsteht, ohne mir einen ganz schnellen Blick zuzuwerfen. Blonde Tante Tina hat offenbar eine Art neidischen Interesses an der Nichte, vielleicht sogar mehr.

Vielleicht reizt sie auch das jungfräulich gezierte Gehabe der Kleinen. Tante Tina läßt sie jedenfalls mit ihren Geieraugen nicht los.

Nicht zu vergessen auch Genovevas Vater! Er sitzt in ihrer Nähe, begleitet ihre Fotografier-Ausflüge mit vorsichtig korrigierenden Ratschlägen. Er steht dazu jedesmal eifrig auf. Er ist hochgeschossen, schmal, trägt die französische dunkle Intellektuellenbrille. Das schwarze Haar wird schütter. Wahrscheinlich eine Dorfgröße, zu der alle aufschauen, weil er alles weiß. Er bewundert auf jeden Fall seine Tochter. Warum auch nicht.

Zwischen beiden Genovevas Mutter. Sie kauert eher, als daß sie sitzt. Sagt die ganze Zeit kein Wort. Aber sie ißt und trinkt fleißig mit. Nur sagen tut sie nichts.

Auf der anderen Seite des Mädchens eine kleine redselige Tante, älter schon, ein bißchen rundlich. Auf ihre Art ebenso verschossen in Geneviève wie fast alle anderen am Tisch.

Jetzt habe ich auch Gelegenheit, nicht nur den Eifer der Servierein, sondern auch ihr Geschick zu bewundern. Sie bringt der Großfamilie den Fleischgang. Mit schnellen und sicheren Griffen teilt sie die Portionen auf, jongliert mit Löffel und Gabel Fleischstücke und Kartoffelkroketten auf die Teller, liefert Soße dazu, bringt immer drei Teller auf einmal an den Tisch. Die Familie ist zunächst einmal mit diesem Gang beschäftigt. Zwischenakt für mich.

Ich habe Zeit, aus dem Fenster zu schauen. Draußen regnet es. Auf der anderen Straßenseite ist eine Autowerkstatt mit Tankstelle. In die Werkstatt führt ein sehr hohes und breites Tor aus Wellblech. Rechts in der unteren Ecke ist eine einfache Tür eingelassen. Und eben, als ich hinüberblicke, wird das große Wellblechtor hochgezogen. Witzig: Die Tür bleibt auf der Erde stehen. Sieht wirklich zu komisch aus.

Eine mächtige Dame erscheint aus dem Dunkel der Werkstatt. Ihren riesigen Bu-

Ob es hier spukt? Das düstere wie mächtige normannische Schloß von Lassay ist innen eine Ruine

sen hat sie in einen dunkelroten Pullover gezwängt. Mißmutig prüft sie das Wetter. Es regnet eben. Sie verschwindet wieder, um wenige Augenblicke später mit einem Auto die Werkstatt zu verlassen.

Kaum ist sie weg, taucht ein kräftiger Mann mit schwarzer Mütze, in einen blauen Monteuranzug gezwängt, aus dem Dunkel auf. Auch er prüft das Wetter, dann dreht er die Wellblechlade wieder herunter. Kurz darauf tritt er aus der Tür des Tankstellenbüros, schaut, ob kein Kunde kommt, zündet sich eine Zigarette an und verschwindet wieder.

Doch jetzt will einer tanken. Der Fahrer bleibt in seinem alten Simca 1100 sitzen. Der Tankwart kommt heraus, fragt, wieviel er einfüllen soll, die Zigarette immer noch im Mund. Er öffnet den Tankverschluß, langt nach der Zapfpistole, hustet, die Zigarette wohlgemerkt, die brennende Zigarette zuckt über dem offenen Tank auf und ab. Ich denke, jetzt fliegt alles in die Luft. Aber nichts fliegt. Da springt der Fahrer aus dem Wagen, will wohl retten, was zu retten ist, wenigstens sein Leben. Er springt, tief gebückt im Regen, zum Tankwart, hat selbst, erst jetzt erkenne ich es, eine brennende Zigarette im Mund, redet kurz auf ihn ein, und hockt sich wieder hinter sein Lenkrad. Was soll man machen. Es regnet eben. Und wir leben noch.

Das Fleisch der Familie ist inzwischen gegessen. Die Teller werden abgeräumt. In die linke, äußerste Ecke kommt nun Bewegung. Dort hatte bisher still und anscheinend auch stumm ein Mädchen gesessen, von dem ich bisher nur den blauen Wollrock, die rotbestickte, weiße Bluse und den Hinterkopf gesehen habe. Ein etwas eigenartiger Kopf. Das war mir schon aufgefallen. Das Kind steht auf, mit unbeholfenen, staksigen Bewegungen. Jetzt erkenne ich es: Es ist mongoloid. Vielleicht gleichaltrig mit Geneviève. Ihre Cousine. Sicher. Mit langsamen, nur mühsam kon-

Die »Rue du Gros Horloge« – die Straße der großen Uhr – ist Mittelachse der Altstadt von Rouen sowie Sightseeing- und Shopping-Center zugleich. Sie führt vom alten Markt zur gotischen Kathedrale, deren Turm im regenfeuchten Hintergrund verschwimmt

trollierten Schritten geht die Kleine am Tisch entlang, bis sie die gegenüberliegende Ecke erreicht hat. Sie hat eine Kleinbild-Kamera mit aufgestecktem Blitz in der Hand. Bleibt stehen, hebt die Kamera hoch, ruft laut und ungewöhnlich akzentuiert: »Papa!« Ich halte die Luft an. Aber der Blitz löst richtig aus. Zwei, drei Aufnahmen macht sie noch.

Wieviel Liebe muß dieses behinderte Kind erfahren haben, um sich sicher genug zu fühlen, solch ein riskantes Unternehmen zu starten: Es der anmutigen gesunden Cousine gleichzutun und die Verwandtschaft zu fotografieren. Anscheinend ist sie aber gar nicht eifersüchtig auf Genoveva. Sie beugt sich zu ihr herunter, ihr Kopf schwebt zwischen dem der Cousine und dem der drallen, geschwätzigen kleinen Tante, und erzählt Genoveva etwas.

Die Tante nimmt nicht die allergeringste Rücksicht auf das Kind, redet laut auf Genoveva ein, als ob die Kranke überhaupt nicht existiere. Drei Leute am Tisch verfolgen diese atemberaubende Szene mit. Die anderen bemerken sie nicht. Dann richtet das Kind sich mühsam auf und stakst zu seinem Platz zurück. Genoveva schaut hinter ihr her, lächelt freundlich. Man sieht, sie mag die Cousine. Die drei Beobachter in der Nachbarschaft sehen das auch, und zwar mit den unterschiedlichsten Attitüden. Bei Simenon würde es heute noch einen Mord geben. Ich weiß, wer das Opfer und wer der Täter wäre. Aber ich verrate es besser nicht...

Aus dem Logbuch

Rouen. Die ganze Innenstadt ist ein einziges Museum. Erstaunlicherweise ein sehr lebendiges. Wo sonst die Touristen strömen, schlendern jetzt, in der Mittagszeit, Kontoristinnen, Schüler, Sekretärinnen, Beamte und Rentner durch das Fitzelchen Sonne, das für Sekunden auch die »Große Uhr« beim alten Markt streichelt. Tauben baden in dem kleinen künstlichen Brunnen vor der neuen Kirche St. Vincent-Sainte Jeanne d'Arc.

Taubenliebe und Menschenliebe

Sie kommt gebückt daher in ihrem alten braunen Mantel. Das Haar paßt nicht zu dem faltigen Gesicht. Es ist eine Perücke, nachlässig über den Kopf gestülpt. Die alte Frau packt aus einer Plastiktasche eine Papiertüte und leert sie neben dem Taubenbrunnen. Zwei Frauen schauen zu, wie die Tauben sich über die Brotreste hermachen. Die alte Frau nickt den beiden zu und fängt an zu reden: »Also, es ist schon gemein, Tauben umzubringen. Das hat man ja wieder vor, ich habe es in der Zeitung gelesen. Wenn es zu viele davon gibt, und das kann ja sein, dann soll man eben verhindern, daß sie Junge haben. Es ist natürlich auch falsch, wie es so viele Leute tun, die Tauben vom Fenster aus zu füttern. Da müssen sie ja alles schmutzig machen. Ich habe immer darum gekämpft, Tauben, überhaupt die Vögel, nicht vom Fenster aus zu füttern, sondern auf den großen Plätzen wie hier. Ach, wissen Sie, ich weiß, es gibt dumme Leute, die behaupten, wer sich so wie ich um die Vögel kümmert und die Tiere liebt, daß der die Menschen haßt. Ein Riesenunsinn ist das. Wer Tiere liebt, der liebt auch die Menschen. Sehen Sie, meine Damen, ich habe vierzehn Kinder gehabt. Die, die noch leben, sind in alle Welt verstreut. Bis nach Amerika. Glauben Sie mir, ich liebe alle. Ich habe sie immer alle geliebt, obwohl ich nicht sicher bin, ob mich einige schon vergessen haben. Aber daran will ich gar nicht denken. Ich habe meine Kinder auch dann geliebt, wenn sie einmal nicht brav waren. Welches Kind kann schon immer brav sein! Eins verstehe ich allerdings inzwischen besser. Früher war ich immer gegen die Empfängnisverhütung. Ich habe mir gesagt, was Gott wachsen lassen will, das muß wachsen. Aber ich sehe doch auch, daß es Leute gibt, die besser keine Kinder hätten. Es gibt doch nichts Traurigeres auf der Welt als unglückliche, vielleicht sogar gequälte Kinder! Darum bin ich heute mit meinen 84 Jahren für die Pille. Da ist mir egal, was der Papst sagt. So kann man seine Meinung noch auf seine alten Tage ändern. So, meine Damen, nun muß ich gehen und meine Suppe kochen.«

Sie hatte öfter zu mir herübergeblickt. Jetzt nickt sie auch mir noch einmal freundlich zu. Sie geht, etwas gebückt, davon. Ein Bein zieht sie etwas nach.

Zwiespältiges Rouen

Dieses Rouen ist so zwiespältig wie das Leben. In der alten Innenstadt, in der Jeanne d'Arc gerade eben erst verbrannt zu sein scheint, gibt es unterirdische Parkplätze. Die alte Abteikirche St. Ouen aus dem 14. und 15. Jahrhundert ist nicht nur eines der schönsten und auch größten gotischen Baudenkmäler Frankreichs – sie ist praktisch leer und wirkt von innen desto größer. Gleich nebenan, am Eingang zu einem kleinen Park, sind fast unscheinbar Tafeln angebracht, die von dem Prozeß berichten, in dem Jeanne d'Arc rehabilitiert wurde. Aber da war die Asche des Mädchens aus Domremy längst in alle Winde zerstreut... Auf dem alten Marktplatz steht, umgeben von alten Bürgerhäusern, die nagelneue Kirche St. Vincent – Sainte Jeanne d'Arc. Wie ein Schiffsbug hebt sie sich in den Himmel. Der Kirchenboden liegt erheblich unter der Straßensohle, und auch Leute, die gewöhnlich nicht in Museen und Kirchen rennen, sind beeindruckt von den Fenstern. Sie stammen aus den Jahren 1520 bis 1530.

Tatsächlich steht dieser eindrucksvolle Bau genau dort, wo der Scheiterhaufen der 1920 heiliggesprochenen Jungfrau stand. Sie war ja keine Märchenfigur, sondern lebte tatsächlich, hat wirklich maßgeblich an der endgültigen Vertreibung der Engländer mitgewirkt.

Und dann der Hafen! Von der See bis Rouen ist die Seine auch für große Schiffe befahrbar. Kein Wunder, daß man vor allem an Sonntagen, wenn nun wirklich »nichts los« ist, Gruppen von irritierten Seeleuten herumlaufen sieht, die nach ein bißchen Amüsement suchen.

Rouen
Michelin-Karten 52/55 und 231/237. Nordfrankreich, Département Seine-Maritime, 120 000 Einwohner. Entfernungen: Paris 139 km, Amiens 116 km, Le Havre 88 km, Le Mans 195 km. Sehenswürdigkeiten: Altstadt, Vieux Marché (Alter Markt) mit der Kirche St. Vincent – Ste. Jeanne d'Arc. Die »Gros-Horloge« (Große Uhr) aus dem 14. Jahrhundert, in der Straße der »Gros Horloge« (führt zum alten Markt). Informationen über Office de Tourisme, 25 place de la Cathedrale, 76008 Rouen cédex, Tel. 0033/35/71 41 77

Aus dem Logbuch

Pont-Audemer. Eigentlich wollte ich bis ein paar Kilometer hinter Alençon gefahren sein. Da liegt an der Route National Nr. 12 kurz vor La Lacelle ein kleines Restaurant an der Straße. Dort haben wir vor einiger Zeit im Sommer einen unvergeßlichen Nachmittag verbracht. Als wir eintrafen, war die Küche schon geschlossen, die Mittagsgäste weitergefahren.

»Einen Kaffee? Nur einen Kaffee? Den können Sie gerne noch haben. Setzen Sie sich doch in den Garten, da ist es ruhig. Der Kaffee wird Ihnen dort serviert...«

Der Garten war ein leicht verwilderter, wunderschöner Park, mit weiß gestrichenen Möbeln, die wie zufällig verstreut herumstanden. Die Sonne schien. Fern, irgendwo hinter dem Haus, rollte gelegentlich ein Auto vorbei. Eine Amsel sang aus Leibeskräften. Der Kaffee schmeckte und tat gut. La Lentillère heißt das Restaurant. Und da möchte ich heute essen. Nun, in Pont-Audemer finde ich bald einen verhältnismäßig stillen Parkplatz. Ich brauche ein Brot, habe eben noch eine Boulangerie gesehen und gehe dahin. Neben der Boulangerie eine Quincallerie. Ob man mir hier wegen meiner Gasflaschenprobleme raten kann?

Aus dem Büro tritt eine ältere Frau. Ich will schon ein Entschuldigung murmeln und wieder gehen. Ich kann mir nicht vor-

stellen, daß sie meine komplizierte Frage überhaupt versteht. Aber dann sage ich mir, warum eigentlich nicht und erzähle, was mich bedrückt. Die Gute legt den Zeigefinger ans Kinn, denkt einen Augenblick nach und meint dann: »Sie haben zwei Druckregler, einen für deutsche, einen für französische Gasflaschen. Und Sie haben ihr bordeigenes Gassystem. An dieses System müssen Sie sowohl den einen wie den anderen Druckregler anschließen können. Das ist das Problem. Warten Sie.«

Sie kramt in Schubläden und hat Augenblicke später die Lösung in der Hand. Einen neuen Anschluß für mein Bordsystem, und zwei darauf passende Gegengewinde, die ich an die beiden Druckregler schließen muß. So einfach ist das. Und alles geprüft, kein Sicherheitsproblem. Er kostet, verglichen mit den Sorgen, die ich mir gemacht hatte, einen Klacks. Ich glaube, mein Dank fällt ziemlich überschwenglich aus. Irgendwie fühle ich mich auch beschämt, weil ich der Frau den nötigen Sachverstand nicht zugetraut hatte.

»Moment«, sagt sie. »Ich habe da noch etwas für gute Kunden. Hier.«

Sie gibt mir einen Kuli, den man mit einem Sauger fast überall befestigen kann. Ein Werbegeschenk. Mit Garantie der Herstellerfirma. Aus Hamburg-Rissen. Aber ich bin wirklich in Pont-Audemer.

Ich kaufe noch ein Brot und gehe zu Shorty zurück.

Das alte Loch

Da sehe ich schräg gegenüber das Schild »Office de Tourisme«. Es ist noch Licht. Ich trete ein. Ein älterer Herr sitzt hinter einem überladenen Schreibtisch und telefoniert. Er winkt mir zu, bittet um Geduld. Dann ist er ganz Ohr für mich. Ich sage ihm, daß ich ein Buch über eine Frankreichreise schreiben will, daß ich in Pont-Audemer übernachten muß und die Gelegenheit ergreife, ihn um Informationsmaterial über die Stadt zu bitten.

»Sie sind zufällig hier?«

»Ja.«

»Ein guter Zufall, Monsieur. Ein guter.«

Und er erklärt mir, warum. Pont-Audemer sei nicht nur eine alte Stadt voller Geschichte, sondern zum Teil noch wohlerhalten. Bevor ich weiterführe, müsse ich unbedingt einen Gang durch die nahe Innenstadt machen und mir zumindest die Auberge du Vieux Puits anschauen. Ein altes Restaurant, gut erhalten.

Er kramt Unterlagen über die Umgebung hervor, zieht Fotokopien von zum Teil handgeschriebenen Texten aus verschiedenen Schubladen und will plötzlich

wissen, was für ein Landsmann ich bin. Schon findet er deutsche Texte. Aber er wieselt weiter durch Stapel von Prospekten. Bald habe ich mindestens ein Kilo davon in der Hand. Er versorgt mich mit Informationen über die halbe Normandie. Es wäre unhöflich, diesem so bemühten alten Herrn nicht die gebührende Aufmerksamkeit zu widmen. Zwischen seinen zahllosen erfolgreichen Schürfversuchen erzählt er von der Geschichte seiner Stadt, der die Kriege der Jahrhunderte immer wieder böse mitgespielt haben. Er hält inne, schaut mich durch die Brille eindringlich an, ob ich seinen Eröffnungen auch folgen kann, und meint, daß im letzten Krieg schließlich nicht nur die Bombardements der Deutschen erhebliche Verwüstungen angerichtet hätten, sondern auch die der befreundeten Amerikaner. Dann hebt er noch einmal die Schultern und sagt: »Das ist nun, Gott sei Dank, alles vorbei. Und morgen sollten Sie wirklich noch einen Rundgang machen. Nicht vergessen: Die Auberge du Vieux Puits in der Rue Notre Dame du Pré.«

Seine etwas heisere Altmänner-Stimme klingt noch lange in mir nach. Ich bin längst dabei, mir etwas zu essen zu machen, da klopft es zaghaft an die Wagentür. Der kleine alte Herr steht draußen. Es hat angefangen zu regnen, sehe ich.

»Störe ich Sie auch nicht? Sehen Sie, ich habe noch etwas in deutscher Sprache gefunden.«

Er reicht mir ein paar Blätter hoch. Ich überlege, ob ich ihn hereinbitten soll, da ist er schon in der Nacht verschwunden.

Am nächsten Morgen, kaum bin ich wach geworden, klopft es wieder zaghaft. Der kleine Mann steht draußen.

»Ich wollte Ihnen nur sagen, daß es wenig Sinn hat, vor 12 Uhr zur Auberge du Vieux Puits zu gehen. Bis Mittag wird dort noch saubergemacht. Aber gleich danach können Sie hingehen.«

Ich erzähle ihm, daß ich spätabends, als der Regen wieder aufgehört hatte, noch einen Rundgang gemacht hätte, und daß ich sehr beeindruckt sei. Vor allem von der Kirche St. Ouen mit den normannischen Häusern an der Seite. Und die Wiederherstellung der alten Straße daneben fände ich auch gelungen.

Er freut sich sichtlich über mein Interesse, zieht sich aber bald zurück. »Die Arbeit, Monsieur.«

Ich denke noch einmal über meinen späten Rundgang nach. Die kleine Gasse neben der Kirche hatte mich tatsächlich neugierig gemacht. Am Ende ein verwinkeltes Haus in normannischem Stil zwar, offenbar aber noch ziemlich neu. Ein Fenster zu ebener Erde stand offen. Ich schaute hinein. Kein hübsches Mädchen, das sich vor dem Spiegel kämmte, sondern ein nüchterner Metallschreibtisch, und darauf ein Bildschirm-Computer.

Genau in dieser Gasse versuche ich nun zu fotografieren. Große Schwierigkeiten mit dem Licht, und keine Leute, die das Bild beleben. Wie ich, etwas enttäuscht, wieder gehe, sehe ich an der Tür zum Bildschirm-Haus ein Schild: Normannisches Institut für Informatik. Von gestern sind die Leute hier also nicht.

Gegenüber der Gasse baue ich die Kamera auf, weil ich finde, daß der moderne Blumenladen dort geschickt in das alte Haus eingefügt ist. Da bremst ein Pkw, ein junger Mann springt heraus, schwenkt eine Kamera in der Hand und fragt mich, ob ich vielleicht der deutsche Schriftsteller bin . . .

Der kleine Monsieur hat also die Lokalpresse alarmiert. Bevor ich noch eine einzige Zeile geschrieben habe, werde ich interviewt, fotografiert. Zu komisch, daß das einem alten Journalisten wie mir passieren muß. Aber dafür muß ich natürlich Verständnis haben.

Und schon erscheint der kleine Mann, lächelt verschmitzt. »Ich habe mir erlaubt, Monsieur. Bitte, verstehen Sie!« Nun ja. Dann rückt er mit einem Vorschlag heraus.

»Darf ich Sie zum Essen einladen, zu einer einfachen Alltagsmahlzeit? In das Restaurant, in dem ich mittags immer esse?«

Ich bin gerührt und sage zu.

»Vorher möchte ich Ihnen noch einen schönen alten Balkon zeigen. Darf ich?«

Es geht ein kalter Wind, der dem guten Alten Tränen ins Gesicht treibt. Ich nicke und gehe mit.

»Da wird rings herum restauriert zur Zeit. Er ist in einem Hinterhof. Kaum jemand kennt ihn.«

Wir zockeln durch enge Gassen, er öffnet Türen, auf denen »Privat« steht, und wenn wir jemandem begegnen, wird Monsieur gegrüßt, oder er hält sogar ein kurzes Schwätzchen. Man kennt ihn anscheinend überall.

Endlich haben wir den kleinen Balkon gefunden. Er hängt schräg über uns. Ringsum liegt Bauschutt. Wie alt mag der Balkon sein?

»Das Haus stammt aus dem 16. Jahrhundert.«

»Aber so schön der Balkon auch ist, ohne ein hübsches Mädchen lohnt sich ein Foto nicht.«

»Ich werde sehen, was sich machen läßt«, sagt der Alte und stiefelt los, verschwindet hinter irgendeiner Tür, läßt mich in dem Gerümpelhof allein. Vielleicht treibt er ja wirklich jemanden auf, denke ich, und halte die Kamera schußbereit.

Schon ruft eine Frauenstimme von oben herunter.

Da steht doch eine blonde, außergewöhnlich gutaussehende Frau auf dem Winzbalkon und lacht herunter. Später erzählt mir mein eifriger Führer, daß das die

In Pont-Audemer führt Monsieur Bouvet mich zu einem Hinterhof mit einem alten Balkonerker, auf den er eine blonde Dame zaubert

Die »Auberge du Vieux Puits« in der Straße Notre Dame du Pré stammt aus dem 12. Jahrhundert

La Tour Romane im stillen Tal der Risle war früher eine Kirche und ist heute in Privatbesitz

Chefin des italienischen Lokals war, zu dem der Balkon gehört. Man muß sich halt auskennen in dem Job. Und Leute dazu. Der Alte weiß genau, worauf es ankommt.

Wir pilgern quer durch die Innenstadt, blicken auf die verwitterten Balkone, die lebensgefährlich über die schäumende, schnell fließende Risle hinausragen, und landen in einem kleinen Lokal, in dem fast nur ältere Herren sitzen und ziemlich laut reden, weil sie wohl alle schon ein bißchen schwerhörig sind. Mein Alter wird mit Hallo begrüßt, sein kleiner Tisch, an dem er immer ißt, ist freigehalten worden.

Nun erfahre ich auch endlich seinen Namen: Monsieur Marcel Bouvet ist 73, seit vier Jahren Witwer und hat sich mit Leib und Seele der Geschichte seiner 10 000-Seelen-Stadt verschrieben. Er ist mit wahrer Passion dabei, sein Wissen möglichst vielen Leuten weiterzugeben. Zeit seines Lebens hat er in einem Papierwarengeschäft gearbeitet. Leere Blätter mag er wohl deswegen nicht mehr sehen, und wenn auf Prospekten oder hektografierten Blättern noch ein Plätzchen frei ist, setzt er seine neuesten Erkenntnisse mit akurater Handschrift dazu. Um ehrlich zu sein – ich gehöre nicht zu den Leuten, die von einer Kirche zur anderen und in jedes Museum rennen. Aber dieses alte Pont-Audemer hat mich gefangengenommen.

Da lohnt sich ein Umweg immer. Wer zum Mont St. Michel will, oder zur Brücke von Tancarville, oder zu dem bezaubernden kleinen Hafen von Honfleur, der sollte Pont-Audemer nicht auslassen. Aber es geht noch weiter. Monsieur Bouvet hat mir noch nicht freigegeben.

Letzter Besichtigungspunkt ist also die Auberge du Vieux Puits. Frei übersetzt heißt das »Herberge zum alten Loch«. Irgendwie kommt sie mir bekannt vor, obwohl ich zuvor nie in Pont-Audemer war. Marcel Bouvet bringt mich darauf: »Hier sind Aufnahmen für den Film ›Fanfan der Husar‹ gemacht worden, haben Sie den gesehen?«

Und ob – mindestens fünfmal! Mit dem unvergeßlichen Gérard Philipe! Von außen macht die Auberge, wie soll ich sagen, den üblichen schönen normannischen Eindruck. Solche Gebäude gibt es hier noch viele. Aber innen!

Die verschiedenen Speisezimmer sind liebevoll eingerichtet, mit Akribie und Geschmack und durchaus kostbar. In den Kaminen brennen schwere Holzscheite. Schmiedeeiserne Kerzenleuchter stehen auf den Tischen.

Die Speisekarte verspricht Erstklassiges. Der Guide Michelin gibt der Küche einen schönen Stern. Ich glaube, schon zu Recht, und dem Haus gewährt er wegen seiner behaglichen, angenehmen Atmosphäre gleich drei rote Bestecke. Die kann ich aus eigenem Augenschein nun also bestätigen. Es werden sogar einige kleine Zimmerchen vermietet. Wer sich mal so richtig in historischer Umgebung entspannen will, hier kann er es tun. Und verglichen mit den Preisen von Paris beinahe spottbillig. Das Bett ist für weniger als 30 Mark zu haben!

Marcel Bouvet hat mich also nicht nur glücklich zu seiner geliebten Auberge du Vieux Puits gebracht, sondern auch davon überzeugt, daß man dieses normannische Juwel gesehen haben muß. Aber nun will ich weiter. Für mich ist heute abend endgültig Le Lentillère angesagt. Ein bißchen wird man doch wohl in Erinnerungen machen dürfen! Aber ich habe nicht mit der Hartnäckigkeit des alten Herrn gerechnet.

»La Tour Romane müssen Sie noch sehen. Das ist ein wunderschönes kleines Schloß im Tal der Risle, kaum fünf Minuten zu fahren. Es gehört einer Madame Masquelier. Madame ist meines Wissens zwar nicht da zur Zeit, aber es lohnt sich auch, das Haus nur von außen anzuschauen.«

Er schaut mich bittend an. Und ich bin längst ein Gefangener meiner Sympathie für diesen liebenswürdigen Herrn, ich kann ihm das nicht abschlagen. Also gondeln wir mit Shorty los.

Die enge, kurvenreiche Straße durchs Trogtal der Risle führt an lauter schmukken kleinen Häusern vorbei, in denen wahrscheinlich lauter glückliche, weltentrückte Leute leben, denke ich. Was natürlich barer Unsinn ist. Aber manchmal glaubt man eben, ein Eckchen zu sehen, in dem man in Ruhe seine alten Tage verleben könnte. Wenn man nur wüßte, wann diese alten Tage anfangen …

Der romanische Turm erweist sich als postkartenschöne Anlage, die zu sehen einen Umweg tatsächlich lohnt. Und so scheide ich denn doch endlich, von Monsieur Bouvets freundlichen Reisewünschen begleitet, aus der Normandie und wende mich der Bretagne zu. Es ist längst dunkel, als ich La Lentillère erreiche. Auch das Haus ist dunkel. Heute geschlossen. Zähneknirschend fahre ich nach Alençon, parke Shorty kurzerhand vor der Hauptpost, erinnere mich an die holsteinische Leberwurst im Kühlschrank, trinke in einem Bistro in der Nähe noch einen Roten und beruhige mich allmählich bei der Erinnerung an einen alten Herrn aus Pont-Audemer und an seine Auberge du Vieux Puits.

Pont-Audemer
Michelin-Karten 54/55 und 231. Nordfrankreich, Département Eure, 10 000 Einwohner. Entfernungen: Paris 168 km, Le Havre 48 km, Rouen 52 km. Sehenswürdigkeiten: Altstadt, La Tour Romane (3 km nach Westen), Auberge du Vieux Puits. Tel. 00 33/32/41 01 48. Informationen: Office de Tourisme, M. Marcel Bouvet, 47 rue Sadi Carnot, 27500 Pont-Audemer. Tel. 00 33/32/41 08 21

Aus dem Logbuch

Weiter auf der N 12 in Richtung Bretagne. Das Wetter ist bescheiden, es nieselt. Für den Dauerscheibenwischer zu wenig, für die Intervallschaltung zu viel. Irgendwo wird ein Schloß versprochen. Eingedenk meiner Pläne biege ich nach Norden ab, in Richtung auf die angekündigte Altertümlichkeit. Zu meiner Schande muß ich gestehen, ich habe mir den Namen des Schlosses nicht gemerkt. Aber es wird ja weitere Hinweise geben.

Pustekuchen. Kein Schild, kein Schloß. Straßenkreuzungen ja, aber keine weiteren Informationen für den bemühten Touristen. Rechts und links Wiesen, in der Ferne einzelne Gehöfte. Kein Gegenverkehr. Niemand überholt mich. Ich bin bis zum Horizont allein. Aber dann stehen da mächtige Rösser. Bierkutschengäule haben wir sie als Kinder genannt. In achtbarer Entfernung, in derselben Einfriedung, dickwollige Kühe. Im Dunst des nahen Horizonts eine Ruine. Alles wie angeordnet zum Fotografieren. Nur das richtige Licht fehlt. Ein Jammer. Ich versuche es trotzdem. Es nieselt immer noch. Das Schloß habe ich längst vergessen. Die Kühe, die Pferde, Shorty und ich – außer uns immer noch keine Menschenseele weit und breit. Die Erde scheint von intelligenten Wesen völlig verlassen. Wozu die

In der Rue de la République von Pont-Audemer hat man nicht ohne Geschick moderne Läden in alte Häuser integriert

Straßen hier asphaltiert sind, mag der Himmel wissen. So etwas wollte ich auf meiner Reise sehen. Erleben. Allein sein mit mir und der Welt. Nur – das vermutete Glücklichsein will sich nicht einstellen. Oder noch nicht. Vielleicht, weil ich weiß, daß ich auf der D 33 bin. Daß es in der Nähe ein Nest namens Charchigné gibt. Ist also noch nichts mit der totalen Verzauberung.

In der nächsten Ansammlung von Häusern halte ich an, um Brot zu kaufen. Sie heißt Lassay. Ich finde eine Bäckerei und stoße auf dem Markt auf einen einsamen Stand mit Fisch. Aber der ist arg teuer. An einer Mauer ein Schild »Zum Schloß«.

Ich besteige Shorty und fahre in die Richtung, in die das Schild weist. Augenblicke später stehe ich vor weit ausladenden Wehrtürmen, die durch eine hohe Mauer verbunden sind. An einem Holztor hängt ein Zettel: »Besichtigungen ab Ostern«. Durch eine vergitterte Öffnung ist zu erkennen: innen alles ruinös. Eher als Gag stelle ich Shorty auf die Eingangsbrücke und lichte ihn mit den Türmen ab.

Kaum habe ich einige Hundert Meter gefahren, bin dabei in ein Tal gelangt, liegt da ein weidenumwachsener Schwarzwasserteich, und dahinter ragt hoch die imposante Schloßfestung von Lassay. Ich probiere ein Foto, zumal der Regen jetzt wieder Kringel auf die Wasseroberfläche zeichnet.

Die Straßen sind jetzt immer öfter von zaghaft blühendem Ginster umstanden. Ein Zeichen, daß ich in der Bretagne bin. Die Häuser sind breiter, stehen hier wuchtiger auf der Erde, nicht so hoch und schmal wie in der Normandie. Auf den Weiden tummeln sich schon Lämmer, und das Anfang Februar! Die ersten blühenden Mimosenbäume tauchen auf.

Pont l'Abbé. Ich komme im Dunkeln an. Stelle mich auf den Platz vor der Kirche. Wie ich den Motor ausschalte, höre ich Orgelmusik. Jemand übt. Wiederholt ganze Passagen. Spielt lange. Ich schlafe mit dem Klang im Ohr ein.

Penmarch – Kérity. Penmarch, so lerne ich, heißt so viel wie Pferdekopf. Die Landzunge, die hier weit in den Atlantik hineinreicht, deren rundgewaschene Granitfelsen selbst bei ruhigem Wetter von Brandung umtost sind, könnte man mit einem Pferdekopf vergleichen. Aber die bretonische Sage malt das viel hübscher aus. Hier hat nämlich vordem ein König gelebt, ein arger Dickkopf und Jäger vor dem Herrn. Eines Tages verfolgte er eine Hirschkuh, die immer eine Idee schneller war als des Königs Wunderpferd, das sogar übers Wasser fliegen konnte. Sagte man. Der König war also ziemlich sauer auf die Hirschkuh, die er nach vielen Stunden dann endlich irgendwo am Strand erwischte. Als er den Bogen spannte und den Pfeil anlegte, fing dieses eigenartige Wild an zu wimmern und zu klagen und bat um sein Leben. Nichts half, der Pfeil nahm seinen Weg. Doch das sterbende Wild verwandelte sich in eine Prinzessin, die dem König noch schnell die Ohren seines Pferdes an den Kopf wünschte. Und so geschah es. Von Stund an mußte der König eine riesige Mütze tragen, wegen seiner großen Pferdeohren. Aber diese Geschichte kennt man, wie gesagt, nur in der bretonischen Mythologie. Bei uns ist derselbe König mit einer anderen Geschichte bekannt geworden, und dafür hat kein Geringerer als Richard Wagner gesorgt.

Unser König hieß nämlich Mark, oder Marke, was so viel wie Pferd heißt, und der Name kommt in Penmarch wieder vor. Die Einheimischen sprechen das Wort aus wie Penmor, mit einem offenen »o«. Marke war jener Unglücksrabe, der einen gewissen Tristan nach Irland schickte, wo er für ihn um die schöne Isolde freien sollte. Weil die beiden irrtümlich von dem Liebestrank naschten, den der alte Herr mitgegeben hatte, um sich auf solche Weise die Zuneigung des schönen Kindes zu sichern, gab es gräßliche Verwirrungen und für Herrn Wagner die Chance, lange Duette und Arien um Liebesleid und gar Liebestod zu komponieren.

In der Gegend, wo es dereinst windschnelle verzauberte Hirschkühe, pferdeohrige Könige, funktionstüchtige Liebestränke und das Vorbild tristanischer, stimmordender Tenorpartien gab, war ich nun angekommen. Als ich einem Pariser Freund von diesem Ziel erzählt hatte, meinte er nur: »Bretagne? Eine wilde Gegend.«

Pariser sind, wie fast alle Großstädter, ein bißchen arrogant. Alles, was sich außerhalb tut, wird nicht so ganz ernstgenommen. Das gilt nicht. Und je weiter es weg ist, desto wilder muß es ihrer Meinung nach sein. Dabei blühen im Februar in der Bretagne die Mimosen und der Ginster. So mild ist das Klima dort! Lämmer blöken schon auf den Weiden. Was dort wirklich wild ist, das ist der Wind. Der bläst eigentlich immer.

Zwei Spezialitäten, denen die sinnenfrohen Pariser – und nicht nur die – im wahrsten Sinne des Wortes steigernde Kräfte nachsagen, kommen aus der Bretagne: Austern, und zwar vor allem die berühmte Belon, und Artischocken, die selbst Kinder in diesem Land gern mögen. Wahrscheinlich nicht zuletzt deshalb, weil man sie mit den Händen ißt. Auch jenes rote Krebstier mit den kleinen Scheren, die Langustine, die man inzwischen selbst in Hamburg, gegen viel Bares allerdings, an Schlemmertheken im Stehen essen kann, stammt zumeist von den Küsten der Bretagne. Um ein wenig Neid aufkommen zu lassen: Der Preis für vier bis fünf Ham-

burger Langustinen reicht in einem bretonischen Fischernest wie Penmarch für ein ganzes Kilo, und das nicht etwa für aufgetaute, sondern noch lebende Krebse!

Wie man sie zubereitet? Ganz einfach – das geht auch in einem Shorty oder in einem Wohnwagen oder vor dem Zelt. Man nimmt den größten vorhandenen Topf, läßt drei Finger hoch Wasser kochen, mit einem Schuß Weißwein drin, wirft die Ladung Krebse hinein, deckt gut zu, und nach zehn Minuten ist das Krebsfleisch weiß und fest und schmeckt! Dazu trinkt man einen Muscadet, diesen trockenen, würzigen Wein, der ganz in der Nähe, etwas hinter Nantes wächst (Nicht zu verwechseln mit dem eher süßen Muscat-Wein. Das ist etwas ganz anderes und wächst hier oben überhaupt nicht.).

Fast überall, wo die Leute im wesentlichen vom Fischfang leben, wird geklagt. Zum Teil auch an der bretonischen Küste. Etwa in Concarneau. Doch hier, in der Gegend um Penmarch bis nach Le Guilvinec hinunter, wird zwar auch über die schweren Zeiten gejammert – wo nicht –, aber wenn man die Augen aufmacht, erkennt man erstaunliche Aktivitäten. In Guilvinec hat man einen Reparaturbetrieb aufgebaut, der mit einem riesigen fahrbaren Heber ausgestattet ist, der ganze Fischdampfer aus dem Wasser holt und ins Trockene setzt. Der Hafen wird ständig weiter ausgebaut. Man sieht: Hier steckt Geld, hier ist man aktiv. Ich frage Bürgermeister Xavier Charlot, wieso es in der Gegend rings um Penmarch besser läuft als anderswo.

»Ich will nicht behaupten, daß es hier gerade brillant läuft. Aber bis zum letzten Jahr hatten wir in der Tat steigende Umsätze. Jetzt stagniert es ein bißchen. Große Probleme haben wir deshalb aber nicht. Die anderen tun sich da viel schwerer. Woran das liegt? Nun – die Kapitäne sind bei uns fast immer auch die Eigner ihrer Fischdampfer. Sie arbeiten für ihre eigene Tasche, und vor allem: Sie sind verantwortlich für alle Entscheidungen. Müssen niemanden fragen. Wenn es mal nicht so

Typisch für die Bretagne sind solche modernen Häuser mit alten Stilelementen wie etwa den Kaminen an beiden Giebeln

läuft wie gewohnt, dann lassen sie sich sofort etwas einfallen. Suchen etwa neue Fanggründe. Müssen nicht abwarten. Tun das Nötige sofort. So sind sie beweglicher als jene, die für einen Konzern arbeiten, in dem oft mehrere Leute miteinander konferieren müssen, bevor eine Entscheidung getroffen wird. Dazu kommt: Bei uns wird ein Teil des Erlöses in eine gemeinsame Kasse gezahlt. Die ist immer noch reichlich gefüllt, und davon bauen wir unseren Hafen aus. Im Grunde genommen alles ganz einfach...«

Es ist noch kein Menschenalter her, da ging es den Bretonen hier an der Küste längst nicht so gut. In den zwanziger Jahren war es besonders schlimm. In jenen Zeiten haben die Frauen angefangen, vor allem an den langen Winterabenden, Spitzen zu häkeln.

Die älteren Frauen kennen sich in dieser Kunst noch aus, und manche pflegen sie immer noch in geselliger Runde.

In Kérity gibt es – wie in so vielen französischen Orten – eine »Vielle Auberge«. Sie gehört Madame Edith Clouarec, einer kleinen agilen Person, so charmant wie energisch und deshalb schlechthin tüchtig. Im Sommer gibt es bei ihr die besten Crêpes weit und breit, und außerdem, auf Bestellung, köstliche Platten mit Meeresfrüchten. Von ihr weiß ich, daß sie einige Spitzen-Künstlerinnen kennt. Ich suche sie auf und bitte Madame, die Damen zu Kaffeeklatsch und Spitzenarbeit einzuladen. Ein paar Tage braucht sie dafür. Für mich gibt es inzwischen anderes zu tun. Zum Beispiel die hereinkommenden Fischdampfer zu fotografieren. Die Fischer beim Ausladen des Fangs. Die Auktionäre über den Kästen mit wimmelnden Langustinen...

Aber daraus wird nichts. Wenigstens vorerst nicht. Der Wind ist nämlich inzwischen zum Sturm geworden, derart, daß die Fischer gar nicht erst auslaufen.

Ich erinnere mich an herrliche Farben der Fenster in der Kathedrale von Quimper. Abends treffe ich dort ein, parke Shorty und mich gleich am Anfang der Innenstadt auf einem öffentlichen Parkplatz, der sich gerade von der Tagesfülle zu leeren beginnt. Morgen ist Sonntag, da brauche ich eh nicht zu zahlen.

Dieser Morgen beginnt geschäftig, mit Stimmen ringsum, Motorengebrumm. Dabei ist Sonntag! Was ich nicht gewußt habe – in der Straße hinter dem Parkplatz ist ausgerechnet heute Markt.

Bauern stellen ihre Stände auf, Keramik-Verkäufer, Jeanshändler, und was sich sonst so alles auf einem Markt ein Geschäft verspricht. Ich laufe die Straße entlang, die natürlich für den öffentlichen Verkehr gesperrt ist. Vietnamesische Spezialitäten sind im Angebot, Käse aus dem

Pointe du Raz, Frankreichs steinerne Nase im Atlantik. Immer weht Wind, die Brandung geht hoch. Man sieht das Meer um die Felsen fließen – das ist der Golfstrom

Lande, Wurst, Schallplatten und Kassetten, gräßliche, grellbunte Gesichtsmasken, Honig, Baumsägen, Batterieladegeräte, Töpfe und Pfannen, Pullover, und das gleich alles mehrfach; in immer neuen Wiederholungen und Varianten. Die Marktstraße ist gut zwei Kilometer lang. Und immer mehr Besucher und auch Käufer tummeln sich hinauf und hinab, trotz des wieder einsetzenden Nieselregens. Mir fällt ein, daß die leitenden Herren der Kathedrale an einem Sonntagmorgen ziemlich beschäftigt sein dürften und kaum Zeit für einen ausländischen Journalisten haben würden. Also setze ich Shorty in Bewegung und steuere nach Westen, zur Pointe du Raz.

Pointe du Raz – Sturmspitze Europas

An der Pointe ist immer Wind, ist immer Brandung. Dort fegt der Golfstrom sichtbar um die Ecke, türmt Wellenberge auf, wenn sich der Wind entgegenstemmt. Dorthin will ich also. Ich fahre durch Landudec. Dort ist gerade die Kirche aus. Die Leute strömen auf die Straße. Die Frauen stehen noch eine Weile zusammen und ratschen, wie überall in der Welt, und die Männer streben dem nächsten Gasthaus zu. Auch wie überall. Was mich anhalten läßt: Einige Frauen tragen die Bigoudenne-Haube, dieses gestärkte Spitzentürmchen, von dem man nicht weiß, wie es sich bei diesem Wind aufrecht hält.

Plozévet, etwa 10 Kilometer vor Audierne, auf der D 784. Ich will gerade auf die Hauptstraße einbiegen, als ich unmittelbar neben mir über einem Calvaire ein wunderschönes steinernes Kreuz sehe. Ich bleibe einfach stehen, klettere Shorty aufs Dach, lichte ab, und zwei Minuten später geht's weiter. Es ist kaum Verkehr. Schließlich ist Sonntag, da bleibt man bei der Familie. Touristen sind noch nicht da.

Auch die weiten Parkplätze an der Pointe du Raz sind nahezu leer. Gebühr wird gar nicht erst erhoben. Die Zulassungsnummern der wenigen Autos deuten auf die nächste Nachbarschaft: 29 fürs Finistère, 22 für die Côtes du Nord und 56 fürs Morbihan. Eine 75 aus Paris sucht man um diese Jahreszeit hier vergeblich.

Ich nehme mein schweres Kamera-Geschirr – die Mamiya mit allen Objektiven und das allein schon sieben Kilo schwere Stativ – und klettere die Felsen hinunter, suche ein Eckchen, wo der Wind nicht gar so hinfaucht, wo ich trotzdem Steilwände und Blick aufs Meer hinaus zugleich habe. Weit voraus drängt der Golfstrom sich quasi um die Ecke. Das Teleobjektiv holt ihn heran. Man sieht ihn richtig fließen. Einmal erwischt mich eine Böe, drückt mich gegen einen Strauch, und schon

habe ich etliche Stacheln, klein, grau und gemein, in der rechten Hand.

Oben, wo im Sommer die Touristen zu Hauf Postkarten kaufen, Crêpes essen und den einheimischen Felsenführern lauschen, ist um diese Jahreszeit nur eine einzige Theke besetzt. Drei Einheimische stehen davor, reden erregt miteinander, ich verstehe kein Wort. Sie sprechen bretonisch. Ich wärme mich mit einem Calvados auf. Die Männer nehmen mich, den Fremden, überhaupt nicht zur Kenntnis.

Natürlich ist auch das unvermeidliche Museum geschlossen. Der Eingang dazu ist mit allerlei Figuren verschandelt. Ich finde ihn monströs.

Ich fahre in die Baie des Trépassés hinunter. Dort brandet das Meer wild heran, aber die Sonne, die eben noch zu sehen war, ist schon wieder verschwunden. Auf steiler und kurviger, enger Straße mühe ich Shorty auf die Pointe du Van hinauf, die nicht ganz so heroisch gezackt wie die Pointe du Raz ist, aber auch eine weite Sicht hinüber zur Ile de Sein ermöglicht. Eigentlich heißt dieses Felseiland Insel des Busens. Was heißt hier eigentlich? Laut Wörterbuch heißt die Insel so. Man müßte mal hinüberfahren. Und wo soll ich Shorty so lange lassen? Bei dem Wind? Weil wir schon beim Wörterbuch sind: Raz bedeutet starke Strömung, aber auch Springflut. Kann man sich hier also aussuchen. Stimmen täte beides ... Das »z« wird übrigens nicht mitgesprochen.

Das Vieh ist jetzt in dichte Winterwolle gehüllt. Es bleibt das ganze Jahr auf der Weide. In der Bretagne wird es niemals richtig kalt, man kennt hier aber auch keine extrem hohen Temperaturen im Sommer

Aus dem Logbuch

Spätnachmittags wieder in Quimper. Wohl *die* Stadt der Bretagne. Kommt von bretonisch oder keltisch »kemper« – Zusammenfluß. Hier treffen Steïr (das »ï« wird für sich ausgesprochen) und Odet zusammen. Und damit die Bretonen, die sich der Stadt nähern, auch wissen, wohin sie kommen, steht »kemper«, hübsch klein geschrieben, am Rande der Zufahrtsstraße.

Neben der Tür zum Presbyterium der Kathedrale von Quimper ist eine ganze Skala von Klingeln angebracht. Für jeden der hier diensthabenden Priester ein Knopf, und daneben zwei kleine Schilder. Ich drücke auf den obersten Knopf, und sofort leuchtet in rot »abwesend« auf. Monsieur le Curé, der Chef des Hauses, heißt L. Justine, sehe ich, und so klingele ich bei ihm. In Sekundenschnelle leuchtet in weiß »ich komme« auf. Schon steht der schmale grauhaarige Herr in der Tür. Er trägt einen einfachen grauen Zivilanzug. Irgendwo im Unterbewußtsein hatte ich wohl einen soutaneschwingenden Don Camillo erwartet. Pardon. Monsieur l'Abbé Justine erlaubt nicht nur, daß ich am nächsten Tag um elf in der Kathedrale fotografiere, er drückt auch seine Freude über mein Interesse an seinen Fenstern, wenn auch mit angemessener Zurückhaltung, aus. Und er sagt: »Ich werde dem Kirchendiener ausrichten, daß Sie kommen. Es wird keine Schwierigkeiten geben.«

Gibt es dann aber doch. Und zuvor noch ganz andere. Ich habe erfahren, daß es in oder bei Pont l'Abbé einen »Camping Permanent« gibt, so einen Dauer-Campingplatz. Keine schlechte Sache, weil es dort leicht ist, Wasser zu fassen und mit dem elektrischen Anschluß die Batterien nachzuladen. Der Platz heißt »Les Chataignières« (Die Kastanien), gehört zu einem Bauernhof und ist nur mäßig besetzt. Ich vereinbare mit dem Bauern, daß ich auch spät in der Nacht kommen und mir einen passenden Stellplatz aussuchen kann.

»Vorauszahlen? Wieso? Wenn Sie noch nicht genau wissen, wieviel Nächte Sie bleiben? Zahlen Sie, wenn Sie abfahren, Monsieur. Nur keine Umstände.«

Monsieur Jean Glehen ist felsenfest davon überzeugt, daß auf seinem Hof der größte Kastanienbaum der Welt steht. Wenn er Blätter trägt, werde ich wohl wiederkommen und den Wunderbaum fotografieren müssen. Monsieur Glehen glaubt auch deshalb, daß seine Kastanie wirklich die allergrößte ist, weil ein sprachkundiger Professor ihm einmal erklärt hat, daß sein Hofname Kerloc'h »hier wächst alles besonders gut« bedeutet.

Als ich abends zurückkomme, ist es stockfinster. Irgendeine Beleuchtung gibt es nicht. Allerdings auch kein Eingangstor – man fährt einfach ins Gelände. Das ist dort verhältnismäßig steil. Ich will aber eine ebene Stelle, weil ich es hasse, wenn mir das Kaffeewasser bei der geringsten Windböe überschwappt. Ich probiere mehrere Stellen aus, rangiere mich dabei immer tiefer, habe dann endlich eine leidliche Horizontale erreicht, will nur noch ein bißchen zurücksetzen – da rührt Shorty sich nicht mehr. Bleibt wie ein störrischer Esel stehen, wackelt ein bißchen, der Motor röhrt. Bei einem benachbarten Wohnwagen öffnet sich die Tür, wird aber sogleich wieder zugeworfen.

Ich sitze mit Shorty fest, bin tief in den Morast gesunken. Um es nicht zu vergessen: Aus dem Nieselregen war seit Stunden schon ein handfester Dauerguß geworden. Ich versuche es mit Vor und Zurück und Vor und Zurück. Es hilft nichts. Im Licht der Taschenlampe wird nun offenbar, was ich längst weiß: Tiefer geht es kaum. Ohne fremde Hilfe komme ich hier nicht heraus. Ich bin einigermaßen wütend, über mich selbst nicht zuletzt, über den morastigen Platz, und müde bin ich auch. Gehe hoch zum Bauernhaus.

»Ich sitze in der tiefsten Scheiße!« sage ich zu dem Bauern, der seinen Mego, seinen Zigarettenstummel, nicht mal aus dem Mund nimmt und nur antwortet: »Wollen mal sehen.«

Er kommt mit, sieht sich den regungslosen Shorty an und erklärt kurzerhand: »Da ist heute nichts mehr zu machen. Bleiben Sie doch einfach so stehen. Hier stören Sie niemanden. Morgen früh hole ich Sie mit meinem Trecker heraus. Gute Nacht, Monsieur.«

Er stapft bergan, verschwindet im Dunkel. Den brennenden Mego hat er immer noch im Mund.

Ich hole erst mal Shortys Betriebsanleitung heraus und vergewissere mich, daß er auch Abschleppösen hat. Hat er. Wie sollte es bei einem Ford auch anders sein! Ich ziehe also die Rolladen herunter, mache alles dicht und lausche noch lange dem Regen, der aufs Dach trommelt. Der Sturm ist so stark geworden, daß er selbst hier, 20 Kilometer von der Küste, im Tal der Kastanien, spürbar am Wagen rüttelt. Keine angenehme Nacht.

Am Morgen sehe ich mir die morastige Angelegenheit noch einmal in Ruhe an, stelle fest, daß die Räder etwas eingeschlagen sind, drehe sie gerade und versuche, mit neuerlichem dosiertem Vor und Zurück meinen Shorty aus dem Dreck zu schaukeln. Was ich nicht zu hoffen wagte – in zwei Minuten bin ich frei und fahre sofort zum Bauern hinauf. Der sieht mich wohl durchs Küchenfenster kommen, erscheint sogleich in der Tür, den unvermeidlichen Mego im Mund, und strahlt mich an: »Sie haben es ja allein geschafft.

Wissen Sie was, Monsieur, heute abend stellen Sie sich gleich hier oben neben das Haus, da ist auch ein elektrischer Anschluß. Sie brauchen Ihren Stecker nur hineinzuschieben. Und schon ist alles in Ordnung. Tut mir leid, daß Sie gestern eingesunken sind. Aber solchen Regen hatten wir lange nicht. Darf ich Ihnen einen guten Schluck anbieten?«

So etwas darf man nicht abschlagen, auch dann nicht, wenn man auf dem Wege ist, Kirchenfenster zu fotografieren.

Die Küche sieht aus, als hätten seit Monaten nur Männer darin gehaust. Aber dieser ausladende Eichentisch! Ein Prachtstück! Und der uralte Schrank in der Ecke! Ich denke, ob der Alte weiß, was er da an Wertgegenständen stehen hat? Er blinzelt mir mit seinen listigen Augen zu, gießt einen Cassis-Likör ein und etwas ziemlich Scharfes darüber, natürlich gleich in zwei Gläser, und will nicht verraten, was das für ein Superwässerchen ist. »Mein Geheimnis«, sagt er, und schon hat er seinen mit einer kurzen Bewegung hinuntergekippt.

Shortys Beinahebeerdigung ist also begossen und vergessen, und ich kann mich an des Bauern deutscher Dogge vorbeidrücken. Das Tier sieht ungemein gefährlich, ja furchterregend aus, ist aber nur schrecklich verspielt und hat anscheinend nicht die allergeringste Ahnung, was es mit seinem gewaltigen Gebiß anrichten könnte.

»Der ist noch sehr jung«, sagt der Bauer, »muß noch viel lernen.«

Mitten im Hof steht ein Maschendrahtzwinger. Aber die Tür steht offen, und drinnen scharren Hühner im Dreck. Ich frage mich, wie der Hund etwas lernen soll, wenn sich offenbar niemand um ihn kümmert. Ist aber gut zu wissen, daß er harmlos ist. Wenn der nachts plötzlich vor einem steht ...

Eine knappe Stunde später, es ist kurz vor 11, habe ich in der Nähe der Kathedrale von Quimper einen Parkplatz erwischt. Und schon ein etwas flaues Gefühl: Vor dem Haupteingang stehen nämlich ganze Menschentrauben und warten. Irgend etwas geht vor. Aha, ein blumen- und kranzgeschmückter Leichenwagen wartet dort auch. Also wird drinnen eine Totenmesse gefeiert. Und um 12 wird die Kirche für mehrere Stunden geschlossen!

Ich gehe einmal langsam um den Häuserblock, und als ich zurückkomme, sind Neugierige und Wagen verschwunden. Ich kann also meine Geräte holen und mit der Arbeit beginnen.

Kaum habe ich das Kirchenschiff betreten – das übrigens recht merkwürdig ist: Es hat sozusagen einen Knick. Die Kirche ist, könnte man sagen, etwas um die Ecke gebaut. Warum weiß niemand. Ich bin also gerade drin, beladen mit meiner Ausrüstung, kommt ein hochgewachsener Mann auf mich zu, der mir mit merkwürdig hoher Stimme erklärt, daß ich angemeldet sei und mit meiner Arbeit beginnen dürfe, aber nur bis »Midi«, bis zwölf, oder höchstens ein paar Minuten länger, weil ja auch die Totenfeier länger gedauert habe als vorgesehen. Ich suche mir die Fenster nach dem besten Licht und den schönsten Farben aus und darf mich freuen, daß die Sonne wieder durchgekommen ist ...

Anderthalb Stunden später kurve ich

An der Pointe du Raz gibt es auch ein Museum. Der Eingang dazu mag einige Rätsel aufgeben

mit Shorty die südlichen Höhen von Quimper hinauf. Ich brauche einen Blick auf die Innenstadt. Die Kathedrale ist nämlich derart dicht umbaut, daß man sie nicht aus der Nähe fotografieren kann.

Ich sehe eine Schule. Wenn sie einen zum Tal hin offenen Hof hätte, müßte es von hier aus möglich sein, denke ich und halte an.

Kantinenblick

Der Hof gehört zur Schule vom heiligen Jesuskind. Das Tor steht weit offen, es ist niemand zu sehen, den ich um Erlaubnis fragen könnte, also trete ich ohne eine solche ein. Aber es stellt sich bald heraus, daß der Hof umbaut ist und keinen Blick auf die Stadt freigibt. Ich kehre also um. Da kommt mir eine Frau entgegen, ein klein bißchen außer Atem, und der Mantel sieht so aus, als sei er nur eben schnell übergehängt.

»Kann ich Ihnen helfen, Monsieur?«

»Ich fürchte, nein, Madame. Ich suche eine Stelle, von der aus ich die Kathedrale fotografieren kann.« Ich hebe die Mamiya etwas hoch. »Aber hier sieht man ja gar nichts von der Stadt.«

Sie schaut mich an, überlegt.

»Nein, hier wären Sie auch viel zu weit weg, Monsieur. Sie müßten zur – nein, das kann ich Ihnen schlecht erklären. Aber ich kann Ihnen zeigen, wo Sie den besten Blick haben müßten. Kommen Sie, bitte, mit.«

Sie schließt eine Tür auf, geht voran. Durch Gänge, in denen es nach Schule riecht. Und dann wehen mir andere, angenehmere Düfte entgegen. Eine Tür tut sich auf, und wir sind in der Küche der Schulkantine. Irgend etwas brodelt in einem der Töpfe. Eine Frau ist mit Saubermachen beschäftigt. Die Fensterfront der Kantinenküche bietet wie ein Supercinemascope die optimale Quimper-Totale. Meine Führerin sieht das wohl jeden Tag, für sie ist es nichts Neues. Sie zeigt auf den nächsten Hügel. »Da drüben ist eine Aussichtsplattform. Von dort müßten Sie gut fotografieren können.«

»Der Platz da drüben ist sicher ausgezeichnet, Madame. Aber dieser hier ist noch besser. Wenn ich ein Fenster öffnen dürfte, könnte es wirklich keinen besseren Platz geben.«

Sie bleibt skeptisch, öffnet aber sogleich ein Fenster. Schaut mir nicht sehr überzeugt beim Fotografieren zu. Also lasse ich sie durch das Teleobjektiv schauen.

»Ja so, Monsieur, wenn Sie alles so dicht heranholen! Das sieht wirklich gut aus!«

Ich bedanke mich, wir verlassen diesen Super-Kantinen-Blick. Auf dem Hof fragt sie mich: »Sie sind wohl nicht aus der Region?«

»Ich bin nicht mal aus dem Lande, Madame.«

Sie blickt mich prüfend an und hat mich endlich durchschaut. »Sie sind Engländer, nicht wahr?«

Die Sonne scheint wirklich, aber der Wind ist kalt. Madame knöpft ihren Mantel zu, und ich gehe die Straße hinauf, zu Shorty.

Quimper
Michelin-Karten 58 und 230, Bretagne, Département Finistère, 61 000 Einwohner. Entfernungen: Paris 556 km, Brest 72 km, Lorient 66 km, Pont l'Abbé 20 km, Penmarch 34 km, Pointe du Raz 50 km. Sehenswürdigkeiten: Porzellan-Fabrikation, Kathedrale (Fenster!), Volksfeste der »Cornouaille« mit vielen Trachten Ende Juli. Informationen: Office de Tourisme, 3 rue Roi-Gradlon (bei der Kathedrale), 29000 Quimper, Tel. 00 33/98/95 04 69

Aus dem Logbuch

Madame Edith hat alle ihre Häkel-Damen erreicht und sie übermorgen eingeladen. Zehn werden es sein. Eigentlich schon zu viele, aber Madame meint es eben gut. Ein Abstecher nach Le Guilvinec zeigt mir, daß die Fischer immer noch nicht ausgelaufen sind. Die Boote, ganz moderne Stahlbauten und uralte hölzerne Seelenverkäufer, aber alle mit Radar, drängen sich im Hafenbecken aneinander, als ob sie frieren. Der Wind ist wirklich lausig kalt.

Bei der Kapelle Notre Dame de Tronoën, ganz in der Nähe von Plomeur, steht der älteste Calvaire, die älteste Gedenkstätte der Bretagne. Ich klettere auf Shortys Dach, um ihn zu fotografieren, aber obwohl ich die Hinterachse des Wagens abgestützt habe, wackelt er im Wind dermaßen, daß ich die Aufnahmen wohl bei ruhigerem Wetter wiederholen muß. Auf dem Rückweg entdecke ich ein Schild am Straßenrand: »Sculpteur sur Granit, 1400 m«. So lerne ich Jean Claude Michaud kennen.

D'Artagnan

Ein ungewöhnlich kleines Haus im Bretagnestil, aus Granitquadern zusammengefügt. Offener, türloser Zugang zum Hof. Tiefgrüner, ungeschnittener Rasen. Ein zugedeckter Brunnen. Und natürlich Figuren aus Stein. In der rechten vorderen Ecke ein Haufen unbehauener Granitblöcke. Gleich daneben ragt ein breitgesichtiger, starrer Mann, die Züge gequält. Gequälte Starre. Gefällt mir nicht.

Schräg davor wiederum eine geschmeidige Skulptur, freie Formen. Geschmeidiger Granit. Unglaublich, aber ein wirklich

Zwei Fenster der Kathedrale von Quimper. Die Kirche (Foto unten) ist ein bißchen um die Ecke gebaut, und kein Mensch weiß warum

Der Bildhauer Jean Claude Michaud bei der Arbeit. Seine Hammerschläge fallen in rascher Folge. Darunter: Jean Claude Michauds Symbol

femininer Granit. Rechts hinten ein grell violett angemalter Schuppen. Atelier steht daran.

Stille. Nur der Wind weht durch den Hof. Klar. Der Wind ist hier einfach überall. Ich stehe mitten auf dem grünen, engen Hof und schaue mich weiter um. Neben der Tür zu einem hinteren Ausgang eine Figur, eher ein Relief. Es fasziniert mich vom ersten Augenblick an. Oben eine riesige Lilie, oder Kalla? Darunter eine Rose, fünfblättrig. Oder doch keine Rose? Keine Kalla? Ein Kelch einfach? Konkret, und auch nicht konkret.

Plötzlich steht Jean Claude Michaud vor mir. Das lange blonde Haar wild, ungekämmt. Der Mann ist nicht rasiert. Seit Tagen nicht. Seine Augen dringen ein. Michaud ist nicht sehr groß, ja, eher klein, gleichwohl stabil gebaut. Er steht sicher da. Trägt rotbraune Hosen, die weit sind, aber kurz unter den Waden enden. Die Füße stecken in schwarzen, ziemlich dikken Holzschuhen. Oben ein formloser dikker Pullover.

Ich stelle mich vor. Sage, daß ich sein Schild an der Straße gesehen habe und einfach nur neugierig bin.

»Sie haben eben dieses Symbol hier betrachtet. Was halten Sie davon?«

»Es rührt mich an. Mehr noch – ich möchte es berühren.«

»Skulpturen muß man anfassen, Monsieur. Skulpturen muß man auch mit den Händen sehen. Man muß sie fühlen.« Meine Finger gleiten über den kühlen glatten Stein.

»Was, glauben Sie, stellt es dar?« Der Kerl examiniert mich mir nichts dir nichts. Aber warum sollte er nicht!

»Mir fällt Verschiedenes ein.«

»Was?«

»Es könnten zwei Blumen sein.«

Er schüttelt heftig den Kopf.

»Es könnte ein Auge mit einer symbolischen Träne sein. Die Träne des Lebens, wenn es so etwas gibt. Oder einfach etwas ganz anderes: Weiblichkeit. Diese Skulptur ist sehr feminin.«

Ich zögere weiterzusprechen. Dabei hört er mir sehr aufmerksam zu. Ich sage schließlich: »Ein Symbol für Geburt vielleicht. Sie sagten eben, daß es ein Symbol ist. Ein Symbol also für das Leben. Auf jeden Fall für etwas Kreatives. Etwas Positives. Ja. Es ist sehr positiv.«

Er nickt diesmal. »Sie haben recht. Ein Symbol. Keine Blumen. Man kann es nicht erklären. Ich kann es nicht. Man darf es auch nicht versuchen. Man fühlt es, oder man fühlt es nicht. Ich glaube, die meisten Leute fühlen es nicht. Sie dagegen, Monsieur, scheinen ein Gespür dafür zu haben. Das beweist mir, daß der Granit eben doch lebt. Daß er etwas zu sagen hat. Die meisten glauben mir das nicht. Es ist selten genug, daß jemand etwas von Skulpturen versteht.«

»Ich verstehe nichts davon, Monsieur. Ich bin kein Kritiker. Ich mag etwas, oder ich mag es nicht. Warum das so ist, kann ich oft nicht erklären.«

Er macht eine wegwerfende Handbewegung und sagt: »Ach, Kritiker...« und hört wieder auf zu reden. Wir schauen beide auf sein Symbol, auf die Blumen aus Granit, die keine sind, keine sein sollen. Endlich fragt er: »Was sehen Sie noch?« Ich weiß nicht, ob ich es sagen soll. Ich kenne ihn doch gar nicht. Darum weiche ich aus. »Ich sehe noch etwas, aber ich möchte nicht sagen, was ich da zu sehen glaube. Jedenfalls nicht jetzt.«

»Gut, dann sagen Sie es morgen. Sie sind jederzeit willkommen.«

Ich bin betroffen. Von den Plastiken, von dem Mann. Ich danke ihm und gehe. Und bin zwei Stunden später wieder da.

»Monsieur?«

»Ich wollte Ihnen sagen, was ich noch sehe.«

»Ja?«

»Freude. Mehr noch als Freude – Lust. Ich sehe eine Vulva aus Granit, die lebende Erde.«

Er ist überhaupt nicht erstaunt. Lächelt. Sagt: »Monsieur, es ist ein Symbol. Nichts Bestimmtes, und doch von allem, was Sie genannt haben, ein Teil.«

»Aber Sie haben es doch geschaffen, Sie müßten es doch genau wissen!«

Er baut sich irgendwie vor mir auf, reckt sich. »Muß ich nicht. Ich habe es nicht geschaffen. Das ist ein großer Irrtum. Ich spüre allenfalls den Vibrationen des Granits nach. Ich mache sein Leben sichtbar. Glauben Sie mir, der Granit lebt. Ich schaffe nur nach.«

»Aber Sie sind doch kreativ!«

»Nein. Ich bin ein Handwerker. Bestenfalls.«

Ich schaue ihn wohl sehr ungläubig an.

»Meine Hände arbeiten. Und sie arbeiten sogar sehr schnell. Aber meine Antenne sitzt hier.« Er zeigt auf seinen Bauch, genauer, auf seinen Solar Plexus. »Damit spüre ich, was der Stein will. Damit fühle ich sein Leben.«

»Ich verstehe«, sage ich. Das hat er offenbar nicht erwartet. Das ist die Stelle, an der er wohl immer Widerstand spürt. Wohin ihm niemand folgen will. Ich erkläre ihm, warum ich glaube, ihn zu verstehen: »Ich habe etwas Gesang studiert. Ich weiß, daß ein Ton von der Mitte des Körpers getragen werden muß, wenn er voll klingen soll. Ich weiß von der Bühnenausbildung her, daß jede Bewegung – bei Tänzern sieht man das besonders deutlich – von der Körpermitte ausgehen muß. Eine Bewegung, die nicht von der Körpermitte her geführt ist, lebt nicht.«

Offenbar – i wo, natürlich – sage ich ihm nichts Neues.

»Sie verstehen eine ganze Menge, Monsieur. Sie singen nicht mehr?«

»Es war ein Traum. Das ist lange her. Über 30 Jahre.«

»Ich weiß auch, wie Träume sind. Ich habe seit vielen Jahren einen Traum.« Er hält inne. So schnell verrät er sein Geheimnis nicht. Aber dann muß er doch heraus damit. »Ich träume von einem Boot. Von einem Drachen.«

Er redet ohnehin schnell, so sehr, daß ich ihm oft nur mit großer Mühe folgen kann. Aber jetzt sprudeln die Worte geradezu hektisch heraus: »Kein Kunststoffboot, wie die Dänen es bauen. Holz! Monsieur, mein Drachen muß aus Holz sein. Und ich werde ihn selbst bauen. Wenn ich einen Drachen haben werde, dann habe ich ihn selbst gebaut. Wenn.«

Er steht da vor mir, als müsse er um seinen Traum kämpfen, und als traue er sich nicht, damit anzufangen.

»Kommen Sie!« sagt er. Er öffnet die hintere Tür, die neben dem »Symbol«. Ein Gemüsegarten tut sich auf, aber links liegt Längliches unter Planen. Michaud zeigt darauf: »Holz für mein Boot. Eines Tages werde ich es bauen. Corinne hat zugestimmt. Sie weiß, daß ich ein Egoist bin. Ich bin ein Egoist. Ich weiß es.« Der Berg von aufgeschichtetem Holz unter den Planen sagt mir nichts. Nichts über die Realisierbarkeit eines Drachentraums. Ich verstehe nichts von Booten. Von Träumen schon eher. Michaud spürt mein Zögern. Geht weiter. Winkt mir, nachzukommen. »Mögen Sie Salat? Frischen, selbstgezogenen Salat? Sie sind doch Ihr eigener Koch in Ihrem Wagen. Darf ich Ihnen ein paar Blätter frischen Salat schenken?«

Ich verstehe. Er will mir zeigen, daß er mich irgendwie schätzt. Außerdem – Feldsalat ist eine feine Sache. Er rupft ein paar Pflanzen aus. Greift außerdem nach einem schwarzen Rettich. »Das schmeckt auch gut.«

Und er erzählt: »Wir ernähren uns fast nur aus diesem Garten. Zur Zeit bin ich allerdings allein. Corinne ist noch im Krankenhaus. Wir haben ein Baby bekommen. Vor acht Tagen.«

Ich stehe da, halte den Feldsalat in den Händen, den Rettich, gratuliere ihm mit den üblichen Worten. Was soll ich sagen, ich kenne ihn doch gar nicht. Noch viel weniger seine Corinne.

»Corinne malt«, erklärt er mir, als hätte er meine Gedanken erraten. »Sie malt auf Seide. Kommen Sie, ich zeige es Ihnen.« Wir gehen zum Hof zurück. Lassen Gemüse und Salat und die zugedeckten Holzplanken, Zeugen eines Traums, zurück. Michaud öffnet die Tür zu dem violetten Atelier.

Eine Art Thresen, auf dem verschiedene Granit-Skulpturen stehen. Darunter ein scheinbar roher Stein, aus dem eine Hand zu wachsen scheint ...

Rechts hängen Seidentücher, mit wechselnden Farben, in der Basis aber meist

Rottöne. Darauf mit sehr zarten Linien angedeutet Mädchenakte. Das Erstaunliche: Die Linien sind bei aller Zartheit mit einer Sicherheit gezogen, als hätte Picasso die Hand geführt.

Über die symbolische Granitfigur habe ich vorhin viel geredet. Jetzt finde ich keine Worte. Werde keine finden, wenn er mich fragt. Natürlich fragt er: »Wie finden Sie es?«

Und ich antworte, und genauso meine ich es: »Das ist rein. C'est pur.«

Ich möchte die von der Decke herabhängenden zarten Tücher anfassen. Anders als beim Granit – hier traue ich mich nicht.

Michaud folgt mir hinaus auf die Straße zu Shorty.

»Sie werden wiederkommen?«
»Sicher. Darf ich fotografieren?«
»Aber ja, jederzeit, Monsieur.«

Zwischenakt

Heute nacht meide ich den bösen Morast in den Tiefen von Les Chatagnières, bleibe oben beim Haus. Viel Hunger habe ich nicht. Jean Claude Michaud und sein Granit beschäftigen mich. Da fällt mir sein Feldsalat ein. Wie soll ich ihn anmachen? Kein Essig im Wagen. Keine Zitrone. Aber eine Flasche Muscadet. Also gibt es Feldsalat mit Zucker, Muscadet und Pfeffer. Köstlich! In dieser Nacht schlafe ich gut, obwohl der Wind in den hohen Kastanien immer noch heftig rauscht.

Bevor ich am Morgen irgend etwas anderes unternehme, fahre ich zu Jean Claude Michaud und lade ihn für den Abend zu einem einfachen Essen in Shorty, vor seinem Hause geparkt, ein. Er nimmt an und verspricht, rechtzeitig aus dem Krankenhaus zurück zu sein. Er besucht Corinne immer abends. Meine kleine Bedingung »eine Handvoll Feldsalat« akzeptiert er ohne Gegenfrage.

D'Artagnan II

Um Viertel vor neun will Jean Claude Michaud aus dem Krankenhaus zurück sein. Ich parke Shorty früh genug vor seinem Haus, um alles vorzubereiten. Ich will Bratkartoffeln mit Speck und Eiern machen, muß also erst einmal Kartoffeln schälen. Den Salat wollte er ja mitbringen. Ich bereite die Soße aber schon vor. Zum Nachtisch gibt es Käse und dann Joghurt mit deutschem Himbeersirup. Rotwein steht natürlich auch auf dem Tisch. Ich habe meine Zweifel, ob Michaud einigermaßen pünktlich sein wird. Er wird sich von Corinne nicht so schnell trennen können. Wo er doch nie aufhören kann zu reden. Er steht dann an Shortys Tür, redet, sieht, daß ich den Zündschlüssel umdrehen will, aber er fängt wieder von vorne an. Hält dann inne, blickt ganz erschrocken, wie ein Schuljunge, der bei einem Streich ertappt wurde, stottert: »Ich halte Sie auf, nicht wahr?« Vergißt das aber sofort wieder und redet. Als ob es um sein Leben ginge. Da kann man den Zündschlüssel einfach nicht umdrehen. Da wartet man. Und wartet plötzlich gerne.

Das Gespräch, das ich bisher geschildert habe, hat sich in Wirklichkeit in ungezählten Wiederholungen und Variationen abgespielt. Wir haben voreinander im Wind gestanden, im Hof, und haben geredet und geredet, beide. Haben gefroren und geredet. Über Granit, über Corinnes Selbstlosigkeit. Über die Ahnungslosigkeit der Touristen. Über seinen Traum von einem Boot, über seinen Egoismus, dieses Ding bauen zu wollen, das auch im Selbstbau Zigtausende kosten wird. Die er nicht hat. Wo er doch so gut wie nichts verkauft. Nicht an diesem Ende der Welt. Das bißchen Bare, das hereinkommt, verdient Corinne mit Putzen...

Und immer wieder seine Begeisterung, egal, wovon er spricht. Er ist immer ganz dabei, ich glaube, lügen kann dieser Mann nicht. All das geht mir durch den Kopf, während ich Kartoffeln schäle, wasche, Speck kleinschneide, die Soße anrühre.

Kurz vor neun ist er tatsächlich da. Ein bißchen verändert. Nämlich frisch rasiert, und er trägt einen anderen Pulli.

»Ich bin jetzt da«, sagt er, noch etwas atemlos vom Gegen-den-Wind-Anstrampeln. Jean Claude fährt mit dem Rad. Was hat er mir erzählt?

»Die Bauern hier, die Nachbarn, halten mich für einen Kriminellen, weil ich so arm bin, daß ich mir kein Auto leisten kann. Ich weiß gar nicht einmal, ob ich mir eins kaufen würde, wenn ich das Geld hätte. Aber das ist etwas anderes. Wer arm ist, ist für die ein Nichtsnutz. So einfach machen sie sich das. Natürlich verstehen sie auch nichts von meinen Skulpturen. Für diese Leute mache ich da nur Unsinn. Sie sehen doch, was ich arbeite. Bei mir ist doch alles offen. Jeder kann hereinschauen. Ich habe nichts zu verbergen. Für diese Bauern aber ist Armut schon eine Sünde für sich. Bauern! Mir erzähle noch mal einer etwas von der Erdverbundenheit des Landvolks. Banausen sind das!«

Aber jetzt hat er einen heißen Kopf. Vom Fahrradfahren. »Ich habe Corinne von Ihnen erzählt. Sie war erst ein bißchen traurig, daß ich heute nicht so lange wie sonst bleiben konnte. Aber dann hat sie sich gefreut, daß ich eingeladen worden bin. Ich soll Sie grüßen. Und jetzt hole ich den Salat.«

Das hat er also nicht vergessen. Als er den gewaschenen Salat in einer Schüssel bringt, schleppt er noch etwas mit an. Ein großes Brett. Etwas von seinem Drachenboot, denke ich. Aber nein. Es ist der Kopfteil eines Kinderbettes. Liebevoll ausgearbeitet.

»Das mache ich zur Zeit für das Baby. Ich hoffe sehr, Corinne wird sich über das Kinderbett freuen. Es soll eine Überraschung sein. Die Treppe, die ich auch fertig haben wollte, die Treppe nach oben, die schaffe ich wohl nicht mehr. Aber das Kinderbett wird fertig, und das Kinderzimmer wird noch tapeziert. Ganz bestimmt. Ich mache in unserem Haus nämlich alles selbst.«

Ich nehme das Holz in die Hand, fahre mit der Hand über die glatten Flächen.

»Eine schöne Arbeit.«

»Ach was, eine Stümperei ist das. Für einen Amateur mag es gelten. Nun, eigentlich bin ich ein Amateur, soweit es Holz angeht. In Holz könnte ich wohl keine Skulpturen machen. Nicht in Holz. Darin würde ich nie perfekt sein.«

Der Speck in der Pfanne fängt an zu duften. Ich gieße die Soße über den Salat und bitte Jean Claude, ihn zu kosten. Er ist nicht nur voll des Lobes, er füllt sich auch sogleich einen Berg davon auf. Und mampft los.

»Sehen Sie«, fängt er plötzlich an zu reden, er ist schon wieder beim Granit, »dieser Stein lebt so sehr, daß man es heute sogar messen kann. Granit ist radioaktiv. Nicht sehr viel, aber doch so, daß empfindliche Geräte ausschlagen.«

Beinahe hätte ich gesagt, daß er also ein Bildhauer in Radioaktivität ist, aber ich lasse das. Er hätte die Bemerkung ernst nehmen können. Man soll keine Wortspiele riskieren, wenn das Herz getroffen werden könnte.

»Ich habe noch etwas mitgebracht. Nach dem Essen werde ich es Ihnen zeigen.«

Beim Salat errät er den Pfeffer und den Zucker, auf den Muscadet kommt er nicht. Immerhin läßt er mir ein paar Blättchen übrig. Und auch das Bauernfrühstück schaufelt er in sich hinein, als sei er nicht Bildhauer, sondern Steinbrucharbeiter. Es schmeckt ihm also, und das freut mich.

Während des Essens lassen wir die schwierigen Themen beiseite. Aber hinterher beim Kaffee, erst recht bei weiteren Gläsern Wein, fängt er wieder an, sich über das Kunstverständnis der Bretonen auszulassen.

»Sie haben doch das Tuch mit den Mädchen bewundert.«

»Ja.«

»Sehen Sie, da war neulich eine sogenannte Dame hier, so eine Anwalts- oder Arztfrau, im Pelz. Mit einem vielleicht zehnjährigen Mädchen. Das Kind faßt dieses Tuch an, läßt die Seide zärtlich

Frühjahrssturm rast über die Granitfelsen von St. Guénolé, der Heimat von König Marke und Tristan

über die Hand gleiten, da sagt diese Kreatur einer Mutter: ›Rühr mir diesen Porno nicht an!‹« Jean Claude nimmt einen kräftigen Schluck Wein. Er ist immer noch hell empört. Und fügt hinzu: »Was muß sich im Hirn dieser Frau an sexuell Abstrusem abspielen, wenn sie Corinnes Tücher für Porno hält! Nicht auszudenken.«

Ich versuche ihn zu besänftigen, das Verhalten der Frau zu erklären. »Sie weiß es nicht anders. Wer hat ihr Kunst nahegebracht? Hat sie denn hier draußen eine Chance, etwas über Kunst zu erfahren? Die Leute bekommen ihr Kunstverständnis in der Dorfschule beigebracht, im Kommunionsunterricht sieht es bestimmt nicht besser aus, und was später hinzukommt, hören sie allenfalls von der Kanzel. Und von dort spielt dieselbe Musik.«

»Mag sein. Egal, woher dieses Nichts kommt. Es ist auf jeden Fall grotesk. Und glauben Sie ja nicht, daß es in Paris anders ist! Da wird Unverständnis nur durch Arroganz ersetzt.«

Er steigert sich richtig in Bitterkeit hinein. »Wenn sich mal ein Mensch aus Paris hierher verirrt, was selten genug vorkommt, dann sagt er vielleicht niedlich und nett zu meinen Arbeiten. Aber Kunst kann das natürlich nicht sein. Kunst gibt es nur in Paris. Oder an der Côte d'Azur. Picasso haben sie inzwischen immerhin akzeptiert. Wenn auch sicher nicht begriffen. Mich werden sie nie akzeptieren, weil sie erst gar nichts von mir wissen wollen. Nun ja, ich bin auch kein Picasso, oder besser, kein Rodin. Muß ich zugeben. Aber ich bin hier nun mal begraben. Am Ende der Welt. Ich werde Ihnen eines sagen: Ich werde einen Entschluß fassen.«

Corinne Michaud: Seidenmalerei (Ausschnitt)

Umziehen, denke ich. Granit gibt's auch anderswo. Aber nein. Er hat eine ganz andere Idee, und die ist, wenn man den kleinen, tüchtigen, mutigen Mann mit dem Musketierherzen ein bißchen zu kennen meint, beinahe heroisch.

»Ich werde all das Holz für das Boot wieder verkaufen. Das Boot hat Zeit. Es kann erst noch ein Traum bleiben. Ich werde es später mit meinem Sohn bauen. Jetzt sind andere Dinge wichtiger. Das Baby ist wichtig. Corinne ist wichtig. Mein Egoismus ist nicht wichtig. Ich werde noch vielen Leuten beweisen, daß Granit lebt!«

Damit erinnert er sich an das Mitbringsel. Er holt ein Papier heraus, auf dem ich eine zarte Handschrift erkenne.

»Dies ist ein Gedicht, das Corinne geschrieben hat. Es ist keine Beschreibung des Symbols, aber es gibt die Empfindungen wieder, die man bei seinem Anblick haben kann. Ich wollte es Ihnen schon gestern zeigen, aber ich habe es nicht gefunden. Corinne hat es mir heute im Krankenhaus noch einmal aufgeschrieben.«

Und dies ist Corinne Michauds Gedicht:

Dans le jardin du Paradis
Vit la belle églantine
Douce fleur corollée
De cinq pétals blancs
Eblouie de la vie
Nait et renait sans cesse
La Creation du Monde
Engendrant la jouissance émerveillée
En compagnie de la grande et princière
Gueule du loup, aux couteures
Pourpres et dorés de l'amour
Dans ce jardin du bonheur
Le plaisir ne dure que le temps
éphémère de l'extase
Doux tableau du désir et de la volupté
Tait comme l'œillet poete
Il fait aussi l'amour avec le soleil

Ich habe versucht, mit allem Respekt, es zu übersetzen:

Im Garten dieses Paradieses
lebt die schöne Heckenrose
süße Blume fünffach hier umkränzt
von weißen Blättern,
betört vom Leben,
das sie selber schenkt,
immer wieder überwältigt
zeugt sie wiederum Verlangen
und vermählt sich gleich dem fürstlich
großen Maul des Wolfes,
purpurn und vergoldet von der Liebe.
Im Garten dieses Glücks
währt die Lust nicht länger
als die flüchtige Ekstase –
Süßes Bild der Lebensfreude,
schweigsam wie des Dichters Auge,
öffnet sie sich ganz dem Licht der Sonne.

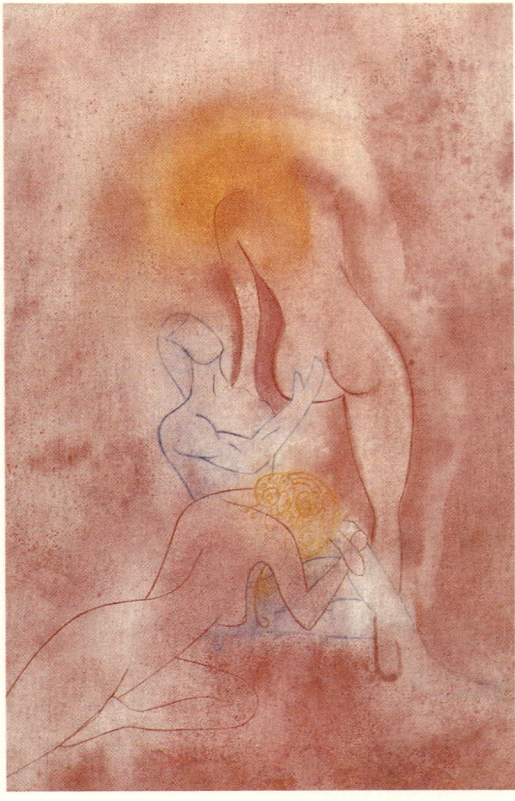

Jean Claude läßt mich lange mit den Versen allein, er schweigt. Als ich endlich hochblicke, atmet er auf, sieht wohl, was ich empfinde, und sagt schließlich: »Es stehen Worte darin, die Sie beim ersten Anblick auch gesagt haben. Ist es nicht der beste Beweis dafür, daß der Stein, daß dieser Granit lebt?«

»Sie wollen jetzt eine Antwort haben?«

»Ich bitte darum.«

»Zu allem, was Sie mir gesagt haben?«

Er nickt. Schaut mich mit großen Augen an. Als ob es ein Urteil wäre, das ich spreche.

»Bei fast allem, was Sie über Kunst gesagt haben, speziell über Ihre eigene, bin ich Ihrer Meinung. Bei dem, was Sie über die Bretonen, über die Pariser und andere Leute gesagt haben, kann ich nicht immer folgen, aber ich respektiere Ihre Auffassung.«

Er sitzt da wie ein Schuljunge, der eine Eins geschrieben hat. Nimmt einen Schluck. Was man doch mit wenigen Worten bewirken und möglicherweise auch anrichten kann. Wenn man ein Gegenüber hat, das nach Worten, nach Anerkennung geradezu hungert. Mit seiner leicht depressiven Veranlagung sucht er auch jetzt sofort nach dem Pferdefuß.

»Wenn nur andere auch so denken, so fühlen würden. Ich habe es schon einmal gesagt, glaube ich, ich bin hier am Ende der Welt. Hier ist Schluß. Fini. Hier versteht niemand meine Sprache. Außer Corinne niemand! Wir leben auf einer einsamen Insel. Ich gebe ja zu, daß ich das ja so gewollt habe. Manchmal bin ich hier richtig glücklich. Aber zu anderen Zeiten scheint mir ringsum alles leer zu sein. Ringsum ein Meer von Ignoranz. So oft wollte ich schon fort von hier! Aber nun habe ich das Haus. Allerdings«, es ist wieder Licht in seinen Augen, »jetzt ist das Baby da. Jetzt gibt es neue Ziele. Einen neuen Halt. Ein Wofür.«

Er klammert sich an das Kind. Mit Recht, denke ich. Und auch wieder nicht. Was will er tun, wenn dem Kind etwas passiert? Aber diese Frage stelle ich nicht. Das wäre jetzt zu viel für ihn. Es ist nicht immer einfach, mit jemandem zu sprechen, wenn man ihm 20 Jahre voraus hat. Man muß sich oft bremsen. Weil man halt begriffen hat, daß es für zwei Menschen verschiedene Wahrheiten geben kann.

»Ich komme morgen, um einige Skulpturen zu fotografieren. Versuchsweise. Ich möchte sie in das grüne lebendige Gras stellen. Darf ich? Ich bin sicher, daß der Granit das lebende Gras aushält.«

»Bestimmt. Natürlich dürfen Sie. Wann immer Sie wollen.«

Er gähnt. Ich gähne mit. Ein langer, guter Abend geht zu Ende. Es ist längst frühmorgens. Langsam fahre ich zu den Kastanien zurück.

Für den Nachmittag ist das große Häkeln der Spitzen-Damen angesagt. Also muß ich die Figuren vormittags fotografieren.

Jean Claude schaut einigermaßen skeptisch zu, wie ich die Figuren in das sonnenbeschienene Gras stelle. Seine Stimmungen wechseln oft, und er leidet darunter offensichtlich am meisten.

Ich lasse ihn durch die Kamera schauen. Er ist überrascht.

»So eingegrenzt, gewinnt das Bild einen neuen Charakter. Wahrscheinlich muß man es so eingrenzen. Das konzentriert ungemein.«

Er blickt hoch. Kniet da im Gras, die Kamera in der Hand. »Dadurch sieht man es etwa so, wie ich es bei der Arbeit vor mir habe. Ganz dicht. Das ist gut. Und das Gras hebt den Stein noch näher heran. Es hebt ihn tatsächlich.«

Ich habe eine Idee.

»Man müßte den Granit mit etwas noch viel Lebendigerem fotografieren. Und was gibt es Lebendigeres als die Haut einer Frau! Wir brauchen ein Modell. Eins, daß sich selbst bei diesem Wind nackt hinter die Figuren stellt.«

»Könnte sein, daß das gut wäre. Schön. Aber hier gibt es keine Modelle. Da braucht man schon ein professionelles, das solche Arbeit kennt. In Quimper gibt es ein paar, die arbeiten in der Kunstakademie ›Beaux Arts‹. Aber bis auf eins sind sie alle nicht geeignet. Zu mager, zu häßlich. Ich möchte kein häßliches Mädchen mit meinen Skulpturen fotografiert haben.«

»Richtig. Je schöner das Mädchen, desto besser für den Granit. Er muß es ja nicht nur aushalten, er muß sich nicht behaupten, er muß stärker sein!«

»Natürlich wird er stärker sein. Ich werde versuchen, dieses Modell in Quimper ausfindig zu machen. Das Sekretariat der ›Beaux Arts‹ wird mir die Telefonnummer sicher sagen können.«

Wir diskutieren noch lange. Jean Claude steht wieder an Shortys Tür, ich komme nicht los, muß auch selbst immer wieder etwas sagen. Schließlich ist es zu spät, mir noch selbst etwas zu essen zu machen. Ich fahre zu einem kleinen Restaurant. Vom Fenster aus kann ich den Hafen von St. Guénolé überblicken, sehe die Brandung hoch über die Felsen peitschen. Ein kleines Boot, weiß der Himmel, was es draußen zu suchen hatte, versucht mehrfach vergeblich, in den Hafen einzulaufen. In einem Segelhandbuch habe ich einmal gelesen, daß das hier sowieso nur bei ganz bestimmten Windrichtungen möglich ist. Schließlich schafft es der Mann, die enge Einfahrt zu passieren.

Das junge Mädchen, das mich bedient – um diese Jahreszeit ist hier kaum Betrieb – ist dunkelhaarig, hat einen dunklen Teint. Ist schön gewachsen, läßt durch die dünne Bluse den Spitzen-BH sehen. Alles wohlgeformt.

So etwa müßte unser Granit-Modell aussehen, denke ich. Und warum sollte sie es nicht sein? Christine heißt sie. Wenn ich sie nicht frage, werde ich sie nie an die Skulpturen bekommen. Also frage ich sie.

Versuche, ihr mit wenigen Worten unser Problem zu erklären. Zeigen, daß Granit sich neben einem Mädchen oder vor einem Mädchen behaupten kann. Sage ihr, daß es besonders schwierig ist, dafür ein Mädchen zu finden, das nicht nur gut aussieht und gerade gewachsen ist, sondern auch eine positive, honette Ausstrahlung hat.

Jean Claude Michaud: Ins Gras gestellte Granitskulpturen

Sie hört sich das sehr aufmerksam an. Sagt, solch eine Frage sei ihr noch niemals gestellt worden. Fotografiert werden? Nackt? Nun gut, warum eigentlich nicht. Vorstellen könne sie sich das schon.

Ich rede auf sie ein: »Die Körpermitte wird immer hinter den Figuren bleiben. Man sieht, daß Sie nackt sind, aber man sieht nicht alles. Ein bißchen Brust, den Rücken, den Po. Mehr nicht.«

»Ich möchte darüber nachdenken. Wann soll es denn sein?«

Wir sprechen über mögliche Termine. Ich habe ganz vergessen zu sagen, daß sie natürlich ein ordentliches Honorar bekommt. Aber das scheint sie gar nicht einmal so sehr zu interessieren. Was ich nicht zu hoffen gewagt habe: Diese Christine denkt über unsere Sache nach ...

Sie tut das etwas zu gründlich, scheint mir. Als ich sie nämlich verabredungsgemäß anrufe, um einen endgültigen Termin abzusprechen, paßt sie. Sie möchte lieber doch nicht. Weil die Fotos veröffentlicht werden. Was bleibt mir übrig, als ihr dafür zu danken, daß sie immerhin über die Angelegenheit nachgedacht hat.

Abends fahre ich zu Jean Claude hinaus, um mich fürs erste zu verabschieden. Erzähle ihm von Christine. Er hat inzwischen mit seiner Frau telefoniert und ihr von meiner Idee mit dem Modell erzählt. Sie findet die Idee gut.

»War vielleicht gar nicht einmal so falsch, daß die Kleine doch abgesagt hat«, gebe ich zu bedenken, »besser noch als ein Mädchen mit einem dunklen Teint wäre eine Schwarze. Wir müssen ein schwarzes Modell finden.«

Da lacht er los. »Das hat Corinne auch gesagt. Genau das! Und sie bittet Sie, doch heute mitzukommen. Sie möchte Sie kennenlernen.«

Wir laden also sein Fahrrad auf Shortys Dach und fahren zusammen nach Pont l'Abbé ins Krankenhaus. Corinne muß dort so lange bleiben, weil sie wegen irgendwelcher Komplikationen noch beobachtet werden muß. Nächste Woche soll sie aber endgültig entlassen werden.

Sie liegt in einem winzigen, aber recht adretten, komfortablen Zimmer. Es sieht mehr nach Hotel als nach Hospital aus. Sogar ein Fernseher hängt an der Wand.

Corinne Michaud ist ein blondlockiger Engel. Anders kann man sie nicht beschreiben. Ihr offenes Gesicht, die großen Augen – ein Engel. Das Baby liegt in einem Bettchen neben ihr, fängt an zu quäken. Während Jean Claude seiner Frau erzählt, ich hätte auch die Idee mit einem schwarzen Modell gehabt, gibt sie dem kleinen Wurm, Jean Claudes Sohn also, die Brust. Ein Engel mit einem winzigen Kind. Ich kann gar nicht viel sagen. Schaue diesen Engel an, dann Jean Claude. Der steht mitten in dem winzigen

Zimmer, breitbeinig, stolz. Tänzer ist er gewesen. Das sieht man noch heute. Jede seiner Bewegungen ist beherrscht. Nicht, weil er es gelernt hat, es ist seine Natur.

»Früher habe ich darunter gelitten, daß ich so klein bin. Habe Schuhe mit dicken Sohlen und hohen Absätzen getragen. Das ist längst vorbei. Das ist alles nicht mehr wichtig...« hat er gesagt.

In diesem Augenblick macht er nicht den Eindruck, als könnte er irgendwelche Schwierigkeiten mit der Welt oder sich selbst haben.

Jean Claude Michaud fängt an, von einem Roman zu erzählen, den er gelesen hat. Der Held ist ein Bildhauer, der sich wunderbarerweise in sämtlichen Stilen perfekt auskennt. Er ist nämlich zu allen Zeiten und Epochen in jeweils anderer Gestalt auf der Erde gewandelt und kennt sich folglich im Kunstbetrieb der Jahrtausende aus eigener Anschauung aus. Entsprechend ist sein Urteil über Kritiker, Historiker und andere Schöngeister, die sich über Kunst verbreiten oder Vergleiche anzustellen versuchen. Bissig sind aber auch seine Äußerungen über Gegenwärtiges. Jean Claude erzählt derart drollig von diesem Überkünstler, daß Corinne gelegentlich laut auflacht. So locker habe ich den jungen Mann noch nicht erlebt.

»Monsieur Michaud. Ich kenne außer Ihnen bisher keinen Bildhauer. Aber würde ich welche kennen, würde ich jetzt sicher sagen, daß Sie für mich ein d'Artagnan unter den Bildhauern sind.« Corinne lacht wieder hellauf, Jean Claude lächelt.

»Ja, ein kleiner d'Artagnan mag ich wohl sein.«

Ich muß los. Will weiter, fahren, unterwegs sein. Nachdenken. So lange, bis ich müde werde. Jean Claude begleitet mich noch zu Shortys Parkplatz.

»Wie finden Sie Corinne?« Im Licht der Straßenlaterne hat er wieder das Schuljungengesicht.

»Sie ist ein Engel«, sage ich, reiche ihm die Hand und gebe kurz darauf Shorty die Sporen...

Spitzen-Damen

Um drei sollte ich kommen. Um drei sollte der freundliche Nachmittag mit Spitzenhäkeln und Ratschen und Tratschen und Kaffee und Crêpes beginnen. Ich habe Madame Edith natürlich gefragt, ob ich eher aufkreuzen und ihr bei den Vorbereitungen helfen soll. Nein, nicht nötig. Also bin ich Punkt drei da. Frage mich, bevor ich die Tür der Vielle Auberge öffne, ob wohl schon eine der Spitzen-Damen da ist. Eine? Sie sitzen bereits alle da, am langen Tisch. Das Hallo ist erst einmal zaghaft. Und die Damen lassen sich beim Hä-

Spitzenhäkeln in der »Vielle Auberge« von Kérity. Drei der flinkfingrigen Damen tragen bretonische Tracht mit der hohen Haube

keln nicht stören. Die Nadeln gehen geschwind hin und her, und es wird geredet. Meist haben mehrere gleichzeitig etwas zu sagen. Das war bei Mutters Kaffeekränzchen donnerstags auch so üblich. Es kommt ja weniger darauf an zu hören als loszuwerden, was man sagen möchte. Kaffeekränzchen lockern die Seele.

Da sitzen auf meine Veranlassung hin also elf – wie sagt man – gesetzte Frauen. Keine unter 50, die meisten über 70, einige haben sogar die 80 hinter sich. Und die drei Ältesten tragen die Tracht des Landes mit den unvergleichlich schmalen und hohen Hauben, die sie unter dem Kinn festbinden, damit sie nur ja schön senkrecht zum Himmel ragen. Bis zu 40 Zentimeter sind die weißen Bigoudenne-Hauben hoch. Sie werden tagsüber nie abgenommen. Nicht einmal im Auto. Da sieht man sie denn manchmal vorbeifahren, den Kopf ganz schief, weil unsere modernen Wagen an Kopffreiheit ja nur ein paar Fingerbreit zugestehen.

Ich mache mich zunächst ganz klein, hocke mich in eine Ecke und höre nur zu. Versuche, den flinken Fingern mit der Spitzennadel zu folgen. Unmöglich. Madame Edith weiß, daß ich gerne Geschichten von früher hören möchte, und bringt das Gespräch immer wieder auf die alten Zeiten.

In der Erinnerung dieser Frauen waren diese alten Zeiten alles andere als rosig. Marie Josephe Goudéchance, die trotz ihrer 80 Jahre bemerkenswert aufrecht sitzt und vor einer Aufnahme jedesmal versucht, rechtzeitig die Brille abzunehmen, erzählt: »Es war wirklich schlimm, damals. Ich war das zwölfte Kind von dreizehn. Monatelang haben wir nur Sardinen mit Kartoffeln gegessen, oder Kartoffeln mit Sardinen. Wir sind nicht immer satt geworden. Vater brachte eben nicht immer genügend Fische heim. Es war auch wie verhext. Die Dorsche blieben aus, waren in andere Gründe abgewandert. Geblieben sind nur die kleinen Sardinen. Spätnachmittags kamen die Männer heim vom Fischfang, todmüde, und vor Morgengrauen fuhren sie schon wieder hinaus. Die Frauen arbeiteten in den Konservenfabriken, aber viel Geld gab es dafür nicht. Da haben sie eben angefangen, mit Spitzenarbeiten etwas dazuzuverdienen. Wir Kinder mußten helfen. Hier, diese Bordüren habe ich mit fünf Jahren gemacht.«

Sie kramt die ersten Zeugen ihrer Fingerfertigkeit hervor. Feinstgearbeitete Manschetten, Kragen. Unbezahlbare kleine Kunstwerke.

»Unbezahlbar? Ja, eigentlich schon. Aber ärgerlich ist, es zahlt niemand mehr den angemessenen Preis dafür! Die Arbeit lohnt doch gar nicht mehr. Heute kann man in der Konservenfabrik leichter und mehr Geld verdienen. Wir machen das heute doch nur noch, weil wir gern zusammensitzen. Die jungen Mädchen interessieren sich doch nicht mehr für Spitzenarbeiten. Sie sitzen lieber vor dem Fernseher.« Eine der beiden Marie Louises hat's gesagt.

Madame Edith nickt dazu. »In fünf Jahren oder so gibt es keine handgefertigten Spitzen mehr!«

Eine der Frauen seufzt: »So eine

»Spitzendamen« begutachten Meisterstücke ihrer Kunst

schöne bretonische Kunst!«, und läßt die Nadel noch schneller hin und her gehen.

Madame Edith schüttelt den Kopf. »Es ist keine ureigene bretonische Kunst. Sie stammt aus Irland. Jemand hat sie Anfang des Jahrhunderts zu uns gebracht. Immerhin sind die Iren Verwandte. Es sind ja auch Kelten.«

Sie mag in diesem Augenblick daran denken, daß ihre eigene Tochter sich auch nicht für die Spitzenhäkelei erwärmen kann. Sie studiert in Paris und möchte Krankengymnastin werden. Die sportliche Ader hat sie vom Vater. Er war ein berühmter Radrennfahrer und hat bei der Tour de France einmal zwei Etappen gewonnen. Nur – Spitzen häkeln interessiert die junge Frau nicht. In den Ferien hilft sie gern in Mutters Crêperie mit. Aber häkeln? Nein.

»Wenn man bedenkt, wie sich alles entwickelt hat«, fängt Madame Suzanne Cloarec an und läßt die Hände einen Moment in den Schoß sinken. »Als ich damals mit vierzehn zum ersten Mal in die Konservenfabrik ging, damit ich mit meinen zwei Schwestern Geld für das Studium unseres einzigen Bruders verdiente, da hat meine Mutter mir einen Rock aus einem Kartoffelsack genäht! Man stelle sich vor – aus einem Kartoffelsack!«

Sie lacht. Heute muß sie darüber lachen. Sie kann es auch. Im Finistère muß kein junges Mädchen mehr im Jutesack in die Fabrik gehen.

Die zierliche kleine Marie Louise Goerlaven, sie geht auf die 80 zu, hat bisher kein Wort gesagt. Dafür gehen ihre Finger von allen am schnellsten. Auch sie sitzt gerade und stolz auf ihrem Stuhl. Vielleicht kann man mit solch hohem Kopfschmuck, der Bigoudenne, nur gerade sitzen. Ich versuche, ihre unglaublich schnellen Hände mit dem Blitz festzuhalten.

Irritiert hat mich auch der Bouchon, der auf dem oberen Ende der Nadel sitzt. Das ist eine Scheibe von einem gewöhnlichen Weinflaschenkorken. Er hat keine praktische Bedeutung, versichern die Frauen. Es ist halt eine Gewohnheit. Sie sind es von Kind an gewohnt, solch Ding auf der Nadel zu haben. Zwei arbeiten allerdings nicht mehr damit. Schließlich tragen ja auch nur noch drei die Haube. Die fertigt man übrigens nicht mehr selbst. Dafür gibt es einen Spezialisten in Pont l'Abbé, erfahre ich.

Plötzlich kommt auch, wie sollte es anders sein, Aktuelles ins Gespräch.

»Habt ihr schon von Jacques gehört? Der ist bei dem Unwetter ausgelaufen...«

»Und?«

»Ist doch klar. Er hat wieder einen Riesenfang mitgebracht. Für 2000 Francs hat er Fisch nach Hause gebracht. Und das bei dem Unwetter. Es ist einfach nicht zu glauben!«

Mir wird erklärt: »Dieser Jacques fängt immer mehr als die anderen, meistens viel mehr. Der ist längst ein reicher Mann. Wie er das macht, weiß kein Mensch. Er hat das gleiche Boot, das andere auch haben, arbeitet mit dem gleichen Fanggeschirr. Er kann sogar mit anderen Kollegen dicht aufliegen – er fängt mehr als sie.«

»Es ist schon unheimlich!« sagt eine andere. »Irgendein Geheimnis wird er schon haben.«

Allgemeines Nicken. An Geheimnisse glaubt man in der Bretagne gern.

Wirtin Edith bringt das Gespräch noch einmal auf die schweren Zeiten damals. Als die Schwestern arbeiten mußten, damit der Bruder eine anständige Schulausbildung haben konnte. »Wißt ihr noch, wie bitterlich er damals immer geweint hat, wenn er mit hinaus auf See sollte? Die

Bild o.: Nur der Fotoblitz kann die flinken Hände festhalten. Oben auf der Nadel sitzt der Bouchon, ein einfaches Stück Korken. Unten: Ausschnitt aus der großen Decke vom Bild gegenüber

See hat ihn immer krank gemacht. Er hat es einfach nicht vertragen. Nun ja, es ist ja etwas aus ihm geworden. Überhaupt kommen viele Intellektuelle heute gerade aus unserer Ecke hier. Eben erst hat der jüngste Rektor der Universität von Rennes, er stammt von hier, bei seiner Antrittsrede gesagt, und das hat in allen Zeitungen gestanden, er hat gesagt, daß noch viel mehr Leute aus der Bretagne Erfolg haben könnten, wenn sie die Chance gehabt hätten, rechtzeitig etwas zu lernen.«

Eine andere sagt: »Aber es ist doch schon viel besser geworden. Wenn ich bedenke, wieviel Ärzte und Anwälte wir in unserer Familie haben!«

Die Dame, die heute über ihren Mädchen-Juterock lachen kann, meint, nachdem es eine Zeitlang still in der Runde war: »Die Zeiten haben sich auch in anderer Hinsicht geändert, zum Guten. Kriege und so etwas wird es bei uns wohl nicht mehr geben. Die jungen Leute kennen sich doch alle. Sie wissen viel mehr voneinander als wir zu unserer Zeit.«

Die Vielle-Auberge-Wirtin stimmt zu. »Ihr kennt doch Thérèse? Ihr Sohn war lange mit einem deutschen Mädchen befreundet. Als sie ein Kind bekam, hat er sie geheiratet. Es ist noch nicht lange her. Thérèse ist mit ihrer Bigoudenne-Haube nach Deutschland gefahren und war damit bei der Trauung in der Kirche. Es soll sehr schön gewesen sein.«

Ich frage: »Kam das früher auch schon mal vor, daß ein Mädchen vor der Hochzeit ein Kind bekam?«

Ich weiß, daß die Bretonen sehr konservativ sind und sich zum Beispiel lange gegen Oben-ohne-Mädchen am Strand gewehrt haben. Ich schaue bei meiner Frage in die Runde und sehe allgemeines Kopfschütteln. Denke – die schwindeln. So was gibt es doch nicht. Marie Josephe, die aufrechte Achtzigjährige, klärt mich auf. »Daß ein Mädchen ein Kind bekam, das ist immer mal vorgekommen. Aber solch ein Mädchen wurde dann nicht geheiratet. Selbst, wenn der Vater des Kindes es gewollt hätte – seine Eltern hätten es immer verhindert. So war das in unserer Jugend noch...«

Die Tischrunde bleibt wieder eine Weile schweigsam. Man denkt nach, erinnert sich... Ich spüre, wenn Häkelnadeln plappern könnten, jetzt täten sie's.

Pont l'Abbé
Michelin-Karten 58 und 230, Bretagne, Département Finistère, 8000 Einwohner. Entfernungen: Paris 568 km, Quimper 20 km, Brest 92 km, Penmarch 14 km, Pointe du Raz 57 km. Sehenswürdigkeiten: Schloß Pont l'Abbé, Herrenhaus Kerazan bei Loctudy, Entf. 4 km, Odet-Brücke vor Benodet, Entf. 9 km, Kapelle Notre Dame de Tronoën bei Plomeur, Entf. 8 km, Vielle Auberge in Kérity-Penmarch, Tel. 00 33/98/58 61 29, Entf. 13 km, Atelier Jean Claude und Corinne Michaud, Chapelle de Beuzec, Plomeur, Telefon 00 33/98/82 06 54. Informationen: Office de Tourisme, Château, 29120 Pont l'Abbé, Tel. 00 33/98/87 24 44

Aus dem Logbuch

Ich habe also Jean Claude und auch Corinne verlassen. Denke an die Spitzen-Damen und ihre Gespräche. An die guten Reisewünsche, die mir alle mitgegeben haben. Eigentlich wollte ich heute oder, besser gesagt, gestern bis Carnac durchfahren. Dort gibt es die vorgeschichtlichen Steinfelder, von denen man nicht weiß, wer sie aufgerichtet hat, und was sie wirklich bedeuten. Aber es ist doch zu spät geworden. Ich bin in Auray auf einen großen Parkplatz gegangen. Morgens habe ich mich in die Innenstadt getrollt, habe Eier und Brot und Joghurt gekauft und einen Bohrer. Ich muß Löcher in die Holzwand hinter der Toilettennische bohren. Der kleine Behälter hat sich auf Steilstrecken schon selbständig gemacht und ist weggerutscht. Ich muß ihn unterwegs also festbinden. Sonst kippt mir die Scheiße noch irgendwann um. Schlimme Vorstellung.

Der Sturm hat inzwischen aufgehört. Der Himmel ist klar. Heute nacht habe ich wieder einmal den unvergleichlichen, kristallenen bretonischen Sternenhimmel gesehen. Der Orion stand hoch oben. Aber es ist kalt geworden. Ich werde die Nächte jetzt wohl durchheizen müssen. Ein Glück, daß das Gas in Frankreich deutlich billiger ist als bei uns. Eine 13-kg-Flasche kostet hier um 70 Franc, das sind etwa 23 Mark.

La Trinité-sur-Mer. Ich war eine Anhöhe hinaufgeklettert, nun geht's wieder bergab. Vor mir tut sich ein Hafen auf, in dem jede Menge Segelboote schwimmen, in einem stahlblauen Wasser. Die Sonne scheint. Ein farbenprächtiges Sommerbild. Unten am Wasser stehen einige Leute um zwei Jungen herum, die Längliches auspacken. Im Vorbeifahren erkenne ich Segelbootmodelle. Finde glücklicherweise gleich einen Parkplatz, hole die Kamera heraus und laufe zurück.

Soeben werden die Masten gesetzt, die Takelage wird überprüft, die Steuereinrichtung kontrolliert. Die Boote werden über Funk gesteuert. Es dauert ziemlich lange, bis das erste schließlich zu Wasser gelassen wird. Obwohl die Wasseroberfläche nahezu spiegelglatt ist, geht doch genug Wind, um das Boot schnell vorwärts zu treiben. Der Junge manipuliert an seinem Steuerkasten, und das Modell reagiert sofort. Sein hohes, schmales Segel spiegelt sich im Wasser. Und nun folgt das andere Boot. Sie fahren aufeinander zu. Aber nichts passiert – die beiden Steuerleute verstehen sich auf ihr Hobby. Sie bringen es sogar fertig, ihre kleinen Kunstwerke parallel nebeneinander herlaufen zu lassen. Und im Hintergrund dümpeln sanft die großen Yachten. Ein schönes, ein friedliches Bild. Das war also La Trinité-sur-Mer. Über die hoch über den Hafen hinweg schwingende Brücke von Kerisper geht es weiter nach Osten.

Der kleine Fischereihafen Le Croisic gefällt mir. Hier werde ich ein paar Tage bleiben. Schreiben. Notizen aufarbeiten. Shorty ist unmittelbar am Wasser geparkt. Die Möwen schreien. Und meine Lieblinge sind da, die scheuen Kormorane. Wenn bei uns an der Küste ein Kormoran gesichtet wird, berichtet die Lokalpresse darüber. So selten sind sie leider geworden. Sie brauchen klares Wasser, um auf Unterwasserjagd gehen zu können. Bis zu einer Minute bleiben sie unten, schwimmen dabei gut zwanzig Meter weit. Brauchen zum Atemholen nur ein paar Sekunden, und weg sind sie wieder. Hinterher stellen sie sich mit weit ausgebreiteten Flügeln in den Wind, um sie zu trocknen. Fünf Tiere kann ich von Shorty mit dem Glas ausmachen – drüben auf der Halbinsel Pen Bron. Und gleich 50 Meter vor mir taucht einer auf. Und verschwindet wieder. Hat sich nur kurz umgesehen. Der dunkle, schlanke Kopf mit der hellen Unterpartie ist typisch. Wenn sie auf dem Sand gehen, watscheln sie unbeholfen wie fette Enten. Und noch eine Angewohnheit haben sie: Sie sitzen gern auf erhöhten Punkten. Auf Felsnasen, auf dem Steven eines trockenliegenden Bootes, auf einer Boje. Manchmal tauchen sie auch paarweise. Es sieht zu drollig aus, wenn sie dann nebeneinander hochkommen, sich umschauen und dann wieder gleichzeitig verschwinden.

In manchen Dingen sind manche Franzosen nicht anders als manche Deutsche. Sie kommen mit dem Auto in den Hafen gefahren, öffnen nicht einmal die Wagenfenster. Bleiben ein paar Minuten stehen. Rauchen eine Zigarette und fahren weiter. Oder kehren um, so genau weiß man das ja nicht. Oder, wenn es hoch kommt, steigt Vater mit Sohn oder Tochter aus, man schlendert ein paar Schritte durch die frische Luft. Mutter bleibt lieber sitzen. Und dann geht's eben weiter. Man war halt in Le Croisic oder was weiß ich wo.

Ich werde unruhig. Will weiter. Mein Ziel: Chinon. Mal gespannt, wann ich ankomme ...

Vorher, vor der Weiterfahrt, will ich mir aber noch mal etwas Gutes gönnen. Ich gehe in eines der kleinen Restaurants und lasse mich bedienen. Ein paar Austern, und dazu versuchsweise eine halbe Flasche Gros Plant. Dieser Weißwein ist sehr würzig, schmeckt mir.

Nachts werde ich mit oder von Bauchschmerzen wach. Schreck: Waren die Austern etwa nicht gut?! Aber dann wäre es wohl schlimmer. Den Rest der Nacht schlafe ich jedenfalls schlecht und schwöre mir heilige Eide, so schnell keine Austern mehr zu essen. Vielleicht ist es ein Eiweißschock, der mir da zu schaffen macht. Ich weiß allerdings nicht, wie sich so etwas äußert. Das Fahren tut gut. Lenkt ab.

Pornic. Kleiner Hafen, bewacht von einem festungsartigen Schloß. Auf dem Weg hierher erste Bauernhöfe gesehen, die Detailverkauf von Muscadet anbieten. Aber egal, ob Gros Plant oder Muscadet – mir ist jetzt nicht nach Wein. Im Bauch rumort es immer noch. Ich müßte einen Fernet Branca trinken. Gut für verkorkste Mägen. Also halte ich und gehe in eine Kneipe.

Im Hafen von La Trinité-sur-Mer lassen zwei Jungen ihre ferngesteuerten Segelbootmodelle schwimmen. Hinter der Kaimauer die Masten der großen »Brüder«

Kneipengespräch

Die Frau hinter der Theke macht erstaunte Augen. Fernet Branca kennt sie nicht.

»Schade, ich brauche etwas für den Magen. Ein Fernet wäre gut gewesen.«

Neben mir steht ein Mann, so um die 50. Nippt an seinem Muscadet und sagt dann: »Da mußt du einen Pastis trinken, wenn du Ärger mit dem Magen hast. Das tut gut. Glaub mir.«

Ich bestelle also einen Pastis. Irgend etwas an diesem Pastis muß meinen Nachbarn an etwas Bestimmtes erinnert haben. Er summt ein Lied, stößt seine Frau, die neben ihm steht, an und singt einen Vers. Die Frau, rundlich, mit rosigem Gesicht und schwarzgefärbtem Kraushaar, tippt sich mit dem Finger an die Stirn, aber sie lacht dabei breit. Von dem, was der Mann singt, verstehe ich kein Wort. Es muß ziemlich obszön sein. Wie viele der kleinen Lieder, die man hier so singt. Von weit her kommen die beiden nicht. Er trägt noch Pantoffeln. Wendet sich wieder mir zu.

»Du bist nicht aus der Gegend, wie?«
»Nein.«
»Woher kommst du denn?«
»Aus dem Osten, ziemlich weit.«
»Welche Stadt?«
»Hamburg.«
»Sieh an, ein Deutscher! Ich habe einen Freund in Saarbrücken. Er heißt Heinz. Er kommt jedes Jahr hierher, seit langem schon.«

Inzwischen steht der Pastis vor mir. Die Wirtin hat aus dem Kühlschrank eine Karaffe mit Wasser geholt. Das Wasser macht aus der hellgelben Flüssigkeit eine milchige Brühe. Früher habe ich dieses Salmiakzeug mal mit Begeisterung getrunken. Das war die Zeit, als ich Jacques Dalès kennenlernte. Ob's den noch gibt? Aber jetzt drückt der Magen, und wenn das trübe Getränk dagegen hilft, dann hinunter damit!

Der Mann neben mir will mehr wissen.
»Wie ist denn das Wetter bei euch?«
»Kälter, viel kälter.«
»Das glaube ich. Sieh mal, Nantes, du kennst doch Nantes, nicht wahr, das liegt nur 50 Kilometer von hier landeinwärts. Dort ist es immer fünf Grad kälter als hier in Pornic. Das macht der Golfstrom. Weißt doch, was der Golf ist, wie?«
»Sicher, weiß ich. Darum wächst bei euch der Muscadet so gut.«
»Stimmt. Exakt. Muscadet, das ist eine gute Sache.«

Er hebt sein Glas, deutet ein Prost an und trinkt. Setzt es wieder ab, wischt sich über den Mund und erzählt weiter: »Aber du mußt mal einen Gros Plant trinken! Der schmeckt noch besser!«

Nun gut. Ich denke, laß ihn reden.

Er hebt den Zeigefinger und doziert: »Einen Nachteil hat der Gros Plant allerdings. Wenn du den getrunken hast, mußt du alle Viertelstunde pinkeln. Gros Plant treibt ungeheuer. Trotzdem, wenn meine Frau mir mein Lieblingsgericht macht, überbackene, farcierte Austern, dann trinke ich eine Flasche Gros Plant dazu.«

Er hebt seinen Muscadet, ich meinen Pastis, und wir trinken jeder einen Schluck. Hoffentlich hilft das Zeug. Gegen zu viele Austern und gegen Gros Plant. Ich lenke mich ein bißchen ab, erinnere mich an die Preise, die ich gestern bei einem Fischgeschäft gesehen habe. Ein Dutzend mittelgroßer Austern kostet hier rund 15 Francs. Das sind rund fünf Mark. Wohl bekomm's. Ich jedenfalls habe erst mal genug davon. Ich zahle sieben Francs für den Pastis, verabschiede mich und gehe zu Shorty zurück.

Aus dem Logbuch

Der Pastis hilft wirklich. Mein Magen beruhigt sich allmählich. Ich bekomme auch wieder Appetit.

Aigrefeuille. Heißt übersetzt saures Blatt. Am Ortseingang ein völlig verrottetes kleines Schloß. Es ist derart vergammelt, daß man an einigen Stellen hindurchblicken kann. Ich denke, der Muscadet hat diese Gegend längst reich gemacht. Aber wenn ein Weinnest schon »saures Blatt« heißt ...

Clisson. Ein festungsartiges Schloß beherrscht die Stadt. Unten fließt, von den letzten Regengüssen angeschwollen, die Sèvre. Steht auf allen Muscadet-Flaschen. Die Stadt, das Schloß – alles breit und wuchtig. Romanisch.

Cholet. Mittags gegen zwei. In die Centre Ville gefahren. Nichts tut sich dort. Kein Mensch zu sehen. Absolut tote Hose. Klar, es ist Sonntag. Hin und wieder ein junger Mann. Sie trotten alle mißmutig durch die Gassen. Halten es zu Hause nicht aus, denke ich. Wissen aber nicht, wohin. Dann ein älteres Ehepaar. Macht wohl einen Besuch. Ich fahre weiter, in Richtung Doué-la-Fontaine. Am Ortsende von Cholet ein Lichtblick: Auf einem Balkon versorgt eine Frau in weißer, rotbestickter Bluse ein Baby. Also doch etwas Freundliches in dieser wie leergefegten Stadt. Es huscht vorüber. Oder ich husche. Cholet hat über 50000 Einwohner, lese ich später. Davon habe ich in gut zwanzig Minuten, wenn's hochkommt, gerade zehn gesehen ...

Inzwischen hat es noch mehr aufgeklart. Die Sonne scheint über dem flachhügeligen Land mit seinen weit ausladenden Feldern, die schon grün werden. Die Sicht reicht jetzt sehr weit. Unerwartet, weil von Wald umgeben und vorher nicht zu sehen, ein Schloß zur Linken. Hingestellt in die pralle Sonne, Wasser ringsum. Tor offen. Aber kein Mensch da. Dann ballert es in der Nähe. Hunde bellen. Endlich sehe ich auch Leute herankommen. Treibjagd. Aber es ist nicht die Herrschaft, die es auf Rebhühner und Fasanen und Hasen abgesehen hat. Die Herrschaft ist in der Stadt, erzählt mir ein grüner Riese. Er ist schlecht zu verstehen, weil er den Zigarettenstummel nicht aus dem Mund nimmt. Die meisten Franzosen beherrschen allerdings die famose Kunst, trotzdem einigermaßen verständlich zu sprechen, ja, sich überhaupt so zu verhalten, als ob der Mego gar nicht vorhanden wäre. Dieser hat's eben nicht gelernt. Leider, aber so viel verstehe ich immerhin, daß er mir die Namen von zwei oder drei anderen Schlössern nennt, die man in der Nähe auch noch fotografieren könne.

Und kurz darauf wieder ein Schloß, wieder eine Stadt überragend. Montreuil de Bellay. Hoch steht es mit seiner Kirche über dem Thouet, unten wachsen schöne Pappeln. Oben, am Stadtausgang, ein uraltes Steintor mit zwei wuchtigen Türmen und die Reste einer alten Stadtmauer.

Aber nicht nur große und statuarische Burgen sieht man in dieser Gegend. Bei Roiffé habe ich ein eher bäuerliches Anwesen gesehen, das man immerhin als Schlößchen bezeichnen könnte. Es macht sich hinter seinen Gemüsefeldern richtig reizvoll aus.

Wenig später wächst über den Horizont dann das genaue Gegenstück: Eine hochherrschaftliche Burg, ein feudales Felsennest. Das hat weiten Atem und ist irgendwie geheimnisvoll. Es heißt Le Coudray-Montpensier. Besucher werden nicht zugelassen. Das Schloß dient als Heimstätte für behinderte Kinder. Und weil man es nicht besichtigen kann, wird es in Reiseführern der Gegend, wenn überhaupt, nur am Rande erwähnt.

Keine Viertelstunde später die mächtige, breit über den Bergrücken hingestreckte Ruine des Schlosses von Chinon. Ich finde am Ufer der Vienne einen traumhaft schönen Parkplatz, unter Platanen. Hier darf zwar nicht länger als drei Tage geparkt werden, aber die müssen erst mal rum sein. Es ist inzwischen dunkel. Ich mache aber noch einen ersten Rundgang.

Rabelais lebt in Chinon oder Chinon so und Chinon so

Eigenartig, wie selten es einem bewußt ist, daß man immer wieder von Stimmungen beeinflußt wird. Bei diesem ersten Gang durch die alte Königsstadt Chinon wird mir das aber sehr deutlich. Das macht der Unterschied: Das letzte Mal war ich nicht allein hier. Es war hoher Sommer. Wir waren glücklich, nach vielen schönen Tagen. Die Platanen auf den Kais trugen ihr volles Laub. Es war heimelig warm. Chinon gefiel uns auf Anhieb. Die Wirtsleute in dem kleinen uralten Hotelchen »Jeanne d'Arc« waren reizend, Madame bereitete uns trotz der späten Stunde noch ein duftiges Omelette aux herbes, wir tranken einen Sancerre dazu.

Heute ist es kalt. Windig. Ich bin allein, und außerdem habe ich wieder Bauchschmerzen.

Die Platanen sind kahler als kahl, nämlich beschnitten. Nicht nur ohne Laub, sondern auch ohne jedes Astfiligran. Chinon läßt mich diesmal frieren. Es kommt mir nicht nur uralt, sondern auch verstaubt vor. Es hat in meinen Augen ganz trocken angefangen zu vergammeln. Überall Schilder in Fenstern: Zu verkaufen. Aber wer kauft denn solche musealen Gemäuer? Wahrscheinlich ist da nicht einmal ein Bad installiert!

Selbst Gebäude, die einmal pompös gewesen sind, können im Licht der Laternen nicht verbergen, daß Farbe und Putz abblättern. An den Eingängen kann man nachlesen, wer drin haust: Notare, Anwälte, Steuerberater und Ärzte.

In einer Ecke sitzt ein Kater und sammelt sich vor der nächtlichen Jagd. Nein, es ist doch wohl eine Mieze. Bleibt sitzen, läßt mich dicht an sich vorbeigehen. Sonst sehe ich nichts Lebendiges.

Das Denkmal des großen Dichters Rabelais steht am Ufer der Vienne. Der Poet ist auch im heutigen Chinon allgegenwärtig

Sommer in Chinon. Als Jeanne d'Arc 1429 hier einritt, um Karl VII. zum Kampf gegen die Engländer zu ermutigen, waren Stadt und Schloß längst historisch: 230 Jahre zuvor war Richard Löwenherz hier gestorben. Die Pfeiler der Viennebrücke sind über 700 Jahre alt!

Das ist es – ist all dies Uralte hier ringsum nicht längst tot? Das atmet doch gar nicht mehr! Ist allerhöchstens nur noch alt. Eins ist jedenfalls sicher: Die alten Gassen von Chinon machen mich traurig. Sie deprimieren mich. Mal sehen, was morgen ist. In Shorty bullert die Gasheizung. Es ist mollig warm drinnen. Nicht gut zum Schlafen. Aber gut für die Seele.

Den neuen Tag fange ich dann ganz offiziell im Office de Tourisme an. Stelle mich vor, will sagen, daß ich geschrieben, aber keine Antwort bekommen habe, da meint die freundliche Fee hinterm Thresen, bevor ich weiterreden kann:

»Aber ja, Sie haben uns geschrieben! Ich habe Ihnen erst kürzlich geantwortet, weil ich noch nicht genug über unsere Veranstaltungen gewußt habe. Darum habe ich Ihren Namen noch im Kopf.«

Sie greift hinter sich, holt einen Ordner hervor, blättert, und schon hat sie die Unterlagen in der Hand. Eine nicht nur freundliche, sondern auch fixe Dame also. Wenn ich nichts bekommen habe, muß also die Post geschlampert haben. Was soll's, mit wenigen Handgriffen schafft Madame Toussaint das Nötige herbei. Derweil reden wir miteinander über Schwesterstädte. Ich über Aubenas in den Cevennen, weil es mit meinem Wohnort Schwarzenbek verbrüdert ist, sowie über Hamburg, das sich mit Marseille zusammengetan hat. In Hamburg habe ich lange gewohnt und gearbeitet. Madame schwärmt von Hofheim im Taunus. Sie war schon öfter da. Ich kann nicht schwärmen, denn ich war bisher weder in Aubenas noch in Marseille.

Während wir uns unterhalten, wird sie immer wieder vom Telefon unterbrochen. Leute wollen wissen, ob ein bestimmtes Restaurant wirklich gut ist, und ob man mit 50 Personen dort essen kann. Eine Reisegesellschaft meldet sich für eine Schloßbesichtigung an. Eine junge Frau kommt ins Office und möchte wissen, wo es die angekündigten Zeichenkurse gibt. Ein Lehrer will mit seiner Klasse eine Fahrt mit dem 60 Jahre alten Dampfzug nach Richelieu buchen und muß erfahren, daß diese Sonderfahrten nur von Mitte Mai bis Mitte September angeboten werden. Erst stören mich diese ständigen Ablenkungen, dann fange ich an zu begreifen, daß Madame diesen Job gern ausübt. Sie tut das nämlich nicht nur mit Geschick, sondern auch mit viel Eifer. Da ist keine professionelle Höflichkeit, sondern wirklich herzliches Bemühen zu spüren. Anders ist die Geduld, die sie zuweilen aufbringen muß, nicht zu erklären.

Ganz offensichtlich liebt sie ihre Heimatstadt, ist hier in jeder Beziehung zu Hause und möchte, daß auch andere dieses Chinon lieben oder doch zumindest einen guten Eindruck davon mitnehmen. Eigentlich ein weibliches, wenn auch erheblich jüngeres Gegenstück zu Marcel Bouvet in Pont-Audemer. Alle Städte, die solche Mitarbeiter in ihren Touristik-Büros haben, sollten sich glücklich schätzen.

Ich erzähle Madame Toussaint von den freundlichen Wirtsleuten vom »Jeanne d'Arc«. Zufällig liegt dieses aparte Hotel schräg gegenüber. Ein hagerer Mann trägt gerade Brot hinein.

»Das ist der Wirt! Erkennen Sie ihn wieder? Er geht ein bißchen gebückt. Er hat Ärger mit dem Rücken.«

Natürlich erkenne ich ihn wieder. Schon ist er im Jeanne d'Arc verschwunden. Ich komme auf Herrn Rabelais zu sprechen, der, in Bronze gegossen, sinnend und ein wenig spöttisch, wie mir scheint, über den Zugang der Innenstadt wacht. Sein Denkmal steht gleich neben der einzigen Brücke über die Vienne. Es erstaunt mich überhaupt nicht, daß Madame Toussaint ihren Rabelais genau kennt.

»Alle Welt sieht in ihm nur den großen Dichter. Dabei ist er auch ein großartiger Arzt gewesen. Wissen Sie, daß er damals schon psychotherapeutisch tätig war?«

Da ich vorher meine Schularbeiten über Chinon gemacht habe, weiß ich, daß Rabelais von 1494 bis 1553 gelebt hat. Daß er der Autor der grotesken Romane »Gargantua« und »Pantagruel« ist. Ein Mann mit einer ungewöhnlich reichen Phantasie muß er also gewesen sein. Aber Pychotherapie? 350 Jahre vor Freud? Das scheint mir nun aber doch ein bißchen übertrieben. Aber unbefangen klärt Madame mich auf. »Rabelais hat als Arzt und Professor der Anatomie viel in den Spitälern zu tun gehabt. In denen ging es damals ziemlich rauh her. Es gab ja noch keine Betäubungsmittel. Wenn sich jemand gegen einen Eingriff wehrte, wurde er brutal festgehalten. Die Kranken waren praktisch wehrlos. Sie lagen eng zusammengepfercht und wurden vom Personal rauh und barsch behandelt. Sie hatten natürlich alle Angst, vor neuen Eingriffen, vor den Pflegern, vor den Ärzten. Die Sterberate lag sehr hoch. Und da hat Rabelais herausgefunden, daß ein paar freundliche Worte, daß etwas menschliche Hinwendung den Heilungsprozeß beschleunigte, und zwar ganz erheblich. Wenn das keine Psychotherapie ist!«

Nachdenklich gehe ich die paar hundert Meter zum Parkplatz zurück.

Es ist immer noch ziemlich kalt, aber die Sonne scheint, und die Vienne fließt ruhig und träge dahin. Mitten auf dem Platz steht ein Denkmal. Jeanne d'Arc, hoch zu Pferde, im Sprung, die Lanze stoßbereit. Ich kann nicht glauben, daß sie so martialisch ausgesehen haben soll. Das hier ist eher eine Megäre auf einem rasenden Drachen, aber kein 18jähriges, vom Sendungsbewußtsein durchdrungenes Bauernmädchen.

Nun gut, dieses Denkmal wurde im heroischen Zeitalter aufgestellt, lese ich nach. Genau 1893. Damals war man in Frankreich immer noch dabei, die nationale Seele nach dem 71er Fiasko mit großen Gebärden wieder aufzupäppeln. Aber die Johanna von 1429 ist das sicher nicht.

Wenn ich mir die durchaus rührende, historisch belegte Geschichte vor Augen führe, sicher nicht.

Johanna war damals mit nur sechs Begleitern quer durch Frankreich nach Chinon gereist, um Karl, die spätere Nr. VII, zum Kampf gegen die englischen Besatzer aufzumuntern. Karl hatte sich damals hierher auf die sichere Burg zurückgezogen. Das nahe Orleans wurde schon von den Engländern berannt, deren König, Heinrich IV., zugleich die Krone von Paris trug.

Allein die Tatsache, daß das Mädchen trotz der vielen Räuberbanden unbehelligt bis nach Chinon gekommen war, galt beim Volk als Zeichen ihres göttlichen Auftrages. Aber Karl und seine Höflinge trauten dem Mädchen nicht. Damals war man noch eher als heute bereit, an Hexen zu glauben.

Zwei Tage fastete und betete Johanna in der Unterstadt, dann meldete sie sich zur Audienz. Aber der König und seine Höflinge versuchten, daraus ein Possenspiel zu machen. Sie versammelten in dem von 50 Fackeln erleuchteten großen Saal 300 Edelleute. Der König hatte sich wie sie gekleidet und unter ihnen versteckt. Irgend jemand trug die prächtigen Gewänder des Herrschers. Aber Johanna – man stelle sich vor, ein Mädchen vom Lande, ohne Erfahrung mit höfischen Sitten und Umgangsformen – ließ sich nicht täuschen. Sie ging auf Karl zu, umfaßte seine Knie und sagte: »Mein Name ist Johanna, die Jungfrau. Der Himmelskönig läßt Euch durch mich kundtun, daß Ihr in der Stadt Reims geweiht und gekrönt werdet, und daß Ihr sein Statthalter in Frankreich sein sollt.«

Karl aber zweifelte. Er war sich nämlich nicht sicher, ob er wirklich der Sohn Karl des VI. war. Seine Mutter, Isbeau von Bayern, hatte es mit der ehelichen Treue nicht allzu genaugenommen, und jeder wußte das, auch ihr Sohn. Aber Johanna richtete ihm vom Himmelskönig aus, daß er der rechtmäßige Thronfolger sei. Da fing er an, an dieses seltsame Mädchen zu glauben.

Gewiß, bei den Kämpfen um Orléans war Johanna unmittelbar dabei, sie wurden durch ihren persönlichen Einsatz entschieden, sie wurde sogar von einem Pfeil erheblich verwundet. Aber diese Bronzefurie hier – nein, das ist sie nicht. Da lobe ich mir die goldene Johanna aus der Rue de Rivoli in Paris. Deren Panzer läßt wenigstens Platz für einen zarten Ketten-BH.

Ich blättere in den Unterlagen, die Madame Toussaint mir mitgegeben hat. Lerne, daß es in unmittelbarer Umgebung von Chinon rund 700 historische Gebäude gibt. Soviel Geschichte! Das kann man doch gar nicht auf einmal verkraften!

Im Haus der Generalstände zum Beispiel – kaum hundert Meter neben dem Office de Tourisme – hat jener Karl VII. häufig Hof gehalten. Aber auch damals schon war dies ein historisches Gebäude!

Der schmale Uhrturm des Schlosses ragt hoch über Chinon. »Office de Tourisme, je vous écoute...« »Tourismusbüro, ich höre...« An die hundert Anrufe täglich nimmt Ines Toussaint entgegen, gibt Auskünfte, erfüllt Wünsche, immer freundlich

Richard Löwenherz, damals ja nicht nur König in England, sondern auch in Chinon, soll hier nach einer schweren Verwundung gestorben sein. Das war immerhin schon 1199! Dabei kann ich mir gar nicht vorstellen, daß dieser Held vieler historischer Filme und Fernsehnachmittage überhaupt jemals verschieden sein soll!

Ich gehe also in diesem alten Chinon herum, klettere auf das Schloß hinauf, das größtenteils Ruine ist. Richelieu hat es seinerzeit erworben, sich dann aber nicht mehr darum gekümmert und es verkommen lassen. Richtig lebendig ist hier oben nur ein herrlicher Pfau, dem scheu die Hennen folgen.

Ausgesprochen artig finde ich es, daß man für das Eintrittsgeld von zehn Francs auch eine kurze Beschreibung in Deutsch bekommt. Mitten im Gelände steht noch der Turm Coudray, in dessen 1. Stock Johanna gewohnt hat. Auch er war zu ihrer Zeit schon historisch. Gut 100 Jahre zuvor hatte man hier eine Zeitlang die Tempelherren gefangengehalten, die dem damaligen König Philipp bei ihren selbstgewählten Sonderaufgaben im heiligen Land zu reich und damit mächtig geworden waren. 54 dieser letzten Ritter mußten damals in Paris auf den Scheiterhaufen. Seinerzeit war man in solchen Dingen nicht eben zimperlich. Auch in Chinon nicht. Dort hat man – kaum jemand redet heute noch darüber – auf der langen Sandbank der Vienne, ich habe sie genau gegenüber, mißliebige Leute gleich dutzendweise eingeäschert – bei lebendigem Leibe.

Nachmittags fahre ich ein wenig über Land. Einmal, um mich umzuschauen, zum anderen, um Shortys Zweitbatterie wieder aufzuladen. Und schließlich, um an geeigneter Stelle Schmutzwasser abzulassen. Das ist mit diesem Wagen ziemlich einfach: Man hält einfach über dem nächsten Gully. Er hat das Ablaßventil nämlich gescheiterweise auf der rechten Seite. So selbstverständlich ist das keineswegs. Ich kenne Wohnmobile sehr vornehmer Marken, die haben es links. Wer deren Wasser ablassen will und es nicht mitten auf die Straße laufen lassen möchte, der hat immerhin Rangierprobleme mit seinem Fahrzeug.

Unterwegs entdecke ich in Le Vieux Bourg de Cravant eine karolingische Kapelle aus dem 9. Jahrhundert. Wuchtig und quer steht ihr Gemäuer im Tal. Es ist allerdings schon im vorigen Jahrhundert ausgesegnet worden.

Und wieder ein neuer Morgen in Chinon. Ich frühstücke, da kommt wie zur Begrüßung des jungen Tages ein Schwan die Vienne herauf. Ruhig und stetig arbeitet er sich gegen den Strom, gleitet vorbei, der aufgehenden Sonne entgegen.

Ich muß in der Stadt einkaufen und probiere zum ersten Mal eine dieser kinderkopfgroßen Birnen. Was Feines! Natürlich schaue ich bei Madame Toussaint vorbei, halte ein Schwätzchen. Erfahre Neues über Monsieur Rabelais. Der offenbar nicht nur als Dichter Phantasie, sondern auch im Leben Witz bewies. Nach seinen Studien in Montpellier hatte er kein Geld mehr für die Rückreise. Also befestigte er außen an seiner Tür eine Phiole und heftete einen Zettel daran, auf den er geschrieben hatte: Gift für den König.

Seine Rechnung mit der Einfalt der Polizei ging innerhalb von acht Tagen auf. Er wurde verhaftet und auf Staatskosten nach Paris verfrachtet. Dort allerdings kam er gegen die Sturheit der Justiz nicht an. Diese hatte nämlich überhaupt keinen Humor, nahm die Geschichte ernst und verurteilte ihn zum Tode. In letzter Stunde erfuhr der König von der Sache. Die beiden hatten in Chinon als Kinder zusammen gespielt. So endete diese aufregende Heimreise schließlich doch noch mit einem in jeder Hinsicht befreienden Gelächter.

Bevor ich nun Shorty wieder besteige und mich auf den Weg nach Paris mache, noch eine weitere historische Bemerkung. Dann bleibe ich, nehme ich mir wenigstens vor, wieder ganz in der Gegenwart: Ein anderer Filmbösewicht und Menschenverächter, der mörderische Cesare Borgia, hat in Chinon Charlotte d'Albret, die Tochter des Königs von Navarra, geheiratet.

Über die Jahre hin ist hier also allerlei losgewesen, und ein kleines bißchen davon ist an den Mauern haftengeblieben. Man braucht nur etwas daran herumzukratzen, dann kommt es zum Vorschein. Madame Toussaint vom Office de Tourisme wird dabei sicher gern behilflich sein. Eigentlich habe ich sie noch fragen wollen, ob Rabelais sich seinen Namen nach der Gegend, in der er geboren und aufgewachsen ist, selbst ausgesucht hat, oder ob man diesen Landstrich später nach ihm Rabelaise genannt hat. Diese Frage ist für mich unwichtig geworden. Beide sind ohne einander nicht denkbar. Sie gehören zusammen wie Henne und Ei. Es ist völlig wurscht, wer eher da war.

Letzter Abend. Noch ein Rundgang. Ich gehe ins Jeanne d'Arc, frage, ein bißchen launig, ob ich noch einmal ein Omelett aux herbes haben kann. Die Wirtin lächelt. Ist überhaupt nicht überrascht. Sie sagt: »Ich weiß, Sie waren schon einmal bei uns. Madame Toussaint hat es mir erzählt, daß Sie wieder in der Stadt sind...«

Auch kleine Geschichten halten sich hier gut.

Ich gehe zum Wagen. Da kommt Geschrei auf, zetert hin und her, nähert sich schnell. Ist über mir. Vom Licht der Stadt angestrahlt ziehen sie über mich hinweg. Wildgänse. Kurs Nordwest. Kurs Frühling.

Chinon
Michelin-Karten 64/67 und 232, Touraine, Département Indre et Loire, 8300 Einwohner. Entfernungen: Paris 283 km, Saumur 29 km, Tours 49 km, Orléans 155 km. Sehenswürdigkeiten: Altstadt, Schloßruine, Rue Voltaire, Haus der Generalstände, Kapelle Le Vieux Bourg de Cravant, 7 km östlich, La Devinière, Rabelais-Museum, 8 km südwestlich. Informationen: Office de Tourisme, Madame I. Toussaint, 12 rue Voltaire, B.p. 258 37502 Chinon Cedex, Tel. 00 33 47/93 17 85

Aus dem Logbuch

Nun also nach Paris. Besprechungen wegen des Buches. Privates. Bin viel zu früh, treffe abends ein. Habe Orléans rechts liegenlassen, statt durchzufahren. Es regnet wieder mal. Will mich erst im Anblick des Arc de Triomphe für die Nacht niederlassen, genau vor einem Hotel. Vor neun Uhr

Vom Schloßberg geht der Blick über die Stadt und das Tal der Vienne hinweg weit nach Osten

morgens brauche ich hier kein Geld in den Payement-Automaten zu werfen. Aber ich kapituliere bald vor dem nicht abreißenden Lärm des Verkehrs. Fahre durch den nächtlichen Bois de Boulogne zu dem Campingplatz, der dort am Ufer der Seine liegt und ganzjährig geöffnet ist. Bin mir auf halbem Weg nicht mehr sicher, ob die Richtung noch stimmt. Sehe Leute an einer Kreuzung, halte an, drehe das Fenster hinunter. Kommt eine Frau heran und nennt Preise, ohne daß ich auch nur etwas gefragt habe. Ach so. Ich muß weitersuchen und entdecke zum Glück schon bald ein Hinweisschild.

Der Platz ist gut besetzt, aber ein paar Stellen sind noch frei. Ich kann bleiben, zahle im voraus und stelle meinen 220 Volt-Anschluß selbst her. Rollos runter, Ruhe.

Am anderen Morgen stellt sich heraus, daß es auf dem Platz trotz des angekündigten perfekten Services keinerlei Einkaufsmöglichkeiten gibt. Zeit habe ich ja, marschiere also über die nahe Brücke von Suresnes hinüber in den Ort, um Brot zu kaufen. Der Regen hat nicht nur aufgehört, die Sonne ist sogar herausgekommen. Beim Frühstücken sehe ich unweit eine junge Frau, nach Tänzerinnen-Art in Mini und lange Wollstrümpfe gepackt, atemberaubende Drehkunststücke mit einem Spieß üben. Nicht weit davon hüpft ein athletischer Mann durch ein rotierendes Seil und springt und springt. Daneben trainiert jemand einen fünf- oder sechsjährigen Knirps an einem eigenartigen Gerät in Handstand. Artisten bei der Morgenarbeit. Hier schreiben? Ist nicht drin.

Ich fahre nur ein paar Minuten und finde im Bois eine Nebenstraße »Sans Issue«, ohne Ausgang also, stelle Shorty in die Sonne und die Schreibmaschine auf den Tisch. Auf der anderen Straßenseite machen eine junge Frau und zwei Männer sich fürs Jogging fertig. Zehn Meter weiter hält ein Mittelklasse-Wagen, ein Mann steigt aus und pinkelt ungeniert an einen Baum. Auf der Wiese liegt ein Clochard, die Wollmütze tief ins Gesicht gezogen, den Kopf auf seine Habe gebettet.

Aber niemand stört mich hier, bin nur hin und wieder ein bißchen abgelenkt. Ich kann schreiben, notieren, nachdenken. 50 Meter zurück die Einfahrt zu dieser Nebenstraße, halbseitig durch dicke Steinbrocken gesperrt, damit jeder sieht: Hier geht's nicht weit.

Auf zwei dieser Steinbrocken lassen sich zwei Damen vom Mittagsstrich nieder und alle Augenblicke von Autofahrern zu kurzen Trips tiefer in den Wald einladen. Kommen immer wieder zu ihren Sitzsteinen zurück, haben reichlich zu tun. Zwei berittene Polizisten unterbrechen das Geschäftliche und unterhalten sich längere Zeit mit den beiden, von oben herab quasi. Reiten dann aber weiter.

Noch verbirgt kein Laub das Filigran des Eiffelturms, und auch der Ball im Baum und der Junge, der ihn herunterholt, sind noch leicht zu erkennen...

Ein altes Ehepaar spaziert, sehr langsam, vorbei. Zwei »Pieds noirs«, Schwarzfüße, wie die Pariser ihre aus Nordafrika stammenden Mitbürger nennen, stellen ihren alten Peugeot hinter Shorty und waschen ihn mit dem Wasser einer Quelle, die zehn Meter entfernt im Wald sprudelt.

Ein älterer Herr, ein sogenannter Distinguierter, beobachtet die beiden Mittagsdamen zunächst eine gute Stunde lang aus sicherer Entfernung. Dann gibt er sich einen Ruck und geht hin. Redet ein bißchen, sehr steif und gerade, kommt aber offenbar nicht ins Geschäft. Es fehlt ihm wohl das unbedingt erforderliche Auto, mit dem man tiefer im Wald verschwinden kann. Junge Frauen schieben ihre Kinderwagen vorbei.

Ein bärtiger Student, hager, bleibt bei den beiden Kurzzeit-Autostopperinnen stehen, und schreit sie an. Laut und eindringlich ermahnt er sie zu ordentlichem Lebenswandel, dann schreitet er steif von dannen. Er hat seine Pflicht getan. Die Damen haben sich nicht einmal von ihm abgewandt. Sie kennen solche Predigten wohl zur Genüge. Ein junger Mann läßt seinen Boxer-Hund immer wieder einen Ast holen, und dabei läuft er selbst unermüdlich hin und her. Springt einmal über den schlafenden Clochard. Sonniger Freitag im Bois de Boulogne.

Dann klinke ich mich zwei Tage aus. Bin bei Freunden. Marianne kommt.

Am Montag erinnere ich mich an Jacques Dalès. Ich kenne ihn seit -zig Jahren, seit wir ein paar fröhliche Tage in Hamburgs Planten un Blomen miteinander zu tun hatten. Blieben damals zunächst brieflich in Verbindung, sahen uns zwei, dreimal in Paris. Er schreibt und singt Chansons – die nicht immer für Jugendliche geeignet sind – bringt Menschenmassen mit seinem Temperament und seinen originellen Einfällen in Stimmung. Ein Entertainer alten Schlages. Eines Tages war damals ein Brief gekommen: »Habe zwei Unfälle gehabt. Einen mit dem Auto, das geht vorüber. Einen mit dem Herzen, das tut immer noch weh. Ich verziehe mich. Habe ein Angebot aus Tananarive. Adieu, mon copain...« Ging also nach Madagaskar.

Vor drei Jahren stand er plötzlich wieder im Pariser Telefonbuch. Ich hatte auf den Champs-Élysées zu tun, rief ihn an. Mein guter Jacques war aus dem Häuschen, aber auch förmlich aus dem Leim gegangen. Wog doppelt soviel wie ich, wiewohl von der Länge her kleiner geraten. Er zeigte mir den Prospekt Dalès: »Der dickste Schauspieler Frankreichs. 143 Kilo Möglichkeiten, mit 60 Kostümen.« Die brauchte er auch für sich. In normale Gewandungen paßt der Gute nicht mehr. Aber sein Witz, seine Fröhlichkeit waren geblieben. »Schau mich nicht so prüfend an«, sagte er, »natürlich ist mein Haar gefärbt. Das gehört dazu.«

Ich hole also seine Telefonnummer wieder heraus, und schon habe ich ihn an der Strippe. »Mein Alter, du in Paris! Wie schön! Weißt du was? Ich habe ausgerechnet heute spielfreien Tag. Hol mich in meinem Büro ab, es ist immer noch in der Rue de Domremy. Wir gehen zusammen mampfen. Meiner besseren Hälfte geht's gesundheitlich nicht so gut. Da wird sie froh sein, wenn sie heute für mich nicht zu kochen braucht. Also, bis nachher.«

Seine bessere Hälfte dürfte kaum ein Drittel seines Gewichts haben. Sie ist seine fünfte, und er hat sie in Tananarive geheiratet.

»Ich weiß, sie wirkt ein bißchen asiatisch, aber sie ist eine echte Madagassin. Und sie ist ein Schatz!« hat er mir damals beim ersten Wiedersehen erzählt. Madame Dalès ist wirklich ein Schatz. Leise, charmant, mit sehr sanften Bewegungen, und sie kocht unheimlich gut. Wohl auch nicht wenig. Das erste, was Jacques mir diesmal schon am Telefon berichtet hat: »Ich habe schon wieder fünf Kilo zugenommen. Es ist gräßlich.«

Bevor ich also zur Rue de Domrémy hinausfahre (man erinnert sich: Jeanne d'Arc stammte aus Domrémy...), suche ich in Paris nach Stellen, an denen ich meinen Shorty möglichst günstig mit bekannten Bauten im Hintergrund fotografieren kann. Später allerdings, wenn die Bäume Blätter tragen. Kurve dazu einmal auf einen Parkplatz unweit der »Ecole Militaire«, den Eiffelturm im Blick.

Ballbaum

Ich steige aus, kontrolliere Vorder- und Hintergrund, korrigiere Shortys Position. Hier könnte man, wenn es wieder Laub gibt, einen Versuch starten. Ich taxiere den Stand der Sonne, notiere, zu welcher Tageszeit das richtige Licht zu erwarten ist. Da fallen mir endlich zwei Jungen auf, die schon die ganze Zeit um mich herumschlendern. Das war kein Zufall, sie meinen tatsächlich mich. Oder noch besser, sie haben es auf Shorty abgesehen. Ich frage sie: »Ist etwas?«

»Ja, Monsieur. Sie könnten uns vielleicht helfen. Mein Ball steckt da oben in einer Astgabel fest.«

Er zeigt auf einen nahen Baum. Fast in der Spitze blinkt es rot.

»Wenn Sie Ihren Lastwagen unter den untersten Ast fahren könnten, wäre er vielleicht erreichbar, und ich könnte hinauf in den Baum...«

Ich verstehe. Zwei Balljungen in Not. Es bleibt gar keine Wahl – wir müssen helfen. Ich setze den Wagen also zurück, und aus der Ferne schaut der Eiffelturm zu, wie ein Ball gerettet wird. Die Jungen bedanken und trollen sich. Zu einem Spielplatz ohne Bäume, nehme ich an.

Und dann fahre ich zu Jacques. Er scheint rundum, und das ist bei ihm nun mal eine ganze Menge, zufrieden. Hat noch Einladungen zu irgendeiner Veranstaltung fertig zu machen. Ich helfe ihm, die Umschläge zu frankieren. Währenddessen erzählt er. Sechsmal in der Woche steht er im Mogador auf der Bühne. Sie spielen den Cyrano de Bergerac. Es strengt den dicken Mann an, aber es macht ihm Spaß, Erfolg zu haben, denn das Theater ist ständig ausverkauft. Karten kann er deshalb erst in ein paar Wochen besorgen, damit ich ihn »sur scene« fotografiere.

Ich erzähle Jacques von Jean Claude Michaud, und daß ich für die Aufnahmen seiner Skulpturen ein schwarzes Mädchen suche.

»Die besorge ich dir. Keine Angst, bei meinen Beziehungen beschaffe ich dir eine ganz exquisite schwarze Schönheit. Wenn du kommst, um mich im Theater zu fotografieren, rufe rechtzeitig vorher an, ich arrangiere das schon.«

Er sagt das eher beiläufig, als sei es für ihn etwas ganz Alltägliches, für einen deutschen Schriftsteller ein Mannequin zu beschaffen, das für ein bescheidenes Honorar fünf Tage mit diesem Menschen in einem engen Wohnmobil zu reisen gewillt und außerdem zu Aktaufnahmen bereit ist. Ich halte seine Bemerkung mehr für eine freundliche Geste ohne ernsteren Hintergrund. Die Idee ist ja auch zu ungewöhnlich.

Die Silhouette eines kahlen Baums, auf dem sich ein Vogel niedergelassen hat. Ich halte an, greife zum »Tele«, da streicht der Räuber ab

Einstweilen verdrücken wir gemeinsam ein Kaninchen, dazu zwei Flaschen Rotwein, und sind dabei »assez serré« in einem kleinen Restaurant in der Rue de Boulanger. Es heißt »Au Savoyarde«. Außer mir nur Franzosen. Jacques stellt mich überall als seinen Kameraden aus Hamburg vor. Man ist nicht gerade leise, aber ungeheuer intensiv mit Essen beschäftigt, und mit Reden. Der Wirt trinkt noch ein Glas Pastis mit uns.

Jacques ist offensichtlich müde, hat Schwierigkeiten mit der Luft. Kein Wunder. Ich bringe ihn heim. Mache noch ein paar Nachtaufnahmen vom Trocadero mit dem erleuchteten Eiffelturm im Hintergrund. Drüben, weit dahinter, steht irgendwo der Ballbaum. Ich denke an die beiden Jungen, wie sie zufrieden mit ihrem roten Ball abzogen. Denke an meine eigenen Jungen, und da hält es mich plötzlich nicht mehr in der Stadt. Dieses riesige Paris erdrückt mich schier, obgleich jetzt, gegen ein Uhr morgens, kaum ein Mensch am Trocadero zu sehen ist. Ich setze mich in den Wagen und fahre los. Wer soll mich daran hindern? Ab geht's in den Süden...

Aus dem Logbuch

Um halb drei morgens stelle ich Shorty auf irgendeinen Marktplatz. Ich baue mein Bett und schlafe sofort ein.

Sens. Mittags kurz gehalten. Alles dicht, bis auf die Post. Kann telefonieren. Die beste Erfindung der Welt ist das Telefon.

Man dreht ein paarmal, und schon hört man die Stimme, die man hören möchte. Schon ein Wunder.

Auf einem Rundgang die Beine vertreten. Sens ist ein angenehmer Ort. Hell, mit weiten, offenen Plätzen und aparten Fußgängerzonen. Die Mairie ist riesig, wie für den Bürgermeister von Paris gebaut.

Auxerre. Mittelalterlich. Enge Straßen, ziemliche Kurverei für Shorty. Die Sonne ist schon wieder weg. Ich suche eine Mietwäscherei. In Auxerre gibt's keine. Fast alle Geschäfte haben jetzt, um halb drei, noch zu. Hier im Burgund lebt man halt anders. Mit Recht wahrscheinlich.

Route Nationale Nr. 6. Zwischen Avallon und Chalons weite Sicht. Keine Sonne. Aber ein schönes Land. Soll ich bleiben? Also gut, nächste Station ist Saulieu. Vielleicht gibt es da einen Parkplatz für die Nacht.

Saulieu. Eine Fordwerkstatt will morgen die Motoreinstellung prüfen. Shorty hat mir etwas zuviel Durst bekommen. Vor der Mairie finde ich einen halbwegs ebenen Parkplatz. Ruhige Nacht. Am Morgen liegt Schnee. Aber die Straße ist schon freigefahren. Der Motorcheck bekommt Shorty gut, er läuft wieder besser. Hoffentlich säuft er auch weniger.

Die Bäume sind schwarznaß vom geschmolzenen Schnee. Wolkengemälde breiten sich über den weiten Horizont. Aber es bleibt verhältnismäßig dunkel dabei. Fotos? Wird kaum gehen. Aber dann stehen Schafe auf einer Weide und blöken mich an. Kommen näher. Fotogeil? Und blöken. Ich saue mir die Schuhe ein, klettere über einen Zaun. Muß näher ran an die wolligen Quäker. Und wieder dieser unglaubliche Himmel. Das kannst du nicht schildern. Das Filigran der Bäume vor dem Horizont, das kannst du nicht. Du kannst es auch nicht fotografieren. Aber du kannst es sehen. Jetzt. In diesem Augenblick. In dein Gedächtnis eingraben.

Dieses Burgund ist auch das Land der Bussarde. Kein Kilometer ohne Greifvogel. Sie sitzen auf den Bäumen, auf Zaunpfählen oder mitten auf Wiesen, oder sie schweben ihre ruhigen Kreise. Sitzen sie, und man hält an, so schwingen sie davon. Fährt man vorbei, rühren sie sich nicht.

Rechts neben der Straße blinkt ein buntes Dach auf. Da gammelt ein kleines Schlößchen vor sich hin, mit bunten Dachschindeln. Das Nest heißt Neuilly, als läge es bei Paris. Wie so oft – kein Mensch weit und breit zu sehen.

Jedenfalls nicht in diesem Dorf. Sonst fällt einem schon einiges auf. Zum Beispiel dies (es muß einfach gesagt werden): Nirgendwo habe ich so viele Leute in die Gegend pinkeln sehen! Hier irgendwo spielt ja wohl auch Clochemerle, dieses heitere Buch, in dem so viel geliebt, Beaujolais getrunken und ebensoviel gepinkelt wird. Ein nicht ganz einsichtloses Toilettenhäuschen spielt da ja auch eine Hauptrolle, oder das Fräulein, das sich zum Hingucken zwar ziemlich recken muß, sich aber gleichwohl nicht sattsehen kann und beim Bürgermeister beschwert ...

Die einzige Rücksicht, die die Leute bei dieser Beschäftigung, wenn es denn eine ist, nehmen, ist die auf sich selbst: Sie richten den Strahl immer nach Lee.

Wie schnell man sich doch irren kann! Ein Restaurant links. Ich lese den Namen: Grenze. Kann nicht stimmen. Schaue schnell noch mal hin. Es heißt Creuze. Das Auge sieht eben manchmal das, was es zu sehen gewohnt ist, was es erwartet, und durchaus nicht immer das, was wirklich da ist. Zeugen lügen eben nicht immer, sie glauben meist wirklich, was sie gesehen haben wollen ...

Turnus. Eine Umleitung. Der direkte Weg nach Chalons ist nicht passierbar. Ich muß also über Bourg en Bresse, die Weltstadt des Huhns. Ist ja wurscht. Warum nicht über Bourg. Es führen viele Wege nach Aubenas.

Und wieder diese Wolken! Möchte wissen, welche Art Wetter sich damit ankündigt. Um meine Notizen von eben zu bestätigen, hält am Straßenrand ein Bus, die Männer steigen aus und pinkeln, was der Beaujolais hergibt.

Im Bresse kann man sich zwar nicht auf den Bauch legen und dann immer noch zwanzig Kilometer weit sehen, aber viel fehlt da nicht mehr. Weit am östlichen Horizont blaue Berge mit hellen Kuppen. Die Höhen des Jura mit Schnee.

Ich suche immer noch nach einem einsam, allein stehenden Mistelbaum. Große Eichen habe ich schon abgelichtet. Einen Mistelzweig habe ich auch schon aufs Armaturenbrett gelegt. Aber einen einzelnen, fotografierbaren, von Misteln befallenen Baum habe ich noch nicht gefunden.

Jetzt sehe ich zum erstenmal zwei dieser Lkw-Sperren, von denen im Radio immer wieder berichtet wird. Mindestens 30 Brummis sind hier aufgefahren. Sie haben eine sehr schmale Lücke gelassen. Personenwagen lassen sie passieren. Auch ich darf durch, werde sogar sorgfältig hindurchgewunken. Es ist so eng, daß ich den linken Außenspiegel zurückklappen muß. Gut, daß Herr Ford das wohlweislich vorgesehen hat!

Bourg en Bresse. Ich hatte diese Hühnerhochburg für ein besseres Provinznest gehalten. Aber das ist eine richtige Stadt, verflixt noch mal! Muß ich noch mal hin. Morgen will ich jedoch in Schwarzenbeks Schwesterstadt Aubenas aufkreuzen.

Südlich von Bourg wieder Dutzende von Lkw. Wieder werde ich durchgeschleust. Die Männer sind freundlich, grüßen zur Weiterfahrt.

Dicht an der Route Nationale Nr. 6, bei Neuilly, leuchtet aus einem kleinen Park das bunte Dach dieses verlassenen Schlößchens

Weiter südlich der berühmte Vogelpark, beiderseits der Straße die vielen Seen. Und, wie es sich für ein Ornithologen-Paradies gehört, segeln neben mir zwei Graureiher her, setzen zur Landung an.

Hinter Mionnay, etwa 20 Kilometer vor Lyon, wieder eine Sperre. Nein, doch nicht – ein kleiner Unfall. Ein Transporter steckt mit den hinteren Rädern im Graben, ein Trucker ist dabei, ihn herauszuziehen. Mal etwas anderes.

Bei Dunkelwerden vor Valence noch eine Sperre. Eine richtige. Barrage nennen sie das. Eine Taschenlampe winkt mich näher, eine andere wird heftig hin und her geschwenkt. Soll wohl »non« heißen. Ich springe aus dem Wagen, will mit dem Mann reden. Aber der läßt mich gar nicht erst zu Wort kommen.

»Hier dürfen nur leichte Wagen durch.«

»Meiner ist leicht.«

»Ist er nicht.«

»Dein Kumpel hat vorhin gewunken, daß ich durchkann. Alle anderen haben mich bis jetzt auch durchgelassen.«

»Ich sage hier, wer darf. Du darfst nicht.«

»Du magst Ausländer nicht, wie?«

»Mir wurscht, ob Ausländer oder nicht. Ich sage nein.«

Der ist und bleibt stur. Ich mache »demi-tour«, kehre um. Wütend. Suche und finde einen Schleichweg durch die Weinberge. Denke über die streikenden Lkw-Fahrer nach. Genau das haben sie wohl gewollt. Darum legen sie seit Tagen den Verkehr lahm. Lassen zumindest keine Laster durch. Blockieren das Wichtige. Einige Fabriken können nicht weiterarbeiten, melden Kurzarbeit an. Die Nachrichten sind voll davon. Was das Radio nicht sagt: Wozu das Ganze. Nichts über die Forderungen der Fahrer. Und das in einem sozialistisch regierten Land, in dem der Verkehrsminister zudem auch noch Kommunist ist! Aber ich will weder das Radio noch Herrn Fiterman, noch die Fahrer kritisieren. Will mich nicht in ihre Angelegenheiten mischen. Dazu kenne ich die Hintergründe zu wenig. Aber ob ich nun will oder nicht, ich werde hineingemischt. Nicht durchgelassen.

Valence. Es ist kalt. Auf der Hauptstraße finde ich einen etwas höhergelegenen Parkplatz. Esse ein wenig. Krieche in die Falle. Bin sehr müde.

Aber der Morgen ist hier schon ganz anders als gestern noch in Saulieu. Ich bin schon im Tal der Rhône. Hier ist schon das helle Licht des Südens. Im Office de Tourisme freundliche Gesichter. Eine Mietwäscherei? Mit Mietmaschinen? Aber ja. Gar nicht weit von hier. Sehen Sie auf diesen Plan! Sie malt ein Kreuz. Dort ist die Wäscherei. Den Plan gibt sie mir mit.

Ich will erst mal sehen, wie diese Wäscherei funktioniert. Fremde Funktionsabläufe machen mich scheu und vorsichtig. Ich bin manchmal nur deshalb nicht in ein Schwimmbad gegangen, weil ich nicht wußte, wie das mit dem Bezahlen, Umziehen, Kleiderverwahren, Duschen und dergleichen lief. Privat habe ich mir derlei Zaghaftigkeiten öfter geleistet.

Wäscherei-Gespräch

»Guten Tag, Monsieur.«

Madame sitzt hinten in der Ecke an einer Bügelmaschine und schiebt den Ärmel eines Herrenhemdes durch.

»Guten Tag, Madame. Ich bin mit einem Wohnmobil unterwegs und muß endlich einmal Wäsche waschen. Kann ich das bei Ihnen?«

»Aber ja. Dazu sind wir ja da, Monsieur. Sie brauchen nur Ihre Wäsche zu holen und ein paar Münzen bereitzuhalten. Wenn Sie keine haben, kann ich wechseln. Unser Wechselautomat funktioniert zur Zeit nicht. Aber ich habe genügend Kleingeld da. Wenn Sie kein eigenes Waschpulver haben, so können Sie hier welches aus dem Automaten bekommen. Es ist alles ganz einfach.«

Während sie das sagt, lese ich etwas ungläubig den strengen Hinweis an der Wand, daß man nur das Waschpulver aus dem Automaten benutzen darf. Nun ja, ich habe sowieso kein eigenes.

Zehn Minuten später bin ich mit meinem Wäschekorb zurück.

»Ist das auch nicht zuviel für eine Maschine?«

»Nein, das wird gerade hineinpassen. Das kostet 15 Francs, und zwei Francs brauchen Sie für den Waschpulverspender.«

Ich wurstele die Wäsche in die Miele. Den Rest erledigt die resolute kleine Madame. Der Pulver-Automat rührt sich nicht.

»Ist wohl feucht geworden...«, murmelt Madame, holt einen Schlüssel und erledigt die Pulverarie mit flinken Fingern selbst. Dann läßt sie einen Jeton in die Miele schnappen, und schon dreht sich das Ding.

»Sie sind sehr liebenswürdig, Madame. Vielen Dank für Ihre Hilfe. Sie machen sich viel Arbeit. Das hätte ich doch auch allein gekonnt.«

Sie schaut mich prüfend, eigentlich sogar ungläubig an.

»Schon gut. Mag sein, Monsieur.«

Sie lächelt ein klein wenig und fügt hinzu: »Aber dann wäre es nicht so schnell gegangen, nicht wahr?«

»Sie machen es den Männern zu leicht. So lernen wir das nie.«

Madame versteht offenbar nicht. Ich wiederhole den Satz.

Südlich Valence bei der Barrage de Charme haben Lastwagenfahrer eine Sperre errichtet. Gegen die Morgenkühle hilft ein Feuer. Die Männer zeigen mir, wie ich die Sperre leicht umfahren kann

Sie antwortet nicht. Macht nur eine irgendwie offene Handbewegung. Das soll wohl bedeuten: Ach, Männer, das hat doch keinen Sinn. Männer!

Und sie sagt schließlich: »In einer Dreiviertelstunde können Sie wiederkommen, Monsieur. So lange braucht die Maschine.«

Ich gehe. Bringe Filme zum Entwickeln, telefoniere mit Jean Claude. Er erzählt, daß Corinne mit dem Kleinen endlich zu Hause ist. Daß der Kleine viel, aber nicht zu laut schreit. Corinne geht es gut, aber sie ist noch ziemlich schwach. Er muß die ganze Hausarbeit allein machen, kommt zu nichts anderem. Aber er fühlt sich gut. Er hat eine Aufgabe. Ich bin ein richtiger Hausmann, sagt er und lacht. Ich gehe in die Wäscherei zurück. Mein Zeug dreht sich schon in der Trockenmaschine.

Madame sitzt hinter ihrem Bügelapparat und lächelt mir wie um Entschuldigung bittend entgegen. »Ich habe Ihre Wäsche schon in den Trockner getan. Das macht noch einmal drei Francs, Monsieur.«

An den Wänden hängen überall mit Zeichnungen erläuterte Betriebsanleitungen. Mir fällt auf, daß die darauf abgebildeten Waschmaschinenbenutzer ausnahmslos Frauen sind. Ich zeige darauf und frage: »Madame, warum sind hier eigentlich keine Männer abgebildet? Ich finde das ziemlich ungerecht. Injuste.«

Sie schaut mich groß an. Sie hat zwar meine Worte verstanden, aber überhaupt nicht, was ich damit meine. Wieder diese Handbewegung. Männer – wozu sind Männer schon nützlich! Aber sie lächelt mich an. Jean Claude in der fernen Bretagne ist wohl noch eine große Ausnahme in diesem, nicht unserem Lande...

Aus dem Logbuch

Eigentlich wollte ich auf der Route Nationale Nr. 7 weiter nach Süden fahren, höre aber im Radio, daß sie irgendwo von Lkw gesperrt ist. Da finde ich eine schmale Brücke über ein Rhône-Stauwerk. Wechselseitige Ampelregelung macht sie passierbar. Auf der anderen Seite der Rhône hoffe ich auf der N 86 weiterzukommen. Das Stauwerk ist sogar auf der Michelin-Karte verzeichnet. Es heißt Barrage de Charme. Eine Minute später sehe ich die N 86 – aber das hilft mir nichts. Die Kreuzung ist von mehr als einem Dutzend Lkw versperrt. Der enge Durchlaß kann gerade eben noch von Pkw passiert werden. Mit Shorty komme ich nicht durch. Ich stelle ihn an die Seite und frage die Männer, was sich da machen läßt. Einer meint, man könne den einen Lkw ja ein Stückchen vorziehen, aber der Fahrer sei gerade nicht anwesend. Ein Feuer brennt am

Straßenrand. Es ist kalt. Aber die Männer sind freundlich, erlauben mir sogar, sie zu fotografieren. Schließlich kommt einer zu mir und erklärt, wie ich die Sperre ohne großen Zeitverlust umfahren kann. Ich will seinem Rat folgen und wende Shorty, da kommt ein anderer Lkw-Fahrer angelaufen und fragt mich, ob ich den Schleichweg kenne...

Tatsächlich bin ich drei Minuten später auf der N 86 und rolle wieder gen Süden. Hier stehen schon diese Villen im römischen Stil, mit ihren Arkaden, den sehr flachen Dächern, den Ockerfarben und nicht zuletzt: mit Zypressen im Garten. Das ist die Provence. Das ist schon der Süden. Trotzdem, auf den Höhen liegt Schnee.

Ich verlasse das Rhônetal, klettere nach Privas hinauf, und weiter, den Paß »Col de l'Escrinet« hinauf. Die Sicht zurück reicht weit.

Bei einem Halt großes Erschrecken: Ich entdecke, daß der Tankverschluß weg ist. Meine Schuld. Beim letzten Tanken hat mich ein ziemlich hübsches Mädchen bedient. Statt darauf zu achten, ob sie auch alles richtig macht und den Verschluß wieder anbringt, habe ich ihr wohl zu lange auf den appetitlichen Po geschaut. Glücklicherweise komme ich bald an einer Fordwerkstatt vorbei.

Oben auf dem »Col« (787 m hoch) liegt Schnee, und das weite Tal nach Westen, also nach Aubenas hin, leuchtet blauweiß herauf. In der Ferne brennt ein Feuer. An der Mauer eines Bauernhofes ein Schild »Verkauf von Knoblauch«. Ich denke, hier bin ich richtig.

Endlich türmt sich Aubenas vor mir auf. Die Stadt steht auf einem Felsplateau hoch über der Ardèche, hat nach Norden hin ein schattiges, düsteres Aussehen. Die schartige, harte Kontur der Hausdächer, des Schlosses und des Doms hat etwas Arrogantes an sich. Unfreundlicherweise stehen unten an der steilen Auffahrt wieder Lkw, kreuz und quer, und lassen nur die »Kleinen« durch. Ich versuche mich durchzuwinden, und es gelingt. Wenige Minuten später, nach einigen erheblichen Steigungen, stehe ich auf einem Plateau, schaue zu den Cevennen hinüber, die im sonnenbeschienenen Schnee bis zu 1300 Meter hinaufragen. Ein eindrucksvolles Panorama, und weil ich jetzt pflichtgemäß an die heimatliche Schwesterstadt Schwarzenbek denken muß, wird mir klar, daß wir im Norden Deutschlands zumindest in punkto Landschaft überhaupt nicht mithalten können.

Unmittelbar vor, oder besser, unter mir, liegt St. Privat, zu dem eine Brücke über die an einigen Stellen weiß gischtende Ardèche führt. An den Hängen drüben einzelne Villen in Kieferwäldchen. Weil Marianne mir zu Weihnachten ein Superfernglas geschenkt hat, weiß ich, daß das

Westlich des Col de l'Escrinet liegt noch Schnee. Weit im Dunst ist »Schwester« Aubenas verborgen

Denkmal auf dem Hügel gegenüber kein Denkmal, sondern eine sehr ebenmäßig gewachsene Kiefer ist.

Schwester ja – Zwilling nein

Ich gehe ins Schloß, um mich beim Bürgermeister anzumelden. Monsieur Vermède, sein Sekretär, hat die offizielle Ankündigung meines Besuches auf seinem Schreibtisch liegen. Schnell werden wir uns einig: Samstag, wenn vor dem Schloß Markt gehalten wird, werde ich Bürgermeister Hugo das kleine Geschenk aus Schwarzenbek überreichen und ihn bei einem Rundgang über den Markt fotografieren. Anschließend ist eine Schloßführung durch den Kunstkonservator des Départements, Abbé Charay, vorgesehen. Samstag, das ist übermorgen. Ich habe also Zeit, mich umzusehen.

Gewiß, die Straßen sind hier eng und zum Teil ungewöhnlich steil, die Gemäuer alt und vielfach efeubewachsen. Aber überall herrscht geschäftiges Treiben. Auf dem großen Parkplatz vor dem Telegrafenamt ist kein Platz mehr frei. Aubenas scheint keine Touristen zu brauchen, um seine Mauern zu füllen. Die Leute stecken hier selber voller Leben.

Aber das ist es noch nicht, was mir hier an Besonderem auffällt. Da ist etwas ganz anderes spürbar, etwas Ungewöhnliches.

Aber ich kann im Augenblick nicht herausfinden, was es ist.

Ich mache lange Spaziergänge, stelle fest, daß Aubenas auch durchaus moderne Stadtteile hat. Ich laufe nach St. Privat hinüber, wo eifrig an neuen Villen gebaut wird. Aber hinter das Geheimnis von Aubenas komme ich so schnell nicht.

Es ist schließlich dunkel geworden. Ein klarer Sternenhimmel, obwohl Wind aufgekommen ist. Genau über mir, mit der Deichsel steil nach unten, steht der große Wagen. Der Wind frischt noch mehr auf, läßt Shorty immer heftiger wackeln.

Zwei Uhr morgens. Immer noch Sternenhimmel, aber kein großer Wagen mehr. Ich lehne mich hinaus, will wissen, ob ich nun hier bin oder nicht, und da steht er, genau über mir, quer jetzt die Deichsel. Ich lege mich wieder hin. Schlafe schlecht, der Wind schüttelt mich durch allerlei wirre Träume.

Freitag. Ich fahre die Cevennen hinauf. Autos mit Langlaufski überholen mich immer öfter. Hier gibt es also noch Wochenenden mit Schnee und Sport. Ich biege von der Hauptstraße ab, komme nach Montpezat. Am Dorfeingang Häuser, die aus rohbehauenem Granit gefügt sind. Wären nicht ein paar Fernsehantennen, könnte ich mich Jahrhunderte zurückversetzt fühlen.

Schräg davor, auf einem dunstverhangenen Hügel, eine kleine Kapelle, und ringsum, wie sorgfältig über den Hang verstreut, gleichförmige Andachthäuschen. Davor laublose, trockene Kastanienbäume, als ob noch Herbst wäre. Stille. Das ist nicht nur Einsamkeit hier, es ist trostlos. Ich kehre um.

Kurz darauf entdecke ich auf einem Bergkamm die Schloßruine von Ventadour. Imposant, mit einem einzeln aufragenden, schnörkeligen Turm. Nicht weit von mir hält ein Caravan-Gespann. Ich bin also doch nicht der einzige Nomade auf diesen Straßen.

In einer Crêperie in Aubenas esse ich einen ausgezeichneten exotischen Salat. Das junge Mädchen, das dort bedient, ist außergewöhnlich hübsch. Und genauso außergewöhnlich spröde. Mein zaghaftes Lächeln deutet sie falsch – sie kommt einfach nicht wieder, jedenfalls nicht an meinen Tisch. Fortan bedient mich ein junger Mann.

Samstag. Als erstes beschließe ich, auf jegliche Verkleidung zu verzichten und mithin die einzige Krawatte im Schrank zu lassen. Der Bürgermeister wird wissen, wie Landfahrer umherziehen. Ein frisches Hemd – soeben in Valence gewaschen – und eine Rasur tun es auch.

Monsieur Vermède fängt mich auf der Schloßtreppe ab. »Der Bürgermeister wird einige Minuten später kommen. Es reicht noch für einen Kaffee. Wollen Sie?«

Wir gehen in die nächste Eckkneipe. Zwei mittelalterliche Frauen hinter dem Thresen. »Bonjour Gilbert, ça va?« Wie geht's?

Er grüßt zurück und stellt mich vor: »Ein deutscher Schriftsteller, aus Schwarzenbek.«

»Ah – Schwarzenbek!«

Beide Damen reichen mir die Hand.

»Der Bürgermeister wird ihn gleich empfangen.«

Der Kaffee wird gebracht, und ich werde gefragt: »Bei Ihnen zu Hause ist es wohl noch sehr kalt, wie?«

Das übliche Thema. Alle Franzosen glauben, daß wir in Norddeutschland in einer Eiswüste leben. Ich versuche, die Damen aufzuklären. Schaue mich dann um, weil hinter mir jemand das Lokal betritt. Draußen sehe ich einen würdevollen Herrn im dunklen Mantel vorbeigehen. Das Gesicht kenne ich von Fotos.

»Wann, meinen Sie, kommt der Bürgermeister?« frage ich Monsieur Vermède.

Er blickt auf die Uhr und antwortet: »So in zehn Minuten, denke ich. Wir haben noch Zeit.«

»Ich glaube aber, daß er eben vorbeigegangen ist.«

»Monsieur Hugo? Kennen Sie ihn denn?«

»Von Fotos.«

Die behagliche Kaffeestunde ist augenblicklich zu Ende. Im Nu ist der Sekretär draußen und saust hinter seinem Chef her.

Ich folge ihm, natürlich etwas gesetzter. Auf der Treppe kommt Monsieur Vermède mir nun schon ein zweites Mal entgegen. Etwas atemlos. »Er bringt nur seine Aktentasche hinauf und kommt gleich wieder hierher.«

Unter uns das Marktgewimmel. Rufen, Lachen, das Geschrei einer Henne, die präsentiert wird. Viel Exotisches auf den Ständen, zum Beispiel Datteln.

Der Bürgermeister ist über das Schwarzenbeker Geschenk sehr erfreut: Es ist ein in der Tat sehr schöner Bildband über Schleswig-Holstein, der die Bücherei von Aubenas bereichern soll. Selbstverständlich mit einer Widmung seines Kollegen Schnack aus Schwarzenbek. Ein sinnvolles Geschenk zudem, denke ich. Bürgermeister Hugo weiß es offensichtlich zu schätzen. Er blättert nicht nur aus Höflichkeit in dem Band, sondern äußert sich auch anerkennend über die hervorragende Drucktechnik. Ein Mann, der genau weiß, worauf es ankommt, der seine Worte sorgsam wägt, ohne daß es ihm Mühe macht. Er wirkt locker und aufmerksam zugleich. Wir machen einen Rundgang über den Markt, wie mit Monsieur Vermède abgesprochen. Die Händler begrüßen ihn, man kennt sich – schließlich steht man jeden Samstag vor des Bürgermeisters Amt.

Wir begegnen einem kleinen, ja zarten, älteren Herrn, der einen roten Schal elegant umgeschwungen hat. Der Bürgermeister macht uns bekannt. Es ist Abbé Charay, der Kunstkonservator der Ardèche und der Schlösser von Aubenas. Seine wachen Augen hinter den großen Brillengläsern mustern mich aufmerksam, während er sagt: »Sie sind mir angekündigt, Monsieur. Ich darf Ihnen das Schloß zeigen. Wann wäre es Ihnen recht? Mir ist jede Stunde angenehm.«

»Schon bald?«

»Gern.«

»Also in zwanzig Minuten?«

»Abgemacht. In zwanzig Minuten also.«

Dieser Abbé in schlichtem Zivil macht mich neugierig. Er hat einen durchdringenden, aber offenen Blick.

Schon vor zwei Tagen hatte ich Monsieur Vermède gebeten, mir für einen Spaziergang durch die Altstadt einige junge Leute zu vermitteln, damit ich auch etwas Lebendiges auf meinen Fotos zeigen kann. Bevor ich mich verabschiede, um Abbé Charay zu treffen, hat der eifrige Sekretär noch eine Überraschung für mich.

»Um zwei Uhr werden hier bei der Schloßtreppe zwei Mädchen auf Sie warten: Meine Tochter Chantal und ihre Freundin Pascal. Sie haben sogar versprochen, etwas Sonne mitzubringen.«

Also auf zu Abbé Charay, der in einem Seitenflügel des Schlosses wohnt. Diese Wohnung überrascht mich mit einer Helligkeit, die ich in einem alten Schloß, und bei einem Priester schon gar nicht erwartet hatte. Auf den ersten Blick könnte sie das Heim eines jungen Ehepaares sein. Aber dann sehe ich sie doch, die Heiligenbilder, Darstellungen von Bibelszenen, Kruzifixe.

Ich hatte erwartet, daß der Abbé sogleich zu Hut und Mantel greifen würde. Aber er bittet mich statt dessen erst einmal herein und fordert mich auf, Platz zu nehmen. Will er mich vor der Schloßbesichtigung examinieren?

Nein. Im Gegenteil. Er will mir seinen Standpunkt zur Städte-Verschwisterung erläutern: »Vom Prinzip her ist das eine begrüßenswerte Sache, obwohl ich nicht verhehlen kann, daß sie auch Schattenseiten hat. Aber insgesamt ist es doch etwas Gutes. Gelegenheit für die jungen Leute zum Beispiel, sich gegenseitig kennenzulernen; eine Chance für die Älteren, Vorurteile abzubauen, Meinungen zu korrigieren. Es fragt sich natürlich, wie tief so etwas wirklich geht...«

Ich erzähle von meinen eigenen Kindern, von ihren vielen Reisen ins Ausland, von den Kontakten, die sie pflegen. Eine Zeitlang geht unser Gespräch so dahin, wie eine Pflichtübung in Völkerverständigung. Bis ich dann seine Bemerkung aufgreife und die Frage noch einmal stelle, wie tief dieses gegenseitige Verständnis denn nun reicht, und ob man auf Dauer mit einer Verbesserung der internationalen und speziell der deutsch-französischen Beziehungen rechnen könne.

»Doch, das kann man wohl. Es geht zwar langsam voran, doch so ist das nun mal mit allen Entwicklungen in der Geschichte des Menschen. Sehen Sie, ich bin in meinem Leben einige Male sterbenskrank gewesen, habe den Tod vor Augen gehabt, habe an der Grenze gestanden. Solche Erfahrungen schärfen den Blick für das Wesentliche. Deshalb darf ich mir wohl die Bemerkung erlauben, daß die Entwicklung der Menschheit trotz vieler noch vorhandener Barbarismen eine positive Richtung genommen hat. Ganz allmählich lernt sie doch hinzu.«

»Sie haben zu Anfang unseres Gespräches gesagt, daß es auch Schattenseiten bei der Verschwisterung gegeben hat.«

Er überlegt, wiegt den Kopf ein wenig hin und her. Dann erklärt er: »Es kann ja nicht auf Anhieb alles wunderschön sein. Da gibt es zum Beispiel gelegentlich mangelnde Rücksichtnahme. Sagen wir – man kann einen Mangel an feinem Empfinden feststellen. So etwas kann sehr schmerzlich sein.«

Ich weiß natürlich, daß es in diesem Land viele persönliche und nationale Wunden gibt, deren Narben einfach noch nicht geschlossen sein können. Ich hüte mich im allgemeinen, von selbst auf derlei verständliche Empfindsamkeiten zu spre-

Begrüßung auf dem Marktplatz. Bürgermeister Hugo (l.) reicht Monsieur l'Abbé Charay die Hand

chen zu kommen. Aber hier habe ich einen intellektuellen Kopf vor mir. Den müßte ich fragen können. Also frage ich ihn. Bitte ihn um ein Beispiel.

Er zögert wieder, aber dann erzählt er doch: »Ich war dabei, als in Schwarzenbek gemeinsam mit unserer Delegation die Verbrüderung gefeiert wurde. Es gab da eine sehr eindrucksvolle Begrüßung durch den Fürsten von Bismarck. Es war durchaus bewegend für einen Franzosen, so von einem Nachfahren Ihres eisernen Kanzlers empfangen zu werden. Das hatte eine historische Dimension. Auch dann, wenn man weiß, daß der Fürst von Bismarck heute bei weitem nicht mehr die politische Rolle spielen kann wie sein Ahne, der seinen König in Versailles zum deutschen Kaiser proklamieren ließ.

Dann wurde anläßlich dieser Feierlichkeiten ein Theaterstück gespielt, in dem, wenn ich mich recht besinne, sogar Würdenträger der Stadt mitgespielt haben. In diesem Stück ging es um den Widerstand gegen Napoleon, der damals Ihre Heimat besetzt hatte. Nun kann man von Napoleon halten, was man will, aber er ist nun einmal eine historische Persönlichkeit allererster Ranges. Und er ist rechtmäßiger französischer Kaiser gewesen. Daran läßt sich nicht deuteln. Zur Feier der Verschwisterung oder Verbrüderung mit einer französischen Stadt nun ausgerechnet ein Stück zu spielen, in dem diese Persönlichkeit – bitte, der Kaiser der Franzosen – quasi als Bösewicht vorkommt, das ist, ich erlaube mir das zu sagen, peinlich. Die Wahl dieses Stückes hat jedenfalls einen ausgesprochenen Mangel an Feinempfinden verraten. So etwas kann, wie gesagt, sehr wohl schmerzen.«

Der Abbé sitzt vor mir, auf seinem harten Stuhl, sehr aufrecht, die Hände auf den Knien, und lächelt.

Soll ich ihm nun erklären, daß ich seinerzeit noch nicht in Schwarzenbek gewohnt habe? Soll ich mich dennoch für diese Fehlleistung entschuldigen? Kann ich das? Oder muß ich das sogar? Schließlich bin ich, ob ich will oder nicht, Deutscher. Wie alle Schwarzenbeker. Der Abbé ist Priester, aber er ist auch Franzose.

Eins habe ich begriffen – was ich auch sage – das Kapitel wechselseitiger Empfindlichkeiten läßt sich nicht mit Worten so einfach schließen. Das braucht noch viel Zeit. Je mehr man darüber redet, desto eher fördert man neue Berührungsängste. Was bleibt da zu tun? Ich denke: versuchen, sich einigermaßen anständig aufzuführen. Sich möglichst nicht belügen. Also schweige ich jetzt. Nehme die höflich und sehr zurückhaltend – und nur auf meine besondere Bitte hin vorgetragenen – Schelte zur Kenntnis und beschließe, sie hier weiterzugeben. Vielleicht hilft das auch anderen, ein bißchen sorgfältiger nachzudenken.

Der Abbé hebt die Hand, läßt sie aber gleich wieder sinken. Er fürchtet wohl, wie ein Lehrer zu wirken. In der Tat ist er

Im Schloß von Aubenas ist auch das Rathaus untergebracht. Das kunstvoll gefügte bunte Dach leuchtet in der Sonne

lange Zeit Schullehrer gewesen. Er wird wohl immer ein Lehrer bleiben...

Jetzt philosophiert er: »Solange wir aus unseren Fehlern lernen, so lange wird es gutgehen...«

Tut es ihm leid, daß er mir die Napoleon-Geschichte erzählt hat? Könnte sein. Ich höre ihm weiter zu. »Ich bin nun ein ziemlich alter Mann, und nicht sehr gesund. Das schreckt mich allerdings alles nicht mehr. Nur – daß ich immer noch Fehler mache, das finde ich ärgerlich. Immer noch. Obwohl der Verstand mir sagt, daß das ganz natürlich ist. Die Welt ist dualistisch angelegt. Ein Ja gibt es nicht ohne Nein. Das Böse in uns existiert nicht ohne das Gute, das Gute nicht ohne das Böse. Beides steckt in uns.«

Ich wage mich auf theologisches Terrain: »Dann gibt es also keinen Teufel, der sein Unwesen auf eigene Rechnung treibt?«

»Nein, den gibt es nicht. Ich glaube nicht an den Teufel. Ich gehe noch weiter. Ich frage: Was wäre Gott ohne den Menschen? Und so behaupte ich: Der Mensch – das ist die Welt Gottes!«

Diesen Ausflug in die Theologie nimmt er zum Anlaß, den theologischen Aspekt der Städteverbrüderung zu erwähnen und von den Kindern Gottes zu sprechen, die wir doch alle sind. Aber er strapaziert diesen so offensichtlich wahren Gesichtspunkt nicht allzu sehr, kommt statt dessen auf seine Erfahrungen mit der Mutterliebe zu sprechen und erzählt dazu eine Anekdote aus dem Polnischen: »Ein Strolch ist so weit herabgesunken, daß er sogar die eigene Mutter umbringt, um sie berauben zu können. Er steckt sie in einen Sack, um sie in den Fluß zu werfen. Unterwegs stolpert er. Da hört er die Mutter rufen: ›Aber Vorsicht, mein Kleiner, du tust mir weh...‹«

Wieder wechseln wir das Thema und kommen auf die Entwicklung der Sprache zu sprechen. Dieses Gebiet liegt ihm offenbar sehr am Herzen. Daß das Wort »mer« im Französischen Mutter und Meer bedeutet, (Mutter freilich mit einem angehängten »e«, das aber nicht ausgesprochen wird), läßt auf frühe Zusammenhänge schließen, meint er, und ich kann aus dem Deutschunterricht hinzufügen, daß Goethe seinen Faust schließlich zu den Müttern steigen läßt, hinab ins Meer, um das Leben begreifen zu lernen.

Wir reden über Tabus aller Art, unterhalten uns über die Psychologie des Motorradfahrens, wobei er mir erklärt, warum ich so gerne mit solchen Dingern durch die Gegend rase, er, der noch nie auf einem solchen Feuerstuhl gesessen hat. Aber er versteht was davon.

Er erklärt das Urvergnügen in der Bewegung, als hätte er das Kurvenschwingen selbst erfunden.

Plötzlich blickt er auf die Uhr.

»Monsieur, wir haben hier aufs Angenehmste die Zeit verplaudert und völlig vergessen, uns das Schloß anzusehen. Wenn Sie darauf bestehen, können wir das jetzt gern nachholen. Wir könnten es aber auch auf später verschieben und jetzt erst einmal gemeinsam essen gehen. Ich darf Sie dazu einladen. Dabei können wir uns ja weiter unterhalten, wenn Sie mögen.«

Und ob ich mag!

Wir sitzen uns jetzt tatsächlich drei Stunden gegenüber und reden und reden. Gern pfeife ich aufs Schloß und eile mit dem Abbé ins nächste Restaurant. Dort serviert man uns eine Fischsuppe, danach Lammkotelett, grünen Salat und zum Abschluß Ziegenkäse. Wir trinken einen Landwein aus der Gegend – und reden und reden. Dabei hat der Abbé die für mich sehr angenehme Gewohnheit, den Kern meiner Sätze zu wiederholen. Ich weiß dann, daß er mich verstanden hat, und es schmeichelt mir nicht wenig, daß er mir damit auch zu verstehen gibt, daß er meine Meinung teilt. Was aber durchaus nicht immer der Fall ist. So findet er etwa, daß manche Kriege auch ihr Gutes gehabt haben. Ich dagegen kann an Kriegen überhaupt nichts Gutes finden. »Das ist doch so eine Art amerikanischer Gerechtigkeit, die das Recht immer auf der Seite des Stärkeren und des besseren Schützen vermutet«, gebe ich zu bedenken.

»So simpel möchte ich das nicht sehen«, entgegnet Abbé Charay. »Das darf ich schon aus Selbsterhaltungsgründen nicht. Unter solchen kraftmeierischen Rechtszuständen hätte ich nicht lange zu leben.«

»Da bin ich nicht so sicher. Das Volk tötet doch seine Schamanen nicht! Schamanenmord ist doch seit altersher mit Tabu belegt.«

»Für das Volk schon, Monsieur. Aber nicht für konkurrierende Schamanen!«

Spott ist in seinen lebhaften Augen. Überhaupt – solch kleine Sottisen verteilt er ganz gern. So erzählt er: »Ein Mensch unserer Verwaltung, in einer sehr hohen Position hat einmal zu mir gesagt: ›Abbé‹ – Sie müßten mal hören, wieviel salbungsvolles, arrogantes Wohlwollen solch ein Kerl in dieses ›Abbé‹ zu legen vermag, damit man nur ja spürt, daß man von ihm abhängig ist, und das als Priester! – also er hat gesagt: ›Abbé, es ist gut, daß Sie sich als Konservator um die Schätze unserer Vergangenheit kümmern. Denn es ist doch nun einmal wahr: Nur die Vergangenheit zählt, ja, nur die Vergangenheit existiert wirklich. Zukunft – so etwas gibt es doch gar nicht. Zukunft, das ist doch utopischer Unsinn!‹ Sie hätten sehen sollen, wie bedeutend er sich bei diesem angelesenen und falsch verstandenen Geschwätz vorkam!«

Ich lache und frage: »Wahrscheinlich haben Sie ihn daraufhin um Aufklärung über das Phänomen der Zeit gebeten...?«

»Genau!« Jetzt lacht der Abbé und ergänzt: »Daraufhin hat er das getan, was alle sogenannten hohen Herren bei solchen Gelegenheiten tun – er hat das Thema gewechselt.«

»Auch als Priester«, sinnt er hinterher, »muß man sich manches gefallenlassen. Uns traut man doch allerhand zu. Da mache ich mir gar nichts vor. Sehen Sie, für einen normalen Mann ist die Schwester, die Frau des Bruders oder Freundes doch tabu. Bis auf wenige Ausnahmen wird dieses Tabu doch auch befolgt. Daß für uns Priester diese Norm ebenfalls gilt, will keiner glauben. Da ist es also passiert, daß in Paris ein Bischof in einem Hurenhaus gestorben ist. Aha, grinst alle Welt, das haben wir doch immer gewußt, die Herren in den Soutanen sind die schlimmsten Schwerenöter. Kein Mensch hat auch nur angenommen, daß dieser Bischof als Priester bei diesen Frauen gewesen ist. Keiner hat auch nur daran gedacht, daß gerade diese Frauen häufig priesterlichen Beistand brauchen. Ich bin in meinem Leben oft zu Prostituierten gerufen worden, und so manches Mal zu Frauen, die sich prostituierten, ohne daß das jemand wußte. Ich habe mit keiner geschlafen. Aber das kann ich nicht beweisen. Ich muß damit leben, daß viele Menschen lieber die schlimmere von zwei Möglichkeiten in Betracht ziehen. Niemand wird leugnen wollen, daß es auch in meinem Stand schwarze Schafe gibt. Aber es sind wenige, glauben Sie mir.«

Wieder blickt er auf seine Uhr. »Ihre Begleiterinnen warten schon. Wir haben uns schon wieder verplaudert...«

An der Schloßtreppe warten tatsächlich die beiden Mädchen, und wie das wohl so üblich ist, wechselt der Abbé noch ein paar Worte mit ihnen.

Die Mädchen sind auf eine entwaffnende Art unbefangen. Chantal Vermède geht noch zur Schule. Sie hat ein hübsches, offenes Gesicht und fröhliche Augen. Ihre Freundin Pascal ist ganz einfach schön. Sie arbeitet als Diät-Assistentin. Das muß ich erst verkraften: Ich bin in ein lebendiges Museum, in diese historische Stadt Aubenas geraten. Alles ist überall uralt – aber eine Diät-Assistentin haben sie sehr wohl. Und eine Post, von der aus man in Sekundenschnelle Hamburg anrufen kann. Das muß man sich in der Tat immer wieder klar machen: Halb Frankreich ist wie Rothenburg ob der Tauber, aber es ist doch ein modernes Land. Das darf man über all diesem historischen Zauber nicht vergessen und nicht vor dem Schnickschnack, der gelegentlich – auch von den Franzosen selbst – aus Historischem zubereitet wird.

Die beiden Mädchen gehen also durch

Pascal und Chantal zeigen mir in der Altstadt von Aubenas die rue Delichères mit ihren Bogenübergängen

55

die uralte rue Villans, versuchen, auf dem schmalen Sonnenteppich zu bleiben, damit ihre roten Pullis nur ja recht ins Licht kommen. Am Rand der engen Straße, durch die kein Auto paßt, stehen liebevoll gepflegte Gewächse. Dann schlendern wir durch die rue Delichères hinab zur Kathedrale. Mauerübergänge verbinden hier die beiden Häuserfronten. Wir gehen noch zum Dom hinüber, der teilweise eine Ruine ist, und fahren in Chantals Wagen hinunter zur Ardèche. Die Schülerin und die Diät-Assistentin leben also in dieser Uralt-Stadt Aubenas, und natürlich tragen sie Blue-jeans. Was sonst! Ich frage sie, ob sie wohl lieber woanders leben möchten. In einer großen Stadt etwa, vielleicht gar in Paris. Ich ernte nur entgeistertes Kopfschütteln. Da gibt es also Verwandtes: Auch die meisten Leute in Schwarzenbek leben gern in ihrer Stadt. Das habe ich jedenfalls von denen erfahren, die ich gefragt habe.

Wahrscheinlich ist dies das Geheimnis der Leute von Aubenas: Was für den Fremden wie heile Welt wirkt, ist ihre ganz normale Wirklichkeit, sie leben zwar mit und in ihrer Geschichte, aber sie leben heute, wie du und ich. Keineswegs versponnen. Sie tragen Jeans, und sie kochen, wenn nötig, Diät. Sie sind ziemlich fröhlich dabei, jedenfalls Chantal und Pascal.

Aubenas
Michelinkarten 76, 239, 240, 245. Südfrankreich, Département Ardèche. 13 700 Einwohner. Entfernungen: Paris 633 km, Clermont-Ferrand 221 km, Lyon 150 km, Avignon 120 km. Sehenswürdigkeiten: Altstadt, Schloß, Dom, Tal der Ardèche. Informationen über Office de Tourisme, pl. Airette, 07200 Aubenas, Tel. 00 33 75/35 24 87

Aus dem Logbuch

Wieder einmal Valance. Ich hole die entwickelten Filme ab. Will nachträglich die Bügeldame aus der Selbst-Wäscherei fotografieren. Aber heute ist geschlossen. Montag. Zu, wie so vieles an Montagen in Frankreich. Daran muß man sich halt gewöhnen. Dafür ist häufig bis in die Abendstunden geöffnet. Das hat auch seine Vorteile. Jedenfalls für den Kunden.

Ich fahre weiter nach Grenoble, Freunde besuchen. Es ist bedeckt, aber nicht ganz unfreundlich. Der Wind der letzten Tage hat nachgelassen.

Der Gegenverkehr blinkt heftig. Irgendwo voraus haben sich wohl wieder einmal Polizisten mit Radar versteckt. Ob die bei dieser Blinkerei überhaupt jemanden erwischen? Derjenige müßte wirklich gepennt haben, der da hineinsaust. Das Interessanteste in den Radio-Nachrichten (nachdem die Lkw-Sperren aufgegeben worden sind): Im Tal der Rhône sind die ersten Störche gesehen worden. Der Frühling kann also anfangen.

Der Sprecher liefert – natürlich ungewollt – ein typisches Beispiel dafür, wie prüde die Franzosen in Wirklichkeit sind. Wer das Land und seine Bewohner ein bißchen kennt, weiß das längst. Das Paris des Fin de Siecle, die schlüpfrigen Geschichten der Jahrhundertwende, Balzac, de Sade, die Geschichten um die Könige, Ludwig XIV. voran, Madame Pompadour – all das hat unsere Phantasie über die Franzosen gewaltig ins Kraut schießen lassen. Lange Jahre galt jedoch unter Kennern: Ein Mädchen, das auf den Champs-Élysées keinen BH trug, war entweder Schwedin, Deutsche oder Engländerin. Bestimmt keine Französin. Und es waren keineswegs die Französinnen, die an den Stränden zuerst die Oberteile ablegten. Zurück zu dem Sprecher: Er kündigt an, daß am Abend im Fernsehen eine Show mit gewagten Szenen zu sehen sein wird. So etwas mit Damen »torse nue«, also Oben ohne. Da sei es angebracht, die lieben Kleinen rechtzeitig ins Bett zu schikken. Als ob Kinder sich für Oben-ohne-Damen interessieren! Aber ich will ja nicht herummäkeln. Ganz abgesehen davon – in meinem Shorty gibt's ohnehin kein Fernsehen. Wozu also die Aufregung?

Gut dreißig Kilometer vor Grenoble. Hier stehen nicht nur jede Menge Walnußbäume – sorgfältig gepflegt in unübersehbaren Plantagen, und Nußöl und Nüsse werden überall »en Detail« angeboten – hier kreisen auch außergewöhnlich viele Bussarde. Möglicherweise hat eins mit dem anderen zu tun: Die Nüsse ernähren viele Mäuse, und die vielen Mäuse wiederum...

Grenoble. Die Grenobler haben sich ein ganz modernes Rathaus geleistet und es in einen schönen Park gestellt. Ich parke in diesem Park, lauter Leute mit Formularen gehen vorbei. Ich versuche, in meiner Pfanne aus einem Hefeteig, mit Tomaten, Salami und Käse, eine Pizza zu backen. Wird gar nicht so übel. Nur zu viel Hefe drin. Das Ding ist ziemlich dick geworden. Schmeckt aber, von beiden Seiten gebacken, recht ordentlich.

Madame ist leider krank. Ich wünsche artig gute Besserung und verziehe mich so schnell wie möglich. Hätte mich doch wohl besser anmelden sollen. Man lernt nie aus mit den Überraschungen, die man sich selbst einfallen läßt.

Thema Garage. Für alte Fahrensleute nichts Neues, für Anfänger aber wichtig zu wissen: Eine Garage ist in Frankreich keine Unter- oder Einstellmöglichkeit für Autos, sondern eine Autowerkstatt.

Nochmal an Valence vorbei und dann direkt in den Süden. Vor der Stadt ein Automuseum, das mehrfach durch Schilder am Straßenrand angekündigt ist. Es ist klein, nur ein Saal, aber sauber und schmuck. Auch Flugzeuge hängen an der

Decke. Aber: Von 12 bis 14 Uhr ist es geschlossen. Was mir weniger gefällt: Am Eingang steht ein Sherman-Panzer aus dem letzten Krieg. Wenn schon, dann gehört dergleichen in ein Kriegsmuseum, finde ich. Aber ich will ja nicht kritisieren...

Gestern nacht, bei Grenoble, hat es noch Stein und Bein gefroren. Hier, im Norden der Provence, krempele ich mir die Ärmel hoch. Der Pulli liegt längst hinten im Wagen. Die Sonne scheint. Der Horizont verschwimmt im Dunst. Hochsommerwetter. An der RN 7 stehen immer mehr Zypressen. Auch Pappeln und Platanen, aber sie tragen noch kein Laub.

Kleine Freuden für den Touristen: Schilder warnen vor gelegentlichen Überschwemmungen. Aber bei diesem Sonnenschein ist wohl kaum mit solchem Ungemach zu rechnen. Von Wolken weit und breit und hoch nichts zu sehen. Was mir jetzt jedoch immer öfter begegnet: Wohnmobile. Das dritte heute ist ein Arca Scout. Ein Bruder sozusagen.

Pierrelatte. Mittags. Ein weiter Platz in der »Centre Ville«, der Innenstadt. Männer spielen Boule. Ich mache mir etwas zu essen. Das Licht ist sehr hell. Süden. Ein sympathisches, freundliches Nest, es gefällt mir. In der Mitte des Städtchens erhebt sich ein schroffer Felsen, ragt über die Häuser hinaus. Ungewöhnlich in dieser Ebene. Damit hat wohl auch der Name (Pierre = Stein) zu tun. Was mir noch auffällt: In dem Zigarettenladen, in dessen Nähe ich parke, kaufen ungewöhnlich viele, ungewöhnlich hübsche junge Frauen ein. Oder bilde ich mir das nur ein? Von wegen Frühling, und südlicher Sonne? Der Leser sollte also etwas mißtrauisch sein!

Orange. Das war hier alles römisch, nachdem die Gallier vertrieben wurden. Das alte Stadttor mit seinen zum Teil gut erhaltenen Reliefs zeugt noch von Römer-Herrlichkeit. Außerdem steht hier eines der besterhaltenen römischen Freilichttheater. Und um etwas mehr in die Neuzeit zu kommen: Die niederländischen Könige hatten hier einst auch einmal das Sagen. Daher ihr Zusatztitel »von Oranien«. Aber auch das ist schon wieder lange her. Rund dreihundert Jahre. Ganz aktuell und interessant für Weinkenner: Nur zehn Kilometer entfernt wächst der berühmte schwere Château-neuf-du-Pape.

Vor Carpentras. Die ersten Strandkiefern, und die ersten Olivenbäume.

Weiter in Richtung Süden. Vor mir auf einem Berg eine Stadt, wie ein Geierhorst aus Stein. Sie heißt Venasque. Ich will da gar nicht hinauf. Wieso stehe ich hier eigentlich vor diesem Venasque? Ich habe in Carpentras die falsche Ausfahrt erwischt. Ein bißchen in die Schräge geraten. Nur ein kleiner Umweg, kaum mehr

Eines der ältesten und besterhaltenen römischen Stadttore steht am Eingang von Orange. Hier haben einst die Oranier geherrscht

Die Felsen bei Roussillon leuchten in allen Rot- und Brauntönen. Sie liefern das Grundmaterial für Ockerfarbe

als fünf Kilometer. Sehe ich halt ein paar Bussarde mehr kreisen. Die Landschaft hier – es sind die Hänge des Mont Ventoux, erinnert an die Toskana. Sie ist nicht ganz so gepflegt, nicht so parkähnlich. Aber doch sehr verwandt. Italienfans mögen mir diesen Vergleich verzeihen. Immerhin gebe ich zu, daß man »gewachsenen« Parmaschinken hier sicher vergeblich suchen dürfte.

Irgend jemand hat mir gesagt, wenn du in die Provence fährst, mußt du dir Roussillon ansehen. Das ist ein Geheimtip. Ein kleines Nest auf einem Berg aus lauter rotbrauner Ockererde, aus der man Künstlerfarben gewinnt. Und in dem Nest richtige Künstler, ein lustiges, fideles Völkchen.

Spätabends, kurz vor Dunkelwerden, komme ich nach sanfter Kurvenkletterei in Roussillon an. Eins stimmt auf Anhieb – sogar die Häuser sind hier alle ockerfarben. Aber sonst – nichts los. Stille. Von Vorsaison nichts zu merken. Eigentlich gar nicht so unangenehm. Künstler sehe ich nicht herumlaufen. Nur ein paar Frauen, die noch schnell ein Brot gekauft haben. Ich mache noch einen Rundgang, um mir die Beine zu vertreten. Kein Mensch begegnet mir dabei. Zwei Restaurants scheinen geöffnet zu haben, und drei Kneipen. Alles andere ist geschlossen. Dabei gibt es hier im Verhältnis zur Einwohnerzahl von knapp 1100 Seelen eine ganze Menge Lokale. Also so geheim scheint dieser Tip nicht mehr zu sein. Man hat sich schon ganz schön auf Touristen eingestellt.

Roussillon ist um diese Zeit ein stilles, reizvolles Bergnest. Auf dem Markt ist noch Platz genug für Shorty

Siamese, Tiger und weiße Dame

Wer keine Katzen mag – das soll ja vorkommen – sollte dieses Kapitel vielleicht gar nicht lesen. Aber da es weder riecht, noch haart oder gar Allergien auslöst, kann es so schlimm auch wieder nicht werden. Also – vormittags schlendere ich unter einem wolkenverhangenen Himmel durch Roussillon, bis hinauf auf das Castrum, das einen schönen Rundblick erlaubt. Die in allen Rot-Braun-Schattierungen changierenden, schroffen, vom Regen ausgewaschenen Felspartien ringsum geben der Gegend einen sehr eigenwilligen Charakter.

Menschen sehe ich nur wenige. In einer Kneipe trinke ich, um möglicherweise mit jemandem ins Gespräch zu kommen, einen Calvados. Aber die wenigen Anwesenden, der Wirt eingeschlossen (er ist mit dem Ausfüllen des Loto-Scheins beschäftigt – Loto schreibt sich in Frankreich tatsächlich mit nur einem »t«), sind zu keiner Unterhaltung aufgelegt. Man sieht lieber fern. Vielleicht habe ich auch das falsche Getränk gewählt – Calvados aus der Normandie! An den Wänden hängen lauter vergilbende Fotos mit dem pferdegesichtigen Fernandel. Sie sind zum Teil in dieser Kneipe aufgenommen. An den Fenstern im Hintergrund kann man es einwandfrei erkennen. Sogar die Pflanze in der Ecke steht noch da. Standfotos aus einem Film, den ich entweder nicht gesehen oder schon wieder vergessen habe. Dabei habe ich etliche Fernandel-Filme gesehen. War schon ein ganz besonderer Spaßvogel, dieser Don Camillo.

Ich bin geneigt, mich heute Mittag bedienen zu lassen. Die ausgehängte Speisekarte des einen Restaurants sagt mir, schon wegen der hohen Preise, gar nicht zu. Das andere Restaurant dagegen macht mich regelrecht neugierig. Da steht nämlich an der Tür: »Bitte klingeln!«

Also klingele ich. Ich muß ein bißchen warten, bis sich endlich Schritte nähern. Die Tür wird geöffnet, doch statt der erwarteten älteren Dame mit vorgebundener Schürze, steht ein junger Mann, so Mitte Dreißig, in Cordhosen und weißem Pulli vor mir. Sein sympathisches Gesicht ziert ein gepflegtes Bärtchen.

»Hat die Küche schon geöffnet?« fragte ich.

»Jederzeit, Monsieur.«

Der junge Mann tönt das mit einem bezaubernden Bariton. Ich trete ein. Zwei Treppenstufen, und schon bin ich fast mitten im Restaurant. So klein ist es – ein einziger Raum, der keine Fenster hat. Zwei Tische rechts und hinten, apart unter Spitzendecken. Ein kleiner vorn mit zwei, der andere, etwas größer, mit vier Gedecken vorbereitet. Neben dem hinteren steht ein hohes, weißes Vogelbauer, dessen zwitschernde Bewohner ihre Unterhaltung ungeniert fortsetzen. Links hinten führt eine schmale Treppe nach oben. Daneben steht in einer Nische ein grüner Ohrensessel, in dem eine weiße Katze schläft. Ich stehe in einem wie noch von Großmutter liebevoll eingerichteten Speiseboudoir. Eigentlich müßte alles dick verstaubt sein, aber es herrscht peinliche Sauberkeit.

Mir wird die handgeschriebene Karte gereicht. Sie ist nicht sehr umfänglich, bietet dafür aber nur vom Feinsten.

Behaglich ist es hier. In diesem Lokalchen gibt es anscheinend überhaupt nichts, was nicht geschmackvoll wäre. Oder soll ich mich an den Katzen stören? Es schleichen nämlich noch zwei um mich herum: ein bildschöner Siamese und ein kräftiger Grautiger. Beides Kater. Sie werden von dem Bariton zurückgerufen und, was für Katzen ja ungewöhnlich ist, sie gehorchen sofort. Die weiße Dame in ihrem grünen Sessel rührt sich nicht. Warum sollte sie auch!

Ich wähle als Vorspeise einen griechischen Salat, danach, um mein Budget nicht zu sehr zu strapazieren, Chili con Carne, und zum Nachtisch eine Spezialität des Hauses: »Baba au Rhum et Ananas«. Eine Art Pudding, sehr wohlschmeckend. Dazu einen Wein, wie es sich gehört, aus der Gegend: einen Château du Seuil aus Aix-en-Provence.

Der Bariton ruft nach seinem Partner: »Francis!« Nach wenigen Augenblicken erscheint der Gerufene. Er ist etwa gleichaltrig mit dem Bariton, trägt Jeans und T-Shirt, wirkt aber etwas grobschlächtig gegenüber meinem Gastgeber. Genau – so erscheint mir der zurückhaltend freundliche Bariton bereits. Ich bin einziger Gast, die Atmosphäre ist ausgesprochen persönlich.

Auch die Küche von Francis wartet mit dem gewissen Etwas auf. Sie hat jenes kleine Quantum an »Mehr«, das so viele französische Küchen auszeichnet. Ein Beispiel: Die Tomaten des griechischen Salats sind abgezogen. Der hineingebröckelte Chèvre, der Ziegenkäse, ist von ausgesuchter Qualität, vom Olivenöl ganz zu schweigen. Da paßt alles. Ich fühle mich ausgesprochen wohl.

»Es ist erstaunlich, wie gut Ihre Katzen gehorchen, Monsieur«, fange ich ein Gespräch an.

»Das ist wahr. Solange sie im Hause sind, haben wir keine Probleme. Da gehorchen sie tatsächlich. Das muß aber auch so sein. Allerdings – wenn sie draußen sind, und sie lieben es, draußen herumzutollen, kann ich rufen, so oft ich will – da rührt sich gar nichts.«

Koch Francis schaut aus der kleinen Küche zu uns herüber.

Ich frage, was Treille bedeutet. »La Treille«, so heißt das Restaurant der beiden. Der Bariton erklärt: »Eine Treille ist ein Lattengestell, an dem Wein rankt. Im Sommer servieren wir vor der Tür unter einer Treille. Daher der Name.«

»Zur Zeit ist es sehr ruhig in Roussillon, scheint mir.«

»Das ist immer so um diese Jahreszeit. Die Saison fängt hier erst Ostern an. Es sei denn, es gibt vorher schon ein paar schöne Sonnentage. Dann kommen auch schon mal Touristen hierher. Eigentlich lohnt es sich nicht, jetzt schon zu öffnen. Aber wir sind ohnehin da, und es macht nicht viel aus, die Küche bereitzuhalten. Außerdem haben wir verhältnismäßig viele Stammgäste, die auch von weiter kommen, um bei uns zu essen.«

Als ob es eines Beweises dafür bedurft hätte, klingelt das Telefon und ich höre, daß sich für den nächsten Abend eine Gesellschaft von fünf Personen anmeldet.

Chili con Carne – das ist, wie es sich für eine europäische Zunge gehört, zwar schön scharf, aber doch wieder nicht so sehr, daß es die Geschmacksnerven anstrengt. Der Nachtisch ist eine kleine Köstlichkeit. Beim Abstimmen von Saucen und Säften zeigt sich eben, wie gut ein Koch ist. Dieser Francis versteht es ausgezeichnet.

Ich habe noch gar nicht von den Wänden gesprochen. Da hängt einerseits Kunst – Zeichnungen und Gemälde wohl von Einheimischen, vor allem aber Ankündigungen von Kunstereignissen: Plakate, in allen Stilen, aber sorgfältig aufeinander abgestimmt. Gerade diese Abstimmung schafft Wohlbefinden und damit eine Intimität besonderer Art.

Ich werde wiederherkommen und versuchen, etwas von dieser Atmosphäre mit der Kamera einzufangen. Auf jeden Fall habe ich hier zwar einfach, aber doch hervorragend gespeist. Vor allem aber habe ich mich sehr wohl gefühlt.

Zwischenakt

Habe noch lange, bis tief in die Nacht geschrieben und entsprechend lange geschlafen. Das Kaffeewasser kocht gleich. Die Rollos sind noch unten. Draußen, nicht weit vom Wagen, höre ich Gesprächsfetzen. Dann ist aufgeräumt, das Bett verstaut. Ich lasse die Rollos hochschnappen. Knapp 15 Meter weg stehen drei ältere Herren und führen ein lebhaftes Gespräch. Ich achte zunächst nicht darauf, widme mich Baguette, Butter und Marmelade, trinke meinen Kaffee. Aber dann fällt mir doch auf, daß die drei Herren immer wieder zu mir herüberblicken. Ich kann zwar nicht verstehen, was sie sagen, aber ihre Gesten sind deutlich genug. Südfranzosen reden eben auch mit den Händen. Langsam begreife ich, was sie auf dem Herzen haben: mich. Oder Shorty und mich. Ich stehe zwar ordnungsgemäß geparkt auf einem markierten Platz, aber möglicherweise halten die drei mich für einen schädlichen Bohémien oder Schlimmeres. Ihre bösen Blicke, die Hand- und Armbewegungen machen mir klar, daß sie mich hier nicht dulden wollen.

Ich könnte ja aussteigen und sie fragen, was sie gegen mich haben. Aber ich sehe nicht ein, warum ich mich beim Frühstück stören lassen soll. Also bleibe ich ganz ruhig und sage mir: Wenn sie wirklich zu mir kommen und aussprechen, was da so gestenreich verhandelt wird, dann werde ich sie, so sanft ich kann, bitten, doch die Polizei zu holen.

Einstweilen richte ich mir aber noch ein Baguettestück mundgerecht her. Blicke dann doch noch mal zu dem aufgeregten Trio, und da ist es ein Quartett geworden. Der vierte Mann trägt Uniform. Die Polizeigewalt von Roussillon ist auf dem Plan! Herbeigerufen oder gewunken oder zufällig anwesend, ich weiß es nicht. Was ich aber deutlich mitbekomme: Jetzt redet der Polizist. Der ist natürlich auch Südfranzose, und auch seine Gesten sind klar und deutlich. Sie sagen: Nichts zu machen, Leute. Der darf da stehen. Auch wenn es euch nicht gefällt. Also laßt ihn gefälligst in Ruhe.

Die Reden gehen noch ein paarmal hin und her, aber die Staatsgewalt obsiegt schließlich. Das Quartett löst sich auf, nicht ohne daß noch einige zweifelnde bis böse Blicke zu mir herübergeworfen werden. Auf jeden Fall kann ich erst einmal in Ruhe weiterarbeiten.

Gegen Mittag kommt zaghaft die Sonne durch. Ich laufe noch ein bißchen, gehe auch ins Bürgermeisteramt, um nach Informationsmaterial über Roussillon zu fragen, und treffe dort auf den Polizisten. Der mustert mich, sagt aber nichts.

An einer Hauswand bietet ein Plakat die Dienste eines »künstlerischen« Fotografen an. Mit einem Beispiel. Der Künstler fertigt Aktfotos in einigermaßen skurrilen Positionen an, kopiert sie sehr hart in Schwarzweiß und nennt das dann Kunst. Er bietet auch eine Ausstellung seiner Arbeiten zur Ansicht an. Ich notiere mir die Adresse. Das muß ich sehen!

Noch einmal: Die weiße Dame

Ich hole den Blitz und gehe noch einmal zum »La Treille« hoch.

Der Bariton nimmt auf meine Bitte hin den Tiger auf den Arm und läßt sich freundlicherweise ablichten. Als ich um die Namen der beiden Herren bitte, reicht er mir eine Karte, auf der steht »Francis & Alain«.

Heute esse ich nur eine Kleinigkeit – ein »Omelett aux herbes«. Es ist, wie nicht anders zu erwarten, erstklassig. Kaum hat Alain, der Bariton, abgeräumt, streichen die beiden Kater um meine Beine, der Siamese und der Tiger.

»Vertragen sich die beiden Kater denn mit der weißen Katze?« frage ich.

Alain schmunzelt. »Das ist ihre Mutter! Ein bißchen bizarr, nicht wahr? Aber es ist so.«

Die weiße Dame ist von ihrem Sessel verschwunden. Da spüre ich einen Lufthauch – und die weiße Schönheit landet sanft genau dort, wo eben noch mein Teller gestanden hat. Sie schmiegt ihren Kopf gegen meine Hand und läßt sich kraulen. Alain will sie wegnehmen, aber ich bitte ihn, sie mir zu lassen. Die Katze hat ein sehr dichtes Fell. Sie schnurrt, drängt sich an mich. Das Fell ist wie warmer Schnee, Katzenfirn.

Alain scheint ein bißchen eifersüchtig. Er will mich ablenken. »Monsieur, wir haben oben auch noch einen Raum, wenn ich Ihnen den zeigen darf?«

Wenn ich nicht unhöflich sein will, muß ich wohl aufstehen und die weiße Dame einfach Katze sein lassen.

Da kommt Francis aus seiner Küche. Sein Kopf ist hochrot, er fegt vorbei, reißt die Tür auf, knallt sie von draußen zu. Ich schaue Alain an. Dessen Gesicht ist unbewegt. Also erhebe ich mich und folge ihm auf der engen Treppe nach oben. Hier sind es ein paar Plätze mehr. Aber die Einrichtung könnte auch von Großmutter stammen. Von einer sehr liebenswürdigen Großmutter, muß ich hinzufügen, um keinen Irrtum aufkommen zu lassen. »Es gefällt mir sehr«, sage ich, »leider braucht man etwas Leben, um das Zimmer sinnvoll fotografieren zu können.«

»Sie können jederzeit wiederkommen, Monsieur.«

Wir gehen zurück. »Sie malen auch?« frage ich. Während er vor mir auf der Treppe ist, antwortet er: »Nein, ich nicht. Aber Francis malt. Das da«, er zeigt nach vorn in die Ecke, die ich von meinem Sitzplatz nur schlecht einsehen konnte, »das hat er gemacht.«

Eine Zeichnung, Hochformat, A1 etwa. Fast ganz in blaue Schatten gearbeitet. Darum erkenne ich erst jetzt, es ist ein Männerakt. Francis ist inzwischen zurückgekehrt. Ruhig lehnt er an seiner Küchentür.

»Schade, daß die Zeichnung hinter Glas hängt. Das Glas stört.«

Francis nickt. »Leider, ja. Aber ohne Glas würde sie verschmutzen. Ein Kompromiß, Monsieur.«

Ich verabschiede mich, bedanke mich für die aufmerksame Bedienung und für das gute Essen. Da kratzt es draußen an der Tür. Alain öffnet sie. Zwei tiefschwarze Kater stürmen herein. Einer springt auf Alains Arm. Der drückt das Tier an sich, das andere schmeichelt um seine Beine. Schwarze Teufel.

Die weiße Dame hält inzwischen wieder auf ihrem Sessel Siesta. Siamese und Tiger sind wohl draußen, wo sie niemandem gehorchen. Nicht mal Alains schönem Bariton.

Roussillon
Michelin-Karten 81, 93, 245. Süd-Frankreich, Provence, Département Vaucluse. 1100 Einwohner. Entfernungen: Paris 728 km, Avignon 48 km, Marseille 93 km, Aix-en-Provence 65 km. Sehenswürdigkeiten: Altstadt, Ockerfelsen, Restaurant »La Treille«, Tel. 00 33 90 / 75 64 47

Aus dem Logbuch

Mit dem Besuch bei dem Kunst-Fotografen ist es nichts geworden. Er war nicht zu Hause. Also ohne lange Umschweife nach Marseille. Meine Brille ist auf Steine gefallen. Ich brauche sie zum Schreiben. Wenn man nicht richtig sehen kann, macht das nervös, ungehalten. In Marseille, so hoffe ich, werde ich schnell neue Gläser bekommen.

Vor Apt die ersten Lavendelfelder. Aber es wird noch eine Weile dauern, bis er blüht. Seine Zeit ist der Juli.

Das letzte Stück nach Marseille rolle ich auf der Autobahn. Auf der Karte habe ich gesehen, daß ich so am besten in die Innenstadt komme. Die Rechnung geht auf. Doch gibt es vorher eine haarige Situation.

Die zum »Alten Hafen« führende Autobahn setzt nämlich in Höhe des »Bassin National«, wo man gerade eben den ersten Blick auf den Hafen hat, in einem derart steilen, erst im letzten Moment überschaubaren Linksbogen über eine andere Fahrbahn hinweg, daß einem wie auf der Achterbahn schier die Luft wegbleibt. Und nichts warnt einen davor!

Unheimlich dichter Verkehr in der Innenstadt. Parkplätze: Fehlanzeige. Freie jedenfalls. Ich kurve und kurve, einmal rum um die Oper, hetze über die berühmte Canebière und finde erst wieder dicht vor der Autobahn einen immerhin bewachten Platz. Laufe den angeblich so romantischen alten Hafen entlang. Aber was ist schon romantisch, wenn es regnet. Hoch über der Stadt, wolkenverhangen, Notre Dame de la Garde. Ich hoffe, niemand wird mich je zwingen, dieses Bauwerk schön zu finden. Von Sacré Cœur in Paris denke ich schließlich genauso. Ist wohl Geschmackssache. Gleich am Anfang der Canebière ein Optiker, der mir innerhalb von 24 Stunden neue Gläser einsetzen will.

Wahrscheinlich habe ich keinen guten Tag für Städtisches erwischt. Das Wichtigste ist erledigt. Ich eile zu Shorty zurück und fahre gen Westen. Irgendwo wird ein kleiner Hafen auftauchen, in dem ich die Zeit bis zur Rückkehr nach Marseille sinnvoll verbringen kann. Mit einer Innenrei-

Alain hat den schnurrenden Tiger auf den Arm genommen

nigung für Shorty etwa. Derlei ist auch mal nötig.

Ich finde also Carry-le-Rouet, stelle Shorty in den kleinen Hafen, habe zuvor in der Dunkelheit absichtlich das etwas unleserliche Schild »Nur für Benutzer des Hafens« übersehen. Hier ist Ruhe. Das Wasser ist, die Bogenlampen lassen es in ihrem Licht deutlich erkennen, glasklar. Man kann bis auf den Grund sehen. Hier liegen nur Sportboote vor Anker. Die meisten sind zugedeckt, immer noch winterfest.

Dennoch wird die Nacht unruhig. Es regnet fast ununterbrochen, dicke Tropfen klatschen laut aufs Wagendach. Ich wache oft auf und kriege so mit, wie gegen Mitternacht ein Mini und ein Mercedes neben mir anhalten. Eine Dame steigt von dem kleinen Wagen in den großen um. Ein Regenschäferstündchen. Schließlich ist dies ja ein »Port de Plaisance«, ein Sporthafen, oder, genauer übersetzt, ein Vergnügungshafen. Na bitte. Das Wörterbuch bestätigt es. Ich schaue auch gleich nach, was Carry und was Rouet bedeuten. Das erste heißt Curry, ist also etwas Scharfes. Das zweite meint »Spinnrad«. Wie das zusammenpaßt, finde ich nicht heraus. Es ist auch viel zu spät dafür.

Statt den Putzeimer seiner Bestimmung zuzuführen, muß ich wieder einmal basteln. Der Wasserhahn im Spülbecken leckt derart abscheulich, daß ich ihn zwecks Reinigung auseinandernehmen muß. Das geht aber nicht, das Ding ist aus Kunststoff und läßt sich allenfalls ausbauen. Das tue ich also unter dem üblichen Fluchen und gehe in die nächste Quincallerie, um einen neuen zu holen. Für Camping-Ausrüstung ist man hier aber nicht vorbereitet. Ich hatte gehofft, wegen der vielen Sportboote Ähnliches zu finden. Weil ich im Duschraum zusätzlich zum Wasserhahn des Handwaschbeckens auch noch den beweglichen Duschschlauch habe, werde ich davon den Wasserhahn einfach ausbauen und im Spülbecken anbringen. Man gibt mir eine dicke Schraube mit, mit der ich die jetzt offene Leitung zustopfen kann, freut sich, daß mir wenigstens ein bißchen geholfen ist und will für diese fingerdicke Schraube nicht mal Geld haben. So freundlich sind die Leute in Carry-le-Rouet, also in »Curry-das-Spinnrad«. Irgendwann werde ich ja wohl an einem Camping-Ausrüster vorbeikommen und alles wieder in die richtige Reihe bringen. Als ich schließlich losfahre, mit einem nur oberflächlich innengereinigten Shorty, läuft mir ein schwarzer dreibeiniger Hund über den Weg. Das linke Hinterbein fehlt ihm. Aber er rennt, als hätte er sein Handicap längst vergessen.

Wieder Marseille, wieder am »Alten Hafen«. Es regnet noch schlimmer als am Vortag, aber dafür finde ich gleich einen

Der Turm der Wehrkirche von Les Saintes Maries-de-la-Mer. Über den Platz schiebt ein Mädchen ein hochbeladenes Fahrrad...

Parkplatz, hinter einem englischen Wohnmobil, unmittelbar am Hafenbecken.

Beim Optikergeschäft hat sich eine Negerin untergestellt, vielleicht zwanzig Jahre alt. Als ich an ihr vorbeigehen will, flüstert sie mir einen Preis zu. Das gehört auch zur Canebière, die man die Champs-Élysées von Marseille nennt. Reeperbahn wäre auch nicht falsch. »Canebière« kommt nämlich von »Cannabis« gleich Hanf. Doch hier waren nicht Drogenhändler, sondern Hanfseil-Dreher wirksam. Reeper also... Der Optiker hat Wort gehalten. Die Brille ist fertig, und zwanzig Minuten später gebe ich schon wieder Gas. Ich will über Fos nach Arles und dann in die Camargue. Ich möchte nachsehen, ob die Flamingos dort wirklich so scheu geworden sind, daß nicht einmal die Ornithologen des Vogelparks immer wissen, wo sie gerade sind. Aber erst einmal muß ich über die weite Plaine de la Crau.

Wenn einer sich nicht recht vorstellen kann, wie eine brettflache Ebene aussehen kann, hier kann er es erleben. Auf dem kargen Salzboden wachsen nur einige niedrige, kugelige Büsche. Sonst anscheinend nichts. Und so geht es hin bis zum Horizont, unheimlich weit. Im Süden mache ich Industrieanlagen aus, die Raffinerien und Großtanks von Fos. Rechts voraus, im Norden, verliert sich die Erde irgendwo im Dunst, geht ohne Grenze in den Himmel über. Der Eindruck von Endlosigkeit wird von der Straße noch eher verstärkt: Sie führt über zehn Kilometer lang schnurgerade. Man hat das Gefühl, überhaupt nicht vorwärts zu kommen.

Ein wenig sogar zu recht: Der Gegenwind ist derart stark, daß ich aus dem dritten Gang nicht hochschalten kann. Die hohen Aufbauten machen Shorty jetzt doch arg zu schaffen.

Im Südwesten wird jetzt in der Ferne höherer Bewuchs sichtbar. Das ist die Camargue. Da will ich morgen hin.

In Arles finde ich beim Boulevard Emile Combes einen geschützten kleinen Parkplatz: In meinem Rücken ragt hoch Notre Dame de la Major auf und hält den Westwind für mich ab.

Mein Wunsch, mit Marianne zu telefonieren, bringt mich zu einem langen, unfreiwilligen Spaziergang durch die Innenstadt. Entweder funktionieren die Telefonkabinen überhaupt nicht, oder es kommt, obwohl das Freigabegebrumm für die internationale Linie klar zu hören ist, statt einer Verbindung eine nahezu unverständliche Antwort vom Band. Endlich begreife ich, daß der Kontakt zum Band keineswegs immer am Anfang der Mitteilung einsetzt, sondern oft mittendrin, gleichwohl aber schon nach wenigen Sekunden abbricht. Man muß also immer wieder wählen, bis man endlich alles verstanden hat. Es ist die Empfehlung, es noch einmal zu versuchen...

In der Nähe des Amphietheaters klappt es dann endlich doch, die Verbindung kommt zustande. Inzwischen bin ich durchgefroren, und da ich nun mal ein sensibles Kerlchen bin, hat mir der Ärger mit dem Telefon die Lust auf Arles und seine Altertümer gründlich verdorben. Ich werde morgen früh gleich weiterfahren, in die Camargue, zu den wilden Pferden und schwarzen Rindern, und zu den Flamingos, wenn es sie denn noch wirklich gibt.

Flamingos sollen rosa sein...

Ich stehe früh auf, und bald habe ich sie zu beiden Seiten, die grasige Salzsumpflandschaft der Camargue.

Die ersten Pferde, die ich sehe, sind keine Schimmel – rotbraun und braun stehen sie in engen Pferchen, dicht an der Straße. Camargue-Pferde werden erst mit sechs, sieben Jahren zu Schimmeln. Diese hier also sind jünger. Warten als Touristenträger auf Leute, die Lust auf eine »Promenade à cheval« haben. Auf einen Amüsierritt. Angeboten wird er überall. Aber noch ist keine Touristenzeit.

Rechts im Straßengraben stochert ein Graureiher im trüben Wasser. Er läßt sich durch mich nicht stören. Ein paar hundert Meter entfernt endlich auch einmal ein paar Schimmel. Sie haben das Hinterteil nach Westen, in den Wind gedreht. Der geht immer noch hart, deutlich spüre ich die Böen.

Möwen gibt es hier natürlich auch. Aber von Flamingos keine Spur. Auf dem ganzen Weg nach Saintes Maries-de-la-Mer kein einziger. Die Unkenrufer haben also recht behalten. Bisher jedenfalls.

Im Ort ist Markt. Der weite Platz hat Raum für vier mal so viele Stände. Es ist aber eben noch kein großer Betrieb. Hier werden nur die Einheimischen versorgt. Mir fällt auf, daß gut jeder dritte Stand einer Roßschlachterei gehört. Sicher, die vielen Pferde hier...

Unmittelbar am Strand, vor einem zur Zeit geschlossenen Café, finde ich einen Platz. Bei dem Wind geht die Brandung für das Mittelmeer ganz schön hoch. Ein paar Stunden kann ich in Ruhe arbeiten. Dann will ich mir die Füße vertreten und außerdem versuchen, die ziemlich eng umbaute Kirche zu fotografieren. Es ist eine sogenannte befestigte Kirche, die den Einwohnern früher oft Schutz vor Seeräubern geben mußte. In ihr werden uralte Reliquien aufbewahrt.

Der Sage nach sind hier um 40 nach Christus Flüchtlinge aus Palästina gelandet. Unter ihnen waren die beiden Marien, nach denen der Ort benannt ist: Maria-Jakobäa, die Schwester der Mutter Gottes, und Maria-Salome, die Mutter der Apostel Johannes und Jakobus. Außerdem war beider Dienerin, die schwarze Sara dabei. Alle drei blieben in der Camargue, wurden hier beerdigt, und ihre Reliquien werden nun nach manchen Irrfahrten in dieser Kirche aufbewahrt. Die heilige Sara ist zur Schutzpatronin der Zigeuner geworden, die am 24. und 25. Mai ihre berühmte Wallfahrt nach Les Saintes Maries-de-la-Mer machen.

Die Kirche steht heute in schönem Sonnenlicht. Aber sie sieht ganz verlassen aus. Kein Mensch weit und breit. Der Platz an ihrer Westseite liegt leer und wie tot da. Ich gehe erst mal weiter durch den Ort, durch dessen Gassen kalt der Wind pfeift. Fast alle Läden haben geschlossen. In der Sommersaison soll es hier kein freies Bett geben. Aber ich will ja gar nicht viele Menschen sehen, nur ein paar, damit es vor der Kirche nicht so tot aussieht. Nicht

Düstere Stimmung auf dem Weg nach Aigues Mortes – das bedeutet »Tote Wasser«. Was auf dem Bild wie Wasser aussieht, ist keins. Das sind Planen aus Plastik, die Gemüsefelder abdecken

Plötzlich sind die Flamingos da, ein bißchen unscharf in der Dämmerung, aber sie sind da!

weit entfernt schiebt eine Radfahrerin ihr Vehikel quer über die Straße. Ich denke, diese junge Frau kannst du ja mal fragen, ob sie nicht Vordergrund für dich spielen will. Sie schiebt ihr schwer beladenes Rad so müde vor sich her, daß sie eine Einladung zu einem Kaffee kaum ablehnen wird. Aber da ist sie plötzlich in einer Seitenstraße verschwunden.

Ich gehe also im Bogen zur Kirche zurück, um vielleicht einen anderen Blickwinkel auszumachen. Ich finde auch einen, nehme die Kamera hoch, damit ich wenigstens beweisen kann, daß ich hier war. Genau in dieser Sekunde läuft mir dieses Fahrradmädchen, wenn auch in einiger Entfernung, ins Bild. Und ist erneut verschwunden.

Im nächsten Moment sehe ich zwei junge Frauen in Richtung Kirchplatz gehen. Ich hinterher, renne zum weitesten Punkt, aber ehe die beiden Frauen richtig ins Bild kommen, fährt mir die Radlerin hinein, genau auf mich zu. Vor mir steigt sie ab. Ich bedanke mich dafür, daß sie Leben in mein Bild gebracht hat, als es nur so aus ihr heraussprudelt: »Das ist vielleicht ein langweiliger Ort. Hier ist ja überhaupt nichts los. Dabei habe ich mir so viel davon versprochen. Ich bin mit dem Fahrrad von Nimes hierher gefahren, meist gegen den Wind. Das sind 60 Kilometer! Ich bin ganz erledigt. Aber hier gibt es nicht mal ein kleines Bistro, in dem ich zu einem Kaffee meine Körner essen kann. Nur zwei Restaurants mit teuren Menüs. Das kann ich mir nicht leisten.«

Ich habe also ein Müsli-Mädchen aufgelesen, das sich von mitgebrachten »Körnern« ernährt.

»Einen Kaffee kannst du bei mir haben. Ich stehe ein paar Straßen weiter mit meinem Wohnmobil am Strand. Da kannst du auch in Ruhe deine Körner essen. O.k.?«

Sie schaut mich zweifelnd an, dann sagt sie zu. Ich erzähle ihr, daß ich schon lange nach jemandem gesucht habe, der mir das Kirchenbild aufheitern sollte. Wir nähern uns Shorty, da bleibt sie stehen und fragt: »Ist der aus Köln?« Ich nicke. Da grinst sie breit und sagt auf Deutsch: »Und ich bin aus Mainz!«

Ich koche also einen Kaffee. Barbara must sich ihr Müsli zurecht. Sie hat sogar Milch in einer Feldflasche dabei. Sie hat längere Zeit in Nizza als Aupair-Mädchen gelebt. Daher ihr fließendes Französisch. Jetzt will sie die weitere Umgebung ein bißchen kennenlernen. »Aber von der Camargue habe ich erst mal genug. Nur zwei Flamingos habe ich auf dem Weg hierher gesehen. Das war alles!«

Sie erzählt, daß sie über ihre Fahrten ein genaues Tagebuch führt, und daß sie auch fotografiert. Sie tut also dasselbe wie ich.

Die zwei Flamingos, die sie gesehen hat, geben mir zu denken. Wo zwei waren, sind sicher noch mehr. Aber sie kann sich nicht erinnern, wo genau sie die rosa Vögel gesehen hat.

»Und was hast du jetzt vor?«

»Wenn ich ein bißchen verschnauft habe, auf dem schnellsten Weg zurück nach Arles, zur Bahn, und dann per Schiene nach Marseille oder Toulon. Wozu würden Sie mir raten?«

Sie siezt mich kategorisch. Kein Wunder, ich bin kein Reisekumpel für sie, könnte ich doch ihr Großvater sein. Oder beinahe.

»Toulon. Ich würde nach Toulon fahren. Marseille wäre mir zu groß. Allerdings – ich kenne Toulon nicht.«

»Also gut, die Würfel sind gefallen. Ich fahre nach Toulon. Jetzt brauche ich nur noch einen Bus nach Arles.«

Ich überlege schnell. Die Nacht hier bleiben? Bei dem Wind? Bloß nicht. Also weiterfahren. Warum nicht wieder über Arles? Wenn es auf dem Wege doch Flamingos gibt? Vielleicht sind es jetzt sogar ein paar mehr? Ich sage also zu Barbara (Ich weiß gar nicht, wie sie heißt. Ich habe ihr zwar meine Karte gegeben, aber sie hat mir ihren Namen nicht genannt. Muß ja auch nicht sein. So nenne ich sie bei mir eben Barbara. Das paßt zu einem hübschen Mädchen ganz gut.): »Du kannst bei mir bis Arles einen Freiplatz haben. Mir ist es hier zu windig. Los ist auch nichts. Auf dem Dach ist Platz, Befestigungsgummis hast du an deiner Tasche, und in einer guten Stunde kannst du in Arles am Bahnhof sein.«

Wir spülen noch zusammen das Geschirr weg, packen ihren Drahtesel aufs Dach und fahren los.

Nur – Flamingos sind nirgends zu sehen. Schwarze Rinder, ja. Die können wir fotografieren. Aber Flamingos sollen ja rosa sein. Ein Graureiher fliegt gravitätisch vorüber. Ein Habicht kreist. Aber nirgendwo ein Vogel in Rosa. Nicht mal ein rosa Punkt.

Über Arles braut sich ein Gewitter zusammen, aber bevor es losbricht, habe ich Barbara am Bahnhof abgeliefert. Auf der Buchmesse in Frankfurt will sie mich besuchen. Bin mal gespannt, wie sie wirklich heißt. Wenn sie Barbara heißen sollte, muß sie einen ausgeben.

Flamingos habe ich aufgegeben. Da muß man wohl weit ins Gras spazieren, um einen zu entdecken. Und das allein, wo überall das Wasser durchkommt? Man muß auch mal verzichten können, sage ich mir und schlage die Richtung nach Montpellier ein. In der Umgegend soll es Austernfischer geben. Die sind wohl leichter zu finden als Flamingos.

Der Wind wird noch heftiger. Das Fahren macht nun überhaupt keinen Spaß mehr. Und wenn ich für die Nacht kein geschütztes Plätzchen finde, brauche ich an Schlaf gar nicht zu denken.

Da fällt mir ein, daß Aigues Mortes von einer hohen Stadtmauer umgeben ist. Da drin dürfte Windstille herrschen. Also ändere ich leicht den Kurs, peile mehr nach Süden und bin bald auf einer Straße, die direkt zu den »Toten Wassern« (Lateinisch »Aquae mortuae«, erklärt der grüne Michelinführer) führt. Unterwegs halte ich wegen einer geradezu unheimlichen Wolkenbildung an, fotografiere sie und notiere, daß das Blinken unten kein See, sondern die Plastik-Abdeckung von Gemüsefeldern ist, die die Sonne reflektieren.

Aigues Mortes ist, was Parkraum für Shorty angeht, eine glatte Enttäuschung. Ich gelange zwar durch eines der sechs Stadttore ins Innere, aber dort ist alles dermaßen eng, daß allein das Fahren ein Jonglierkunststück verlangt. An Parken ist überhaupt nicht zu denken. Nach einer knappen Viertelstunde bin ich wieder draußen, im Wind. Die Karte verspricht in Port Camargue die nächste Parkchance. Hätte ich mich vorher über diesen Ort erkundigt, wäre mir eine neue Pleite erspart geblieben. Das ist eine Ansammlung modernster Betonsilos, die um lauter Bootsstege herum gruppiert sind. Drinnen mag ja jeder für sich sogar gemütlich eingerichtet sein, aber ich bin nun mal draußen und muß, oder besser, müßte mir die kalte Pracht anschauen. Ganz abgesehen davon, daß um diese Jahreszeit niemand da ist.

Die Besitzer stecken noch in Frankfurt, München, Paris und wer weiß wo in ihren Anwaltspraxen, Dentallabors oder Immobilienbüros. Ein einsamer Jogging-Fan begegnet mir, ein Dino-Ferrari überholt mich. Das ist keine Gegend für Shorty, scheint mir.

Wenige Minuten später biege ich nach Le Grau-du-Roi ein. Hier wohnen anscheinend ganz normale Leute. Es bieten sich auch freie Parkplätze an. Es fängt an zu dämmern. Ich bin müde. Aber ich mag hier nicht bleiben, ohne das näher erklären zu können. Muß ich ja auch nicht, ich bin ja allein.

Es muß halt das bewußte »Klickediklack« im Kopf machen. Ich muß mich wohlfühlen. Dann bleibe ich. Hier macht es nicht mal »Klick«. Also fahre ich weiter, in Richtung auf La Grande Motte. Ich biege am Ortsausgang von Le Grau auf die Uferstraße – und da stehen sie! Kaum 50 Meter weg. Vielleicht hundert Stück. In Rosa! Flamingos! Einige kommen noch angeflogen, kreisen. Paarweise.

Ich stelle Shorty einfach ab, springe mit mehreren Kameras heraus. Das Licht langt gar nicht mehr. Der Horizont verschwimmt längst im Blau des Himmels. Aber versuchen muß ich es. Und wenn es nur ein einziges scharfes Foto gibt! Die Vögel schreiten langsam umher, geben eigenartige Schnalzlaute von sich und sind sehr vornehm.

Die Verspäteten segeln zwei, drei Mal vorbei, dann landen sie, unendlich sanft setzen sie auf. Der Flügelschlag von Flamingos ist unbeschreiblich, wie Segeln auf Wattepolstern. Vorn der schier endlose Hals, hinterdrein, wie ein Strich, die langen Beine. Nur ihre Rufe passen irgendwie nicht zu ihnen.

Der Anblick dieses Schreitens in Rosa ist derart überwältigend, daß ich mir einrede, es ist gar nicht wichtig, daß die Fotos etwas taugen. Hauptsache, du hast sie gesehen. Du siehst sie noch. Hier und jetzt.

Dicht am Ufer stochert ein weißer Reiher mit dem Schnabel im Wasser herum. Wer schaut denn jetzt noch nach weißen Reihern!

Nach dieser Flamingo-Andacht halte ich in La Grande Motte gar nicht erst an. Hier weiß ich im voraus, daß es eine Kunststadt ist. Eine sicherlich leere zumal. Spät erreiche ich Montpellier. Dort ist Freitag. Die Leute gehen aus und blockieren sämtliche Parkplätze der Innenstadt. In den Vororten war es mir zu finster und zu einsam. Also suche ich weiter.

Plötzlich habe ich einen weiten, fast leeren Platz zu meiner Rechten. Nichts wie einbiegen, anhalten, Rollos runter und Feierabend.

Gegen halb acht am anderen Morgen werde ich von erheblichem Motorengebrumm munter. Ich blinzele am Rollo vorbei nach draußen. Genau vor mir steht ein Bus. Neben mir, und hinter mir auch. Ich stehe auf dem Busbahnhof von Montpellier! Rein in die Klamotten und hinters Lenkrad geklemmt. Ich muß hier sofort weg. Da kommt auch schon ein offizieller Mensch auf mich zu. Er trägt irgendeine Uniform. Sieht mich. Nickt erleichtert, zeigt auf seine Uhr. Ich hebe entschuldigend die Arme. Er versteht, grinst und kommt gar nicht erst näher, hat anderes zu tun, ist zufrieden, daß ich abhaue.

Aus dem Logbuch

Ich fahre nach Norden. Fotografiere das Weingut »La Rouquette«, das von wild bellenden Hunden bewacht wird. Traumhaft schön liegt es in der Sonne vor mir, von Zypressen umstanden.

Einen Kilometer weiter folge ich einem Schild: Wein vom Hersteller. Kurve in den Hof des Gutes »Bel Air«. Kein Mensch läßt sich sehen. Nicht einmal ein Hund. Aber Wäsche flattert auf der Leine. Ich warte, doch niemand kommt. Ich hätte die Wäsche mitnehmen können. Aber was soll ich mit Damenslips und Kinderklamotten...

Der Seitenwind aus Westen weht hier derart stark, daß die Speiche des Lenkrades trotz Geradeausfahrt etwa 45 Grad schräg steht. So muß ich gegenan lenken. Ich fahre Richtung Mèze.

In einem kleinen Fischerhafen tanke ich Wasser. Das findet sich in Häfen fast immer. Ich meine damit den üblichen halbzölligen Anschluß für den Schlauch. Solche Tankmöglichkeiten bieten sich häufig auch an Friedhofsmauern. Muß man ja wissen, wenn man herumnomadisiert.

In Mèze finde ich endlich wieder einmal einen ruhigen Platz dicht am Wasser. Es ist das Bassin de Thau, das ich auf einem großen Bogen über Sète erst umkreist habe. In dem klaren Wasser dieses 20 Kilometer langen und bis zu sechs Kilometer breiten Beckens werden Austern gezüchtet. Rückwärts schützt mich eine hohe Mauer vor dem Westwind.

Es ist Samstag. Ich will mir heute ein Mittagessen im »Tamburin« leisten, das keine 50 Meter entfernt lockt. Aber vorher muß ich meine Schularbeiten machen: einen Brief an Gaston Defferre schreiben, den Bürgermeister von Marseille. Plötzlich weiß ich einfach nicht mehr, ob sich der Name nun mit einem oder mit zwei »f« schreibt. Ich bin ratlos. Soll ich eine Zeitung kaufen? Der Bürgermeister ist ja zugleich Innenminister von Frankreich und wird fast immer irgendwo erwähnt. Vor dem Restaurant hält ein Alfa Romeo. Vielleicht weiß der Fahrer ja...

Ich sause also hin und erreiche ihn kurz, bevor er das Restaurant betritt.

»Monsieur, guten Tag. Gestatten Sie, daß ich Ihnen eine vielleicht ungewöhnliche Frage stelle?«

Der Mann bleibt stehen, sagt: »Aber bitte sehr.«

Ich stelle also meine Frage nach einem oder zwei »f«. Der Mann wiegt den Kopf, grinst ein bißchen hilflos. Schreibt den Namen mit dem Finger in die linke Hand. Und entscheidet sich für ein »f«.

»Doch«, sagt er schließlich. »Ich bin jetzt ganz sicher. Nur ein ›f‹.«

Ich bedanke mich, er deutet sogar eine leichte Verbeugung an, verabschiedet sich mit einem »Aber das habe ich doch gern getan...« und folgt endlich seiner Frau, die mit einem kleinen Pekinesen längst das Restaurant betreten hat.

Ich schreibe meinen Brief, trage ihn sogleich zur Post und begebe mich ins »Tamburin«.

Der höfliche Herr, der mir zu dem einen »f« verholfen hat, grüßt vom Nachbartisch herüber, seine Frau nickt mir zu. Er hat ihr wohl von mir erzählt. So hat und trifft man halt unversehens schon Bekannte. Das Essen ist so gut, wie man es von einem ersten Haus am Platz erwarten darf, die Bedienung sehr aufmerksam. Trotz guten Besuches brauche ich nie lange auf den nächsten Gang zu warten.

Meine »Bekannten« vom einen »f« verlassen das Restaurant schon bald. Sie haben mir immerhin die Zeit für einen ganzen Brief an Monsieur Defferre voraus. Im Vorbeigehen noch einmal ein Kopfnicken. Eine Viertelstunde später, ich bin gerade bei meinem Nachtisch – einem Becher mit Sorbet Cassis, diesem himmlischen Eis von schwarzen Johannisbeeren – kommt mein »Bekannter« zurück. Mit allen Zeichen des Bedauerns wedelt er eine Zeitung vor sich her, hat ein Wort rot eingekreist. Defferre. Mit zwei »f«! Er ist untröstlich. Ich finde es ungeheuer reizend, daß er noch einmal umgekehrt ist, um seine falsche Auskunft zu korrigieren. Ich bedanke mich entsprechend. Der Gute kann ja nicht wissen, daß der Brief schon weg ist. Ob ich nun mein Interview nicht bekomme?

Hinter dem Bartresen arbeitet der lebendige Geschichtsunterricht. Die Phönizier sind hier gewesen, die Griechen und Römer, dazu allerlei Seeräuberschaften aus allen Gegenden des vorderen und mittleren Orients. Die Araber waren da, die Westgoten. Alle haben ihre Spuren hinterlassen. Der Barmann hat von ihnen allen etwas mitbekommen. Sein lockiges

Ein Gewitter braut sich über Mèze zusammen. Noch herrscht Stille im kleinen Hafen

Schwarzhaar läßt auf einen Griechen schließen. Sein drei bis vier Millimeter langer Vollbart auf einen Phönizier, die dichtbehaarten Arme – er hat die Ärmel hochgekrempelt – haben einen orientalischen Touch, die sichtbare Vorliebe des jungen Mannes für goldene Armbänder und schwere Ringe, sowie seine goldgerahmte Brille nicht minder. Er versieht seine Arbeit nicht nur schnell und behende, er unterhält sich zwischendurch auch noch angeregt mit den jungen Leuten, die nur auf einen Drink hereingekommen sind.

Nachmittags mache ich einen Spaziergang. Im Hafen ist das Licht geradezu atemberaubend: Über der Stadt dunkle Gewitterwolken, hier noch helle Sonne. Zum Glück habe ich die Contax mit.

Ein etwas anrüchiges Kapitel läßt sich nicht vermeiden: Wohin mit dem Inhalt der vollen Toilette? Riechen tut sie dank der Chemikalien nicht. Aber man muß das Zeug von Zeit zu Zeit nun mal loswerden. Ich habe herausgefunden: Der einfachste und eigentlich auch naheliegende Weg ist der über eine öffentliche Toilette. Nahezu überall gibt es ein WC, vor allem in kleineren Orten. Fast immer sind es die zu unrecht berüchtigten Stehklos. Ich finde, sauberer läßt sich das in der Fremde nicht erledigen, wenn's auch nicht ganz bequem ist. Und praktisch sind sie für das Entleeren einer Chemietoilette. Man spült noch mal nach, und weg ist der Dreck.

In Mèze findet sich solch notdürftiges Etablissement hinter den Tennisplätzen, unweit des Hafens. Ich bin mit Shorty hingefahren und habe die natürlich immer etwas unangenehme Entleerungsgeschichte dort anstandslos hinter mich gebracht. Nicht weit vom öffentlichen Örtchen standen unter einer Tür mehrere ältere Herren, die mich wohl beobachteten, aber nichts weiter sagten. Es gab ja auch nichts zu beanstanden. Das war also gestern, gleich nach den Hafenfotos.

Nun ist Sonntag. Zwar ohne Sonne, aber doch nicht unfreundlich. Hinter den Tennisplätzen, also unweit jenes Örtchens, versammeln sich wieder einige ältere Herren. Sie haben Kugeln bei sich, und schon beginnt das Spiel. Zwei Mannschaften sind gebildet. Jede versucht, ihre Kugeln so dicht wie möglich an die voraus geworfene kleine Zielkugel zu bringen. In jeder Mannschaft ist einer, der besonders gut werfen kann. Er hat die Aufgabe, wenn nötig, die siegverdächtige gegnerische Kugel mit einem geschickten Wurf wegzudonnern.

Ich schaue den Senioren zu, die mit viel Begeisterung bei der Sache sind.

Einer der beiden Werfer kommt schließlich zu mir. Er spricht mich auf deutsch an:

»Du bist Deutscher, nicht wahr? Ich habe dich mit deinem Wagen gesehen. Kennst du das Spiel, das wir hier spielen?«

»Das ist doch Pétanque, oder?«

»Richtig, das ist Pétanque.«

»Spielt man das bei euch jetzt auch? Du mußt wissen, ich war fünf Jahre bei euch...«

»Ja. Aber bei uns nennt man das meist Boccia oder Boule. Doch wenn man es nicht auf einer Bahn, sondern auf einem Weg oder auf einem normalen Platz spielt, dann ist es eben Pétanque. Nur – bei uns kennen die wenigsten den Unterschied.«

»Und woher kennst du ihn?«

»Ich habe vor langer Zeit mal zugesehen. Da hat man es mir erklärt. Ich war drei Jahre bei euch, weißt du. Ihr spielt wohl oft Pétanque? Man sieht, daß ihr Übung habt.«

Er schüttelt den Kopf. »Nein, nein, wir spielen doch wirklich nur zum Spaß. Da solltest du mal alltags kommen, so nach fünf, nach der Arbeit. Dann spielen hier die jungen Leute. Da kannst du Spezialisten sehen!«

Er wird gerufen. Er ist selbst solch ein Spezialist. Er stellt sich mit der Kugel in Positur, ich nehme die Kamera hoch – und er trifft die gegnerische Kugel. Das Spiel ist für seine Mannschaft gerettet. Ich bleibe in einiger Entfernung und fotografiere mit dem Tele weiter. Halte fest, wie sie sich vorbeugen, das Ziel anvisieren und die eiserne Kugel fliegen lassen. Wie sie den anderen zuschauen, wie sie streng und ernst Maß nehmen, wenn der Augenschein nicht sicher genug zeigt, wessen Kugel am nächsten liegt. Die alten Herren lassen sich von mir nicht stören. Sie haben gesehen, daß ich mit einem von ihnen friedlich geschwatzt habe. Als ich schließlich gehe, winken mir einige zum Abschied zu.

Ich gehe noch am »Tamburin« vorbei, um ein Glas zu trinken und zu telefonieren. Werde von dem phönizisch-griechisch-römischen Barmann schon mit Handschlag begrüßt. So schnell wird man hier Stammkunde. Ich bestelle mir einen Calvados. Werde das aber nicht wieder tun. Der kostet hier glatt 15 Francs. Warum muß ich auch Zeug aus dem hohen Norden trinken, wenn ich im Süden bin. In der Bretagne bezahle ich die Hälfte dafür!

Montag. Eigenartig, frühmorgens ist am ehesten etwas »los«. Entweder, ich kriege einen zauberhaften Sonnenaufgang mit – wie gestern, als der glutrote Ball hinter dem Hafen von Sète aufstieg und mir drei Kormorane ins Bild flogen. Oder wie in Chinon, wo der Schwan seine stille Bahn zog. Heute morgen überraschen mich die Muschelfischer.

Die alten Herren von Mèze beim Pétanque-Spiel. Sie lassen sich Zeit, aber ihre Kugeln fliegen und rollen fast wie bei den jungen Leuten

Muschel ist nicht Muschel

Eben habe ich mich zum Frühstück hingesetzt, da sehe ich den ersten hinausfahren. Keine hundert Meter weg. Ich lasse Kaffee Kaffee sein und renne hinaus. Die Sonne steht günstig. Während ich die aus Felsbrocken grob gefügte Hafenmole entlangklettere, folgen schon die nächsten Fischer. Jeder allein im Heck seines Bootes, kurven sie langsam durch die gewundene Ausfahrt des kleinen Hafens. Das heißt, nicht alle sind allein – einige haben ihren Hund an Bord. Die meisten grüßen mich, der ich da etwas unsicher auf den Felsen stehe und die Kamera hebe. Es sind fast alles fröhliche Leute. Viele pfeifen sich ein Liedchen, einer singt sogar. Ich sehe und höre ihn etwas später noch, als er hoch in seinem Boot steht, die Arme um sich schlägt, um sich zu wärmen, und nicht aufhört, dabei zu singen. Das Wasser trägt seine Stimme klar herüber.

Der fünf, sechs Meter lange Stiel ihres

Netzrechens ragt hinten aus dem Boot. Nur wenige hundert Meter vom Ufer bearbeiten sie damit den Meeresgrund, harken den Sand mit den Muscheln ins Netz, ziehen es hoch, spülen den Sand aus und werfen die Muscheln in einen Eimer. Eine mühselige Arbeit. Das Verfahren erinnert ein wenig ans Goldwaschen.

Einige haben Guckkästen mit, umgebaute Marmeladeneimer, in deren Boden eine Glasscheibe eingesetzt ist. Dadurch können sie die Arbeit mit dem Rechen kontrollieren. Das Wasser ist hier in der Tat sehr klar. Sonst gäbe es wohl auch nicht gleich nebenan die großen Austernplantagen. Austern holen die Fischer hier allerdings nicht heraus. Es sind gewöhnliche Teppichmuscheln. An einem Vormittag holen sie drei bis fünf Kilo davon herauf. Wirklich, ein mühsames Geschäft. Als ich später einen der Fischer frage, wie die Muscheln heißen, antwortet er etwas ungehalten: »Das sind keine Muscheln! Das sind Palourdes!«

Ich ziehe mein Wörterbuch zu Rate. Da steht: Palourde – Muschel, eßbar. Erst ein Fachmann klärt das Rätsel auf: Ich hatte nach »moules« gefragt, das bedeutet für uns zwar auch Muschel, das sind für den Franzosen aber eindeutig nur Miesmuscheln. Die Palourde heißt bei uns allerdings auch Teppichmuschel. Ich habe nicht herausgefunden, was sie mit einem Teppich zu tun hat. So kann man mit der Sprache in Schwierigkeiten kommen, wenn die Gattungsbezeichnung des einen bei dem anderen nur für eine bestimmte Sorte gilt.

Hier kratzen die Fischer vom Meeresboden nur Palourdes – an den Uferfelsen wachsen aber auch Austern. Ich habe eine mit dem Messer gelöst, um mich zu vergewissern. Es war ein schönes, großes Exemplar, leider ohne Perle drin.

Drei Tage Mèze sind vorbei, drei schöne, ruhige Tage. Ich habe, was ich so gerne tue, am Wasser gestanden und geschrieben. Besuch hatte ich ziemlich regelmäßig von einer Möwe, die gleich hinter Shorty im Wasser herumstakste oder schwamm, mit den Beinen den Mulm aufrührte und sich das Freßbare herausfischte. Gelegentlich flog sie auf ein paar Minuten zu Nachbarn, aber sie kam immer wieder zurück. Sozusagen meine Hausmöwe. In etwas größerer Entfernung tauchte hin und wieder einer meiner Lieblinge, ein Kormoran.

Schön friedlich war es hier, jetzt aber hat mich das Nomadenfieber wieder gepackt. Ich will nach Nordwesten, quer durch Südfrankreich, nach Angoulême. Dort habe ich für Stefanie etwas Wichtiges zu erledigen. Stefanie ist jetzt zehn. Und so kam ihr Auftrag zustande:

Rückblick

Sommer 1983. Wir haben an der Atlantikküste, etwas nördlich von Capbreton, den Campingplatz »Les Oyats« (nach einem Strandhafer benannt) gefunden. Er ist weiträumig, liegt unter hohen, mit Korkeichen gemischten Strandkiefern und hat vorbildlich saubere »Sanitaires« – Wasch- und Toilettenanlagen. Während ich noch auf unseren Stellplatz zufuhr, rief Stefanie: »Seht das kleine Mädchen dort auf dem Spielplatz. Sie ist sicher so alt wie ich. Ist die süß! Mit der möchte ich gern spielen.«

Ich redete ihr zu. »Dann geh doch zu ihr!«

»Aber das ist doch sicher eine Franzö-

Frühmorgens fahren die Fischer zum Muschelfang hinaus. Die meisten haben ein Lied auf den Lippen

sin, die versteht doch gar nicht, was ich will, und ich verstehe sie auch nicht!«

»Weißt du was? Nimm deinen Ball und geh zu ihr. Du wirst sehen, wenn sie dich auch mag, werdet ihr euch auch ohne viel zu reden verstehen. Ihr werdet einfach miteinander spielen. Versuch's doch!«

Wir brauchten Stefanie nicht lange zu überreden – die kleine Französin hatte es ihr wirklich angetan. Sie nahm ihren Ball und ging, wenn auch ein bißchen zögernd, zu dem Spielplatz hinüber.

Um es kurz zu machen: Die beiden Mädchen haben sich zwei Wochen lang praktisch überhaupt nicht mehr voneinander getrennt. Auf dem Campingplatz nicht, nicht am Strand. Bald entdeckten sie, daß ihr Liederschatz zum Teil übereinstimmte, wenigstens in den Melodien. Da haben sie denn ganz reizend zusammen gesungen, die eine in französisch, die andere in deutsch, und es klang sehr harmonisch, zumal beide sehr musikalisch sind.

Die größte Freude für die beiden war es, wenn sie jeweils im Wagen der anderen übernachten durften.

Elisabeth erzählte, daß sie in Angoulème wohnt. Angoulème und Hamburg sind fast 1400 Kilometer auseinander, aber beide Mädchen kannten dieses in seinen Regeln ziemlich komplizierte Hüpfen mit dem Gummiband! Stundenlang haben sie damit gespielt und dabei jeweils in der Sprache der anderen zählen gelernt.

Einen Abschied mit Adressenaustausch gab es leider nicht. Meine Schuld. Ein Anruf beorderte mich kurzfristig zurück. Frühmorgens sind wir losgefahren. Stefanie schlief noch. Einziger Anhaltspunkt war die Wagennummer von Elisabeths Vater.

Ich habe später telefonisch über die Präfektur versucht, die Adresse ausfindig zu machen. Aber dort war niemand bereit, eine Ausnahme zu machen und die Adresse zu nennen. Der Datenschutz braucht sich also in Angoulème keine Sorgen zu machen. Ich hab's noch über Freunde in Paris versucht – alles vergeblich.

Als meine jetzige Reise geplant wurde, bestand Stefanie natürlich darauf: »Du mußt Elisabeth ausfindig machen. Sonst bin ich dir in alle Ewigkeit böse. Und du brauchst gar nicht erst wiederzukommen!«

Es bleibt mir also gar nichts anderes übrig: Ich muß nach Angoulème. Helfen sollen mir bei meiner Suche einige Fotos, die ich damals in Les Oyats von den Mädchen gemacht habe. Fotos, die wirklich beweisen, daß es sich hier nur um Freundschaft handeln kann.

Aus dem Logbuch

Bis Angoulème sind es rund 350 Kilometer, durchs Hérault, am Tarn vorbei, ein Stück die Dordogne hinunter, durchs Périgord zur Charente, an der Angoulème liegt. Man könnte es theoretisch an einem Tag schaffen. Aber das wäre hirnrissig. Ich werde es wie gewohnt langsam angehen lassen und anhalten, wo es mir gefällt.

Zunächst also über die N 112 nach Castres. Irgendwo gibt wieder ein Hinweisschild: »Itinéraire Poids Lourds«, Route für Lastwagen. Das ist ein Tip – diese Streckenhinweise helfen natürlich auch dem eiligen Pkw- und Caravan-Fahrer, enge Ortsdurchfahrten zu meiden und trotz eines geringfügigen Umwegs doch schneller zum Ziel zu kommen. Aber wir haben es ja nicht eilig, nicht wahr?

An der Straße zwischen Béziers und St. Pons, noch im Hérault, ein Weingut wie ein Schloß. An der Einfahrt steht »Betreten verboten – privat!« Foto gemacht.

Ein eigenartiger, süßlicher Geruch fällt mir öfter auf. Schließlich komme ich dahinter: Da werden Weinstöcke gespritzt. Das ist Gift! In einem kleinen Ort steht vor dem Bürgermeisteramt, der »Mairie«, ein Denkmal der Göttin der Gerechtigkeit mit der Binde vor den Augen und einer Waage in der Hand. Auf der einen der beiden Schalen steht eine leere Bierflasche ...

Ich biege gleichzeitig mit einem schweren Lastwagen auf einen Parkplatz. Will mir einen Kaffee kochen. Der Brummi kommt aus Deutschland, hat eine Nummer aus Herford. Der Fahrer winkt herüber. Ich gehe hin und lade ihn zum Kaffee ein. Er ist noch jung und erzählt, daß er schon seit mehreren Tagen kreuz und quer durch Frankreich fährt, einmal als Ersatzmann für einen erkrankten Kollegen, dann, um einen reparierten Wagen abzuholen. Er hätte schon längst wieder zu Hause sein sollen. Aber nun ist er wieder in Richtung Albi unterwegs, muß da heute noch abladen und morgen weiter nach Paris.

Er ist gern in Frankreich unterwegs, kennt inzwischen viele Leute, findet die Franzosen außerordentlich gastfreundlich.

Und er kennt natürlich die französischen Fernstraßen aus dem Effeff. Für ihn sind die N 7, die N 20 und vor allem die N 4 und 3 vertraut – die Nord-Süd-Achsen und die Verbindungen Deutschland-Paris.

Von ihm erfahre ich auch, daß die französische A.T.A.-Stelle an der Grenze nördlich von Valenciennes tatsächlich um 18 Uhr dichtmacht. Wer später kommt, wird erst am nächsten Morgen abgefertigt. Da haben sich die Grenzer also mit mir keinen Spaß erlaubt, und die schwarze Fee war wirklich eine.

Ich fahre als erster wieder los, doch eine halbe Stunde später überholt mich der Brummi aus Herford. Ich stehe nämlich im Dunkeln am Straßenrand und fülle Sprit aus dem Ersatzkanister nach. Ich hatte gehofft, das Benzin würde bis Albi reichen. Aber der Tank war vorher leer.

Albi. Eine saubere Provinzstadt. Mittendrin ein weiter Platz, mit Bäumen bestanden, aber nur zum Teil als Parkplatz ausgewiesen. Am Kopfende steht ein Brunnen mit lebhaftem Fontänenspiel. Ich stelle Shorty ab und telefoniere mit den Freunden in Paris.

»In Albi bist du? Da mußt du dir unbedingt das Toulouse-Lautrec-Museum ansehen. Das lohnt sich wirklich.«

Ich blicke später in meinen Albi-Unterlagen nach und finde Hinweise auf dieses berühmte Museum. Es ist dienstags geschlossen. Morgen ist Dienstag. Soll ich bleiben? Ich überlasse die Entscheidung meiner Morgenfrüh-Stimmung.

Als ich ankam, hatte ich noch die Wahl zwischen mehreren Parkplätzen und konnte mir den ebensten aussuchen. Inzwischen rollt Auto auf Auto heran. Meist steigen junge Pärchen aus. Vielleicht gibt es eine Disco in der Nähe, die gleich öffnet, oder ein Kino oder sonst eine Veranstaltung. Soll mir gleich sein. Ich bin müde, höre noch ein bißchen meinem unvergleichlichen Cassetten-Placido zu, dann schalte ich ab, in jeder Beziehung.

Dienstag morgen. Ich bin ein Banause. Fahre einfach weiter, noch vor Sonnenaufgang. Toulouse-Lautrec möge mir verzeihen. Aber einen ganzen Tag kann ich nicht warten. Das böse Nomadenfieber, das ich ja eigentlich mit dieser Reise bekämpfen möchte, ist diesmal stärker.

Eine Viertelstunde bin ich unterwegs, da sehe ich rechter Hand einen großen Hundezwinger. Ich möchte doch so gern einen Hund als Begleiter haben. Also biege ich ein und erkundige mich. Hunde gibt es hier jede Menge, aber ein Tier, das mir möglicherweise gepaßt und gefallen hätte, ist am Vortag verkauft worden. Doch die Zwingerbesitzerin weiß noch einen anderen Züchter, der mir vielleicht helfen könnte. Sie geht, um mir die Adresse aufzuschreiben. Ich lese dann also den Namen. Der Ort heißt Lautrec. Lautrec? Da war doch etwas? Aber die Hundekennerin kann mir nicht sagen, wo dieses Lautrec liegt. Irgend etwas hindert mich, auf der Karte nachzusehen. Vielleicht das schlechte Gewissen? Mit einem Hund wird es also heute nichts.

Rot geht die Sonne über Sète auf. Kormorane fliegen vorüber

Kennen Sie Cordes?

Zehn Minuten später taucht vor mir im Dunst Cordes auf. Wahrscheinlich kennen Sie Cordes nicht. Wer kennt schon Cordes! Ich zum Beispiel habe bisher nie etwas davon gehört oder gelesen. Dabei ist Cordes ein richtiges Juwel. Es liegt 25 Kilometer nordwestlich von Albi an der D 600. Cordes.

Ich bin völlig ahnungslos und unvorbereitet, habe nicht mit solch einem Anblick gerechnet. Cordes ist ein Nest, aber was für eins! Ein Nest aus Stein, hoch auf einem Berg, wie hingemalt. Ein Berg von einem Nest. Der Morgennebel wabert noch um den breiten Eckturm.

Ich mache mich kundig. Cordes ist Anfang des 13. Jahrhunderts gebaut, mit weitgehend erhaltenem gotischen Kern, der von mehreren Rundwegen in verschiedener Höhe umkreist wird. An diesem Morgen ist Cordes ein Ort der Stille. Oben wenigstens. Unten, davor, ist der übliche Betrieb mit Lastwagen, Lieferanten, einkaufenden Frauen, mit einer Beerdigung. Es wird wohl ein Feuerwehrmann zu Grabe getragen; denn lauter uniformierte Pompiers kommen ernsten Gesichts, vorgefahren und begrüßen einander gemessen. Doch oben rührt sich einfach gar nichts.

In vielen Häusern haben sich Künstler niedergelassen. Maler, Töpfer, Bildhauer, Seidenmaler, Spiegelbauer, Weber. Nur – überall hängen Schilder im Fenster: Wenn nicht anwesend, bitte beim Nachbarn anfragen. Bei dem hängt aber auch solch ein Schild.

Ich laufe also herum, auf der nun inzwischen üblichen Suche nach Menschen, die meine Bilder beleben könnten. Aber ich bleibe allein.

Dann fällt mir die Crêperie »Sabine« auf, die zudem als Salon de Thé und als Restaurant firmiert. Die Tür ist offen. In einem Vorhof bessert ein Handwerker den Fußboden nach Uralt-Manier mit länglich-runden, handgroßen Steinen aus. Ich frage ihn, ob die Crêperie schon geöffnet hat. Er nickt. An einer zweiten Tür steht: »Kräftig stoßen!«

Ich stoße kräftig und befinde mich in einer kleinen Diele, von der aus eine Glastür weiterführt. Hinter der Glastür öffnet sich ein Raum, den detailliert zu beschreiben mehrere Kapitel erforderlich wären. Also ganz grob: In der Mitte, weit um einen Kamin, in dem Scheite knistern, ist ein flauschig-schmusiges Sitzkanapee angeordnet, auf dem gut sechs Personen Platz finden. Im übrigen schön verteilte hochbeinige, schmale Tische aus edlen Hölzern. Auch die Fenster sind hoch und schmal. Durch ihre Butzenscheiben scheint die Sonne herein. Überall, wo nur Platz ist, Kunst. Modernes neben Bewährtem. Gemälde, Lampen, Spiegel, Asiatisches. Ich verstehe nicht viel von Kunst, aber so viel begreife ich, wer das hier komponiert hat, ist mit einem erlesenen Geschmack gesegnet.

Ich möchte mich am liebsten an einen

der Fenstertische setzen und schreiben. Kein Reisebuch, nein, einen literarisch hochklassigen Roman. Wenn ich das könnte, wenn ich Zeit hätte, wenn ...

Eine Dame erscheint. Sie trägt grüne lange Hosen, ein kariertes Hemd, die Ärmel aufgekrempelt, ein Staubtuch in der Hand. Sie ist schlank, sehr aufrecht. Typ ehemalige Tänzerin. Ein energisches und doch sehr feminines Gesicht. Eine Dame.

»Monsieur?«

»Man sagte mir, es sei schon geöffnet.« Sie nickt.

»Könnte ich einen Tee haben?«

»Mit welchem Geschmack, oder ganz einfach nur Tee?«

»Ich lasse mich überraschen, Madame.«

Sie verschwindet lautlos. Nach knapp zehn Minuten bringt sie den Tee, eine ganze Kanne. Sie hat inzwischen eine grüne Bluse angezogen.

»Sie entschuldigen, bitte. Es hat etwas gedauert, aber ich bin zur Zeit allein. Saubermachen, die Küche vorbereiten und«, sie setzt ein Lächeln auf, »Tee zubereiten.«

Ich sage: »Dieses Zimmer fasziniert mich, Madame. Hier könnte ich leben und arbeiten.«

Sie sagt nichts, geht, kommt aber zwei Minuten später zurück und antwortet jetzt: »Es ist sehr angenehm, so etwas zu hören, Monsieur. Ich lebe halt hier und sehe das vielleicht nicht mehr so. Es ist für mich nichts Besonderes mehr. Was meinten Sie vorhin damit, daß Sie hier arbeiten könnten? Was arbeiten Sie?«

»Ich schreibe.«

Mit schnellen, grazilen Schritten geht sie zu einer Tür, die ins Nachbarzimmer führt, und öffnet sie.

»Bitte schön, Monsieur. Es ist im Augenblick zwar nicht sehr aufgeräumt. Aber hier können Sie gern schreiben ...«

Welch eine Verführung! Der Raum ist etwas kleiner als das Gästezimmer, aber ganz ähnlich eingerichtet. Die gleichen hohen, schmalen Fenster mit Butzenscheiben. Ich halte die Luft an, kann dann nur etwas von »bezaubernd« murmeln und fliehe zurück zu meinem Tee. Madame sagt: »Ich würde Ihnen ja auch gern mein Atelier zeigen. Es ist oben, hier drüber. Aber dort sieht es zur Zeit ganz verboten aus. Ich komme augenblicklich zu gar nichts mehr.« In der Hand hat sie immer noch das Staubtuch.

Ich habe Zeit und Muße, meinen Tee zu trinken. Kein weiterer Gast stört mich dabei. Als Madame später noch einmal hereinschaut, frage ich: »Ab wann kann man bei Ihnen essen?«

»Ab halb eins.«

»Schön. Was bin ich für den Tee schuldig?«

»Bezahlen Sie ihn heute mittag, wenn Sie hier essen. Sollten Sie nicht hier essen können, bin ich sicher, schauen Sie noch einmal wegen des Tees herein.«

Etwas benommen gehe ich wieder auf Fotopirsch nach Menschen, die mir dieses Cordes beleben. Außer einer laut redenden Gruppe junger Amerikaner finde ich jedoch niemanden. Es ist wie verhext.

Kurz vor eins gehe ich zu Shorty, ziehe ein frisches Hemd an und begebe mich wieder zur Crêperie Sabine.

Vier ältere Amerikanerinnen haben sich bereits an einem der Fenstertische niedergelassen. Ich wähle einen Tisch in der hintersten Ecke.

Eine junge, etwas hektisch wirkende Frau bringt mir die Karte. Ich will nicht das ganze Menü herbeten, aber zweierlei lohnt sich zu erwähnen: Einmal die Vorspeise und dann ein kleines Mißgeschick. Die Vorspeise nennt sich Orange d'orée, vergoldete Orange also. Es ist eine in sehr dünne Scheiben geschnittene Apfelsine, mit den Ringen einer süßen Zwiebel, auf gepfeffertem Olivenöl. Darüber kann man nicht diskutieren, man muß es probieren. Mir hat es ausgezeichnet geschmeckt.

Und das Mißgeschick: Ich hatte zum Hauptgang ein »Entrecôte aux ceps«, also auf Steinpilzen bestellt. Es kommt ohne Pilze. Dafür werden dann, mit einer gebührenden Entschuldigung, 20 Francs weniger berechnet. Das finde ich wieder gut. Der Tee vom Vormittag steht, wie vereinbart, auf der zierlichen, mit einer Blumengirlande angehübschten Rechnungskarte.

Nicht zu vergessen: Die Qualität des Essens entspricht den hoch gesteckten Erwartungen. Nur – Madame läßt sich nicht blicken. Sie schafft in der Küche. Ich lasse ihr von der jungen Frau ausrichten, daß ich immer noch in ihr Haus verliebt sei und den dringenden Wunsch habe, auch ihr Atelier zu sehen. Die Antwort wird mir erst mit dem Kaffee gebracht. Die Bedienung darf mich zum Atelier bringen, sobald alle Gäste versorgt sind. Inzwischen

Bild links: Cordes, das Nest auf dem Berg

Kunsthandwerk ist in Cordes zuhause. Hier ein besonders hübsches Beispiel aus Metall

sind nämlich noch zwei junge Ehepaare eingetroffen, ein deutsches und eins aus der Schweiz.

Da warte ich also. Aber es dauert nicht allzu lange. Das Atelier ist eine regelrecht professionelle Werkstatt. Mehrere Webstühle verschiedener Größen stehen da, auf jedem ist ein anderes Stück in Arbeit. Auf einem Tisch liegen Zeichnungen, neue Entwürfe. In den Regalen leuchtet Wolle in allen Farbabstufungen und Stärken. Auf einem Stuhl stapeln sich Mode- und Fachzeitschriften. Ein Hauch von Staub hat sich über alles gelegt. Eine Katze mit hellbraun gestreiftem Fell läßt mich nicht aus den Augen, kommt schließlich schnurrend näher und drückt sich an meine Beine.

Unten ist die Tür zur Küche nur angelehnt. Madame ist am Herd beschäftigt und winkt mir zum Abschied. Ich sage:

»Madame, ich habe mir erlaubt, Ihre Katze zu streicheln.«

Sie schaut noch einmal hoch und lächelt.

Ich muß gehen.

Cordes
Michelin-Karten 79, 235. Südfrankreich, Département Tarn. 1100 Einwohner. Entfernungen: Paris 683 km, Albi 25 km, Toulouse 78 km, Montauban 71 km. Sehenswürdigkeiten: Altstadt (mit dem Wagen zu erreichen), gotische Häuser mit dem »Maison du Grand Fauconnier«, daneben die Crêperie »Sabine«, die Rundgänge, die »Promenade de la Bride«. Informationen über das Syndicat d'Initiative, Maison du Grand Fauconnier, 81170 Cordes, Tel. 00 33 63/56 00 52

Aus dem Logbuch

Ich brauche bald Wasser. Der Tank ist fast leer. Im nächsten Nest könnte es Brunnen geben. Es heißt »Sept Fonds«, die sieben Tiefen. Da müßte doch Wasser entspringen. Tut es aber nicht. Vielleicht gibt es ja welches in Caussade, das jetzt vor mir auftaucht.

Caussade. Drei Gründe gleich auf einmal für einen Stopp. Erstens gibt es hier eine Quincallerie, die Primagaz verkauft, meine Marke. Zweitens macht mich eine Verkehrssperre in Gestalt eines Polizisten aufmerksam, der niemanden in eine Seitenstraße fahren läßt. Dort tut sich was. Eine öffentliche Versammlung mit Musik und Lautsprecheransagen. Ein örtlicher Streik? Muß ich sehen! Es ist viel besser: Ein Kinderfest! Mit Masken, Musik und Feuerschlucker, und sogar mit einem kleinen Scheiterhaufen. Nachdem er zu Asche geworden ist, erkundige ich mich nach dem Grund für die Zündelei. Ganz einfach: Der Karneval wurde verbrannt, ausgebrannt. Daß dabei auch ein kreuzähnliches Gebilde in die Flammen geriet, war reiner Zufall. Angeblich. Immerhin war auch die Schule dabei, mit grell angemalten Lehrerinnen. Den Lautsprecherwagen hatte der Rektor für dieses Kinderfest zur Verfügung gestellt. Ein älterer Herr nutzt die Chance, stellt sich mit seiner Trompete vor das Mikrofon und probiert einen Choral. Aber der gerät ihm nicht sehr gut. Ist wohl der Rotwein dran schuld. Außerdem eilt ein Techniker herbei, um den Verstärker abzuschalten.

Der dritte Haltegrund: Hinter dem Festplatz sehe ich einen Friedhof, vor dem ein Wagen der Stadtreinigung gerade Wasser tankt. Voilà!

Das Licht ist heute besonders hell. Der Himmel strahlt auf andere Weise als an den Tagen zuvor. Vielleicht ist das ja auch nur Einbildung. Aber diese irgendwie bewegende Helligkeit erinnert mich an die geliebten Bahamas. Oder kommt das nur daher, daß ich heute Nacht in Albi von diesen glücklichen Inseln geträumt habe? Eigenartig ist es schon, daß ich hier so intensiv daran erinnert werde; denn die Landschaft ist doch nun mal ganz anders! Der kleinste Hügel ist höher als die höchste Erhebung der Bahamas!

Dann der Wein hier, die dichten Wälder auf den Höhen. Das Grün! Vor allem der weite Ausblick zu beiden Seiten, wenn die Straße wieder einmal, wie so oft, über einen langgestreckten Bergrücken führt.

Endlich sehe ich einen Camping-Ausrüster. Er hat tatsächlich einen passenden Wasserhahn für mein Handwaschbecken. Ich nehme das Ding schon in die Hand, da nimmt er es mir wieder weg und schimpft:

»Es ist unglaublich! Ich muß Sie sehr um Entschuldigung bitten. Meine Frau hat sich bei der Auszeichnung geirrt. So teuer ist der Hahn gar nicht. Moment...«, er kramt eine Liste hervor, »er kostet dreißig Francs weniger als drauf steht!«

Solche Ehrlichkeit muß man ja wohl erwähnen. Und jetzt muß ich mal wieder ehrlich sein.

Christine

Am späten Nachmittag habe ich Cahors hinter mich gebracht und biege eben in die N 20 in Richtung Souillac ein, da steht ein trauriger blonder Engel am Straßenrand und winkt. Ich halte, der Engel kommt angerannt, sieht ein bißchen struppig aus und fragt: »Kann ich ein Stück mitfahren? Ich muß nach Gramat, das liegt gleich an der Straße, nicht sehr weit.«

»Steig ein«, sage ich und habe natürlich keine Ahnung, was ich mir da auflade. Ich stelle die Musik etwas leiser und frage:

»Wo liegt denn dein Gramat?«

»Es geht nach rechts ab. Ich sag's dann schon.«

»Aber bitte rechtzeitig!«

Sie nickt und blickt mich aus ziemlich trüben Augen an, grinst ein bißchen verschämt und sagt: »Ich bin ja so müde! Ich bin wirklich völlig erledigt. Ganz kaputt.«

Der Engel ist also nicht traurig, er ist einfach kein Engel, denke ich. Da fügt die Kleine hinzu: »Nein, nicht, was Sie denken. Ich habe einen Freund in Gramat. Nicht in Cahors. Das war was anderes.«

Mehr will sie nicht sagen, will ich auch gar nicht wissen.

Ich stelle die Musik wieder lauter und widme meine Aufmerksamkeit, wie es sich gehört, der Straße. Aber dann muß ich doch noch mal zu dem blonden Kind hinübersehen. Obwohl die Kleine so zerrupft aussieht, und trotz der roten Augen – sie ist bildhübsch. Aber sie schweigt jetzt, hängt ihren Gedanken nach, oder kämpft gegen ihre Müdigkeit.

Wir sind noch keine zehn Minuten unterwegs, da fährt sie plötzlich zusammen.

»Mein Gott, wir sind längst vorbei! Ich muß doch nach Gramat. Die Abfahrt ist längst vorbei!«

Hundert Meter weiter ist glücklicherweise ein Parkplatz. Ich halte also, hole die Karte heraus und gebe sie ihr. »Nun zeig mir mal, wo dein Gramat liegt!«

Ihre Hände zittern. Sie dreht die Karte hin und her, ist völlig verstört.

»Ich weiß es nicht. Ich finde es nicht. Wir müssen zurückfahren. Wir sind längst vorbei. Ich kenne hier gar nichts mehr. Bitte, fahren Sie zurück!«

»O.K. Mach dir keine Sorgen, ich fahre wieder zurück. Du kannst dich beruhigen. Aber passe jetzt auf, damit wir die Abfahrt nicht wieder verpassen.«

Sie nickt und wird ein bißchen ruhiger, als der Verkehr mir die Möglichkeit zum Wenden gelassen hat und Shorty wieder in Richtung Cahors brummt.

Das Mädchen blickt nach links und rechts aus dem Fenster, offensichtlich doch ziemlich durcheinander. Ich denke, sage lieber nichts, laß sie erst mal wieder zu sich kommen. Endlich schüttelt sie den Kopf und stößt hervor: »Ich finde es nicht. Ich weiß überhaupt nicht mehr, wo ich bin! Ich finde es nicht!«

Inzwischen sind wir wieder da angelangt, wo sie zugestiegen ist. Ich halte an.

»Hier bist du eingestiegen. Erinnerst du dich?«

Sie blickt nach draußen und erkennt die Stelle glücklicherweise wieder.

Ich zeige sie ihr auf der Karte. Sie fährt mit dem Finger die Straße hoch, findet ihr Nest aber immer noch nicht. Ich fange an mich zu fragen, ob die Kleine vielleicht nicht ganz dicht ist. Da kommt mir eine Idee. Ich falte die Karte weiter auseinander. Und schon hat das Gör sein verdammtes Gramat gefunden!

»Hier ist es ja! Da liegt Gramat.«

Na, Gott sei Dank! Aber von wegen dicht an der Straße! Gramat ist über 50 Kilometer von Cahors entfernt und liegt mehr als 20 Kilometer seitlich der N 20!

Einen Augenblick bin ich versucht, das kleine blonde Biest einfach an die Luft zu setzen. Aber das bringe ich nicht über mich. Sie scheint wirklich verwirrt und irgendwie hilflos zu sein. Ich sage also:

»Gut, jetzt wissen wir, wo Gramat liegt. Jetzt werden wir es auch ohne weitere Umwege finden. In einer knappen Stunde bist du zu Hause. Mach dir nun keine Sorgen mehr!«

Sie wischt sich die Tränen aus den Augen, lehnt sich zurück und hat nun wohl endgültig begriffen, daß ich sie wirklich heimbringen will. Ich schiebe die Cassette mit Simon & Garfunkel ein, lasse die beiden sympathischen Softies nicht zu laut trällern und fahre wieder los, in Richtung Norden.

Irgendwann schluchzt das Blondchen noch mal und sagt: »Ich werde ganz schönen Ärger mit meinen Eltern kriegen. Aber wenn sie wieder loslegen, gehe ich einfach auf mein Zimmer. Pah!« Sie wischt sich noch eine Träne fort.

»Wie heißt du denn?«

»Christine.«

»Und wie alt bist du?«

»Einundzwanzig.«

Ich gebe ihr höchstens 18. Aber wer weiß das schon bei diesen Trägerinnen engster Jeans. Als wir von der Hauptstraße abbiegen, bei dem Schild »Gramat 22«, lächelt Christine mir sogar zaghaft zu. Sie hat sich endlich beruhigt. Eine Viertelstunde später tauchen die ersten Häuser von Gramat auf. Es dämmert inzwischen. Ich sage: »Eigentlich wollte ich heute noch weiter, aber damit ist es jetzt nichts mehr. Ich werde in deinem Gramat übernachten. Du zeigst mir den Weg zur Kirche. Bei den Kirchen gibt es fast immer einen Parkplatz. Da habe ich dann alles, was ich brauche.«

»Gut. Ich zeige Ihnen den Weg. Von da an laufe ich dann.«

Ihre Stimme klingt nicht mehr so hektisch. Sie hat sich wirklich wieder eingekriegt. Aber sie scheint es nun sehr eilig zu haben; denn ihre Anweisungen nehmen nicht die geringste Rücksicht auf Shortys Ausmaße. Christine dirigiert mich auf dem allerkürzesten Weg zur Kirche. Es geht über eine schmale Brücke mit uralten, ausgefahrenen Radrinnen, in denen die Reifen nur so quietschen, eine steile Gasse hinauf, um engste Kurven. Aber dann stehen wir endlich vor der Kirche von Gramat. Christine haucht ein »Danke schön«, gibt mir einen Kuß und verschwindet.

Aus dem Logbuch

Hätte es nicht das müde Mädchen Christine gegeben, hätte ich Rocamadour nicht gesehen. Man lasse den Namen noch einmal auf der Zunge zergehen: Rocamadour. Das muß einfach etwas ganz Besonderes sein, und das ist es auch! Wieder ein Felsennest, klebt bis zu 150 Meter hoch über dem Canyon des Alzou. Allein der Anblick des über 800 Jahre alten Pilgerortes lohnt, um mit dem Guide Michelin zu sprechen, den weitesten Umweg! So träumt man vom Mittelalter, und da liegt es lebendig vor einem. Acht Kilometer westlich von Gramat, von der N 140 aus prachtvoll anzusehen. Weil ich nicht wieder durch menschenleere Gassen laufen will, fahre ich weiter, ohne mir Rocamadour von innen anzusehen. Das Schloß ist eh von November bis Ende März nicht zu besichtigen. Ich will auch nicht riskieren, wieder mal nur die Katze einer Madame Sabine streicheln zu dürfen...

Quer durch dieses ziemlich wilde Mittelgebirge steuere ich die Dordogne an. Meine Jungs sind sie im letzten Jahr mit dem Faltboot heruntergefahren. Das möchte ich jetzt auch sehen!

La Cave. Der Keller. Aber nicht unten tut sich was, sondern oben: Wieder ein Schloß auf dem Felsen. Und gleich noch eins, und wieder eins. Die Dordogne schlängelt sich durch ihr mal engeres, mal weiteres Tal und hinterläßt an jeder Biegung ein Schloß. Das ist so unglaublich, daß man mindestens ein ganzes Jahr damit zubringen würde, all diese Pracht halbwegs detailliert und in bestem Licht zu fotografieren.

Der Campingplatz in Carsac ist noch nicht offiziell geöffnet. Man erlaubt mir aber, da ich weiter nichts als ein stilles Plätzchen brauche, mich ein paar Stunden ans Ufer der Dordogne zu stellen, um dort in Ruhe die Olympia zu traktieren. Das Autoradio – vorsorglich nicht zu laut gestellt – ist auf »France Musique« eingestellt. Sie bringen nur Klassik. Es wird leider auch hier viel zuviel geredet, mithin gequasselt, aber heute bringen sie zur Feier des Tages Bizets »Carmen«. Von Anfang bis Ende, ohne daß außer den Darstellern einer etwas sagt. Am Pult steht, wie man so schön sagt, kein Geringerer als Herbert von Karajan.

Natürlich ragt über dem gegenüberliegenden Ufer wieder ein Schloß. Es ist das von Veyrignac. Als ich weiterfahre, kommt mir kurz darauf Schloß Monfort vor die Linse. Auch dies sieht aus, als wäre es aus einem Märchenbilderbuch abgekupfert. Hier im Tal ist es schon so warm, daß einige Restaurants auch im Freien gedeckt haben. In Beynac wieder ein zauberhaftes Schloß in der Sonne. Am Abend finde ich einen Platz in Brantôme. Ganz in der Nähe sind zwei Telefonzellen, doch beide Apparate funktionieren nicht. Der eine sagt überhaupt keinen Ton, der andere stellt zwar die Verbindung her, schaltet aber nach dem ersten Takt ab. Nach etlichen Versuchen gehe ich in ein Hotel hinüber, dessen Schild von jenseits der träge dahinfließenden Dronne herüberleuchtet. Man empfängt mich höflich, obwohl ich weder essen möchte noch Logiergast bin. Ich erzähle Jörg nun in Ruhe, daß ich die Dordogne entlanggefahren bin, die er vom Faltboot aus kennt. Er fragt mich, ob ich schon gegessen habe, und was denn heute Abend auf dem Menüplan stehe. Ich antworte ahnungslos: »Ich habe noch eingemachte Wurst von daheim, dazu ein Baguette...«

Da schimpft der Sohn mit mir. Wo doch in dieser Gegend die besten Würste Frankreichs hergestellt werden, sollte ich mich doch bitte schön aus dem Lande ernähren!

Er mag ja recht haben. Ich trinke an der Bar noch einen Kir. Dazu werden einige Scheiben warmer, in Brot eingebackener Wurst gereicht. Das paßt erstens ausgezeichnet zusammen, und zweitens schmecke ich, daß Jörg wirklich recht hat. Man sollte noch viel öfter die Produkte des Landes probieren, sonst entgeht einem womöglich noch etwas.

Für den Kir mit Wurst bezahle ich obendrein nur zehn Francs! Gleich hinterher sehe ich im Guide Michelin nach. Das »Chabrol« in Brantôme steht nicht nur drin, das Restaurant hat sogar einen Stern.

Zweimal Elisabeth

Angoulême. Ich finde einen Parkplatz vor dem Justiz-Palast mit seinen griechischen Säulen. Wie ich zur Parkuhr gehe, um ein paar Francs hineinzustecken, dreht mein Nachbar, der noch im Wagen sitzt, die Scheibe herunter und sagt: »Ich denke, das brauchen Sie heute nicht. Es wird doch überall gestreikt, bei der Post, bei den öffentlichen Diensten. Ich stehe hier schon eine ganze Weile. Bisher habe ich noch keine von den Politessen gesehen, die hier sonst immer herumschwirren.« Ich bedanke mich für den Tip und stecke die Geldstücke wieder ein.

Aber nicht alle Polizisten streiken. Die breite Treppe der Justiz kommen eben zwei kräftige Beamte herab und haben zwischen sich das, was man wohl einen schweren Jungen nennt. Er trägt Handschellen, ist gegen die Beamten nur eine halbe Portion und wirft stolze Blicke um sich, bevor er in eine grüne Minna verfrachtet wird, die hier blau ist.

Ich bin jetzt also auf der Suche nach der kleinen Elisabeth. Die Fotos der Mädchen habe ich eingesteckt. Zunächst will ich aufs Rathaus und nach der Zulassungsbehörde für Kraftfahrzeuge fragen. Auf dem Weg dahin komme ich an einem Fotogeschäft vorbei. Durch die großen Scheiben sehe ich einen jungen Mann hinter dem Tresen stehen. Vielleicht kann er meine Filme entwickeln lassen? Also gehe ich hinein.

La Cave – das bedeutet Keller. Doch nicht, was sich in der Tiefe des Ortes abspielt ist interessant, sondern das imposante Felsenschloß über dem Tal der Dordogne

»Das dauert zwei Tage, aber wenn es mehrere sind und es sich lohnt, kann ich sie auch selbst entwickeln. Dann sind sie morgen nachmittag fertig.«

Der Fotograf macht einen alerten Eindruck. Vielleicht kann er mir wegen Elisabeth raten? Ich lege ihm also die Fotos auf den Tisch und sage: »Dieses dunkle Mädchen heißt Elisabeth. Sie wohnt irgendwo in Angoulême. Ich möchte ihr diese Fotos bringen, aber ich habe statt einer Adresse nur die Wagennummer ihres Vaters. Haben Sie eine Idee?«

Er überlegt gar nicht lange. »Da brauche ich natürlich die Nummer!«

Ich schreibe sie ihm auf und gehe die Filme holen, die noch im Wagen liegen. Als ich sie zehn Minuten später abliefere, legt mir der Fotograf ein Kärtchen mit einem Namen und einer Adresse hin. »Das ist der Besitzer des Autos, das dürfte also der Vater deiner Elisabeth sein!«

»Und wie haben Sie das herausgefunden?«

Er grinst: »Erzählst du deinen Kollegen alles über deine Verbindungen?«

Nein, natürlich nicht.

»Morgen um vier sind die Dias entwickelt. Ich muß jetzt rennen, ich habe noch einen Termin...«

Weg ist er. Von oben kommt eine junge Frau herunter und nimmt seinen Platz hinter dem Tresen ein.

Hoffentlich finde ich jetzt bald eine Telefonzelle, die funktioniert. Ich habe Glück, der Ruf geht ab. Eine Männerstimme.

»Ja?«

»Guten Tag. Waren Sie im letzten Sommer auf dem Campingplatz Les Oyats?«

»Ich war noch nie auf einem Campingplatz!«

»Und Sie haben auch keine Tochter, die Elisabeth heißt?«

»Auch das nicht, Monsieur.«

»Dann entschuldigen Sie, bitte, die Störung.« Ich begreife das nicht! Ich kann doch noch lesen! Die Nummer war einwandfrei auf dem Foto zu erkennen, und es war mit Sicherheit der richtige Wagen. Sollte der Fotograf sich vertan haben?

Auf jeden Fall bin ich erst einmal maßlos enttäuscht. Was soll ich Stefanie sagen? Ich renne um den Parkplatz und überlege, was ich nun noch tun könnte. Da fällt mir ein: Vielleicht hat Elisabeths Vater den Wagen inzwischen verkauft, und die Nummer ist beim Auto geblieben! Ich muß den armen Mann ein zweites Mal stören und ihn fragen. Ich wähle also die Nummer noch einmal und habe ein kleines Mädchen am Telefon. Diese Stimme! Das ist doch . . .

»Hallo, heißt du Elisabeth.«

»Ja.«

»Du warst im letzten Jahr mit deinen Eltern auf dem Campingplatz Les Oyats?«

»Ja. Moment, ich rufe meinen Vater!«

Ich habe sie, ich habe sie!

Der Vater kommt an den Apparat und er erinnert sich sofort an mich, ruft seine Frau. Ich höre, wie sie vorschlägt, mich gleich hinzubitten. Ich sage für den Abend zu, denn inzwischen ist die Sonne herausgekommen und ich habe die Chance, ein paar Fotos von Angoulême zu machen. Natürlich rufe ich sofort danach Stefanie an, um ihr zu sagen, daß ich Elisabeth gefunden habe. Stefanie freut sich riesig und sagt: »Das war aber auch dein Glück!«

Sicher, Glück muß man manchmal haben. Auf der anderen Seite sollte man aber auch ruhig zugeben, daß man sich in der Aufregung auch mal in der Telefonnummer irren kann. Man braucht ja nur eine einzige Zahl falsch zu wählen.

Es wird ein langer Abend. Elisabeth darf heute länger aufbleiben. Die Kleine möchte so viel wissen – wie es Stefanie geht, was sie so treibt, was sie zum Beispiel in der Schule macht. Sie ist ein bißchen neidisch, als sie hört, daß Stefanie nicht wie sie nachmittags wieder zum Unterricht muß. Ich erzähle ihr, daß die Kinder in Deutschland dafür Hausaufgaben machen müssen und bei weitem nicht so lange Sommerferien haben. Das stimmt sie dann doch etwas nachdenklich.

Sie freut sich zu hören, daß Stefanie seit kurzem Gitarrenunterricht hat. Sie selbst spielt seit mehreren Jahren Klavier, und nun läuft sie in ihr Zimmer, um mir das zuletzt gelernte Stück vorzuspielen.

Dieses Kind hat einen so unwahrscheinlich sicheren und dabei variablen Anschlag, daß ich bald den Stolz ihrer Eltern verstehe, die sie nun so lange schon aufs Konservatorium schicken. Elisabeth ist kein Tastenautomat, wie so viele kleine dressierte Hauspianistinnen. Da steckt mehr drin. Das spürt selbst so ein abgebrochener Opernsänger wie ich einer bin.

Am nächsten Tag hole ich die entwickelten Filme ab. Sie sind pünktlich fertig. Ich sage dem Fotografen, wie sehr ich mich über seine Hilfe bei der Suche nach Elisabeth gefreut habe, und lade ihn zum Essen ein.

Er schüttelt bedauernd den Kopf. »Nein, das geht leider nicht, mein Lieber. Ich habe nämlich eine Frau und drei Kinder. Da ist es wohl besser, ich lade dich zu mir ein. Bei mir gibt es heute abend ohnehin eine Surprise-Party. Moment . . .«

Der junge Mann greift zum Telefon und ruft zu Hause an: »Hallo, Elisabeth? Mein Schatz, ich bringe heute abend noch einen Gast mehr mit, einen deutschen Kollegen. Das geht doch, nicht wahr? Abgemacht? Fein, bis später . . .«

Grinsend sieht er mich an. »Der Name Elisabeth ist bei uns ja nun wirklich nicht häufig, weißt du. Aber so ist es nun mal, meine Frau heißt auch so.«

Eine Surprise-Party ist also angesagt. Das ist die gescheiteste Art, viele Gäste um sich zu haben, ohne daß es außer der Arbeit mit dem Abwasch viele Umstände und vor allem Kosten bereitet: Jeder bringt etwas mit. Oft sorgt sogar einer der Gäste für das Essen.

Surprise heißt Überraschung. Ich werde versuchen, diese cognac-gewohnten Leute (Cognac ist nur wenig mehr als 40 Kilometer entfernt) mit einem alten Calvados zu überraschen.

Gérard wohnt weit draußen vor der Stadt. Er hat dort ein Bauernhaus gemietet, mit einem großen »Living-Room«, in dessen Ecke auch gekocht wird.

Im Kamin brennt wirklich ein Feuer, und der Geruch brennenden Holzes verbreitet eine ländlich anheimelnde Atmosphäre. Elisabeth kenne ich schon. Es ist die junge Frau, die gestern Gérards Platz eingenommen hatte. Sie hat nicht nur eine gewisse, sie hat viel Ähnlichkeit mit Marianne, fast die gleiche Haarfarbe und trägt auch die Frisur, wie Marianne es liebt. Beide könnten Schwestern sein.

Die Gäste kommen. Es sind alles Paare, so zwischen dreißig und vierzig. Gérard flüstert mir zu: »Es sind viele Mediziner dabei, ich weiß auch nicht, wie ich dazu komme, aber es sind trotzdem lauter nette Leute, du wirst sehen.«

Ein Paar aus Guayana hat in großen Töpfen Essen mitgebracht. Es muß nur noch aufgewärmt werden. Sie nennen es »Colombe«: Auf verschiedenen Gemüsen gekochtes Geflügel, zu dem Reis gereicht wird, in dem ziemlich viele Rosinen mitgekocht sind.

Warum es »Colombe« heißt, wissen die sympathischen Farbigen auch nicht zu sagen. Der Name bedeutet sowohl »Taube« – Taubenfleisch ist aber nicht dabei – als auch »Unschuld«. Meine Befürchtung, es könnte für meinen Geschmack zu scharf sein, erweist sich als unbegründet. Dieses »Colombe« ist eher sanft gewürzt.

Es läßt sich wohl nicht vermeiden, daß bei Tisch, ziemlich spät allerdings, einige Flaschen Wein sind schon geleert, ein halbwegs medizinisches Thema angeschnitten wird. Die neben mir sitzende Ärztin wird gefragt, was sie denn von der neuen Wunderpille aus der Schweiz hält, von der alle Welt redet. Sie soll die Potenz des Mannes spürbar steigern.

»Nun ja«, meint die Gefragte, »aus eigener Erfahrung kann ich dazu natürlich nichts sagen; denn erstens bin ich kein Mann, und zweitens – nun, meiner braucht so was nicht.«

Gelächter. Gérard schlägt seinem Nachbarn anerkennend auf die Schulter.

Die Ärztin redet weiter: »Aber ich habe von Kollegen gehört, die das Zeug verordnet haben, daß es erstaunlich wirkt.«

Gérard spielt offensichtlich gern den Spaßvogel. Er fragt mich: »Also, wie ist es mit dir, Rudolf. Kennst du auch solche Mittel?«

Ich stelle mich erst einmal dumm und behaupte, die Unterhaltung nicht genau verfolgt zu haben, weil sie mir etwas zu speziell gewesen sei.

»Ha, speziell! Das kann man wohl sagen. Also, es geht um ein Mittel, das die Manneskraft steigert, kennst du so etwas mit erhebender Wirkung?«

Ich sage einfach: »Ja.«

»Ein sicheres?«

»Aber ja.«

»Sehr speziell?«

»Nein, du kennst es.«

»Aha, was ist es also?«

»Die Augen einer Frau.«

Erst herrscht Stille, dann gibt es fröhliches Gelächter, aber nur die Frauen sind zu hören.

Später werden Schallplatten aufgelegt. Kammermusik, Haydn, Mozart, und Jazz, Oscar Peterson zum Beispiel.

Dann wird wieder geredet, wie das bei Partys so üblich ist.

Christian, ein Werbemann, der seine Frau, die schöne Agnes, wie Gérard sie allen vorgestellt hat, sonst nie aus den Augen und ihre Hand nie losläßt, möchte sich gern Shorty ansehen. Agnes trägt einen roten Maschenmini, und sie kann ihn tragen.

Christian ist stark erkältet und kann mir nur mit Mühe erklären, daß er einen Lieferwagen fährt, den er sich wohnlich eingerichtet hat. Ein anderes Auto hat er gar nicht. Wir gehen hinaus. Der Mann aus Guayana kommt mit. Glücklicherweise habe ich vorher etwas aufgeräumt.

Die ersten Gäste gehen. Das Paar aus Guayana lädt mich in seine Heimat ein.

Als ich sie erstaunt anschaue, lacht Gérard und meint: »Ganz einfach zu finden: 135. Autobahnabfahrt, und dann links...«

Elisabeth äußert: »Du willst doch mit deinem Wagen nicht jetzt noch irgendwo hinfahren? Bleib doch hier im Hof.«

Und Gérard fügt hinzu: »Du kannst auch gern länger bleiben. Solange du willst.«

»Vielleicht könnte ich hier in Ruhe ein bißchen arbeiten. Ich habe noch so viel zu schreiben. Ich würde sicher niemanden stören...«

»Bleib eine Woche oder zwei, oder auch länger«, sagt Gérard. Elisabeth nickt zustimmend. Sie sieht Marianne wirklich sehr ähnlich.

Am nächsten Morgen hat Gérard verschlafen. Kein Wunder. Trotzdem will er mir noch schnell einen Steinbruch zeigen. Ich denke, was soll schon an diesem Steinbruch sein. Aber da er so sehr darauf besteht, gehe ich natürlich mit.

Gérard hat recht – es ist mehr als ein einfacher Steinbruch. Ich sehe tief in den Berg getriebene Stollen, hoch wie Hallen. Gérard fährt mit dem Wagen hinein und kurvt ohne Rücksicht auf die Steinbrocken, die überall herumliegen, ziemlich wild herum. Die Wände und Decken sind vertikal wie horizontal sauber und glatt geschnitten.

»Das haben die Handwerker vor Hunderten von Jahren per Hand gemacht. Das stelle dir mal vor! Es gibt noch einige solcher Steinbrüche in der Gegend. Aber dies ist der einzige, der noch so daliegt wie früher und nicht mehr benutzt wird. In den anderen hat man Pilzplantagen angelegt. Champignons brauchen ja kein Licht. So, das wollte ich dir noch schnell zeigen. Aber jetzt muß ich wirklich los...«

Rechts fällt der Blick weit in ein Tal hinab, an dessen Ende Gérards Hof liegt. Dieses Tal mutet heimatlich an. Heide, die noch nicht blüht, klar, und Wacholderbüsche wachsen an den Hängen. Ein bißchen Totengrund bei Wilsede. Ob Gérard hier jagt? Waffen genug hat er ja an seinen Wänden hängen. Aber ich will jetzt kein neues Thema anfangen. Später. Jetzt muß der Junge wirklich in seinen Laden.

Er setzt mich beim Hof ab. Ich bleibe zwei Tage und kann wirklich in Ruhe schreiben. Nur die Kinder lärmen manchmal. Aber welcher gelernte Vater läßt sich schon von Kinderlärm stören!

Beim Abschied legt mir Gérard noch dringend ans Herz, einen kleinen Umweg über Charras zu machen und über Villebois-Lavalette. In Charras steht neben der Kirche eine sogenannte Revolutionseiche, die zur Geburt von Freiheit, Gleichheit und Brüderlichkeit gepflanzt wurde und inzwischen imposante Ausmaße angenommen haben soll. In dem anderen Ort, nicht sehr weit von der Kirche mit Revolutionserinnerungen, steht eine der ältesten erhaltenen Markthallen Frankreichs.

Beides finde ich ohne Schwierigkeiten. Doch die Eiche läßt mich keine historischen Schauer spüren. Weil ein verfallenes Haus dahinter steht? Weil nirgendwo ein Mensch, nicht einmal ein Kind zu sehen ist? Oder weil der tatsächlich sehr weit ausladende Baum noch unbelaubt und deshalb wie erstarrt dasteht? Ich weiß es nicht. Vielleicht muß man selber beim Sturm der Bastille dabeigewesen sein, um im Schatten dieser Eiche etwas Besonderes zu empfinden ...

Und die alte Markthalle in Villebois-Lavalette ist leer und dunkel. Nur das bunt geziegelte Dach leuchtet ein bißchen verschämt in der dunstig verschleierten Sonne. Wenn ich wieder in die Gegend kommen sollte, werde ich nach dem Markttag fragen und es nochmals versuchen. Bauzeit 15. Jahrhundert allein ist für sich noch keine Attraktion, finde ich, sofern man kein spezialisierter Historiker ist, der einzuordnen und zu werten weiß. Aber richtiger Marktbetrieb unter diesem verwinkelten, schiefen Dach – das wäre schon was. Ist also vorgemerkt.

Bevor ich Angoulême verlasse, werde ich noch zu einem Abschiedsessen von Elisabeths Eltern eingeladen. Als Vorspeise gibt es Austern! Ich habe erzählt, daß Madame Toussaint mir in Chinon die Adresse eines Austernfischers genannt hat, der sicher bereit sei, mir alles über Austernzucht zu sagen. Diesen Monsieur Richard Claude will ich als nächstes aufsuchen. Und damit ich einen Vorgeschmack über die Austern der Charante bekomme, darf ich gleich ein Dutzend verspeisen. Elisabeths Vater ist jedenfalls felsenfest davon überzeugt, daß die Austern seiner Heimat die besten Frankreichs sind. Da sich über Geschmack nicht streiten läßt, wird er wohl recht behalten.

Nach dem Essen möchte die kleine Elisabeth mir noch die Schallplatte vorspielen, die sie zu Weihnachten bekommen hat. Es sind Klavierstücke, zu denen der unvergeßliche Gérard Philipe die einführenden Worte gesprochen hat. Während ich seiner Stimme lausche und ein bißchen in Erinnerungen versinke – ich habe einige seiner Filme damals in Frankreich gesehen –, kommt mir eine Idee. Wer so spricht wie er, der müßte doch auch »Le Petit Prince«, den Kleinen Prinzen von Saint-Exupéry, aufgenommen haben. Vielleicht gibt es auf der Rückseite der Schallplattenhülle einen Hinweis darauf. Sobald Mozarts Klaviersonaten verklungen sind, frage ich Elisabeths Mutter. Statt die Mozart-Hülle zu bemühen, sucht sie kurz im Schallplattenfach, holt eine LP heraus und reicht sie mir herüber: »Le Petit Prince«, gesprochen von Gérard Philipe! Da habe ich also eine Geschenkidee für Stefanie, wenn sie Französisch lernt. Mit der deutschen Übersetzung dieses zauberhaften Märchens von »Saint-Ex« habe ich als Student einem befreundeten indischen Kommilitonen einen auch für mich unvergeßlichen Deutschunterricht gegeben.

Elisabeth gibt mir noch eine Cassette für Stefanie mit. Sie hat zwei Klavierstücke von sich aufgenommen und auch einen Gruß gesprochen. Dabei hat sie nicht vergessen zu erwähnen, daß sie ab Herbst in der Schule Deutsch lernen wird und daß sie sich darauf freut. Elisabeth ist ein Schatz und gibt mir zum Abschied einen »Gros Bise«, einen Wangenkuß. Sie steht mit ihren Eltern am Tor, alle drei winken. Ich muß wieder einmal weiter.

Aus dem Logbuch

Über Cognac mit seinen schier endlosen Weinfeldern fahre ich zunächst nach Royan. Eine helle, offene Stadt, die mich mit Sonnenschein empfängt. Sie hat einen großen »Port de Plaisance«, einen Sporthafen also, und im Süden einen unendlich langen Sandstrand. In der Saison dürfte es hier drangvoll eng sein. Doch jetzt ist noch überall Platz, auch zum Parken. Ich lasse mich an einer Promenade über dem Hafen nieder, bereite mir ein Mittagessen zu und beobachte die Saisonvorbereitungen einiger Bootseigner.

Später führt mich die Straße in einigem Abstand zur Küste weiter nach Norden. Hier ist der Strand nur zu Fuß zugänglich. Viele Kilometer windet sich die Straße über dichtbewaldete Hügel. Überall sind Warnschilder wegen der Feuergefahr aufgestellt. Vor fünf Jahren hat es hier verheerende Waldbrände gegeben, wie sie sonst nur die Côte d'Azur heimsuchen. Es ist eigentlich eine Nebenstrecke, nur für den Tourismus interessant, und deshalb gibt es heute kaum Verkehr.

Plötzlich rennt etwas vor mir auf die Straße. Ich traue meinen Augen erst nicht: Es ist ein ausgewachsenes Wildschwein. Das Tier bleibt stehen. Ich auch. Schneller Griff zur Kamera, aber das Borstentier ist wenig eitel, es nimmt reißaus.

Die Austernadresse, die Madame Toussaint mir mitgegeben hat, ist unvollständig. Monsieur Richard Claude, Chailevette, lese ich. Der Ort ist mit Hilfe der Karte bald gefunden, und nach nur zweimaligem Fragen stehe ich in dem winzigen, verschnörkelten Hafen vor der Hütte, die Monsieur Claudes Standquartier ist. Hier werden die Austern gesäubert, sortiert, in Kästen gestapelt, zum Versand fertiggemacht oder, wie zur Zeit, zum Wiederausbringen ins Meer vorbereitet.

Madame Claude sitzt hinter einem Holztisch und kratzt Miesmuscheln und andere Schädlinge von den kostbaren jungen Austern, die korbweise, hoch aufgeschichtet, hinter ihr stehen.

»Mein Mann wird in etwa einer halben Stunde mit der Flut zurückkommen. Über den Gruß aus Chinon wird er sich sicher freuen. Aber denken Sie bitte daran, daß er jetzt müde ist. Er war den ganzen Tag draußen, und morgen muß er sehr früh wieder auslaufen.«

Ich gehe noch ein wenig spazieren. Das wird etwas kompliziert, denn hier reiht sich Wasserbecken an Wasserbecken, die teilweise Schleusen-Verbindungen haben. Dazwischen und drumherum schlängeln sich schmale Kanäle. Dann folgen sumpfige Passagen, wo Ried wächst. Trotz der frühen Jahreszeit quaken schon die Frösche.

Ein Dorado für alle möglichen Kleintiere und natürlich für diejenigen, die sie fressen. Ich sehe sie: Graureiher, weiße Reiher, Enten, Möwen, Bussarde, Kibitze.

Dann kommen die ersten Boote herein. Die meisten sind breit gebaut, und das Deck ist flach. Darauf liegen, in Haufen aufgeschichtet oder schon in Körbe gepackt, Tausende von Austern. Diese Boote tragen bis zu fünf Tonnen!

Eins legt ganz in der Nähe an. Ich fotografiere das Manöver, und noch ehe ich ein Wort gesagt habe, ruft mir der Mann am Ruder winkend zu: »Was haben wir mal wieder für ein schönes Wetter!«

Freundlich grüße ich ihn und frage nach Monsieur Richard Claude. Er ist es selber. Er trägt einen leichten roten Pulli, und seine Jeans stecken in hüfthohen Gummistiefeln. Ich sage mein Sprüchlein auf, grüße von Madame Toussaint.

»Sie wollen also etwas über Austern lernen? Na schön, da habe ich morgen also einen Mitfahrer. Um Viertel vor neun legen wir ab. Ich denke, wir werden morgen schönes Wetter haben...«

Kaum hat er das Boot vertäut, entfaltet er eine zwar unermüdliche, aber genau dosierte Aktivität. Nichts tut er überhastet. Jeder Griff sitzt. Pausen sind jedoch nicht drin. Da spürt man jahrealte Routine. Er holt mit der Schubkarre die Körbe und Kästen mit Austern heraus, die seine Frau tagsüber gesäubert hat. Madame Claude schüttet sie mit Hilfe eines aufgeschnittenen Ölkanisters in engmaschige Plastiksäcke, die dann aufrecht beim Boot aneinandergestellt werden.

Vom Boot weg werden die Austernkörbe mit dem Tagesfang zur Hütte gefahren. Ich schaue mir das eine Weile mit an und finde endlich heraus, wobei so ein ungelernter Mensch wie ich anfassen und damit Zeit sparen helfen kann. Ich gehe aufs Boot und schleppe die Austernkörbe zum Bug, so daß Monsieur Claude sie dort sofort abnehmen kann, ohne erst an Bord klettern zu müssen.

Er sieht mich zwar etwas erstaunt an, aber er sagt nichts. Wahrscheinlich denkt er sich, daß ich nach einer halben Stunde doch schlappmachen werde. Da soll er sich verrechnet haben, nehme ich mir vor.

Es ist eine mühselige Arbeit, vor allem für ihn. Er steht neben dem Boot, mit den Gummistiefeln bis über die Knie im Wasser, und er taucht jeden Austernkorb mehrfach unter, um den Sand abzuspülen. Einmal sage ich: »Das erinnert mich ans Goldwaschen.«

Monsieur Claude grinst. »Bis auf zwei Unterschiede. Unser Gold lebt, und man kann es essen. Das ist schon bizarr, nicht wahr?«

Sonst arbeiten wir schweigend. Ich kenne das vom Bauernhof. Da sieht man auch nicht gern jemanden untätig herumstehen. Daß mit angefaßt wird, ist selbstverständlich. Darum wird auch hier kein Wort weiter darüber verloren. Nach fast zwei Stunden ist es geschafft. Ich bin es auch. Aber das Boot ist leer. Mit ein paar Pützen Wasser wird es saubergespült. Madame Claude wartet schon bei den Fahrrädern.

»Dann also bis morgen früh. Und bringen Sie sich genug zu trinken mit. Draußen wird man durstig!« ruft er mir noch zu, dann radeln beide los. Weit haben sie es nicht. Keine 300 Meter vom Hafen haben sie sich ihr Haus gebaut. Shorty steht etwa auf halbem Weg dorthin.

Als ich bei ihm anlange, sind die Eheleute schon daheim. Er fängt morgen früh um halb sieben an, bei den Austern zu arbeiten. Was, hat er nicht gesagt. Ich werde es ja sehen. Ich bin todmüde. Immer wieder ziehen Schwärme von weißen Reihern über mich hin zu ihren Schlafplätzen in den Wäldern hinter Chailevette. Dicht darüber steht jetzt eine späte, tiefrote Sonne.

Auf dem Marktplatz von Tremblade, dicht beim Hafen, finde ich einen Nachtplatz. Das ist eine Viertelstunde von Chailevette entfernt, aber dort ist es mir zu einsam...

Wo das Meer das Sagen hat

Am anderen Morgen bin ich früh zur Stelle. Richard Claude kommt mir mit dem Fahrrad auf den letzten Metern entgegen. »Ich brauche noch neue Kerzen, aber dann geht's sofort los.«

Beim Boot sehe ich, daß er schon schwer geschuftet hat. Ein Riesenberg Austern ist aufgeschichtet, und obendrauf liegen die Plastiksäcke, die Madame am Vorabend gefüllt hat. Claude kommt zurück, hängt noch ein kleines Boot an, und wir legen ab. Aber schon nach wenigen Metern wird wieder angelegt. Dort macht sich ein zweiter Fischer mit einem größeren Boot fertig, das sogar eine kleine Kajüte hat.

Richard Claude erklärt: »Wir hängen meine Boote an seins. So sparen wir Kraftstoff. Das ist mein Bruder Jean Pierre. Wir arbeiten meist zusammen.«

Diese Forken sehen zwar wie Mistforken aus, doch was die Brüder Claude ins Meer zurückwerfen, sind junge Austern, die noch weiter wachsen müssen

Auch der Bruder hat ein zweites, kleineres Boot am Heck festgemacht. Es ist vollgepackt mit Austernsäcken. Als ich hinübersteige, reicht er mir die Hand. Er ist zwar unrasiert, aber er hat ein offenes, sympathisches Gesicht. Er scheint jünger als Richard zu sein.

Langsam schlängelt sich der Schleppzug durch den Kanal zur offenen Seudre hinüber. Von dem Flüßchen ist hier allerdings nichts mehr zu sehen. Es ist längst in diese schlauchartige Bai gemündet, die sich über 20 Kilometer nach Nordwesten hinzieht, wo sie sich dann im Meer verliert. Genau davor liegt breit die Insel Oléron und schützt vor den Wellen des Atlantik. Besser geschützt können Austernbänke gar nicht sein. Sie sind sogar zwischen Oléron und dem Festland angelegt – ein riesiges Revier, das über die Hälfte der französischen Austernproduktion liefert – über 40 000 Tonnen pro Jahr!

Weiße Reiher überholen uns. Richard zeigt hinauf: »Morgens ziehen sie nach Nordwesten, abends kommen sie pünktlich kurz vor Sonnenuntergang zurück. Wenn sie fliegen, machen sie überhaupt keinen Lärm, so wie die Gänse, die ständig rufen und reden und schimpfen. So hört es sich jedenfalls an. Das ist schon bizarr.«

Jean Pierre weiß noch mehr: »Richtig, solange sie fliegen, sind sie still. Aber wenn sie in dem Wald hinter meinem Haus übernachten, lärmen sie ohne Unterbrechung. Da lassen sie einen nicht zur Ruhe kommen.«

Im Tiefflug, ganz dicht über dem Wasser, kommen uns Kormorane entgegen. Richard wiegt den Kopf. »Kormorane fressen viele Fische. Immerzu tauchen sie. Draußen werden wir wohl noch mehr sehen.«

Die Brüder Claude haben ihre Austernbänke auf Höhe der Insel Oléron. Das sind, je nach Wind, so an die zwei Stunden Fahrt. Nicht an jedem Tag scheint dabei die Sonne, nicht immer bläst der Wind mild und friedlich. Außerdem kann man nicht einfach den kürzesten Weg nehmen. Es gilt Gegenströmungen auszuweichen und dabei auch noch in der Fahrrinne zu bleiben.

Unser Schleppzug ist verhältnismäßig langsam. Immer wieder werden wir von anderen überholt.

»Macht nichts«, erklärt Richard. »Dafür haben wir auch mehr geladen als sie. Das gleicht sich aus. Hauptsache, wir sind pünktlich da.«

Was er mit pünktlich meint und wie präzise er tatsächlich unsere Ankunft vorausberechnet hat, erlebe ich kurz darauf. Wir scheren aus der Fahrrinne aus und halten auf Oléron zu. Aber nur wenige Minuten. Dann wird die Maschine abgestellt und der Anker ausgeworfen. Wie sich die Männer hier draußen orientieren, ist mir ein Rätsel. Ich schaue mich um. Aus dem Wasser ragen zwar alle paar Meter dünne Stangen, und an manchen hängen kleine Tuchfetzen. Nun gut, so kann man ein Areal abstecken. Aber man muß es immerhin erst einmal finden!

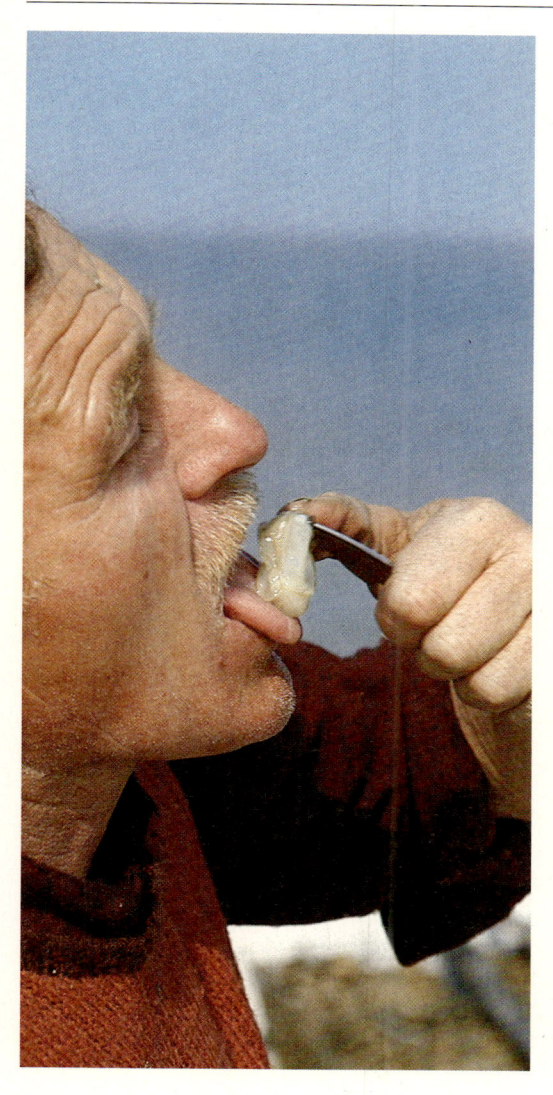

Jean Pierre fordert mich auf, in sein kleines Boot umzusteigen. Richard klettert in sein eigenes Beiboot, packt die Austernsäcke hinein, wirft den kleinen Außenborder an und tuckert davon.

Ich setze mich auf die einzige noch freie Bank. Jean Pierre stellt sich ans Heck und wriggt. So nennt man jedenfalls in Hamburg diese etwas eigenartig anmutende Art, ein Boot mit nur einem Ruder vorwärts zu treiben.

Nach wenigen Metern schon erkenne ich neben mir im Wasser längliche dunkle Flecken. Jean Pierre rammt das Ruder in den Boden und stoppt das Boot. Vorsichtig probiert er dann, mit dem Fuß auf Grund zu kommen. Aber das Wasser steht noch zu hoch. Es würde ihm in die Gummistiefel laufen. Jetzt erkenne ich auch, was diese dunklen Flecken sind: Bereits ausgelegte Austernsäcke. Die nächsten werden vom Boot aus daneben gepackt, teilweise sogar geworfen. Fünf Minuten später ist das Wasser so weit gefallen, daß die ersten Austernsäcke mit dem Rücken freikommen. Nun sind auch die Stahlstangen zu sehen, auf denen sie liegen. Jean Pierre steigt ins Wasser, richtet die Säcke genau aus und befestigt sie mit hakenbewehrten Gummis an den Stangen. Noch muß er dabei zumindest mit einer Hand jedesmal tief ins kalte Wasser greifen.

Ich schaue mich nach Richard um, der gut hundert Meter weiter arbeitet. Seine »Bank« liegt schon fast ganz trocken.

»Da waren wir aber zur richtigen Zeit hier!« stelle ich bewundernd fest.

Jean Pierre nickt. »Pünktlichkeit gehört zu unserem täglichen Brot. Sonst schaffen wir unser Pensum nicht. Dabei müssen wir nach Windrichtung und -stärke und nach dem Stand des Mondes genau kalkulieren, wann das Wasser weit genug gefallen ist, so daß wir anfangen können. Jede Minute, die wir zu spät kommen, fehlt uns am Schluß. Das Meer bestimmt, wann wir zu arbeiten haben, nicht wir.«

Einige Monate lang werden die Austern hier mit der Ebbe trocken fallen und mit der Flut überspült werden. Junge Austern brauchen das. Leider nisten sich in dieser geringen Tiefe bald Miesmuscheln an. Sie müssen beseitigt werden, bevor die Austern in tieferes Wasser kommen, wo es keine Muscheln mehr gibt.

Die Plastikmaschen schützen die Austern auch vor Ratten und anderen Räubern, und sie halten sie natürlich auch hervorragend zusammen. Aus dem durchströmenden Wasser ziehen sie ihre Nahrung und wachsen dabei ziemlich schnell.

Als wir wieder auf dem großen Boot angekommen sind, erklärt Richard Claude mir auch: »Austern brauchen Ebbe und Flut. Darum müssen sie im Mittelmeer, wo es keine nennenswerten Gezeiten gibt, künstlich herauf- und wieder hinuntergebracht werden. Ein mühsames Geschäft. So hat halt jeder seine Probleme.«

In langsamer Fahrt geht es weiter, mehr aufs Festland zu. Dort dümpeln schon etliche andere Boote vor Anker.

»Das Wasser muß noch weiter fallen«, sagt Richard und holt aus seiner Verpflegungsbox Brot, Wurst und eine Flasche Wasser. Zeit zum Essen. In der Sonne ist es allmählich sommerlich warm geworden. Die Pullis werden ausgezogen. Beide Männer haben sich bei der Arbeit an den Stahlgestellen mehrfach die Hände aufgeschürft. Ich zeige darauf und frage: »Gibt das keine Entzündungen?«

»Nie«, antwortet Jean Pierre. »Das Meerwasser heilt das schnell wieder ab. Morgen ist es schon vergessen.«

»Na ja, muß es ja auch«, meint Ri-

Richard Claude probiert eine seiner kostbaren Meeresfrüchte

Innerhalb weniger Minuten hat die Ebbe die Austernbänke freigegeben. Jetzt kann Jean Pierre die Plastiksäcke mit den jungen Austern auf den Stahlgestellen festbinden

chard, »morgen gibt es schließlich neue Ratscher. Es heilt wirklich sofort. Das ist schon bizarr!«

Weiter zurück in Richtung Festland wird schon gearbeitet, und die Brüder machen sich jetzt auch fertig. Das flache Boot mit den Austernbergen wird vom Zugschiff gelöst und dann vorsichtig an allen möglichen Stangen und Stoffzeichen vorbei zur neuen Austernbank dirigiert. Dort wird ein stählerner Pfahl in den Meeresgrund gerammt, an dem das Boot festgemacht wird. Die beiden Männer nehmen Forken zur Hand, wie sie bei uns zum Ausmisten der Ställe benutzt werden, und streuen die Austern ins Meer! Sie fliegen in hohem Bogen hinaus, klatschen spritzend aufs Wasser. Die ganze Herrlichkeit wird praktisch wieder versenkt. Sowie das mit den Würfen erreichbare »Feld« ausreichend abgedeckt ist, wird das Boot weitergeschoben und erneut verankert.

»Im nächsten Juli sind sie soweit, dann holen wir sie wieder heraus.«

»Und Sie finden sie auch alle wieder?«

»Jede einzelne. Da geht nichts verloren!«

»Ich denke, Austern kann man nur in den Monaten mit ›r‹ essen?«

»Essen kann man sie immer, solange sie frisch sind. Nur – in den Sommermonaten verderben sie bei unsachgemäßer Behandlung schneller. Man muß halt wissen, wie man sie frisch hält.«

»Und wie stellen Sie nun fest, daß dieses Feld hier im Juli soweit ist?«

»Im Kopf geht das natürlich nicht. Da führe ich zu Hause genau Buch. Jeder einzelne Austernpark ist numeriert.«

Endlich sind die letzten Austern ins Meer zurückgegeben. Ich denke, nun ist Feierabend, jetzt gibt es nichts mehr zu tun. Aber ich habe mich gründlich geirrt.

Das Boot wird noch einmal um einige Meter weitergeschoben, und die Männer gehen mit ihren hohen Gummistiefeln ins Wasser. Die Forken nehmen sie mit. Das Wasser steht jetzt nur noch etwa 30 Zentimeter hoch. Ich schaue Richard Claude von oben zu, wie er die Forke mühsam vor sich her durch den Grund schiebt. Dann holt er sie hoch. Sie ist voller reifer Austern, die nun mit der nötigen Vorsicht aufs Boot gepackt werden. Forke für Forke wird hochgeholt, und jedesmal wird der mit hochgebrachte Sand ausgespült. Ich hatte mir immer vorgestellt – wenn ich mir das überhaupt so genau vor Augen geführt habe – daß solche Luxus-Nahrung wie Austern einzeln per Hand von irgend etwas abgepflückt wird. Irrtum – mit der Mistforke wird sie aus dem Sand geholt.

Manchmal lassen sich Wattwürmer auch beim Spülen nicht beseitigen. Sie kringeln sich dann in den langsam wachsenden Austernberg hinein. Manche sind rot, andere schillern eher grün. Gelegentlich kommen auch kleine Krebse mit an Bord.

Ich habe mal wieder eine Frage: »Werden die Austern, die Sie jetzt nicht hochbringen, noch viel größer? Ich meine – können Sie die bei der nächsten Ernte von den anderen unterscheiden?«

Richard Claude schüttelt den Kopf. Aber nicht, weil er seine Austernjahrgänge nicht kennt, sondern offenbar über meine Frage. Er erklärt mir: »Da können Sie unbesorgt sein – wir lassen hier keine einzige Auster zurück. Dazu haben wir zuviel Erfahrung mit dem Einbringen. Wir holen sie alle hoch. Diese Frage stellt sich also für uns gar nicht.«

Fast zwei Stunden müht er sich weiter ab. Die letzten Austern werden wieder in Körbe getan, die dann seitlich der aufgehäuften Austern plaziert werden, damit nur kein Stück verlorengeht. Das Wasser hat längst wieder zu steigen begonnen. Viel fehlt nicht mehr, und es läuft den Männern oben in die Stiefel. Bevor es wirklich dazu kommt, ist die Arbeit getan. Das Austernfeld ist leer. Auf die Minute genau ist das Tagespensum erledigt. Das ist schon bewundernswert.

Der Bootezug wird wieder zusammengestellt. Bevor wir jedoch die Heimfahrt antreten, muß ich noch zwei Austern probieren. Richard Claude sucht sie aus dem großen Haufen aus, schneidet sie auf und reicht sie mir. Auch er ißt zwei. Eine spuckt er allerdings wieder ins Meer.

»War sie schlecht?«

»Nein. Zu salzig. Und das mag ich nicht!«

»Welche Art von Austern wird hier eigentlich gezogen?« frage ich noch.

»Welche Art? Wie meinen Sie das?«

»Nun ja, es gibt doch verschiedene Sorten. In der Bretagne zum Beispiel die Belon.«

»Ach, so meinen Sie das. Nein. Einen besonderen Namen haben unsere Austern nicht. Das ist keine bestimmte Art oder Sorte.«

Jean Pierre grinst. »Er will nur nicht sagen, woher unsere Austern stammen, Monsieur. Unsere Austern haben dieselbe Heimat wie Ihre Kameras. Sie kommen aus Japan!«

Richard scheint ein bißchen ärgerlich. »Aber wir kultivieren sie doch schon so lange. Es sind längst französische Austern!«

»Sicher, da hast du recht. Aber die Art stammt aus Asien...«

»Wenn man es ganz genau nimmt, ja. Also gut. Es sind japanische Austern. Eigentlich ziemlich bizarr.«

Auf der Heimfahrt erklärt Jean Pierre mir noch einmal den Verlauf der verschiedenen Strömungen, die freilich je nach Wasserstand auch wieder ihre Richtung ändern können. Ich verstehe dabei nur so viel – selbst diese scheinbar simple Kü-

84

stenschiffahrt hat ihre Tücken. Will man die vom Meer diktierte Zeit möglichst effektiv nutzen, muß man schon verflixt aufpassen. Wenn ich daran denke, daß ich heute einen ausgesucht schönen Sonnentag erwischt habe und daß es hier auch Nebel, Regen und Kälte gibt, dann steigt meine Hochachtung vor diesen unermüdlichen Männern noch mehr. Da verdienen andere ihr täglich Brot erheblich leichter.

Bevor wir Chailevette wieder erreichen, baut sich neben uns eine Gewitterfront auf. Aber wir kommen trocken an. Sofort gibt es wieder zu tun: Die Körbe mit den Austern müssen in die Hütte gebracht werden. Ich schnappe mir die Schubkarre und fange mit dem Transport an. Wieder sagt Richard Claude nichts, aber er läßt mich machen. Nur seine Frau, die in der Hütte wieder mit dem Säubern junger Austern beschäftigt ist, begrüßt meine Fuhre mit einem »Oh là là!«

Eine gute Stunde haben wir noch zu tun, dann steht die Sonne wieder tief und rot über Chailevette. Die ersten weißen Reiher streben ihren Nachtplätzen zu. Behäbig umkreist uns ein großer Graureiher, und etwas weiter weg zieht ein Bussard seine Kreise. Das Gewitter hat sich verzogen.

Die Claudes laden mich zum Abendessen ein, fragen aber, ob ich großen Wert darauf lege, Austern zu essen.

»Überhaupt nicht«, sage ich, »ich habe draußen welche probiert, das genügt mir völlig.«

Richard Claude meint dazu: »Sie müssen wissen, meine Frau macht sich nämlich gar nichts aus Austern. Wenn's nicht sein muß, bringen wir auch keine auf den Tisch...«

Beinahe hätte ich hinzugefügt: »Das ist schon bizarr...« Ich verkneife es mir.

Wir essen also Wurst, Brot und Käse und frischen Salat aus dem Garten. Richard Claude trinkt Wasser dazu. Morgen früh um halb sechs wird sein Wecker wieder klingeln. Er zeigt mir noch seinen Garten mit der neuen Hecke, die er gegen den Wind gepflanzt hat. Dann ziehen wir uns zurück – ich zu Shorty, der in einem verwilderten Obstgarten hinter dem nächsten Haus steht. Am Morgen klingelt bei mir zwar kein Wecker, aber die Vögel singen, so viele, daß ich die Arten gar nicht auseinanderhalten kann.

Aus dem Logbuch

Ich fange an, regelrecht schizophren zu werden. Ständig denke ich auf zwei Ebenen. Ich war zwar jetzt bei den Austernfischern, mit meinen Notizen bin ich aber noch in Mèze. So geht das nicht weiter. Ich muß mich irgendwohin zurückziehen, um in Ruhe aufarbeiten zu können. Das beste wäre ein Dauercampingplatz am Meer. Nach dem Campingführer ist der nächste in Lacanau-Océan, jenseits der Gironde. Am Abend bin ich da. Überall stehen unbewohnte Wohnwagen herum. Soll mir gleich sein, wenn ich hier der einzige Gast sein sollte. Hauptsache, ich kann endlich schreiben.

Eine alte Dame leuchtet mir voran, weist mir einen Platz mitten im Wald an. Was da so rauscht, so finde ich heraus, ist nicht etwa der Wind in den Baumkronen, sondern die nahe Brandung des Meeres. Es geht ein harscher Luftzug, der im Laufe der Nacht immer mehr auffrischt. Die Strandkiefern werfen mit Zapfen und trockenen Ästen um sich, und manches davon poltert auf Shortys Dach.

Immer wieder versuchen die Surfer, die vom steifen Wind hochgepeitschte Brandung zu bezwingen

Aber sonst habe ich Ruhe, viel Ruhe. Es ist so wenig los, daß mir gar nichts anderes übrigbleibt als zu schreiben.

Einmal fahre ich nach Lacanau hinein, um einzukaufen. Hinterher sehe ich mir die Brandung an. Da tut sich in der Tat ein Wassergebirge nach dem anderen auf, und immer wieder rollt es hoch heran. Kaum zu glauben: Es versammeln sich einige junge Leute, die einen Wettkampf im Brandungssurfen austragen wollen. Zwei trauen sich dann auch tatsächlich in die Wellen. Offenbar sind es Tester, die verschiedenes Gerät ausprobieren. Die größte Schwierigkeit besteht für sie darin, bei dem starken Wind im richtigen Augenblick aufs Brett zu springen. Sind sie erst einmal oben, rasen sie sofort mit unheimlicher Fahrt in die Brandung hinein, kehren mit einer blitzschnellen Wendung wieder um und lauern dann auf ihre nächste Chance. Nach einer halben Stunde geben die beiden völlig erschöpft auf. Die anderen, die eigentlich einen Wettkampf austragen wollten, ziehen sich gar nicht erst um. Die Organisatoren haben die Geschichte gescheiterweise abgesagt.

Nach drei Tagen rufe ich Jacques an. Ich möchte wissen, wann ich ihn im Theater fotografieren kann. Er murmelt etwas vor sich hin, blättert offenbar in seinem dicken Notizbuch. Dann macht er einen Vorschlag: »Am 10. April, mein Guter. Wir machen zur Zeit ein paar Tage Pause. Aber am 10. geht es wieder los. Kannst du dann hier sein? Willst du vorher noch in die Bretagne zu deinem Skulpteur? Dann muß ich dir noch das Modell besorgen.«

Jacques hat es also tatsächlich nicht vergessen. Ich sage: »Ich bin Freitag gegen Mittag in Paris.«

»Gut. Dann komm heraus zu mir, wir essen zusammen und reden über alles weitere.«

Ich denke mir, wenn Jacques den Mund doch zu voll genommen hat, dann muß Jean Claude eben versuchen, ein Modell von der Kunstschule in Quimper zu beschaffen.

Donnerstag nachmittag. Ich habe eben Chateaudun durchfahren, da sehe ich rechts ein Schild am Straßenrand: »Chateau les Coudreaux, Salon de Thé«. Es ist fünf. Zeit für Tee.

Teatime im Schloß

Ich biege also ab und stelle sofort fest, daß dieses Schloß von energischen Leuten bewirtschaftet wird. Sie verlangen in ihrem Park nicht nur eine erhebliche Geschwindigkeitsbegrenzung, sie erzwingen sie auch zugleich mit über den Weg gelegten Stolperschwellen. Das gefällt mir zwar nicht, aber es flößt doch Respekt ein. Der Rasen vor dem Schloß wirkt wie gefegt, so gepflegt ist er, und über ihn hingesprenkelt sind frühösterliche Narzissen. Die Fensterläden des Hauses sind nicht, wie ich es bisher fast überall erlebt habe, geschlossen. Die Scheiben scheinen frisch geputzt zu sein. Dieses Schloß macht einen richtig lebendigen Eindruck. Rechts, wo auch ein Parkplatz ausgewiesen ist, stehen mehrere flache Gebäude. In einem davon ist der »Salon de Thé«.

Ich trete ein und stehe in einem Museum, in dem alles blitzt und blinkt. Silbernes leuchtet hinter Vitrinen-Fenstern. Das Geschirr auf den Anrichtetischen könnte kulinarische Köstlichkeiten verbergen. Ein Restaurant ist dieser »Salon de Thé« nämlich auch.

Auf dieser Reise soll ich anscheinend immer und überall der einzige, oder doch wenigstens der erste Gast sein. Das ist schon bizarr, höre ich Richard Claude vor meinem inneren Ohr sagen.

Ein junges Mädchen von kräftiger Statur erscheint. Sie trägt, wie man wohl auch erwarten durfte, ein kleines »Schwarzes« und hat ein niedliches Spitzenschürzchen umgebunden. Ich bestelle einen Tee mit Cassis-Parfum und lasse mich zu einer Erdbeertorte verführen. Warum nicht, so sage ich mir, wenn schon Teatime im Schloß, dann aber auch richtig. Dabei sind die Preise, das hat mir die Karte schon verraten, durchaus zivil.

An der Stirnwand des Raumes hängt ein großflächiges Gemälde, das eine Dame mit Stirnband präsentiert. Die

Schöne liegt hingegossen auf ein Empire-Kanapee.

Während der Tee serviert wird, frage ich: »Mademoiselle, können Sie mir sagen, ob die Dame dort auf dem Gemälde die Kaiserin Eugenie ist?«

»Tut mir leid. Das weiß ich nicht. Aber ich werde jemanden anrufen, der es mir sagen kann.«

Als ich die Kamera hochnehme, hebt das Mädchen die Hand und sagt: »Ich muß Sie bitten, nicht zu fotografieren, ehe man Ihnen die Erlaubnis dazu gegeben hat.«

Sie sagt das sehr höflich, und da sie sicherlich den strikten Auftrag dazu hat, will ich gar nicht erst mit ihr streiten. Ich habe auch gar keinen Anlaß, denn ein paar Aufnahmen habe ich ohnehin schon im Kasten.

Bevor ich zweimal von dem exquisiten Erdbeerkuchen genommen habe, erscheint ein Herr in englischer, grob karierter Jacke und betont lässigen Cordhosen. Er deutet eine Verbeugung an. »Monsieur, Sie hatten eine Frage?«

Ich erkundige mich also noch einmal nach Eugenie.

Der Mann bleibt verbindlich. »Das Gemälde stammt in der Tat aus der fraglichen Epoche. Aber es zeigt nicht die Kaiserin, sondern die Geliebte des damaligen Schloßherrn. Doch Sie haben recht, es gibt tatsächlich eine gewisse Ähnlichkeit.«

»Diese Frage wird Ihnen wohl öfter gestellt?«

»Nein, durchaus nicht. Sie sind der erste, dem das aufgefallen ist.«

Ich vermute, daß er der Verwalter des Hauses ist, und er dürfte einiges darüber wissen.

»Mir fällt auf, daß dieses Schloß einen ungewöhnlich lebendigen Eindruck macht. Ich reise jetzt seit einigen Wochen kreuz und quer durch Frankreich, und fast überall sind die Fensterläden der Schlösser zu. Ihr Park hier ist zum Beispiel sehr gepflegt, auch das sieht man selten.«

»Man muß sich halt etwas einfallen lassen, wenn man solch ein Haus unterhalten will. Dieses hier ist jetzt seit mehreren Jahrhunderten ununterbrochen bewohnt. So etwas ist selten. Ich bemühe mich, diese lebendige Geschichte fortzusetzen. Die Zeiten für Schlösser sind allerdings äußerst schwierig geworden. In diesem Lande gibt es zur Zeit 3000 Schlösser«, er macht eine Pause, »ich sage 3000 Schlösser, die zum Verkauf anstehen. Dieses hier ist seit über 150 Jahren im Besitz meiner Familie. Meine Frau und ich können es nur unterhalten, weil wir als Händler alter Kunst einigen Erfolg haben. Diesen Tee-Salon und das kleine Restaurant habe ich eingerichtet, um in Ruhe meine Kunden bedienen zu können. Außerdem biete ich mein Haus für Manager-Seminare und dergleichen an. Erfreulicherweise mit einigem Erfolg.«

Draußen fährt ein Wagen vor. Es ist eine Stuttgarter Nobel-Marke.

»Pardon, Monsieur, ich werde draußen gebraucht.«

Ich halte einen Prospekt in Händen, der mich darüber aufklärt, daß ich es offenbar mit dem Grafen Reille selbst zu tun hatte. Und schon kommt der Schloßherr zurück.

»Nur noch eine Zahl, Monsieur: Wir haben im letzten Jahr allein für die Erhaltung des Parks über 50 000 Arbeitsstunden aufwenden müssen. Sie können sich demnach vorstellen, was der Unterhalt der ganzen Anlage kostet. Es ist zwar nur ein kleines Schloß, aber für mich ist es schon fast zu groß.«

Ich wende ein: »Einer Ihrer britischen Kollegen hat sich einfallen lassen, sein Haus und seinen Park Nudisten zur Verfügung zu stellen. Damit soll er ganz gut über die Runden kommen ...«

Graf Reille kann sich ein Grinsen nicht verkneifen. »Keine schlechte Idee, scheint mir. Ich hätte nichts dagegen, Ähnliches zu versuchen. Ich fürchte nur, meine Frau wäre damit nicht einverstanden.«

Wieder fährt draußen ein Wagen vor. Ein Händedruck, ein freundliches deutsches »Auf Wiedersehen«, und meine Teatime ist beendet. Ich werfe noch einen Blick in die Vitrinen und stelle überrascht fest, daß nicht nur der Kuchen erschwinglich ist. Da stehen silberne Teegeschirre, mehrere hundert Jahre alt, die sich auch ein Oberlehrer vom Weihnachtsgeld leisten könnte. Aber daneben stehen auch wieder Schränke, mit Expertise, versteht sich, deren Gegenwert dem des Nobelautos entspricht, das vorhin vorgefahren ist.

Aus dem Logbuch

Ich fahre noch nach Chartres hinein, um wie gewohnt einen Moment in die Kathedrale zu gehen, aber es regnet dermaßen, daß sogar der Autoverkehr zusammenbricht. Menschen drängen sich in Haus-

Das Restaurant im Schloß les Coudreaux ist mit erlesenem Geschmack eingerichtet

eingänge. Ein Jogger nur rennt unverdrossen weiter und läßt sich bewundern. Sobald der Guß ein wenig nachläßt, fahre ich weiter. Aber nach einer Stunde, bei Rambouillet, schüttet es wieder, als sollte es eine neue Sintflut geben. Ich schleiche mich von der Schnellstraße in die Stadt, parke vor einer Kirche und mache mir etwas zu essen. Dann hole ich die Olympia heraus und hacke mit dem Regen um die Wette. Schließlich klart es doch noch auf. Ich spinne mal wieder: Gegen Mitternacht rolle ich um den Arc de Triomphe herum und die Champs-Élysées hinunter, biege schließlich am Rond Point in die mondäne François I. ein. Linker Hand sehe ich auf dem Parkstreifen eine freie und halbwegs ebene Stelle und rangiere Shorty sofort ein. Lust, noch einmal um den »Block« zu laufen, habe ich diesmal nicht. Also Rollos herunter, das Bett gemacht und endlich Ruhe, Ruhe, Ruhe. Den auch um diese späte Stunde noch lebhaften Straßenverkehr nehme ich schon gar nicht mehr richtig wahr.

Am nächsten Morgen will ich zum Frühstück die Sonne hereinlassen und erkenne erst jetzt meine neue Adresse: Ich stehe genau vor Christian Dior. Die Angestellten kommen schon. Vor dem Eingang verteilen zwei ältere Frauen Handzettel. Streik bei Dior in Sicht? Arbeitskampf der Midinetten? Oder Feministinnen gegen Modediktatoren? Ich bin heute nicht sehr solidarisch, ja, nicht einmal neugierig. Will nicht wissen, wer da für oder gegen wen polemisiert oder agitiert. Ich mampfe mein restliches Baguette, trinke meinen Kaffee und packe ein. Ich muß mich ein bißchen beeilen, denn ab neun will der Parkautomat gefüttert werden. Vor Dior parken und dafür zahlen? Ich denke nicht daran.

Jacques hält Wort

Madame Dalès ist noch allein. Jacques hat eben angerufen, daß er sich etwas verspäten wird. Madame wundert sich, daß ich das ziemlich versteckt liegende Haus ohne allzu große Schwierigkeiten gefunden habe. Ich erkläre ihr, warum: »Weil die Sonne scheint. Mit Hilfe der Sonne finde ich mich überall schnell zurecht. Ich verschaffe mir erst anhand der Karte einen groben Überblick, weiß dann, welche Richtung ich einschlagen muß, und fahre los. Wenn der Himmel bedeckt ist, wird es schwieriger. Dann muß ich auf Straßennamen achten und auch schon mal Passanten um Rat fragen.«

»Wie gern ich das höre, Monsieur!« Die kleine Person strahlt mich an. »Ich habe heute noch Schwierigkeiten mit Rechts und Links. In meiner Heimat, in Madagaskar, halten wir uns lieber an greifbare, erkennbare Dinge. Für uns ist der Stand der Sonne wichtig, und die Himmelsrichtungen sind uns immer gegenwärtig. Wenn mir hier jemand sagt, ich müßte die übernächste Straße rechts und dann wieder die zweite links nehmen, dann bin ich erst einmal völlig verwirrt und muß ganz in Ruhe nachdenken, was da gemeint ist. Jetzt bin ich zwanzig Jahre mit Jacques verheiratet, aber in den einfachen Dingen des Lebens denke und fühle ich immer noch wie in meiner Jugend.«

Sie erinnert sich sichtlich, lächelt still vor sich hin, dann schaut sie mich an. »Als ich das erstemal verliebt war und mich mit meinem Freund verabredete, sagte er: ›Ich werde kommen, wenn der Mond in dein Fenster scheint.‹ Sehen Sie, darunter konnte ich mir etwas vorstellen. Uhrzeit? Wer hatte bei uns denn schon eine Uhr! Und wer wollte es denn auch so genau auf die Minute wissen? Es ist ziemlich hektisch, dieses Europa!«

Draußen wird ein paarmal kurz hintereinander gehupt.

»Das ist Jacques. So meldet sich mein kleiner Dicker immer an.«

Wenige Minuten später kommt er hereingeschnauft. »Hallo, mein Guter, fein, daß du da bist. Ich kann dir gar nicht sagen, wie müde ich bin. Wie bin ich froh, dich zu sehen. Ich umarme dich.«

Das tut er tatsächlich. Er vergißt nie, mich brüderlich in die Arme zu schließen und mir einen Schmatz auf jede Wange zu drücken. Er ist der einzige Mann, der mich so zu umarmen pflegt, und das tut er nun schon seit einem kleinen Menschenalter. Andererseits redet er aber auch wieder ununterbrochen, atemlos wie immer, und nicht selten widerspricht er sich schon nach wenigen Augenblicken. Irgendwie scheint er immer bemüht, Freude um sich zu verbreiten.

Jetzt steht er vor dem gedeckten Tisch, mächtig umfänglich, reißt sich die Jacke herunter und stöhnt: »Heiß ist es wieder einmal in Paris. Das Hemd muß auch weg. So. Was hast du denn Schönes gekocht, mein Schatz? Und Rudolf, was möchtest du trinken? Ich habe 40 Sorten Whisky im Schrank, du kannst sie alle probieren, oder möchtest du lieber einen Port, oder einen Pastis? Ich trinke Pastis. Ohne Alkohol.«

Madame hat eine Lammschulter vorbereitet. »Das hast du fein gemacht, mein Schatz. Du mußt wissen, ich habe es dir sicher schon oft gesagt, aber ich wiederhole es: Wenn Rudolf kommt, fühle ich mich wieder in meine Jugend versetzt. Er ist ein Teil davon. Ich kannte ihn schon vor dir. Stell dir vor: vor dir!«

Sie lächelt ihn unverdrossen an. »Und vier Frauen zumindest hast du vor mir gekannt. Aber ich verzeihe dir. Denn immerhin sind wir jetzt zwanzig Jahre miteinander verheiratet.«

Jacques blickt sie gedankenvoll an und

nickt. Ich bin mir nicht sicher, ob er die Tatsache als solche bestätigt, oder was er sich bei derartigen ehelichen Zahlenvorhaltungen denkt. Vielleicht ist es für ihn selbst ein Wunder, daß er es mit seiner fünften Frau nun schon so lange aushält. Sie ist wohl längst etwas – sosehr das bei ihrer exotischen Herkunft ein Widerspruch zu sein scheint – wie seine bürgerliche Heimat. Wenn ich mir die Wohnungseinrichtung dieses Tausendsassas und Weltenbummlers ansehe, dann kenne ich halt auch seinen Traum: Ruhe. Endlich Ruhe zu haben vor dieser scheinheiligen Welt der Äußerlichkeiten, vor dem allzulauten Entertainement, vor den übertriebenen Publiques Relations, vor Schauspielerei und Theater, vor Vorstellung und Verstellung. Wozu sonst diese beschauliche Welt von Putten, Engeln, Schiffen, Wäldern und bukolischen Landschaften an den Wänden ringsum! Und wozu sonst diese sanfte kleine Fee, die diesen schweren wie schwierigen Mann offensichtlich nach Wunsch um den zarten kleinen Finger wickelt.

Es gibt also Lamm. Mit viel Knoblauch, vielen grünen Bohnen und einem Berg Kartoffelchips, die so heiß, wie sie auf den Tisch kommen, händeweise in Jacques hineingeschaufelt werden.

Das Telefon klingelt. Es steht längst neben dem Braten. Madame kennt ihren Jacques. Der hält in der einen Hand den Hörer, mit der anderen rudert er in den Chips herum, läßt sie zwischen den Zähnen knirschen und hört erst einmal zu. Dann wird er selbst gesprächig. Kontert, höflich erst, dann bissig, und schließlich kenne ich ihn gar nicht wieder. Grantig verteidigt er seine Position und erwähnt die hervorragenden Fähigkeiten seines Anwalts. Hört noch eine Weile zu, heftig mit neuen Chips knirschend, und knallt den Hörer endlich auf die Gabel zurück. »Der hat nun begriffen, daß man einen Jacques Dalès nicht betrügen kann. Selbst, wenn ich schlecht gewesen wäre – und ich war nicht schlecht bei dieser Veranstaltung –, selbst, wenn ich mies gewesen wäre, so muß er doch zahlen. Vertrag ist Vertrag. Nie, nie wieder werde ich auftreten, ohne mein Honorar cash in der Tasche zu haben! Nie wieder werde ich mich breittreten lassen von solch einem Verführer! Mich und breittreten! Ha!«

Er muß selber lachen. Und wenn Jacques Dalès lacht, dann grinst ein liebenswerter alter Faun. Er lacht immer noch, als er den Lammbraten anschneidet. Jacques legt mir gewaltige Stücke vor, die wohl seinem Appetit entsprechen, und kaum hat er selbst den ersten Bissen genommen, greift er zum Telefon.

Soviel ich verstehen kann, möchte er den Kindern einer Dame, die ihm eine Freundlichkeit erwiesen hat, ein Geschenk machen und erkundigt sich nach den Wünschen der lieben Kleinen. Unglaublich, wie elegant er am Telefon hofieren und charmieren kann. Er zieht das ganze Register eines vollendeten Kavaliers. Schließlich legt er auf, zuckt mit den Schultern und stöhnt: »Das war einfach erforderlich.«

Madame sagt sanft: »Er betrügt mich ständig. Am Telefon. Und ich erlaube es ihm.«

Das Mittagessen wird noch drei oder viermal vom Telefon unterbrochen, sei es, daß Jacques angerufen wird, sei es, daß er selber wählt. Sein privates, ledergebundenes Telefonbüchlein liegt neben dem Apparat. Von meinen Plänen, von der Fahrt in die Bretagne mit einem schwarzen Modell, ist keine Rede. Vom zehnten April dagegen spricht er. »Wir treffen uns irgendwo, du kommst mit in die Garderobe, kannst mich beim Schminken fotografieren. Ich muß mir eine Menge Weiß ins Gesicht klatschen. Das wird sich für dich lohnen.« Er macht wieder sein Faungesicht.

»Das Stück Fleisch ißt du nicht mehr?«

»Tut mir leid, Jacques, ich kann nicht mehr. Zwei von der Sorte habe ich doch schon gegessen. Es schmeckt großartig, aber...«

»Dann gib her, es wäre schade drum.« Und der Faun verspeist mein drittes, faustgroßes Stück Lamm. Madame lächelt dazu und serviert den Kaffee. Jacques stehen die Schweißperlen auf der Stirn. Plötzlich schüttelt er den Kopf, grinst und sagt: »Unglaublich, wie? 147 Kilo! Irgendwann werde ich mich schon noch daran gewöhnen.«

Neben Braten, Bohnen und Chips und Wein hat er mal eben eine Flasche Wasser leergetrunken. Das braucht er auch, um seine diversen Pillen herunterzuschlukken, die seinen strapazierten Kreislauf in Gang halten müssen.

Madame räumt schließlich ab.

Jacques lehnt sich zurück und erwähnt quasi beiläufig: »Also der Mann, der dir ein schwarzes Mädchen vermitteln soll, hatte heute morgen zwei an der Hand. Aber die wollen beide das Doppelte von dem haben, was du ausgeben willst. Wie sieht das aus? Hast du noch Luft? Kannst du noch etwas zugeben? Ich habe ihm erklärt, daß du kein Filmproduzent bist, der große Honorare zahlen kann. Aber es hätte nur Sinn, weiter zu verhandeln, wenn ich ein bißchen mehr bieten könnte. Ich habe ihm auch gesagt, daß du ja im Grunde genommen reizende Ferien in der reizenden Bretagne bietest, und ich habe ihm erzählt, daß du ein ganz reizender Fotograf bist. Das weiß er alles. Und daß du mit dem Geld erst herausrückst, wenn die Aufnahmen gemacht sind! Sonst rückt dir dein schwarzer Vogel aus, ehe du auch nur einen Film belichtet hast. Also, was ist? Kann ich dem Mann ein neues Angebot machen?«

Ich habe jetzt derart viel Zeit in diese Geschichte gesteckt, bin eigens nach Paris gefahren. Soll ich das Projekt jetzt wegen vielleicht zweihundert Mark platzen lassen? Das wäre idiotisch. Ich sage also: »Das Doppelte ist auf keinen Fall drin. Die Hälfte mehr, aber keinen Sou darüber. Und es muß klar sein: Wohnen an Bord, essen an Bord. Kein Restaurant, kein Hotel. Und fünf Tage Zeit.«

»Wann willst du losfahren?«

»Sobald wie möglich. Im Radio warnen sie seit gestern vor dem Ferienverkehr, der schon heute abend einsetzen wird. Je früher ich losfahren kann, desto besser.«

Jacques nimmt noch einen großen Schluck Wasser, dann greift er zum Telefon. Er wählt eine Nummer, die er offenbar im Kopf hat; denn das kleine Büchlein wird nicht bemüht.

»Hier ist wieder Dalès. Sag deinem Mädchen, daß das Doppelte nicht drin ist, und daß . . .«

Er betet alles her, was ich ihm eben vorgetragen habe. Dann nickt er mir zu. Ich begreife, daß diese aberwitzige Idee, Jean Claudes Skulpturen mit einem Mädchen zu fotografieren, Wirklichkeit zu werden verspricht. Ich höre Jacques sagen: »Gut, in einer Stunde sind wir da. Bis nachher also.«

Dann erzählt er mir mehr von seinem Gesprächspartner: »Ich habe mit Monsieur Ballima einen Film gedreht, und wir werden einen weiteren Film zusammen machen. Er arbeitet auch mit jungen Mannequins, die von einer Filmkarriere träumen. Eins von diesen Mädchen hat er jetzt wohl endgültig beschwatzt, mit dir in die Bretagne zu fahren. Sie hat da irgendwo einen Freund, den sie bei dieser Gelegenheit zu sehen hofft. Er bittet dich deshalb, falls die Möglichkeit besteht, diesen jungen Mann zu treffen, ihr dabei behilflich zu sein. Er hat ihr natürlich klargemacht, daß die Arbeit vorgeht. Sagt er. Und ich habe ihm versichert, daß du nicht nur ein reizender Fotograf bist, sondern auch seit über vierzig Jahren mein bester Freund und genau deshalb ein Ehrenmann.«

Ausgerechnet jetzt macht er sein Faungesicht. Madame schenkt Kaffee nach, und Jacques greift nach der zweiten Flasche Wasser. Auch mir ist inzwischen ziemlich warm geworden.

Eine halbe Stunde später versuche ich, mit Shorty auf Jacques' Reifenspur zu bleiben. Er fährt wie alle Franzosen: Regeln kümmern ihn wenig, Ampeln nicht allzusehr, und daß ich seinem wendigen kleinen Renault mit meinem etwas schwerfälligen Mobil nicht so leicht folgen kann, geht ihm erst auf, als wir kurz vor dem Ziel sind. Da kriecht er nur noch. Wahrscheinlich hatte er mich für einen Augenblick aus dem Rückspiegel verloren. Dann schnauft er neben mir durch die verwinkelten Gänge eines Hochhauses. Wir zwängen uns in einen Miniaturfahrstuhl, der wunderbarerweise trotz 147 Kilo plus einmal halbwegs Normalgewicht mit uns nach oben schwebt. Nochmals Winkelgänge, die Jacques sehr genau kennt. Klingeln. Eine Tür öffnet sich, und Jacques macht mich mit Monsieur Ballima bekannt. Ein schwarzer Beau mit Bärtchen, mit einem verbindlichen Lächeln, und mit hellwachen Augen. Er bittet uns herein. Drinnen sitzt auf einer Bank ein schwarzes Mädchen, in Flanell und Leder gehüllt. Viel ist von der Kleinen nicht zu sehen, zumal sie eine Art Baskenmütze aufgesetzt hat. Aber mir fällt sofort ein Stein vom Herzen: Sie hat nicht das übliche gelangweilte Mannequingesicht. Sie hat sehr große Augen, wunderschöne Zähne, die sie flüchtig sehen läßt, und sie ist offensichtlich sehr jung.

Patricia

Monsieur Ballima fragt mich: »Sie wollen also Aufnahmen in der Bretagne machen?« Ich weiß, daß Jacques ihm alles haarklein erklärt hat. Aber ich weiß nicht, ob das Mädchen weiß, was ich vorhabe. Also erläutere ich meine Pläne noch einmal, erzähle von Jean Claude und Corinne, von Granit und dunkler Haut.

Monsieur Ballima bietet mir einen Drink an. Ich lehne dankend ab. »Wenn ich fahren muß, trinke ich nie Alkohol. Und ich habe die Absicht, heute noch möglichst weit zu kommen. Schon wegen des Ferienverkehrs, der in Kürze einsetzen wird.«

Jacques hat sich im Hintergrund des Zimmers auf einem Sofa ausgebreitet und ergänzt: »Ich habe doch gesagt, Monsieur Lodemann ist ein Ehrenmann!«

Monsieur Ballima steht immer noch mit der Whiskyflasche in der Hand vor mir. Er kommt mir irgendwie unsicher vor. Aber ich habe mich wohl geirrt, denn er sagt: »Patricia ist reisefertig. Sie können jederzeit losfahren.«

Mich stört es ein bißchen, daß er über das Mädchen bestimmt, ohne Patricia zu fragen. Ich schaue zu ihr hinüber, doch sie nickt.

Jacques' Antennen funktionieren hervorragend. Er schlägt vor, was ich gerade sagen wollte: »Dann solltet ihr keine Zeit verlieren und aufbrechen.«

Patricia erhebt sich und ist plötzlich kein kleines Mädchen mehr. Sie ist hochgewachsen, mindestens so groß wie ich.

Monsieur Ballima verabschiedet uns unten am Wagen, Jacques ruft uns gute Reisewünsche nach, und wenige Minuten später rollen wir schon auf dem Périphérique, der großen Rund-Umgehungsstraße von Paris, in Richtung Versailles/Chartres.

Der Périphérique nimmt jederzeit – ob

nun morgens früh oder um Mitternacht – die volle Aufmerksamkeit des Fahrers in Anspruch. Betrieb ist immer und stets furchtbar hektisch. Das Tempo, wenn nicht gerade ein Stau jegliches Vorwärtskommen blockiert, liegt erheblich über den erlaubten 80 Kilometern pro Stunde. Überholt wird links wie rechts. Würden diese kleinen Unregelmäßigkeiten nicht bewußt übersehen, bräche der Verkehr noch wesentlich früher zusammen, als das ohnehin fast täglich geschieht.

Für den Fremden kommt die Schwierigkeit hinzu, daß er höllisch darauf achten muß, die richtige Ausfahrt zu finden. Nur dann, wenn er eine der vielen Autobahnen erreichen will, wird er einigermaßen ausreichend und rechtzeitig durch Hinweisschilder informiert. Sonst braucht er schon ziemlich hervorragende Ortskenntnisse, wenn er sich nicht heillos verfahren will. Welcher normale Berliner, Kölner oder Münchner weiß schon, wohin ihn die Port d'Asnières, die Porte des Lilas oder die Porte de Champerret führen wird. Solche »Portes« (Tore) gibt es über zwanzig!

Dazu kommen noch etliche andere Ausfahrten mehr und – man kann den Périphérique natürlich in beiden Richtungen befahren.

Wenn der Himmel bedeckt ist und der Verkehr keine Zeit zu sorgfältiger Orientierung läßt, weiß man unter Umständen im nicht abreißenden, drängenden Verkehr gar nicht, wo es nun wirklich hingeht. Spötter beruhigen: Aufregung ist nicht angebracht, in spätestens einer Stunde ist man ohnehin einmal drumherum.

Der einzige, wirklich taugliche Ratschlag: Vorher die Karte gründlich studieren und sich merken, wo die blau markierten Autobahnabfahrten zu erwarten sind. Für den entsprechend vorbereiteten Fahrer ist der Périphérique trotz des hektischen Betriebs die bequemste und schnellste Möglichkeit, das unübersichtliche Paris zu verlassen.

Ich bin nun auf dem Weg nach Westen, will über Chartres und Le Mans in die Bretagne.

Neben mir sitzt ein schwarzes, ungewöhnlich hübsches Mädchen, das ich vor einer halben Stunde zum erstenmal in meinem Leben gesehen habe. Werde ich mit diesem exotischen Wesen überhaupt klarkommen? Aber zunächst habe ich keine Zeit, mir darüber Gedanken zu machen. Trotz all meiner Paris-Erfahrung habe ich genug damit zu tun, meinen Shorty heil über den Périphérique und rechtzeitig auf die richtige Ausfallstraße zu bringen.

Ich will, was ich sonst tunlichst vermeide, diesmal doch die Autobahn nehmen. Es gilt schließlich, erst einmal einen gehörigen Abstand zwischen uns und die ferienwütigen Pariser zu bringen. Die Autobahn ist mit ihren Gebühren zwar ein teurer Weg, sie läßt mich aber mit einiger Sicherheit stetig vorwärtskommen, so daß ich trotz meiner verhältnismäßig geringen Reisegeschwindigkeit von knapp 100 km/h in drei bis vier Stunden ganz schön weit kommen kann.

Genau das erkläre ich Patricia, und ich sage ihr auch, welche Route ich zu fahren gedenke.

»Über Chartres? Kann man da die Kathedrale sehen?«

»Wenn es so klar ist wie heute, werden wir sie schon aus einer Entfernung von rund zwanzig Kilometern erkennen können.«

»Ich war noch nie in Chartres. Einmal sollten wir eine Klassenreise dorthin machen, aber aus irgendeinem Grund wurde nichts daraus.«

»Sie sind gelerntes Mannequin?«

»Ja. Bis jetzt habe ich fast nur Mode gemacht. Doch nun will Monsieur Ballima einen Film mit mir drehen.«

»Nun – jetzt werden erst einmal wir zwei zusammen arbeiten. Da ist es für uns beide einfacher, wenn wir uns duzen. Einverstanden?«

Sie schaut flüchtig zu mir herüber und antwortet: »Ja, natürlich. Das ist doch üblich. Ich heiße Patricia.«

»Und ich Rudolf. Was für eine Rolle sollst du in diesem Film denn spielen?«

»Es ist eine Ehegeschichte. Junges Mädchen heiratet auf Wunsch der Mutter einen viel älteren Mann. Das geht nicht lange gut. Schließlich bringt sie ihn um. Ich muß ziemlich viel Text lernen. Mein Rollenbuch habe ich eingesteckt.«

Junges Mädchen und alter Mann. Ich bin wohl dreimal so alt wie Patricia. Das sind klare Verhältnisse.

Patricia, das Mannequin von der Karibikinsel Guadelupe

»Wie alt bist du?«

»Achtzehn. Aber ich arbeite schon seit über fünf Jahren als Mannequin. Als dreizehnjähriges Schulmädchen haben sie mich schon wie eine Dreißigjährige zurechtgemacht. Da war ich schon so groß wie heute.«

Sie läßt ihre Prachtzähne sehen.

»Der Job macht dir Spaß?«

»Ja, sehr sogar. Ich wollte schon früh Mannequin werden. Es wird nur immer schwieriger in Paris. Die Agenturen können keine schwarzen Mädchen mehr vermitteln.«

»Aber die großen Modehäuser arbeiten doch nach wie vor mit schwarzen Mädchen. Dior und Courrèges, zum Beispiel.«

»Die haben ihre Top-Mädchen auch fest angestellt. Für Agenturen arbeiten diese Mädchen also gar nicht. Ich weiß auch nicht, was dahinter steckt. Jedenfalls bin ich ganz froh, daß ich jetzt eine Chance beim Film habe.«

»Magst du mir erzählen, woher du kommst?«

»Warum nicht? Ich stamme aus Guadelupe. Aber wir sind schon vor zwölf Jahren nach Paris gekommen. Mein Vater arbeitet heute in Blois. Kennst du Guadelupe?«

»Nein, ich war noch nicht da. Aber ich kenne ein wenig die Nachbarschaft der Karibik. Ich war öfter auf den Bahamas. Von Guadelupe habe ich zufällig vor kurzem ein Foto gesehen. Es zeigt den Mann, der den Ausbruch des Mont Pélé überlebt hat.«

»Das Foto kenne ich. Da steht ein Mann vor einem zerstörten Haus. Wo hast du das Foto denn gesehen?«

»Ich weiß es nicht mehr genau. In einem Magazin, denke ich.«

Sie wechselt das Thema: »Kennst du den Skulpteur schon lange?«

»Erst seit diesem Frühjahr. Ich habe ihn durch Zufall kennengelernt. Er sagt allerdings, es gibt keine Zufälle.«

»Wer weiß das schon. Welche Art Skulpturen macht er denn? Wenn sie aus Granit sind, sind sie wohl ziemlich groß?«

Ich versuche, ihr etwas über Jean Claude zu erzählen, über seine Einsamkeit, über sein selbstgebautes Haus, und natürlich über Corinne. Patricia hört aufmerksam zu und stellt gelegentlich Zwischenfragen. Der Hintergrund der Arbeit, die sie tun soll, scheint sie wirklich zu interessieren. So etwas ist mir bei Fotomodellen bisher eigentlich noch nie begegnet. Die meisten stellen sich ohne lange zu fragen an den Platz, den man ihnen zuweist, sie nehmen die gewünschten Posituren ein, und sie grinsen auf Kommando. Diskutiert wird nicht. Zugegeben – das wird auch gar nicht erwartet. Im Gegenteil: Lautlos, schnell und präzise reagieren, das wird von Fotomodellen verlangt. Kein Wunder, daß manchmal der Eindruck entsteht, diese Mädchen seien seelenlose Puppen, mit denen zu reden sich nicht lohnt. Schuld daran haben wir Fotografen selbst!

Patricia erzählt, daß sie als junges Mädchen viel mit Ton gearbeitet hat.

Bald tauchen vor uns am Horizont die Türme der Kathedrale von Chartres auf. Ein Kunstflieger taumelt über den Himmel, als wäre er betrunken. Der Verkehr nimmt langsam, aber stetig zu. Immer häufiger werden wir von vollgepackten Autos aus Paris überholt.

Wir lassen Chartres hinter uns, umfahren endlich Le Mans und verlassen dann die Autobahn, um irgendwo an der N 157 einen Platz zum Übernachten zu suchen. Inzwischen ist es dunkel geworden.

Eigentlich möchte ich, wie üblich, auf dem Marktplatz eines kleinen Nestes parken. Aber in St. Denis folge ich dann doch dem Hinweis auf einen Campingplatz, der außerhalb, über dem Ort liegt. Es ist eine große, leere Wiese. Das Tor scheint geschlossen.

»Vielleicht ist es nur angelehnt«, meint Patricia. Ich sehe nach, und tatsächlich, das Tor läßt sich öffnen. Ich rolle auf die Wiese, finde eine ebene Stelle, halte an und stelle den Motor ab. Stille.

Schräg unter uns blinken die Lichter von St. Denis.

»Jetzt mache ich uns erst einmal etwas zu essen«, sage ich.

»Was gibt es denn?«

»Wir haben die Wahl: Weiße Bohnen mit Speck, oder ein einfaches deutsches Bauernfrühstück. Das sind Bratkartoffeln mit Speck und Ei.«

»Das kenne ich nicht. Das würde ich gern probieren.«

Ich lege die Zutaten auf den Tisch und fange an, den Speck zu schneiden. Patricia fragt, ob sie die Kartoffeln schälen darf. Ich bin erleichtert. Sie hat schnell begriffen, daß solch eine Campingtour nur erträglich ist, wenn man sich die Arbeit teilt.

Während ich den Speck in der Pfanne auslasse, sage ich: »Du solltest wissen, daß diese Situation für mich völlig neu ist. Ich bin noch nie mit einem Mädchen unterwegs gewesen, daß ich wenige Stunden vorher noch gar nicht gekannt habe. Aber ich denke, wir werden uns vertragen.«

»Das hoffe ich auch.«

»Du siehst, wir haben zwei Betten. Du hast die Wahl – du kannst hier unten schlafen, oder aber auch den Alkoven da oben nehmen. Wie du willst.«

»Oben. Ich möchte oben schlafen, wenn ich die Wahl habe.«

»Gut, dann schläfst du oben.«

Das Thema wäre also erledigt.

Während die Kartoffeln vor sich hingaren, erkläre ich Patricia den Toilettenraum und das Nötigste an Wohnmobil-Technik.

Dann frage ich: »Man hat mir gesagt,

daß du einen Freund in der Bretagne hast. Wo steckt der denn, und was macht er da?«

»Er ist Soldat, im Morbihan. Ich glaube, in einem sehr kleinen Ort.«

»Dann können wir später ja mal auf der Karte nachsehen. Übrigens – vielleicht beruhigt dich das ein bißchen: Ich werde bald heiraten. Du hast es also nicht mit einem wilden Mann zu tun, der auf Abenteuer aus ist.«

»Was das angeht, halte ich mich an zwei Regeln: Wenn schon ein Abenteuer, dann fange ich damit an. Und zweitens: Ich mag keine Geschichten, die von vornherein kein Ende haben können.«

Auch das wäre also geklärt.

Patricia ißt mit großem Appetit. Deutsches Bauernfrühstück am späten Abend ist offensichtlich das Richtige. Später waschen wir gemeinsam ab. Als ich mich fürs Abtrocknen bedanke, sagt sie: »Aber das ist doch selbstverständlich.« Ich entgegne: »Und genauso selbstverständlich ist es, sich zu bedanken.«

So kommt es, daß wir zum erstenmal gemeinsam lachen.

Danach baue ich die Betten und schlage schließlich vor: »Der Toilettenraum ist ziemlich eng. Es ist kaum Platz, sich darin umzuziehen. Du kannst die Tür ruhig auflassen. Ich bin nicht neugierig. Sollte ich doch ein Stückchen schwarzer Haut sehen, werde ich mir die Augen schon nicht verbrennen.«

»Ich weiß«, sagt sie und schließt die Tür.

Ich liege längst in meiner Falle, als ich im Halbdunkel zwei endlos lange schwarze Beine die Leiter hinaufklettern sehe. Sie ragen aus gelber Seide. Mein Warnruf, sich da oben in der Enge nicht den Kopf zu stoßen, kommt zu spät. Zweimal rumst es, und ich höre das Mädchen leise vor sich hinfluchen. Dann kommt ein klares »Gute Nacht!« aus der Dunkelheit.

Was ich am wenigsten in dieser Nacht erwartet hätte, geschieht: Ich schlafe fest und traumlos.

Am nächsten Morgen, gleich nach dem Frühstück, gebe ich Patricia die Karte der Bretagne, damit sie den Ort heraussuchen kann, an dem ihr Charles stationiert ist.

»Es ist wohl zu klein. Ich finde es nicht.«

Sie hatte Morbihan gesagt. Dieses Département liegt im Südosten der Bretagne. Deshalb habe ich vorgeschlagen, sie möge ganz unten in der Nähe der Küste suchen.

»Wie heißt der Ort denn?«

»Guer.«

»Zeig her!«

Sie gibt mir die Karte herüber, und zufällig fällt mein Blick sofort auf den Truppenübungsplatz von St. Cyr. Ich habe ihn x-mal auf der N 24 durchfahren. Das wird auch heute unsere Straße sein, und wenige Kilometer südlich sehe ich groß »Guer«. Wer konnte auch ahnen, daß dieses Nest im äußersten Nordosten des Morbihan liegt. Wir kommen ganz dicht daran vorbei!

»In gut zwei Stunden sind wir da. Du kannst ja mal versuchen, deinen Charles anzurufen.«

»Wenn ich das darf.«

»Sicher, warum nicht. Ich muß auch telefonieren. Ich muß meiner Marianne erklären, warum ich die letzte Nacht mit einem jungen, bildhübschen Mädchen verbracht habe.«

Patricia lacht. »Und wie willst du ihr das beibringen?«

»Ganz einfach. Ich erzähle die Wahrheit. Aber im Ernst: Sie weiß, daß ich Jean Claudes Skulpturen mit einem Mädchen fotografieren will. Sag du mir lieber, was du deinem Charles erzählen willst.«

Sie wird ein bißchen verlegen. Das tröstet mich. Aber sie antwortet nicht. Es geht mich ja auch nichts an.

In Laval halten wir noch einmal an, um in einem Einkaufszentrum den Vorrat an Lebensmitteln zu ergänzen. Patricia hat zudem ihre Zahnbürste vergessen. Strümpfe braucht sie auch. Es ist schon eigenartig, wie man Alltägliches mit jemandem gemeinsam tut, den man gestern um diese Zeit noch nicht gekannt hat. Den Einkaufskarren abwechselnd vor sich herschieben. »Die Butter gibt's da drüben.« »Haben wir noch genug Brot?«

Es wird Zeit, Marianne anzurufen. Sie müßte jetzt erreichbar sein. Die erste Telefonzelle, bei der ich anhalte, funktioniert nicht. Die zweite tut's auch nicht, und die dritte ist ebenfalls defekt. Im nächsten Ort sehe ich eine Zelle dicht bei einer Kirche. Ich halte an und erkenne zu spät, daß eine Menschenmenge vor dem Portal wartet. Ich sage: »Was soll's. Das ist sicher eine Hochzeit, für uns bedeutet das ein gutes Omen.«

Wir steigen aus, gehen hinüber. Da kommt ein urtümlicher, hochgebauter Leichenwagen vorgefahren. Die Leute nehmen die Hüte und Mützen ab. Was für ein Unsinn mit dem Omen und so, denke ich. Patricia versucht als erste, ob der Apparat funktioniert. Während drinnen in der Kirche die Orgel zu spielen beginnt, bekommt sie offensichtlich Anschluß. Sie nickt mir strahlend durch die Glastür zu. Dann sehe ich, wie ihr Gesicht immer länger wird.

Ihr Charles ist nach Paris gefahren, um sie zu besuchen, erfährt sie...

Patricia macht mit dem Offizier vom Dienst aus, daß sie in zwei Tagen noch einmal anruft. Vielleicht läßt sich dann doch noch etwas für die Rückreise arrangieren.

Hier draußen in der Bretagne ist der Verkehr nicht mehr sehr stark, so daß wir einigermaßen ungehindert und zügig vorwärts kommen. Am späten Nachmittag

93

fahre ich, so langsam es geht, über den »Pont de Cornouaille«, der bei Benodet den Odet überquert. Mit den Brücken ist es umgekehrt wie mit den Plätzen: »Pont« (Brücke) ist im Französischen männlich, und »Place« (Platz) weiblich, also jeweils genau anders als im Deutschen. Gleich, wie man es nun schreibt – irgend etwas sträubt sich immer dagegen, weil man es nie korrekt ausdrücken kann. Zurück also zur Brücke über den Odet: Der Ausblick von dem hochschwingenden Bauwerk ist wie immer überwältigend. Nach Süden hin breitet sich die Bucht zum Meer aus, im Norden blinkt das blaue, waldumrahmte Wasser des Odet herauf. Und überall liegen Segelyachten und Motorboote, schon jetzt ein sommerliches Bild. Patricia ist überrascht.

»Diese Farben! Es könnte Guadelupe sein!«

Wenige Kilometer später erreichen wir »Les Chatagnaires«, den Dauer-Campingplatz von Pont l'Abbé, wo ich vor wenigen Wochen erst so schmählich im Morast steckengeblieben bin. Der wieselige Monsieur Glehen erkennt mich sofort wieder und weist mir meinen alten Platz oben beim Haus zu.

»Ich fahre aber noch einmal weg.«

»Das macht doch nichts, Monsieur. Und wenn Sie erst um Mitternacht zurückkommen – Sie kennen sich doch hier aus.«

Er betrachtet Patricia wie ein Fabelwesen aus einer anderen Welt. Schwarze Frauen sind auf seinem Campingplatz wohl ziemlich selten. Seine flinken verschmitzten Augen lassen sie nicht los, bis wir wenden, um nach Plomeur zu Corinne und Jean Claude zu fahren. Sie sollen wissen, daß wir tatsächlich eingetroffen sind. Angemeldet hatte ich uns schon aus Paris. Morgen wollen wir die Aufnahmen machen, da gilt es noch das eine oder andere zu besprechen.

Jean Claude hat mit Zement gearbeitet und ist über und über damit bepudert. Sein Haar ist richtig grau davon. Er reicht uns vorsichtig die Hand. Patricia sieht er irgendwie skeptisch an. Stört es ihn, daß sie so groß ist und er zu ihr aufschauen muß? Das kann ich mir eigentlich nicht vorstellen. Aber er ist irgendwie gehemmt. Corinne dagegen strahlt offene Herzlichkeit aus. Eher, um Jean Claude die gewohnte Sicherheit zurückzugeben, frage ich ihn, ob wir uns die Skulpturen ansehen dürfen. Da ist er schließlich in seinem Element. Wir gehen zu dem Atelier hinüber, und tatsächlich, nach wenigen Augenblicken ist der Gute so gesprächig und lebhaft, wie ich ihn kenne. In einem aufgebockten Sandkasten liegt ein Stein, etwa doppelt so groß wie ein normaler Ziegel. Es ist deutlich zu erkennen: Jean Claude will sein »Symbol« herausarbeiten. Die fünf Heckenrosenblätter sind im Ansatz schon zu erkennen, sowie der äußere Rand des Kelchs. Ich zeige auf das große Vorbild, das neben dem Gartentor steht und sage zu Patricia: »So wird es werden, das ist das Symbol, von dem ich dir erzählt habe.«

Jean Claude wartet gespannt auf ihre Reaktion. Und sie tut genau das Richtige: Sie fährt mit der Hand über den Granit, fühlt den Arbeitsspuren nach, aber sie sagt nichts, nickt nur. Jean Claude ist jetzt wie befreit. Er nimmt Hammer und Meißel und fährt fort, den Granit zu bearbeiten. Die Hammerschläge kommen schnell, der Meißel arbeitet sich fleißig durch den Stein. »Man braucht schon einige Kraft dazu. Aber das ist auch schon alles«, erklärt Jean Claude. Während er weiterhämmert, fast wie ein Berserker auf den Meißel schlägt, sagt er noch: »Das könnt ihr nun sehen. Ich schlage nur zu, ich folge dem Stein. Der Granit bestimmt die Form, die ich freilege.«

Patricia fragt: »Ein Schlag zuviel, und das ganze Stück ist hin, nicht wahr?«

Jean Claude richtet sich auf, läßt die Arme mit dem Werkzeug hängen und schaut richtig glücklich in dieses schwarze Gesicht mit den dunklen Augen. »Genau das macht den Skulpteur aus. Er darf keinen Schlag zu viel tun. Keinen in die falsche Richtung. Und keinen Schlag zu wenig.«

Patricia fährt noch einmal mit den Fingern über die frisch gearbeiteten Formen und sieht mich an. »Es gefällt mir, was er macht.« Dann sieht sie auf Jean Claude hinunter und lächelt ihn freundlich an.

Corinne hat bisher schweigsam bei uns gestanden. Jetzt sagt sie: »Ich muß mich um das Baby kümmern. Ich lasse euch eine Weile allein.«

»Darf ich mitkommen?« fragt Patricia. Statt einer Antwort nimmt Corinne das Mädchen am Arm und führt sie zum Haus.

»Sie ist sehr sympathisch«, sagt Jean Claude und blickt hinter den beiden Frauen her. Dann nimmt er sein Werkzeug wieder hoch, und ich fotografiere ihn bei seiner verbissenen Schlagarbeit an bretonischem Granit.

Patricia holt mich ins Haus. Ich müsse unbedingt den Kleinen sehen. Also klettere ich in den zweiten Stock hinauf und bestaune gebührend den Michaud-Junior: Natanael. Er ist ein vergnügtes Kerlchen, das seiner Mutter sehr, sehr ähnlich sieht.

Auf dem Rückweg zum Erdgeschoß sehe ich auf einem Schreibtisch eine Schallplatte liegen. Es ist das Trompetenkonzert von Albioni, mit dem massigen Maurice André, der das winzige Bachtrompetchen in seinen Pranken zu halten pflegt wie ein Jesuskind, und ihm dabei traumhaft reine Töne entlockt. Irgendwann werde ich Jean Claude bitten, diese Platte zu spielen.

Wir sitzen am Kamin und reden. Das Feuer tut gut, denn draußen ist es kalt geworden, und wir haben das arg zu spüren bekommen. Wir haben im Atelier Corinnes Seidenmalereien betrachtet, haben uns Jean Claudes Schmähreden auf die Borniertheit der Bretonen in Sachen Kunst angehört, natürlich im Garten, durch den der Wind weht, als müsse er den d'Artagnan der Skulpteure ganz besonders zausen. Dabei spürt Jean Claude diesen Wind anscheinend überhaupt nicht mehr. Jedenfalls nicht, solange er redet. Und er hat jetzt ja Gelegenheit zu reden. Außer Corinne sind noch zwei Zuhörer zusätzlich da. Mit einiger Bravour und Geschicklichkeit hat Corinne uns dann doch noch an den Kamin gelotst. Das lebendige Feuer tut gut.

Patricia hat eben in eine Michaudsche Atempause einige Worte geschoben. »Sie haben es hier draußen wunderbar ruhig.«

Jean Claude blickt sie entgeistert an. »Ruhig? Totenstill ist es hier manchmal. Die Bretagne ist doch ein Friedhof! Eine brauchbare Antwort bekomme ich hier doch von niemandem. Hier spricht keiner meine Sprache. Es gibt hier eine Frau, die streckt mir jedesmal die Zunge heraus, wenn sie vorbeigeht. Eine andere Sprache kennt sie nicht. Wenn sie besonders aufmerksam ist, spuckt sie auch noch aus.«

Patricia läßt nicht locker. »Haben Sie denn schon einmal versucht, mit dieser Frau zu reden?«

Jean Claude hält es nicht mehr auf seinem Sitz. Er springt auf, geht ein paar Schritte hin und her.

»Reden? Mit der? Einmal versucht? Nutzlos, völlig nutzlos ist das.«

»Aber haben Sie denn wenigstens einmal den Versuch unternommen?«

»Ich habe versucht, mit einer Mücke, mit einer Fliege ein Gespräch zu führen. Aber mit Fliegen kann man nun einmal nicht sprechen. Rudolf hat gesagt, daß ich ein d'Artagnan der Skulpteure bin. Das hat mir sogar gut getan, als er das gesagt hat. Also gut, ich bin ein d'Artagnan. Ein d'Artagnan aber wehrt sich. Dazu hat er ein Florett. Und was macht er damit? Er spießt seine Gegner auf. Auch Fliegen, wenn es sein muß.«

Ich schüttele den Kopf. »D'Artagnan ist aber doch wohl nicht so dumm, wegen einer Fliege sein Leben zu ruinieren.«

Jean Claude setzt sich wieder. Er stiert ins Feuer und hört auch gar nicht zu, als Patricia zu bedenken gibt: »Womöglich ist diese Frau krank. So reagiert doch ein normaler Mensch gar nicht. Ich kann mir das jedenfalls nicht vorstellen.«

Aber d'Artagnan ist nun müde. Es ist längst Mitternacht vorüber. Wir brechen auf, fahren zurück zu unserem Platz unter den Kastanien. Patricia sagt nicht mehr viel an diesem Abend. Nur: »Er ist trotzdem sehr sympathisch. Und Corinne ist sehr lieb.«

Was hat Jean Claude über Patricia gesagt? Genau dasselbe. Es klingt ein bißchen so, als hätte ich das erfunden. Aber es war so, genauso, Wort für Wort. Patricia meint noch: »Du hast schon recht, er ist ein d'Artagnan. Er lebt da am Ende der Welt und kämpft um ein bißchen Ansehen, und niemand beachtet ihn, jedenfalls nicht ernsthaft. Leicht hat er es nicht, dein Skulpteur.«

»Und du – hast du verstanden, warum ich seine Skulpturen zusammen mit einer Frau fotografieren möchte? Jetzt, wo du den Granit mit eigenen Augen gesehen hast?«

»Doch, ich denke schon. Das habe ich begriffen. Schließlich habe ich den Granit mit meinen Händen gefühlt. Jean Claude hat recht – irgendwie lebt er, dieser Stein. Ich habe es gespürt.«

Am nächsten Morgen hat es gefroren. Reif liegt über den Wiesen. Aber die Sonne scheint, und es ist keine Wolke am Himmel zu sehen. Wir haben uns vorgenommen, tagsüber zu faulenzen und nichts Besonderes zu unternehmen. Wir sollen erst am Abend zu den Michauds kommen. »Nachmittags würden uns hier nur die ›Sehleute‹ stören, die jeden Sonntag hier aufkreuzen, im Garten herumtrampeln, dumme Fragen stellen, Interesse heucheln und dann doch nichts kaufen. Es ist immer dasselbe. Kommt später, wenn es dunkel wird...«, hatte Jean Claude geraten.

Das Mittagessen bereite ich am Strand von St. Guénolé zu, wo König Marke einst sein Schloß gehabt haben soll. Wir schauen den Brandungssurfern zu, die an ihren bunten Dreieckssegeln hängend über die Wellen springen. 27 zähle ich einmal. Aus Spaß zählt Patricia auch – und kommt ebenfalls auf 27.

Ich sage zu ihr: »Es kommt heute abend darauf an, daß wir uns alle einig sind. Wenn dir bei einer Aufnahme irgend etwas nicht gefällt, dann sage es bitte. Das ist eine Arbeit, die wir zu dritt machen – Jean Claude bringt die Skulpturen, ich werde fotografieren, und du wirst Leben in die Bilder bringen. Das geht nicht, wenn du dich nicht wohl fühlst. Und noch eins: Wenn ich mit der Motorkamera arbeite, könnte es passieren, daß die eine oder andere Aufnahme nicht für das Buch geeignet wäre. Solche Aufnahmen würde ich vernichten, okay?«

»Wenn ich mir Sorgen machen müßte, würde ich nicht mit dir arbeiten.«

Auch dieses Thema wäre also abgehakt. Nach dem Essen unternehme ich einen langen Spaziergang an der Felsküste entlang. Patricia hat sich hingelegt. Sie will lieber schlafen.

Die Sonne scheint zwar, aber der Wind ist kalt, ja scharf. Ich sorge mich wegen der zwei oder drei Aufnahmen, die wir im Freien machen müssen, weil die schweren, im Hof stehenden Skulpturen nicht ins Haus getragen werden können. Kann ich Patricia zumuten, sich bei dieser Kälte nackt hinter die Figuren zu stellen? Ich nehme mir jedenfalls vor, nicht darauf zu bestehen.

Wir haben uns nicht nur wegen der unfreundlichen Temperaturen entschlossen, die Aufnahmen im Hause zu machen. Ein wichtiger Grund ist auch das Licht. Zeit, auf das passende Sonnenlicht zu warten, ist nicht vorhanden. Patricia muß am Mittwoch wieder in Paris sein, das habe ich zugesagt. Ich muß also mit meinen Fotolampen arbeiten. Jean Claude ist ohnehin der Meinung, daß das künstliche Licht die Strukturen des Granits besser zur Geltung bringt. So werden wir also die eine Hälfte des Erdgeschosses zum Studio umfunktionieren.

Für die Außenaufnahmen werde ich die Lampen im Garten aufbauen und erst, wenn alles eingerichtet ist, braucht Patricia vom Kamin nur für ein paar Augenblicke herauszukommen. Wie gesagt, wenn sie sich das bei dem Wetter zutraut.

Als ich zurückkomme, sitzt Patricia am Fenster und schält eine Orange.

»Weißt du, daß du sehr schöne Hände hast?« »Wieso?«

»Was heißt wieso? Ich finde einfach, daß du schöne Hände hast. Das ist doch für ein Mannequin wichtig. Du solltest Aufnahmen von deinen Händen vorzeigen können. Ein Punkt mehr für dich!«

»Das ist wahr. Willst du Fotos von meinen Händen machen?«

»Dazu brauchen wir einen passenden Hintergrund, möglichst in Uni. Und man müßte die Aufnahmen mit natürlichem Licht, aber nicht in der direkten Sonne machen.«

»Corinne hat viele Tücher in allen möglichen Farben. Vielleicht leiht sie uns einige aus. Ich meine, wenn du die Fotos wirklich machen willst. Und du hast doch auch gesagt, ich sollte Fotos haben als ›Mädchen von nebenan‹. Wenn wir Zeit genug haben . . .«

»Darüber laß uns nachdenken, wenn wir die Skulpturen-Geschichte hinter uns haben. Wieviel Zeit brauchst du, um dich für die Aufnahmen zurechtzumachen?«

»Für das Gesicht brauche ich nicht lange. Du willst ja nicht, daß ich es verändere. Hände und Füße sind auch bald fertig. Nur fürs Haar brauche ich länger. Das ist bei uns Schwarzen nun mal besonders schwierig. Zwei Stunden werde ich wohl für alles zusammen brauchen.«

»Dann fahren wir jetzt zum Campingplatz zurück. Dort lasse ich dich mit deinen Schminksachen allein und suche Plätze, an denen wir womöglich das Mädchen von nebenan ablichten können.«

Eine halbe Stunde später mache ich eine Entdeckung: Ich gerate hinter dem Campingplatz in einen Urwald. Tief unten eine Auenlandschaft mit Ried und Schilf und allerlei Gräsern. Am Hang der Wald, ungepflegt, umgestürzte Bäume, von Efeu überwuchert. Dazwischen wachsen übermannshohe Büsche von Stechpalmen. Ein Pfad schlängelt sich durch das Gewirr. Winnetou könnte jeden Augenblick auftauchen, oder Liane, das Urwaldmädchen. Aber man muß ja nicht unbedingt Kitsch produzieren, wenn man ein schwarzes Mädchen in dieser natürlichen Umgebung fotografiert.

Auf der anderen Seite des Campingplatzes treibe ich Monsieur Glehen auf. Er harkt Unkraut. Ich frage ihn: »Monsieur, gehört der Wald im Norden des Campingplatzes auch Ihnen?«

»Mais oui«, antwortet er. »Aber ja«, wobei er das »oui« wie alle Bretonen mit einem »w« spricht, also etwa »wui«. Bei ihm fällt das jedoch deshalb besonders auf, weil er sein »wui« immer mehrfach wiederholt.

Der Urwald gehört also ihm, und er hat nichts dagegen, daß wir darin spazierengehen wollen. Vom Fotografieren muß ich ihm ja nicht unbedingt erzählen. Er macht noch eine Bemerkung über den kalten Wind. Da fällt mir etwas ein.

»Monsieur, haben Sie möglicherweise Kaminholz zu verkaufen? Wir sind heute abend bei Freunden eingeladen, die einen großen Kamin haben. Da wäre es vielleicht eine gute Idee, Feuerholz dafür mitzubringen.«

»Das müssen Sie nicht kaufen. Ich habe genug davon hinter der Scheune. Kommen Sie mit, ich zeig's Ihnen.«

Er lehnt seine Harke an einen Baum und grinst dabei. »Es ist schon bizarr, solch Werkzeug wird niemals gestohlen. Das kann man ruhig stehenlassen.«

Feuerholz hat's hinter der Scheune in der Tat genug. Monsieur Glehen leiht mir sogar noch einen Korb, damit ich es leichter transportieren kann.

In der eben einsetzenden Dämmerung treffen wir bei den Michauds ein. Corinne hat uns eingeladen, nach der Arbeit mit ihnen zu essen. Wir haben versprochen, für die Getränke zu sorgen und dazu ein paar 1981er Flaschen Cahors gekauft.

Ich habe also zunächst einmal damit zu tun, allerlei aus dem Wagen ins Haus zu tragen: Kamerakoffer und Lampen, Holz und Wein. Leider ist im Erdgeschoß noch nichts vorbereitet, obwohl wir besprochen hatten, wie wir das »Studio« einrichten wollten. Mit unseren Mitbringseln und Geräten, die ich auf Tischen und Stühlen verteilt habe, ist nun nicht gerade Ordnung ins Haus gezogen. Das ist allerdings nur eine Zeitfrage, denke ich, das läßt sich in die Reihe bringen. Einigermaßen gedankenlos finde ich es jedoch, daß der Kamin noch nicht brennt. Jean Claude weiß doch, daß Patricia viel Wärme brauchen wird. Aber er steht mitten im Raum und gestikuliert. Er scheint überhaupt nicht zu spüren, daß ich jetzt an nichts anderes denken mag als an die Arbeit, die wir uns vorgenommen haben. Er steht breitbeinig da und doziert über die Arbeit der Muskeln beim Tanz. Halb bekomme ich mit, daß es ihm dabei besonders um die Gesäßmuskeln geht. Spinnt der? denke ich. Patricia steht, in einen Bademantel gehüllt, an die Wand gelehnt und hört ihm geduldig, ja aufmerksam zu. Außer diesem Bademantel und langen Wollstrümpfen hat sie nichts am Leibe. Aber statt zu frieren, scheint sie sich für Jean Claudes Gesäßmuskeln zu interessieren. Ich frage mich, was das alles soll. Was Tanz und Muskelspiel von irgendwelchen Körperteilen mit dem Fotografieren von Granitskulpturen zu tun haben könnte. Vielleicht habe ich ja auch beim Hereinholen meiner Geräte etwas Wichtiges überhört. Aber was kann es jetzt Wichtigeres geben als Feuer im Kamin zu machen und mit der Arbeit endlich anzufangen?

Ich will den Mund aufmachen, um Jean Claude zu bitten, nun endlich Wärme zu produzieren, da kommt er mir mit einer Frage zuvor: »Ist es euch recht, wenn ich tanze?« Wieso will er tanzen? Ausgerechnet jetzt! Ich muß also tatsächlich irgend etwas überhört haben. Das kommt davon, wenn man sich auf ein bestimmtes Ziel konzentriert und nichts anderes mehr wahrnimmt. Corinne kommt jetzt aus ihrer Küchenecke hervor und sagt mit ihrem

Schwarzes Mädchen und grauer Granit...

Engelsgesicht: »Aber wenn er tanzt, muß er nackt tanzen. Sonst hat es keinen Sinn.«

Und er fügt hinzu: »Es dauert nicht einmal zwei Minuten. Die Musik ist schnell aufgebaut. Ich finde, ihr solltet es sehen. Ich glaube wirklich, daß ich euch etwas Außerordentliches bieten kann.«

Ich verstehe eigentlich immer noch nichts, spüre aber, daß ihm anscheinend sehr an dieser Darbietung liegt. Ich blicke zu Patricia hinüber. Sie nickt mir zu. Also, soll Jean Claude in Gottes Namen tanzen. Hoffentlich geht es dann danach so weiter, wie wir es besprochen haben.

Zwischenakt:
D'Artagnan tanzt

Zuerst einmal zündet Jean Claude jetzt tatsächlich den Kamin an, und da er sich damit auskennt, breiten die Flammen schnell wohlige Wärme aus. Er holt einen Plattenspieler aus dem ersten Stock und schafft zwei Lautsprecher nach draußen. Corinne versucht zunächst vergeblich, ein Kabelbündel zu entwirren, bis Patricia ihr dabei hilft. Sie scheint die einzige zu sein, die nicht von Nervosität gepackt ist. Jean Claude kramt nach einem Verlängerungskabel, statt mich zu fragen, ob er meine Kabeltrommel benutzen kann. Ich rede mir gut zu, nur ja ruhig zu bleiben und mich in Geduld zu üben.

Endlich ist es soweit. Wir gehen nach draußen in den Hof. Jean Claude huscht noch einmal ins Haus. Corinne stellt den Plattenspieler an, und das Adagio von Albioni steigt in die Kälte empor. Es ist fast dunkel, aber der Rasen ist noch zu erkennen und auf diesem Rasen steht plötzlich d'Artagnan.

Splitternackt reckt er sich gegen den Abendhimmel, fällt in sich zusammen, rollt über den Rasen, erhebt sich wieder und tanzt das Adagio, als hätte er sein Leben lang nichts anderes getan, als auf dem unebenen Rasen zu schweben und zu springen, sich zu drehen, zu dehnen, scheinbar zu fallen und immer wieder emporzusteigen, während die Trompetentöne des Maurice André den ersten Sternen zufliegen. D'Artagnan beherrscht seinen Körper so traumhaft sicher, daß nicht ein einziger Schritt daneben geht. Corinne hat recht – der kleinste Fetzen Tuch hätte dieses schöne Männermuskelpaket verunstaltet. Musik, Körper und Bewegung sind eins. Erst, als der letzte Ton verklingt, merke ich, wie kalt mir geworden ist.

Am Kamin treffen wir uns wieder. Jean Claude hat sich bereits angezogen. Nur seine Füße sind noch nackt. Er hält sie dicht an die Flammen.

»Sie tun weh«, sagt er und schweigt danach eine Weile. Dann wendet er sich mir zu. Er hat jetzt wieder sein Schuljungengesicht. »Wie fanden Sie es?«

Zunächst weiß ich nicht, was ich sagen soll. Dann fällt mir ein, was er selbst einmal gesagt hat. Ich antworte also: »Jean Claude, über Ihre Arbeit mit dem Granit haben Sie behauptet, über Kunst ließe sich nicht diskutieren. Violà, das ist meine Antwort.«

Er reibt sich die Füße. »Dabei ist es gar nicht so gelaufen, wie ich es mir gedacht habe. Mein Körper kann die Kälte gut ertragen. Aber ich habe nicht an meine Füße gedacht. Der Rasen ist schon feucht und sehr kalt. Das hat mir schnell die Kraft genommen. Plötzlich konnte ich nicht mehr, wie ich wollte. Ich mußte mich anstrengen. Habt ihr das bemerkt?«

Patricia antwortet: »Nach der dreifachen Rolle am Boden, nicht wahr? Da fiel es Ihnen einen Moment lang schwer, im Rhythmus zu bleiben.«

Jean Claude schaut das Mädchen erstaunt, aber überhaupt nicht böse an.

»Richtig«, sagt er. »Genau, da wurde es schwierig. Ich hätte aufhören sollen.«

Patricia beruhigt ihn: »Aber ich habe es eigentlich gar nicht richtig gesehen. Ich habe nur gespürt, daß da eine kleine Veränderung war...«

Fast eine Viertelstunde lang hocken wir noch schweigsam um den Kamin herum, dann fangen Jean Claude und ich mit dem Umräumen an. Beim Aufstellen der Lampen merke ich, daß ich einen kleinen Querträger im Wagen habe liegen lassen. Ich gehe zu Shorty hinaus, um das Stück zu holen. Shorty ist verschlossen. Natürlich. Ich habe die Tür vor einer halben Stunde selbst zugeknallt, vor Ärger über den redseligen Jean Claude. Dabei habe ich nicht daran gedacht, daß ich den Schlüssel ganz gegen meine Gewohnheit nicht in der Hosentasche hatte. Ich kann ihn jetzt durch die Scheibe im Zündschloß stecken sehen. Ohne den kleinen Träger kann ich die Lampe nicht benutzen, weil das sehr heiß werdende Leuchtaggregat frei hängen muß. An diesem Träger hängt in diesem Augenblick folglich das ganze Unternehmen! Ich hole aus Jean Claudes Arbeitskasten einen kleinen Meißel, und Sekunden später habe ich statt eines kleinen Lochs in der Scheibe tausendfachen Glaskrümelsalat. Das ist mir erst einmal völlig gleichgültig. Hauptsache, wir können mit dem Aufbau weitermachen. Immerhin denke ich daran, Shortys Heizung voll aufzudrehen.

Es ist schon eigenartig: Seit Jean Claudes Tanz sind wir alle lockerer und gleichzeitig dichter beieinander. Der nackte d'Artagnan, Albionis Musik, Maurice Andrés Trompete, diese einzigartige Seance in kühler Abendluft, brachte die rechte Einstimmung für die ebenso ungewöhnliche Arbeit, die wir uns miteinander vorgenommen haben.

Von Anfang an arbeiten wir wie ein schon lange eingespieltes Team. Jean Claude trägt die einzelnen Skulpturen herbei, die nackte Patricia nimmt die gewünschte Position ein, neben oder hinter dem Stein, oder sie hält ihn in den Händen oder auf den Knien, ich hantiere mit dem Licht, wechsele Objektive, lege Filme ein – und wir reden kaum das Nötigste. Einige Positionen sind Jean Claudes Ideen, andere stammen von mir. Wenn ich mit einem Vorschlag des Bildhauers nicht ganz einverstanden bin, akzeptiert dieser sonst so eigensinnige Mann meine Änderungswünsche ohne jegliche Diskussion. Nach jeder Aufnahme schlüpft Patricia in ihren Bademantel und hockt sich an den Kamin. Sie spricht kein einziges Wort, aber sie ist mit höchster Konzentration und Aufmerksamkeit dabei. Derweil hantiert Corinne hinten in der Küchenecke. Mehr unbewußt nehme ich überhaupt wahr, daß sie da ist.

Schließlich frage ich Patricia, ob sie sich bei diesen Temperaturen die Außenaufnahmen zutraut. Sie nickt nur, und so bauen Jean Claude und ich draußen das Licht auf. Als endlich die letzte Aufnahme vorbereitet ist, ich mit schußbereiter Kamera dastehe und Jean Claude das Mädchen ruft, kommt sie wie befreit lachend herausgelaufen, wirft Jean Claude den Mantel zu, umarmt den kalten Granit, und Sekunden später kuschelt sie sich schon wieder an den Kamin. Wir sind wie erlöst. Beim Essen wird nicht mehr viel geredet. Mir fällt nur auf, daß Jean Claude Unmengen Feldsalat in sich hineinstopft. Patricia, die sonst immer guten Appetit hat, nimmt fast nichts zu sich. Sie ist offenbar todmüde. Ich sehe auf die Uhr – es ist halb zwei.

Corinne denkt wieder einmal praktisch. Sie schlägt vor, alles so zu lassen, wie es steht und liegt und mit dem Wagen gar nicht erst auf den Campingplatz zurückzufahren, sondern gleich vor dem Haus zu schlafen. Glücklicherweise ist es im Wagen trotz der zerborstenen Türscheibe mollig warm. Die Heizung arbeitet hervorragend, und die Vorhänge halten die Kälte ab.

Am Morgen liegt Rauhreif über der Landschaft. Der Rasen im Hof ist weiß – d'Artagnans Tanzteppich ist gefroren. Gleich nach dem Kaffee verabschieden wir uns – ich will versuchen, irgendwo eine Scheibe für Shorty aufzutreiben. Auf jeden Fall aber gibt Corinne uns noch einige Tücher mit – als Hintergrund für die geplanten Hände-Fotos. Die Gute hat die Tücher eigens noch einmal gebügelt.

Leider gibt es hier draußen in der tiefsten Bretagne noch keine Ersatzscheiben für das neue Fordmodell. In Quimper ist man immerhin so hilfsbereit, in den nächsten Städten herumzutelefonieren. Leider ohne Ergebnis. In Rennes soll es schon Scheiben geben. Aber Rennes ist über 200 Kilometer entfernt! Wir beschließen, die Scheibe erst mal Scheibe sein zu lassen, und wärmen uns bei ein paar Crêpes wieder auf. Nachmittags ziehen wir uns dann zum Fotografieren in den Glehenschen Urwald zurück. Das beste Licht für die Aufnahmen der Hände finde ich am Strand, und zwar in Shortys rundrum verglastem Heck. Corinne hatte uns dazu ein rotes und ein schwarzes Tuch mitgegeben. Gegen meine Erwartung läßt sich mit dem schwarzen Tuch nicht gut arbeiten. Patricia schlägt es sich um den Kopf und sagt:

»So ging meine Tante am liebsten auf die Straße!«

»Nimm, ohne das Tuch zu verändern, die Hände vor die Augen und spreize die Finger so weit, daß ich deine Augen ganz sehen kann . . .«

Patricia als Hexe.

Auch die Hände sind schließlich »im Kasten«. Wir hocken in Shorty und faulenzen und blicken aufs Meer hinaus.

Patricia fängt an zu erzählen: »Ich habe dir am ersten Tag gesagt, daß ich keine Geschichten anfangen möchte, die kein Ende haben. Weißt du, ich trage solch eine Geschichte mit mir herum. Es ist zwar eigentlich längst vorbei, aber wenn diese Sache damals ein richtiges Ende gehabt hätte, wäre ich längst fertig damit. Er hieß, nun ja, der Name tut ja nichts zur Sache, nennen wir ihn Jean. Jean war, also gut, er ist ein unheimlich gutaussehender Junge. Meine Schwester hat ihn eines Tages eher beiläufig angeschleppt, und er hat die ein oder zwei Stunden, die er im Hause war, kein Auge von mir gelassen. Einige Wochen später erzählte mir meine Schwester, daß Jean mit mir ausgehen möchte. Da wollte ich natürlich, daß er mir das selber sagt. Doch das hat er nicht getan. Wieder ein paar Wochen später hatte eine Cousine von mir Geburtstag, und zu dieser Feier war auch Jean eingeladen. Irgendwie hat er es jedenfalls verstanden, dabei zu sein. Ich glaube, meine Schwester hat das für ihn arrangiert. Er war immer um mich herum, aber ich habe mich einfach nicht getraut, ihn merken zu lassen, wie gern ich ihn mochte. Und Jean – na ja, er war immer in der Nähe, suchte mich immer mit den Augen, aber geredet hat er mit mir eigentlich kaum ein Wort. Gegen Morgen habe ich es dann einfach nicht mehr ausgehalten. Es waren nicht mehr viele Gäste da, und es war ein großes Haus, das ich gut kannte. Da habe ich Jean einfach bei der Hand genommen, bin mit ihm in ein Besuchszimmer gegangen, und da haben wir uns geliebt. Ohne zu reden, weißt du. Es war eigentlich gar nicht gut. Jean hat dann ein paarmal versucht, mich anzurufen, aber ich habe mich verleugnen lassen. Viele Monate später habe ich ihn durch Zufall in einem Einkaufs-

99

zentrum wiedergesehen. Er war da mit einem Mädchen. Ich weiß nicht einmal, ob es sein Mädchen war. Ich war völlig durcheinander und hatte Angst, die beiden könnten das merken. Glaub mir, ich habe gezittert vor Aufregung. Innerlich. Aber nach außen hin habe ich getan, als sei er mir völlig gleichgültig. Ich weiß nicht warum, aber Jean hat sich eigentlich auch sehr kühl aufgeführt. Dabei hat in seinen Augen ganz deutlich etwas anderes gestanden. Wir haben uns nie mehr gesehen. Meine Schwester hat mal mit ihm irgendwo getanzt, aber er hat nicht nach mir gefragt. Wenn wir damals regelrecht miteinander Schluß gemacht hätten, oder wenn ich nicht so töricht gewesen wäre, ihn einfach zu überfallen, wäre die Geschichte anders verlaufen. Dann wäre sie längst vergessen, oder wir wären noch zusammen, wer weiß. Doch irgendwie haben wir wohl nicht zueinander gepaßt. Irgendwie.«

»Ich glaube, ich weiß, warum er sich vor dir gefürchtet hat.«

»Er hat sich vor mir gefürchtet? Meinst du? Na ja, das könnte sein. Aber warum?«

»Die meisten Männer glauben, daß sie bei einer ungewöhnlich gutaussehenden Frau keine Chance haben, weil sie meinen, solche Frauen könnten ohnehin an jedem Finger zehn Liebhaber haben und sich das Beste vom Besten aussuchen. Und dazu rechnen sich die meisten Männer eben nicht. Außerdem gibt es einen zweiten, ebenso törichten Grund, aus dem Männer sich vor schönen Frauen zu fürchten pflegen. Viele Männer jedenfalls.«

»Und was ist der zweite Grund?«

»Ganz automatisch halten die meisten Männer schöne Frauen auch für besonders liebeserfahren und liebeshungrig. Sie haben ganz einfach Angst, im Bett zu versagen. Nicht mithalten zu können, ausgelacht zu werden.«

Patricia lacht. Sie wird jedoch schnell wieder ernst und meint: »Soll ich dir mal was verraten? Wenn ich darüber nachdenke, dann habe ich mich aus genau denselben Gründen nicht getraut, diesem so phantastisch aussehenden Jean wirklich näher zu kommen, ihm Avancen zu machen. Frauen geht es ganz genauso. Dies eine Mal mit ihm, das war ein Ausrutscher, und wahrscheinlich hat ihn das noch mehr kopfscheu gemacht. Aber da fällt mir etwas ganz anderes ein: Es ist Zeit, in Guer anzurufen. Wegen Charles.«

Über den Himmel zieht in diesem Augenblick ein grauer Ball. Er hat die Farbe des Mondes, grau verwaschen, und ist sehr schnell. Für einen Satelliten zieht er viel zu tief seine Bahn, für einen Ballon viel zu schnell.

»Siehst du das Ding?« frage ich.

»Was ist das?«

»Weiß ich nicht. Jedenfalls ist es deutlich zu sehen. Es fliegt ziemlich genau von Ost nach West.«

Dann ist das Ding vorbeigeflogen. Eine Halluzination war es garantiert nicht. Schließlich haben wir heute Montag, den 2. April 1984. Das ist genauso eine Tatsache. Ich kann nichts dafür, wenn einige Freunde, die mich bislang für halbwegs vernünftig gehalten haben, mich nun einen Ufo-Spinner nennen werden. Dabei habe ich gar nicht gesagt, daß ich ein Ufo gesehen habe. Nur etwas, das so aussah wie eines. Und Patricia hat es auch gesehen.

Patricia scheint es mit ihrem Charles so ähnlich zu gehen wie mir mit meiner Autoscheibe – es klappt einfach nicht. Sie erfährt, daß Charles immer noch in Paris ist. Er hat sich telefonisch krankgemeldet. Man kann ihr nicht sagen, was er hat. Patricia wird es herausfinden. Sie scheint gar nicht ängstlich oder besorgt zu sein. Als alter Soldat kann ich natürlich nicht annehmen, daß die Krankheit des jungen Mannes ganz schlicht Patricia heißt. Ich darf das einem jungen Soldaten nicht einmal zutrauen. Aber Patricia ist schließlich kein Soldat. Sie ist eine Frau und kann über die Krankheit ihres Charles denken, was sie will.

Dienstag gegen halb drei sind wir in Rennes und finden ohne Umwege zur Ford-Werkstatt. Zuerst ist es zum Auswachsen: Drei Leute stehen vor mir, und nur ein Kundendienstberater nimmt sich der Autofahrer an. Es dauert über eine halbe Stunde, bis ich ihm mein Leid klagen kann. Er schaut sich den Wagen an, notiert sich den Typ und geht ins Ersatzteillager. Es dauert und dauert. Doch dann kommt er mit froher Botschaft zurück: Eine Ersatzscheibe ist vorhanden. Der ungewöhnlich kleine Mann mit dem lustigen Bärtchen will mir sogar eine Freude machen und erklärt: »Um fünf ist Ihr Wagen fertig, Monsieur!«

Ich tue ernstlich entsetzt.

»Um fünf? Monsieur, ich muß heute noch in Paris sein! Diese junge Dame ist nicht nur das schönste Mannequin Frankreichs, es ist auch das teuerste! Wenn ich sie nicht bis Mitternacht in Paris abgeliefert habe, kostet mich das ein Vermögen!«

Der Mann schaut zu Patricia auf, die den üblichen Mannequin-Alltags-Schlabberlook trägt. Aber beim Näherhinschauen geht dem Herrn ein Licht auf. Er deutet eine Verbeugung an, sagt: »Einen Moment«, und läuft in die Werkstatt. Eine Minute später kommt er zurückgelaufen und verkündet atemlos: »Um vier, Monsieur. Ihr Auto ist um vier fertig.«

Er macht wieder eine Verbeugung, ich bedanke mich sehr für seine Bemühung. Kaum ist er weg, da zupft Patricia an meinem Bart und schmunzelt: »Du bist mir schon ein großer Übertreiber. Aber es hilft. Es ist nicht zu glauben, aber es hilft.«

Bleibt zu bemerken – dieses Bartzupfen war die einzige spontane Berührung, die Patricia bisher eingefallen ist...

Wir zwei Havaristen eilen in die Stadt, um irgendwo noch etwas Warmes zu essen aufzutreiben.

Die meisten Restaurants haben um diese Zeit verständlicherweise schon geschlossen oder nehmen keine Bestellungen mehr entgegen. Bei einem Italiener herrscht gähnende Leere, es duftet verlockend, und im Pizzaofen glüht noch Holz. Die Kaffeemaschine zeigt noch rotes Licht, ist also in Betrieb. Nur die Bedienung fehlt. Wir rufen. Niemand kommt. Vielleicht haben die Leute das Lokal zur Pause verlassen und nur das Abschließen vergessen. Hungrig suchen wir weiter. In einem griechischen Restaurant in der Stadtmitte sitzt das Personal bei Tisch. Die Küche ist geschlossen. Ich erzähle, daß wir nur irgend etwas Kleines essen möchten, schildere unsere Situation, und tatsächlich – man erbarmt sich. Der Koch schiebt zwei Moussaka in den Herd, richtet zwei Teller Salat an, und zehn Minuten später haben wir zu essen. Hilfsbereite Leute, diese Griechen.

Die Fahrt nach Rennes war weniger schlimm gewesen, als ich es mir vorgestellt hatte. Sämtliche Heizungen waren voll aufgedreht, und Patricia war im Heck gut aufgehoben. Ich hatte mir eine Decke um die Beine gewickelt, und so haben wir beide nicht frieren müssen.

Das Auto ist dann tatsächlich pünktlich um vier fertig. Der flinke Auftragsannehmer kommt noch heraus, um sich mit Handschlag zu verabschieden, und wir machen uns auf den Weg nach Paris. Rund 400 Kilometer liegen also noch vor uns. Zunächst kommen wir auch ohne Probleme vorwärts.

Dann spüre ich plötzlich eine Veränderung mit mir. Das Fahren fängt an, mich anzustrengen. Ich bekomme Kopfschmerzen. Mir ist einfach nicht mehr gut. Als ich vor Chartres aussteige, um zu tanken, überfällt mich Schüttelfrost. Ich ziehe mir zwei Pullover über. Quälender Durst plagt mich. Patricia schält mir eine Orange nach der anderen. Sie macht sich Sorgen. »Wenn es dich zu sehr anstrengt, dann halten wir einfach an. Es ist überhaupt kein Problem, wenn ich heute nicht mehr nach Paris komme.«

»Gut, wenn es mir zuviel wird, dann halte ich. Aber solange es nur geht, werde ich fahren.«

Ich will nicht irgendwo liegenbleiben. Bis zu den Freunden in Paris muß ich durchhalten. Die werden dann schon weiter für mich sorgen.

Rambouillet lassen wir links liegen, fahren an den Lichtern von Versailles vorbei, ein kleines Stück Périphérique, die »Grande Armee« hoch, umrollen den Arc de Triomphe, die »Champs« hinunter, an der »Madeleine«, an der Oper vorbei und verpassen die Einfahrt zur Gare de l'Est, von der aus Patricia weiterfahren muß. Wir kurven suchend herum, aber dann endlich, kurz nach 23 Uhr, haben wir den Ostbahnhof doch noch gefunden. Patricia will mich zum Abschied umarmen. Ich wehre ab: »Lieber nicht, wer weiß, was ich mir da aufgefangen habe.«

Sie legt mir die Hand auf den Arm, wünscht mir gute Besserung, dann sehe ich sie im Bahnhof verschwinden.

Das berühmte Schloß von Josselin – von Shortys Dach aus aufgenommen

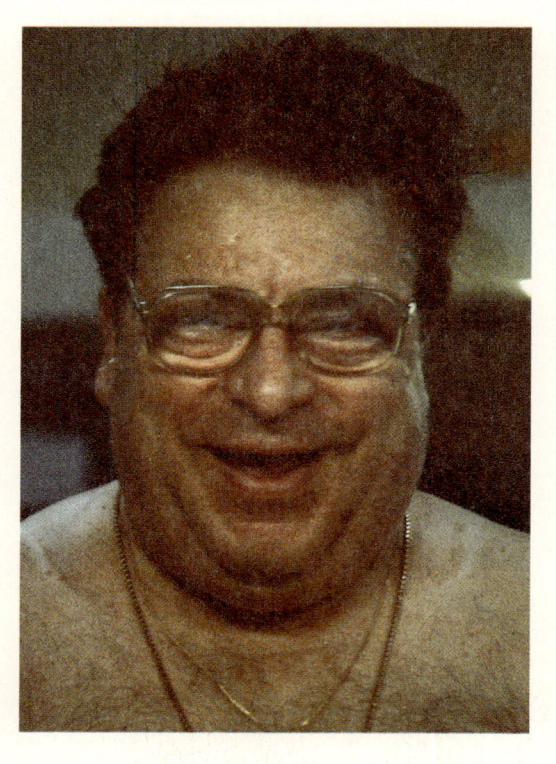

Jacques und sein Faungesicht

Jetzt nur noch den Weg zu den Freunden, dann nichts wie ins Bett. Eine gute Stunde später habe ich es geschafft. Ich sehe kein Licht mehr, finde schräg gegenüber vom Haus einen Parkplatz und lege mich völlig erledigt hin . . .

»Irgendeine Infektion, wahrscheinlich nichts Gefährliches. Eine Analyse wird uns Genaues sagen«, erklärt der Arzt am nächsten Morgen, und nach acht Tagen liebevoller Pflege und Fürsorge packt mich wieder das andere, das Reisefieber. Aber bevor ich Shorty für längere Strecken besteige, ist Jacques angesagt. Am Telefon hat er nur gesagt: »Alles wie geplant, mein Guter. Sei am 10. gegen sechs in meinem Büro, ich fahre dann mit dir ins Mogador.«

Gut gebrüllt

Ich lasse Shorty auf dem bewachten Parkplatz auf dem »Platz der Einheit«, der berühmten »Concorde« mit dem Obelisken, gerade vor dem Hotel Crillon, und fahre mit der Metro hinaus zu Jacques. Kaum bin ich da, stöhnt er schon wieder über seine allgegenwärtige Müdigkeit. Sein Büro ist übrigens ein Appartement in einem Hinterhof, mit Küche und Dusche und Koffern und Büchern und Schallplatten und einer kleinen elektronischen Orgel. Ganz hinten steht der gewaltige Schreibtisch, hinter dem selbst der gewichtige Jacques fast normale Ausmaße zu haben scheint.

Auch hier ist das Telefon Mittelpunkt aller Aktivitäten, und wenn ich hier unser Gespräch wiedergebe, so kann ich die vielen zwischendurch geführten Telefonate gar nicht alle nennen. Das ergäbe nur ein heilloses Durcheinander von Charmieren und Schimpfen, von listigem Argumentieren und gefühlvollem Anbiedern. Und nie weiß man, wie Jacques es wirklich meint.

»Hast du einen Theaterzettel vom Cyrano?« frage ich ihn.

»Aber sicher. Er muß irgendwo auf diesem wunderschönen Schreibtisch liegen, irgendwo in diesem unerhörten Papierberg, von dem ich nicht weiß, wer ihn immer wieder aufhäuft. Hier ist er schon. Nein, das ist er nicht. Aber warte, gleich habe ich ihn.«

Jacques sucht zehn Minuten, natürlich nur immer zwischendurch, fluchend über seine eigene Schusseligkeit, doch das meint er nun bestimmt nicht ernst.

»Ich werde dir einen schicken«, meint er schließlich, freilich ohne sich zu erkundigen, an welche Adresse überhaupt. Er weiß doch, daß ich ständig unterwegs bin.

»Wir sollten möglichst rechtzeitig im Theater sein, damit du mich in Ruhe beim Maske-Machen fotografieren kannst. Wenn das alles in letzter Hetze geschieht, wird nichts daraus, glaube mir. Wir fahren am besten gleich los.« Jedoch führt er erst noch drei Telefonate.

»Hast du denn einen Platz für mich, von dem aus ich dich auf der Bühne gut sehen kann?«

Er blickt erstaunt auf. »Das wird sich finden, mein Guter. Das wird sich finden. Du bekommst natürlich einen erstklassigen Platz, wie er dir zusteht. Wäre doch gelacht . . .«

Ich fange an zu ahnen, daß nichts, aber auch gar nichts vorbereitet ist. Jacques hat keine Karte zurücklegen lassen, er überläßt alles der Improvisation des Augenblicks. Hätte ich das gewußt, hätte ich mir natürlich eine Karte gekauft. Nun gut, jetzt ist es zu spät. Ich werde mich mehr aufs Schminken konzentrieren.

Im Wagen frage ich ihn: »Seit wann spielst du eigentlich Theater?«

»Ich habe immer Theater gespielt. Seit wann? Seit ich dreizehn war. Das sind jetzt 50 Jahre her, mein Guter. Ein halbes Jahrhundert steht Jacques Dalès auf den Bühnen dieser Welt. Also gut, auf den Bühnen Frankreichs. Ich will ja nicht übertreiben.«

»Und was hast du gespielt?«

»Alles. Ich war jugendlicher Liebhaber, später Komiker. Wirklich, ich habe als Liebhaber angefangen.«

In seinem Büro hängt ein Foto, das einen sehr jungen, sehr gutaussehenden Mann in spanischer Gewandung zeigt, mit einer sehr aparten Kollegin an der Seite. Dieser Mann ist schlank und hat nur eine entfernte Ähnlichkeit mit Jacques. Das muß er aber gewesen sein, vor mehr als 30 Jahren, kurz, bevor ich ihn kennenlernte, Ende der 50er. Damals fing er wohl gerade an, rundlicher zu werden, als wir uns trafen. Aber so gut in Futter wie jetzt war er noch nie.

Er erzählt weiter, während er seinen kleinen Renault das linke Seineufer entlangchauffiert. »Ich habe auf der Bühne getanzt und gesungen und habe auch alle möglichen akrobatischen Sachen gemacht. Ich mag gar nicht mehr daran denken. Mir wird übel, wenn ich mich erinnere, wie beweglich ich einmal war.«

Lieber erläutert er seine jetzige Rolle: »Sie haben einen dicken Schauspieler gesucht, der ordentlich brüllen kann. Die meisten Dicken haben eine hohe Stimme und können vielleicht schreien, aber nicht brüllen. Ich kann das. Also haben sie mich genommen. Sie waren gut beraten, denn einen dickeren hätten sie ohnehin nicht gefunden.«

Er kichert vor sich hin. Jacques und brüllen? So habe ich ihn noch nicht erlebt. Aber seine Chansons hat er immer mit normaler Stimme vorgetragen. Nun, heute werde ich also hören, was wirklich in seiner Kehle steckt.

Eine Stunde vor Vorstellungsbeginn erreichen wir das Mogador. Jacques läßt seinen Wagen vor dem Bühneneingang einfach auf der Straße stehen. »Ich habe keine Lust, mir jetzt noch einen Parkplatz zu suchen. Dazu bin ich viel zu müde, mein Guter.«

Sein Faungesicht grinst mich an. Er wackelt mit dem Kopf, als sei ihm dieser irdische Parkplatzkrieg völlig wurscht. Langsam trotte ich hinter ihm her, während er sich durch die langen Flure, Gänge und Treppenhäuser des Bühnenhauses bis zur Garderobe vorkämpft.

Der Raum mit den vielen Schminktischen ist noch leer. Jacques zieht sich in aller Gelassenheit bis auf den Slip aus. Und dieser Slip ist schon unbeschreiblich. Was ließe sich alles aus diesen Stoffmengen anfertigen!

Ein Schminkkasten wird hervorgekramt, Dosen mit allen möglichen Cremes bereitgestellt. An der Wand hängt ein weißes, weites Gewand. Unter dem Schminktisch stehen vergoldete Sandalen. Nachdem der alte Routinier sich überzeugt hat, daß alles vorhanden ist, läßt er sich ächzend auf seinem Stuhl nieder.

»So, nun beginnt die Verwandlung des Jacques Dalès in den berühmteren Monsieur Montfleury, der sich seinerseits als Schäfer präsentiert.«

Ich sehe, daß ich ihn am besten im Spiegel beobachten kann, und bitte ihn: »Bevor du anfängst, tu mir den Gefallen und setze noch einmal deine Brille auf, damit ich auch dein Alltagsgesicht spiegelverkehrt habe.«

Jacques erfüllt mir den Wunsch ohne zu zögern. Er kennt sich in seinem Job eben aus und weiß, was nötig ist. Er packt die Brille endgültig weg und beginnt, sich eine graue Paste ins Gesicht zu schmieren, die beim Trocknen weiß wird. Er malt sich weite Vogelaugen, vergrößert den Mund ins Groteske und arbeitet unermüdlich daran, sich in ein fremdes Wesen zu verwandeln. Von Gestöhne über Müdigkeit keine Spur mehr.

Inzwischen treffen die Kollegen ein und beginnen mit ihrer theatralischen Umgestaltung. Es dauert nicht lange, da stolzieren Musketiere mit ausladenden Federhüten und umgeschnallten Degen umher. Aus der Nähe sehen ihre eleganten Spitzenmanschetten freilich ziemlich überholungsbedürftig aus. Bei den echten Musketieren wird es nicht viel anders gewesen sein. Eine Hofdame mit atemberaubendem Dékolleté rauscht mehrfach vorüber, und dann beginnt ein Herr auf- und abzuschreiten, der reichlich nervös seinen Text vor sich hinspricht. Jacques raunt mir seinen Namen zu und sagt: »Er muß einen Kollegen vertreten, der einen Unfall hatte. Er wird es nicht leicht haben.«

Ein unendlich dünner Schauspieler baut sich in einer Ecke auf und deklamiert immer wieder denselben Satz von einem vielversprechenden Geruch. Eigenartigerweise betont er jedesmal anders. Macht er sich lustig über seine kleine Rolle, oder lockert ihn dieses Betonungsspiel auf?

Jacques malt immer noch an sich herum. Eine Lautsprecherstimme begrüßt das Ensemble, verkündet den Ausfall des Kollegen und bittet die übrigen, nett zu dem Ersatzmann zu sein. Der hockt inzwischen vor seinem Schminktisch und zieht noch ein paar Linien nach. Bei ihm sitzt ein junger Mann mit verpflastertem Gesicht. Der Kollege, für den er einspringt?

Ich bekomme das alles nur am Rande

Die Verwandlung in die Rolle des Montfleury hat begonnen

mit, denn ich konzentriere mich natürlich auf Jacques, der eben Schmuck angelegt hat und nun weitermalt. Mit den klirrenden Armreifen und überdimensionalen Bühnenringen an den Fingern erinnert er mich an Herodes. Aber heute wird keine Salomé für ihn tanzen.

Der Regisseur kommt vorbei, Jacques stellt mich vor. Der Lautsprecher bittet die Darsteller des ersten Aktes auf die Bühne. Jacques malt unverdrossen weiter. Plötzlich ruft er: »Momo! Momo, wo bist du?«

Aus dem Hintergrund meldet sich eine piepsige Stimme, kurz darauf erscheint ein ältliches weibliches Wesen.

»Momo, das ist mein Freund, von dem ich dir erzählt habe. Wir kennen uns über 40 Jahre, er ist ein alter Kamerad, du mußt ihn heute unterbringen. Das geht doch, wie?«

Momo schüttelt den Kopf. »Nicht, wenn du so brüllst, daß alle es hören. Niemand darf davon wissen! Die Platzanweiserin vom 1. Rang weiß Bescheid. Es wird schon gehen. Aber brüll nicht so laut, daß das ganze Haus es hört!«

Jacques sagt nichts dazu, zieht noch eine Linie nach, erhebt sich, klettert in den weißen Umhang, steigt in Pluderhosen, streift die Goldsandalen über und stellt sich in die Ecke, in der eben noch der junge Kollege seinen Satz vom Geruch geübt hat. Jacques öffnet seinen grellroten Mund und röhrt los wie ein Urhirsch. Es klingt wirklich tierisch. Mit normaler Stimme sagt er: »So, das war gebrüllt, Momo. So klingt es, wenn ein Jacques Dalès brüllt.«

Momo ist längst verschwunden. Jacques winkt mir noch einmal zu und verläßt die Garderobe als letzter. Das heißt, bei der Tür stehen noch zwei junge Frauen, die offensichtlich ebensowenig zum Ensemble gehören wie ich.

Momo kommt herein und winkt den Frauen und mir. Wir folgen. Es geht treppauf und treppab, durch lange Flure, wir schwindeln uns eine endlose Wendeltreppe hoch und werden einer kleinen Frau übergeben, die eine Taschenlampe in der Hand hält. Sie sagt: »Wahrscheinlich ist ganz oben noch etwas frei. Folgen Sie mir, aber leise, bitte.«

Die Vorstellung hat bereits angefangen. Von überall scheinen die Bühnenstimmen herzukommen. Wir steigen immer höher. Musikerinnen in historischen Kostümen begegnen uns. Im höchsten Rang werden wir einer weiteren Platzanweiserin überantwortet, die ihren Finger warnend auf den Mund legt und uns voraneilt.

Hoch oben, unter der Decke fast, dürfen wir uns auf die Treppe setzen. Eigentlich kein Wunder, denn das Mogador ist wie immer ausverkauft.

Tief, tief unten liegt die Bühne wie ein schwach erleuchtetes Kellergeschoß. Aus dieser Perspektive und bei dieser großen Entfernung ist keine Chance für ein halbwegs gescheites Foto gegeben. Da unten wird agiert und ziemlich laut geschrien. Ich höre jedes Wort deutlich, gebe es aber bald auf, dem Text zu folgen. Dazu hätte ich ihn vorher lesen müssen. Der Cyrano mit seiner riesigen Nase, deretwegen er nicht glauben mag, daß Frauen ihn lieben könnten, hat eine gewaltige Stimme, und alle anderen Darsteller versuchen, es ihm an Lautstärke gleichzutun. Am besten hält da noch der Ersatzkollege mit, der seine Sache wirklich gut macht, soweit ich das beurteilen kann.

Plötzlich höre ich eine Stimme, die ich kenne. Mein Jacques röhrt durch das Theater, überbrüllt alle anderen. Ganz weiß steht er im Hintergrund, sein übergroßer Mund leuchtet herauf.

Später ist er noch einige Male in immer anderen Kostümen zu sehen. Einmal darf er an einer Freßorgie teilnehmen. Das heißt, er muß auf der Bühne drei oder vier Gebäckstücke hintereinander verschlingen.

»Nach der großen Keilerei im zweiten Akt habe ich nichts mehr zu tun. Gleich danach geht's ab unter die Dusche, und genau acht Minuten später treffen wir uns am Wagen«, hat er gesagt.

Die junge Frau, die neben mir auf der Treppe sitzt, fragt mich auf englisch, was auf der Bühne eigentlich vor sich geht. Sie versteht überhaupt kein Französisch und langweilt sich entsetzlich. Unten fangen sie jetzt an, wie wild durcheinander zu raufen und zu fechten. Jacques erscheint mit einer lebensgroßen Puppe und wirft sie unter die Raufbolde. Mein Zeichen zu gehen. Wieder keine Chance für einen Flirt.

Ich finde tatsächlich den Bühnenausgang, und genau acht Minuten später erscheint Jacques an seinem Wagen.

»Na, wie fandest du den alten Dalès in seiner Miniaturrolle?«

»Miniaturrolle? Sagen wir – in seinen diversen Rollen. Laut war er, und mächtig. Eindrucksvoll.«

»Lieb, wie du das sagst. Du bist wirklich ein Kamerad. So, jetzt bringe ich dich zu deinem Campingcar.«

Er will den ersten Gang einlegen. Es kracht im Getriebe. »Verdammt! Dieses Auto wurde von einem staatlichen Konzern hergestellt. Es zeichnet sich allein dadurch aus, daß es niemals funktioniert.«

Normalerweise pflegt er die Kupplung zu treten und gleichzeitig den Gang einzulegen. Das schafft das famose Renaultgetriebe noch so gerade eben. Diesmal war er mit dem Gang-Einlegen etwas zu schnell. Kein Wunder, daß es da kracht. Aber ich hüte mich, ihn zu dieser späten Stunde und überhaupt auf seinen Bedienungsfehler aufmerksam zu machen. Das Auto ist ihm eh ziemlich wurscht. Es ist höchstens zwei Monate alt, aber es hat schon überall Schrammen, eine Tür ist sogar richtig eingedellt. Jacques hat nur eine wegwerfende Handbewegung dafür.

»Glaub mir, ich bin wieder einmal müde, es ist nicht zu fassen. Und nun muß ich noch nach Fontenay hinaus zu meinem liebenden Weibe. Stell dir vor: fünfzehn Kilometer! Was soll's, ich hab es ja so gewollt. Komm bald wieder. Dann machen wir mal wieder eine richtige Sause wie in alten Zeiten. Aber komm montags. Da haben wir spielfrei. Bis bald, mein Guter.«

Umarmung und Wangenkuß, und ein etwas schiefliegender kleiner Renault schiebt sich in den nächtlichen Verkehrsstrom der »Concorde«.

Aus dem Logbuch

Nach dem Theater bin ich viel zu aufgedreht, um gleich einen Schlafplatz zu suchen. Irgendwo einen Drink nehmen und dann noch ein oder zwei Stunden fahren. Nachts am Steuer läßt sich gut denken. Planen. Der Kurs ist klar: Südost, Richtung Elsaß. Osterferien mit Marianne und Stefanie. Versuchen, nicht an Texte und Gespräche und Kilometerfresserei zu denken. Stop. An Kilometerfressen habe ich auf dieser Reise ja eigentlich nicht gedacht. Aber manchmal kommt eben der alte unruhige Geist durch, und dann wird doch aufs Gaspedal getreten, weil man irgendein fernes Ziel erreichen will. Was heißt man. Ich trete ja. Das muß ich mir immer wieder vor Augen führen. Aber jetzt erst eine Kneipe, und dann sehen wir weiter.

Kneipengespräch II

Das Beste an Kneipen ist, daß man sich einfach hineinsetzt und nicht mehr allein ist. Man braucht nicht einmal an einem der immer weltbewegenden Gespräche teilzunehmen und ist trotzdem in Gesellschaft. Das braucht man eben manchmal. Immerzu allein sein, das hält keiner aus. Ich kenne einen Hamburger Schriftsteller, der behauptet, er könne jahrelang auf einer einsamen Insel mutterseelenallein leben. An Schreibstoff würde es ihm dennoch nie fehlen. Ich glaube nicht, daß er es wirklich kann. Das ist nur ein Traum, weil er in der Großstadt leben muß, in diesem riesigen Menscheneintopf. Einen Versuch, wirklich einmal längere Zeit allein zu sein, hat er meines Wissens nie unternommen. Es reicht ihm, wenn er hin und wieder zum Angeln fahren kann. Das ist ja auch ein »Sport« für Einzelgänger. Gelegentlich treibe ich ihn selbst.

In Kneipen lernt man oft auch ganz eigenartige Leute kennen, weil man in dieser unverbindlichen Umgebung so leicht miteinander ins Gespräch kommt.

Shorty steht also ganz in der Nähe auf einem hübschen Parkplatz, der darum so angenehm ist, weil ich ihn ohne zurücksetzen zu müssen wieder verlassen kann.

Ich klettere auf einen Barhocker, klemme das rechte Bein schön ein und bestelle mir einen Calvados. Neben mir schwingt sich ein hagerer Mensch mit langem weißem Haar, so ein Künstlertyp, an den Tresen. In seiner Begleitung befindet sich eine sehr schmale Person mit leichter Hakennase und unbestimmbaren Alters. Sie hat einen auffallenden Bubikopf, der aus einem Modejournal der zwanziger Jahre zu stammen scheint. Ihr Haar ist dunkelrot gefärbt. Ich denke eben, diese exaltierte Tante raucht bestimmt Zigaretten in der Spitze, da kramt sie aus ihrem Täschchen eine Spitze hervor und hält sie ihrem Partner hin. Er steckt ihr eine Gauloise Bleu hinein und zündet sie etwas umständlich mit einem Streichholz an. Das Paar bestellt Champagner.

Er flüstert mir zu: »An der Bar trinkt sie grundsätzlich Champagner. Sie ist eine Romanoff, eine richtige Herzogin, müssen Sie wissen. Aber ich bin nicht sicher, ob sie Rußland je gesehen hat.«

Seinem Atem darf ich entnehmen, daß zuvor schon andere Barbesuche stattgefunden haben.

Die Herzogin schnippt mit den Fingern, und der Barmixer wendet sich ihr tatsächlich augenblicklich zu.

»Ein Glas Wasser«, sagt sie, ohne ein »Bitte« oder eine in milde Wunschform gekleidete andere Vokabel wie »ich möchte« oder »hätte gern«. Sie kommandiert schlicht, und sie bekommt ihr Glas Wasser. Kaum hat der Barmann sich nach der Wasserlieferung umgedreht, schnippt die Dame wieder. »Ein Aspirin. Was soll ich sonst mit dem Wasser, wie?«

Das ist also dieser Typ, der es liebt, Männer springen zu lassen. Oder spielt sie das nur? Dann ist es jedenfalls sehr gekonnt gespielt. Ich schaue mir den Hageren an meiner Seite an. Er zuckt mit den Schultern. Er kennt die Dame anscheinend länger. Er trinkt mir mit seinem Champagner zu und fragt: »Machen Sie eine große Reise mit diesem Campingcar?«

Er hat mich also aussteigen sehen. Die Romanoffsche wendet sich mir zu, blickt ganz offen und neugierig an ihm vorbei, wartet auch auf meine Antwort. Ich sage: »Ich bin jetzt mehrere Monate unterwegs damit.«

»Nur in Frankreich?«

»Diesmal nur in Frankreich.«

Ich weiß, es ist ekelhaft, aber manchmal lasse ich mir eben die Würmer zu gern aus der Nase ziehen.

Er schlürft von seinem Champagner,

dann fragt er: »Waren Sie schon mal in den USA?«

Ich nicke.

»Öfter?«

Ich nicke abermals.

Sie hat unverwandt herübergeschaut, als hätte er die Fragen für sie gestellt. Ihr Champagner steht noch unberührt auf dem Tresen. Das Aspirin liegt noch neben dem Glas Wasser. Sie stößt eine dichte Gauloise-Bleu-Wolke aus und sagt: »Du kannst deine Frage stellen, mein Lieber. Er ist ein Widder. Mit dem kann man reden.«

»Sind Sie wirklich ein Widder, Monsieur?«

»Stimmt, ich bin ein Widder.«

»Sie müssen wissen, die Herzogin ist ein ausgezeichnetes Medium. Wir arbeiten schon lange – also, wir leben schon ziemlich lange zusammen. Es verblüfft mich aber selbst immer wieder, mit welcher Sicherheit sie Sternzeichen errät.«

»Red nicht soviel, stell lieber deine Frage. Und merk dir endlich, ich errate die Sternzeichen nicht, ich weiß sie einfach. Nun los!« Sie zischt ihn regelrecht an.

Er entschließt sich, stufenweise vorzugehen. »Darf ich Ihnen eine persönliche Frage stellen, Monsieur?«

»Fragen dürfen Sie. Eine Antwort verspreche ich aber nicht.«

Auf seiner anderen Seite werden jetzt wieder dichte Gauloise-Bleu-Wolken erzeugt. Dieses schmale Frauenzimmer hat keinen schlechten Zug.

Er fragt nun: »Wenn Sie die Wahl hätten, Monsieur, Amerikaner oder Deutscher zu sein, wofür würden Sie sich entscheiden?«

Irgend etwas wird er mit dieser blöden Frage schon bezwecken, denke ich und möchte natürlich wissen, worauf er hinaus will. Also antworte ich: »Ich bin nun einmal Deutscher, und obwohl ich nichts gegen die Amerikaner habe, stellt sich diese Frage für mich nicht. Ich bleibe, was ich bin. Ich habe keine Lust, über nutzlose Hypothesen nachzudenken. Würden Sie mich jedoch fragen, ob ich lieber Deutscher oder Franzose wäre, könnte mich dieses Spiel schon eher reizen.«

Er fährt durch seine weiße Künstlermähne und fragt: »Und? Was wäre Ihnen in diesem Fall lieber?«

»Sehen Sie, ich fange eben an, darüber nachzudenken, und ich stelle fest, daß auch diese Frage ins Leere geht, wenn auch aus einem ganz anderen Grunde. Es müßte nämlich zuerst einmal geklärt werden, worin denn nun der Unterschied zwischen einem Franzosen und einem Deutschen liegt. Gibt es da überhaupt noch einen? Ich meine, einen wesentlichen Unterschied?«

Er schluckt, doch diesmal ohne Champagner. Die Herzogin dagegen schnippt wieder, der Barmensch beugt sich zu ihr, die Order erwartend, und sie ordert ein Glas Champagner. Für mich. Als es vor mir steht, prostet sie mir zu, mit einem Blick, der wohl aus den pfühligsten Betten Altrußlands kommen soll. Es läuft mir den Rücken herunter, aber kalt. Immerhin, der Champagner ist vom Besten. Champagner kann man jederzeit und auf alles trinken. Auch auf Calvados und auf abgetakelte russische Herzoginnen.

»Das war«, fängt der Künstler wieder an, »das war eine ziemlich eigenartige Antwort, Monsieur. Aber gar nicht dumm. Eigentlich sehr charmant sogar. Und sehr ungewöhnlich.«

Die Herzogin läßt sich eine neue Gauloise in die Spitze stecken und per Streichholz anzünden. Sie lächelt mich ganz normal an und erklärt: »Die meisten Leute würden ganz gern Amerikaner sein. Alexandre stellt ihnen dann ein Horoskop, ob sie eine Chance haben, es zu werden. Eines Tages. Natürlich muß einer schon ziemlich getrunken haben, wenn er sich darauf einläßt. Das Horoskop ist nämlich ziemlich teuer. Sie scheinen mir sehr nüchtern zu sein, Monsieur. Alexandre, hier ist kein Geschäft zu machen.«

Eins möchte ich aber doch wissen: »Und Ihr Tip mit dem Widder? Wie machen Sie das?«

Sie lächelt mich wieder an, anders diesmal, ein bißchen geheimnisvoll ist es schon, dieses Lächeln. »Ich weiß es eben. Das heißt, nicht bei jedem. Aber wenn ich es spüre, irre ich mich so gut wie nie. Damit gewinnen wir Vertrauen. Das ist mein eigentliches Kapital. Verstehen Sie?«

Ich verstehe. Wenigstens soweit es das Geschäftliche angeht.

Monsieur Alexandre leert sein Glas und winkt dem Barmixer. Er will zahlen. Ich habe aber noch eine Frage.

»Und wie gehen Sie bei Amerikanern vor? Ich denke, Amerikaner in Paris sind für Sie auch eine willkommene Kundschaft.«

»Aber ja.« Jetzt grinst er. »Amerikaner fragen wir, ob sie schon einmal mit einer Französin geschlafen haben, und ich sage ihnen mit meinem Horoskop, ob sie noch eine Chance auf dieses großartige Erlebnis haben.«

»Dann müssen Ihre amerikanischen Kunden aber auch ganz schön angetrunken sein.«

Alexandre grinst immer noch. »So was gibt es, Monsieur. So etwas gibt es durchaus. Sie sehen, ich kann unseren Champagner sehr wohl bezahlen.«

Er tut's und steigt von seinem Barhocker. Auch sie klettert herab, wobei er ihr mit einiger Grandezza behilflich ist. Die Herzogin lächelt mir noch einmal zu und stößt dabei abermals eine Wolke Gauloise Bleu aus.

Ich bestelle mir noch einen Calvados.

Aus dem Logbuch

Letzte Nacht habe ich noch rund 50 Kilometer hinter mich gebracht. In Brie-Compte-Robert habe ich die Hauptstraße verlassen und mich am Rande des Marktplatzes unter eine einsame Pinie gestellt. Jemand, der aus dem Süden stammt, dürfte sich damit ein wenig Heimweh weggepflegt haben. Ich habe ruhig geschlafen und weder vom Cyrano noch vom dicken Montfleury-Dalès oder gar von der angeblich Romanoffschen Herzogin geträumt. Ich bin wieder unterwegs. Das beruhigt.

In Lothringen wird zur Zeit nicht nur gestreikt, dort gibt es regelrechte Arbeiterunruhen. Wenn ich es recht verstehe, will niemand die Verantwortung dafür übernehmen, daß man mit veralteten Maschinen und Methoden auf dem Weltmarkt nicht mehr konkurrenzfähig ist. Vielleicht verstehe ich das auch falsch. Auf jeden Fall will ich vermeiden, in diese Auseinandersetzungen zu geraten. Die Lkw-Sperren vor einigen Wochen haben mir gereicht.

Ich wähle also die südliche Strecke über die Route Nationale 19, die ich erst in Chaumont in Richtung Neufchauteau und Epinal verlassen will.

Beim Kartenstudium fällt mir auf, daß die N 19 über Colombey-les-2-Eglises führt. Dorthin hat sich General de Gaulle immer zurückgezogen, wenn er die große Politik leid war oder die Franzosen ihn abgewählt hatten. Dort hat er auch Ferien gemacht, und dort liegt er auf dem Dorffriedhof begraben. Über den General gilt sicher auch, was der Abbé von Napoleon gesagt hat: Man kann denken über ihn, was man will, aber es läßt sich nicht abstreiten, daß er auf jeden Fall ein großer Franzose war, ein Mann, der Geschichte gemacht hat. Ich nehme mir vor, das Grab in Colombey-les-2-Eglises zu besuchen.

Vom Ort ist noch nichts zu sehen (man könnte den Namen frei übersetzen mit »Taubennest mit zwei Kirchen«), aber da wächst, während ich ostwärts fahre, etwas über den Horizont, das mit Dorf nichts zu tun haben kann. Ein Kreuz? Ja – ein lothringisches Kreuz mit den zwei Querbalken, von denen der obere kürzer ist. Das Symbol de Gaulles, heute das Symbol der Gaullisten.

Sicher haben seine Schöpfer damit ein Mahnmal errichten wollen. Doch es erhebt sich gleich so gewaltig, daß es auf mich wie eine Bedrohung wirkt. Neben der Straße sind weite Parkplätze angelegt. Aber sie sind jetzt noch leer. Es ist noch keine Touristensaison. De Gaulle für Touristen. Ich bringe es nicht fertig anzuhalten, und fahre durch. Der General hätte, so glaube ich, das sicher verstanden.

Schiffbruch, Störche, Adler und Affen

Unser Treffpunkt ist der Campingplatz von Türckheim, der ganzjährig geöffnet ist, in der Nähe der Grenze liegt und erste Ferienstation sein soll. Der Platz und seine Einrichtungen sind sauber, der Platzwart ist gelegentlich ewas brummig, aber bei Schwierigkeiten immer ansprechbar und hilfsbereit. Es ist noch kalt, als ich eintreffe, und er klagt als Mann des Südens über das unfreundliche Klima. Mit Marianne und Stefanie aber kommt auch die Sonne und verläßt uns die zwei Wochen keinen Tag. Es wird warm, die Damen auf dem Platz räkeln sich hinter ihren Fahrzeugen ohne Oberteil, die Bäume, Weiden und Pappeln hauptsächlich, schlagen aus, daß man zusehen kann. So hält die Sonne uns in Türckheim fest, das übrigens nicht nur ein wohlplazierter Mittelpunkt für alle möglichen Ausflüge ist, sondern auch selbst mit reizvollen alten Straßen und zudem mit einer beachtlichen Gastronomie aufzuwarten hat. Von elsässischen Sauerkrautgenüssen bis zur Nouvelle Cuisine, den neuen Küchenschöpfungen unserer lukullisch experimentierfreudigen Nachbarn, ist hier alles zu haben. Für Frankreich-Anfänger ist Türckheim auch deshalb ein günstiger Startpunkt, weil fast überall noch Deutsch gesprochen wird, besonders in den Geschäften und Restaurants.

Unser erstes Ziel ist Epinal. Im Michelin-Reiseführer steht: am Mittwoch vor Ostern, Epinal, »Les Champs-Golots«: Winteraustreiben mit alten Volksliedern. Die Kinder lassen selbstgebastelte, beleuchtete Schiffchen im Rinnstein schwimmen.

Das Tourismus-Büro von Epinal ist da schon etwas genauer. Im April-Faltblatt mit den Veranstaltungen künstlerischer, kultureller und sportlicher Art ist unter dem 18. zu lesen: Einschreibung und Vorführung der Modelle von zwei bis vier bei der Festgesellschaft in der Straße der kleinen Schlachter. 18.15 Uhr im Becken des Hofes Prüfung der Funktionstüchtigkeit, 20.30 Uhr Präsentation aller Modelle auf der Wasserfläche vor dem Bürgermeisteramt.

Mit Becken des Hofes ist die hübsche Fontänen-Anlage am Eingang zum »Hofpark« am Ufer der Mosel gemeint. Dort finden wir uns pünktlich ein, um einen ersten Eindruck vom heutigen Stand dieses Volksbrauchs für Kinder zu gewinnen. Damit beginnt der Schiffbruch, sozusagen.

Just in dem Augenblick, als wir ankommen, wird die Fontäne abgestellt. Dafür hat man natürlich Verständnis. Die selbstgebastelten Schiffchen könnten unter der Wasserflut Schaden nehmen. Zwei selbstgebastelte Boote schaukeln schon am Ufer des Beckens. Bei ihrem Anblick sträubt sich in mir schon einiges. Es sind Kriegsschiffsmodelle aus dem Baukasten. Ich schaue mich nach weiteren, ähnlichen Untaten um und entdecke seitwärts einen Fernseh-Übertragungswagen mit aufmontierter Kamera. Dagegen ist nichts einzuwenden, sagt der Journalist in mir. Neben dem Ü-Wagen nimmt in diesem Augenblick ein anderes Gefährt seine Arbeit auf. Ein Lautsprecherwagen strahlt ohrenbetäubende Popmusik aus. Ich schlucke, aber ich muß zugestehen, auch das ist nun mal heute Volksbrauch.

Einem Kombi entsteigen zwei eifrige Herren, denen ein kleiner, etwa 12jähriger Junge folgt. Die Herren entnehmen dem Heck ihres Autos den Rumpf und die Takelage eines Segelboot-Modells im Maßstab 1:10. Der eine trägt den Rumpf mit der ebenfalls gewichtigen Anlage zum Aufbocken, der andere die Takelage und das bleibeschwerte Schwert, einen Werkzeugkasten, und der hinterdreintrippelnde Junge schleppt sich mit der Funkanlage ab, die ihm einer der beiden Männer gleich nach der Ankunft am Rande des Wasserbeckens abnimmt. Von dieser Sekunde an ist der Knabe nur noch Zuschauer.

Beim Fernsehwagen versammeln sich Männer und einige Frauen mit großen Schreibblocks. Ich gehe hin und frage nach dem Wortsinn von »Champs Golots«. Man klärt mich auf: Das kommt aus dem ortsüblichen Dialekt und heißt übertragen etwa Winteraustreibung. Ich bedanke mich und kehre ans Wasser zurück. Dort drängt sich ein etwas dicklicher Junge mit einem Boot unter dem Arm durch die Menge. Das Boot ist unförmig, ausladend und entspricht wohl eher den Träumen eines kleinen Jungen aus den Vogesen von Seefahrt und Romantik. Schüchtern schaut sich der kleine Mann die Werke der anderen an, die Hervorbringung der Fertig-Bastelindustrie und jener der Väter.

Ich habe plötzlich keine Lust mehr, mir das alles noch länger anzuschauen. Ungefragt, wie ich bin, erteile ich dem dicklichen kleinen Brillenträger – leider, ohne ihm das zu sagen – den ersten Preis und erlaube mir, daran zu denken, daß ich Hunger habe. Bis halb neun, bis zur Preisverleihung vor dem Bürgermeisteramt, ist eh noch Zeit. Also lade ich die Meinen zu einem Restaurantbesuch ein. Irgendwo beim Rathaus dürfte sich ja wohl ein entsprechendes Etablissement finden, denke ich.

Es gibt aber keins. Wir rennen durch sämtliche umliegenden Straßen und Gassen – kein einigermaßen vertrauenerweckendes Restaurant. Ein jüngerer Passant klärt mich auf: Der Herzog von Lothringen, gut dreihundert Meter weiter, ist passabel und wohlrenommiert. Also müden Fußes zum Herzog. Um sieben sind wir da. Ein Mädchen mit Erdbeermund öffnet auf mein Klingeln. Erdbeermund weniger, weil er so besonders hübsch ist, sondern weil sie offensichtlich gerade Erdbeersaft getrunken hat. Sie ist erschrocken, hat Gäste wohl nicht erwartet. Nein, die Küche wird erst später, um halb acht, geöffnet. Statt uns hereinzubitten und einen Drink für die Wartezeit anzubieten, schließt sie die Tür. Mir reicht Epinal, ich lade zur Heimfahrt ein, und in Türckheim haben wir dann in den »Zwei Schlüsseln« erstklassig gegessen ...

Im Ort und in allen Nestern ringsum, wie auch auf dem Campingplatz, sind überall kleine Plakate ausgehängt, auf denen zum Besuch des Zentrums zur Wiedereinführung der Störche eingeladen wird. Am selben Ort sollen zu bestimmten Stunden des Tages auch verschiedene fischende Tiere vorgeführt werden, unter anderem Kormorane.

Mich interessieren die Kormorane, Stefanie möchte die Störche sehen. Also fahren wir nach Hunawihr, nicht weit von Ribauville an der elsässischen Weinstraße. Bisher hatte ich immer die Vorstellung, daß Störche im wesentlichen von Fröschen leben und daß der Rückgang froschfördernder Auen zu einem Rückgang des Storchenbestandes geführt hat. In Hunawihr werde ich eines anderen belehrt: Nur 2,5 Prozent des Storchenmenüs besteht aus Fröschen! Untersuchungen haben ergeben, daß Hochspannungsleitungen, die Jagd in den Überwinterungsgebieten und Insektenvertilgungsmittel den wesentlichen Anteil an der Storchendezimierung haben. Findige Leute kamen nun auf die Idee, dem Symbolvogel des Elsaß einfach den Wandertrieb abzugewöhnen.

Jungvögeln wurden zunächst einmal die Flügel so gestutzt, daß sie den Park in Hunawihr nicht verlassen konnten. Nach der zweijährigen Mauser wachsen die Federn nach, die Vögel fliegen bald wie ihre »normalen« Artgenossen, nur fliegen sie nicht mehr nach Afrika, sondern bleiben im Elsaß, zumindest in der näheren Umgebung. Jenseits des Rheins, im Badischen, hat man inzwischen auch schon Hunawihrsche Störche festgestellt. Die Beringung aller aus Hunawihr stammenden Störche macht solche Beobachtungen möglich.

Im Park von Hunawihr – in Sichtweite der Weinstraße – nisten also etliche Storchenpaare, andere, noch jüngere, leben in einem Gehege, einer Voliere.

Als wir eintreffen, kreisen zwei Paare gerade in ziemlicher Höhe über dem Park. »Seht nur!« ruft Stefanie plötzlich. Einer der kreisenden Vögel ist etwas tiefer gekommen und klappt die Flügel regelrecht auf die Hälfte der üblichen Spannweite

Im Storchenpark von Hunawihr

ein. Steil kommt er herunter, breitet kurz vor dem Nest die Schwingen wieder aus, der Sturz wird gebremst, und sanft setzt der Vogel auf. Schon läßt sich der nächste herabfallen, und innerhalb weniger Augenblicke haben beide Paare ihre Nester wieder besetzt. In den Nestern sind sie fleißig: Pro Jahr vermehren sich die elsässischen Störche dank Hunawihr um rund 150 Paare. In unmittelbarer Nachbarschaft des Türckheimschen Campingplatzes nisten in diesem Jahr auch zwei Storchenpaare.

Im ohne staatliche Unterstützung geführten Park von Hunawihr leben jedoch nicht nur freie, beziehungsweise noch nicht freie Adebare, sondern auch graue und weiße Reiher, alle möglichen Enten- und Gänsearten, und auf einem Weiher gleiten gravitätisch elegante schwarze Schwäne.

Die Erfahrungen mit amerikanischen Großaquarien hat man sich in Hunawihr zunutze gemacht, um die Jagdmethoden fischefangender Tiere zu demonstrieren. Das Aquarium ist rund, hat einen Durchmesser von etwa zwölf Metern und steht im Freien. Es ist etwa 1,50 Meter tief, und die Scheiben sind so niedrig, daß auch Kinder bequem ins Becken schauen können, in dessen Mitte sich eine kleine Insel befindet.

Den Anfang macht ein Kormoran, der nach einem rasanten Sturzflug auf dem Wasser landet. Der Vogel weiß natürlich genau, was ihn erwartet. Eine Forelle wird ins Wasser geworfen, und schon taucht der Kormoran hinterher. Ohne ein einziges Mal daneben zu stoßen, greift er den Fisch mit dem Schnabel und kommt an die Oberfläche. Kormorane, so werden wir von einem Kommentator belehrt, verspeisen ihre Beute immer an der Oberfläche. Der Grund dafür ist sogleich aus nächster Nähe zu erkennen. Der Vogel kann den Fisch wegen der Kiemen und Schuppen nur mit dem Kopf voran verschlingen – und zwar gleich in einem Stück. Dazu muß er ihn so lange hin- und herwirbeln, bis er paßgerecht im Schnabel sitzt. Das geht natürlich nur an der Wasseroberfläche.

Eine zweite Forelle wird ins Becken geworfen, die der Kormoran ebenso schnell und zielsicher packt. Beim Herumgewerfe entwischt sie ihm jedoch und saust davon. Es hilft ihr nichts. Sekunden später hat der Kormoran den Fisch erneut geschnappt, und jetzt dauert es nur wenige Augenblicke, bis man die Forelle als Schwellung des Kormoranhalses in Richtung Magen gleiten sieht.

Als zweiter Jäger wird ein Fischotter angesagt, der mit seinem Forellenmenü allerdings ganz anders vorgeht. Er schwimmt zwar sehr viel eleganter unter Wasser als der Kormoran, der sich mit ruckartigen Flügelstößen vorwärts schiebt, jedoch mit dem sicheren Zufassen hapert es bei dem Pelztier. Es beißt viele Male daneben, immer wieder entkommt der Fisch. Die Kinder jubeln schon, weil sie zu dem um so vieles kleineren Beutetier halten. Aber schließlich erwischt der Otter die Forelle doch. Nun zeigt sich, wozu die Insel in der Mitte des Beckens installiert wurde. Der Fischotter kann seine Beute nämlich nicht im Wasser verspeisen. Er klettert dazu »an Land« und beißt ihr dort erst einmal den Kopf ab. Die Kinder verfolgen das Schauspiel still, ja atemlos. Der Jäger hält den blutigen Fischkörper mit den Vorderpfoten und verspeist ihn sehr schnell. Beinahe sieht es schon wieder possierlich aus. Mit dem Fang einer zweiten Forelle hat der Otter wieder Mühe. Er muß sich richtig anstrengen, bis er sie erwischt. Wieder folgt die Kopf-ab-Zeremonie auf der Insel und das hurtige Wegknabbern der Beute. Dann schwimmt der Otter zum Beckenrand und schaut hinüber, ob man noch solch einen Leckerbissen für ihn bereit hält. Diese niedliche Neugier wird von den kleinen Besuchern schon wieder mit Gelächter quittiert.

Ein zweiter Kormoran demonstriert nun sein Fanggeschick an zwei Aalen, die er nacheinander fängt und trotz erheblichen Geringels kopfüber verspeist. Dieser Kormoran bleibt nun im Becken, und es werden die Jäger der dritten Art hereingelassen. Sie stammen aus der Antarktis, es sind Pinguine, die mit dem Kormoran um die Wette nach Forellen jagen sollen. Obwohl der fliegende Fischer fast mithalten kann und die Pinguine sogar in den Schwanz zu beißen versucht, sind ihm die flugunfähigen Artgenossen aus der Kälte im Fischefangen weit über. Sie schnappen sich die Beute und verschlingen sie augenblicklich. Obwohl der Kormoran sich alle Mühe gibt, hat er jedesmal das Nachsehen. Er bekommt also zu seinen Aalen keinen Forellennachtisch mehr.

Auf der Rückseite der Eintrittskarte zum Storchenpark und Fischfang-Spektakel finden sich Hinweise auf weitere zoologische Attraktionen des Reviers. Wenige Kilometer weiter, bei Kintzheim, das ebenfalls an der Weinstraße liegt, gibt es die »Montagne des Singes« sowie die »Volerie des Aigles«, also den »Berg der Affen« und die »Adlerwarte«. Stefanie wünscht sich, erst einmal die Affen zu besuchen.

Also fahren wir an einem der nächsten Tage nach Kintzheim. »La Montagne des Singes« ist gut ausgeschildert und nicht zu verfehlen. Es ist ein 20 Hektar großer Bergwald, in dem die Affen das ganze Jahr über im Freien leben. Sie sind neugierig, teilweise zutraulich und fast alle naschhaft. Man darf ihnen jedoch nur Popcorn geben, von dem jeder Besucher mit der Eintrittskarte eine Handvoll mitbekommt.

Die größeren Affen sind allerdings manchmal ziemlich dreist und langen den Besuchern in die Taschen oder halten sie an der Kleidung fest.

Für Kinder ist das Affenfüttern ohne trennende Zäune, einfach so im Spazierwald, natürlich ein Mordsspaß. Es sieht auch wirklich rührend aus, wenn sich ein Affenbaby an seine Mutter klammert, wenn die Tiere sich gegenseitig lausen, wenn ein halbwüchsiges Tier seine angeborene Scheu noch nicht ganz überwinden kann und immer wieder wegläuft, um dann gleich einen neuen Annäherungsversuch zu starten. Ganz abgesehen davon – es ist schon eigenartig, Affen in heimischen Baumbeständen herumturnen zu sehen.

Der Hintergrund des Ganzen ist weniger spaßig. Berberaffen – das ist die Art, die hier lebt – sind vom Aussterben bedroht. Hier in Kintzheim wurden 1969 die ersten 150 Tiere angesiedelt. Sie haben sich dank aufmerksamer, sachkundiger Pflege sehr bald ansehnlich vermehrt. Über 200 Tiere konnten inzwischen in ihr marokkanisches Ursprungsgebiet zurückgebracht werden, wobei ihre erfolgreiche Wiedereingliederung in die völlige Freiheit von Zoologen-Teams beobachtet werden konnte.

All diese Informationen sind erfreulicherweise auf großen Bildtafeln am Eingang des Geheges festgehalten, und zwar auch in deutscher Sprache. Damit ist auch dies ein Besuch, der sich nicht nur für Kinder lohnt.

Eine der sonst vielbesuchten Frühjahrsattraktionen der Vogesen fällt 1984 aus: »La Fête des Jonquilles« in Gérardmer, das Narzissenfest. Normalerweise wird es am ersten Sonntag nach dem 20. April mit Umzügen und Volksbelustigungen aller Art begangen. Die Wiesen der Hochvogesen um Gérardmer sind dann gelb von wilden Osterblumen. Von weit her kommen die Leute in Scharen, um die Narzissen zu pflücken und ihre Autos damit zu schmücken. In Gérardmer, dem beinahe ein bißchen mondänen Badeort, führen Gruppen und Gemeinden ihre eigens angefertigten Blumenwagen im gemeinsamen Umzug vor, mit viel Musik und folkloristischem Gepränge. Da sieht man dann so Erstaunliches wie Elefanten oder gar fürchterliche Drachen – aus Tausenden von Narzissen auf Drahtgestelle gesteckt.

Dieses Fest ist also diesmal abgesagt, weil es auf Ostern gefallen wäre. Das hindert die »Jonquilles« natürlich nicht daran, pünktlich wie fleißig zu erblühen. Die Wiesen leuchten gelb wie jedes Jahr um diese Zeit, und Autos blockieren fast die Bergstraßen, weil die Insassen nebenan begeistert im Gras hocken und herausreißen, was sie an gelber Pracht nur mitnehmen können. Diese österliche Blu-

Ein Affenbaby klaubt Stefanie zaghaft Popcorn aus der Hand

menpracht wollen wir natürlich auch sehen. Ich finde bei Rochesson sogar eine wunderschöne gelbgesprenkelte, unberührte Wiese. Sie ist eingezäunt. Ich frage mich zu der Besitzerin durch, die mir überraschenderweise nicht nur gestattet, alle Fotos zu machen, die ich mir wünsche, sondern auch mit Shorty in die Pracht hineinzufahren. »Es sind so viele Blumen, wenn Sie ein paar davon zerdrücken, wird's niemand bemerken. Fotografieren Sie nur in Ruhe.«

Die Dame kommt sogar mit, um mir zu zeigen, wo ich von der Straße am besten auf die Wiese wechseln kann.

Kaum bin ich im gelbübersäten Grün, schreit jemand von der anderen Straßenseite schlimme Verwünschungen herüber. Aber er kommt nicht näher, so daß ich ihm auch nichts von meiner Genehmigung sagen kann. Ich sehe ihn zum Haus der Besitzerin rennen, dann ist Ruhe.

Erst habe ich mich, das muß ich zugeben, über den streitbaren Nachbarn amüsiert. Doch dann habe ich ihm innerlich recht geben müssen. Wie gut, wenn aufgepaßt wird, daß nicht jedermann ungefragt auf den Wiesen herumkurvt. Daß ich gefragt hatte, konnte der gute Mann ja nicht ahnen.

Oberhalb von Kintzheim, auf steilem Berg, steht eine Schloßruine. Sie ist nicht nur zur Vogelwarte für Greifvögel aller Art, sondern auch zu einem idealen Vorführplatz hergerichtet. Schon als wir uns dem Berg nähern, sehen wir einen großen Raubvogel hoch über uns kreisen.

Erwartungsvoll hat sich die Menge um das ovale Rund auf dem Schloßhof versammelt. Auf der einen Seite ragen die noch erhaltenen steinernen Rahmen der Spitzbogenfenster in den Himmel, auf der anderen ist der Blick frei bis weit ins Land, über Schlettstadt hinaus in die Rheinebene. Ganz schwach sind am Horizont die sanften Höhen des Schwarzwaldes zu erkennen.

Der Blick wendet sich wieder zum Schloß, da taucht hinter der aufragenden Ruine ein riesiger Schatten hervor, ein Ungeheuer von einem Vogel schwebt hervor, kreist kurz und läßt sich auf den äußersten Steinen nieder. »Dies, meine Damen und Herren«, läßt sich eine Lautsprecherstimme vernehmen, »gehört nicht zu unserem Programm. Das ist ein Condor, einer der größten Vögel, die es überhaupt gibt. Er ist bei uns zu Gast, lebt hier völlig frei und liebt es halt, sich gelegentlich zu zeigen. Diesmal tut er das ausgerechnet zu Beginn unserer Schau.«

Ein schwarzer Milan steigt auf, kehrt zur ledergeschützten Hand seines Lehrers zurück, fängt kleine Fleischstücke im Flug. Ein Kaiseradler startet und schwebt alsbald hoch über unseren Köpfen, zieht ab in Richtung Rhein.

»Keine Sorge«, beruhigt der Sprecher die Zuschauer, »er kommt wieder.«

Vier Geier fliegen dicht über unseren Köpfen von der Faust des einen Tierpflegers zur Faust eines zweiten. Dann steigen auch sie auf, klettern kreisend immer höher, entschwinden unserem Blickfeld.

Ein Falke versucht, im Fluge ein Fleischstück zu greifen, das ein Mann an einer Schnur immer schneller um sich herumschleudert. Der Vogel erreicht dabei atemberaubende Geschwindigkeiten. Schließlich gibt der Mann dem heransausenden Vogel mit dem linken Arm ein Zeichen, er läßt die Schnur mit dem Fleisch hoch in die Luft fliegen, und der Falke greift es sich genau in dem Augenblick, als es wieder zur Erde zurückfallen will.

»Achtung!« ruft der Sprecher. »Der erste Geier kommt zurück. Er wird gleich seinen Sturzflug beginnen.«

Aller Augen richten sich nach oben. Vielleicht hundert Meter über uns zieht der Vogel immer engere Kreise, kommt allmählich tiefer, und jetzt legt er die Flügel fast an den Körper und stürzt sich wirklich auf uns herab. Kein Fallschirmsegeln wie bei den Störchen – das ist fast freier Fall. Man hört den Fahrtwind in seinen Federn rauschen, schon ist er über dem Oval, breitet die über zwei Meter spannenden Schwingen aus und landet auf der Hand seines Pflegers.

Nacheinander kommen sie so hereingeschossen, die übrigen Geier und schließlich auch der Adler.

Ein Fischadler soll dann seine Greifkünste an einer in einem flachen Becken ausgesetzten Forelle vorführen, aber trotz mehrerer rasanter Anflüge schafft er es nicht. Die Forelle wird wieder eingefangen und darf noch einmal zurück in ihr Aquarium.

Das Eindrucksvollste sind die zielsicheren Sturzflüge der Geier – so häßlich diese Vögel nach meinem Geschmack auch sind. Nicht vergessen werde ich allerdings auch den schwarzen Milan, der so dicht

Der Otter hat der Forelle den Kopf abgebissen und beginnt genüßlich mit seiner Mahlzeit

über meinem Kopf hinwegfegte, daß ich ihn einziehen mußte. Irgendeine Scheu oder gar Respekt vor Menschen scheinen diese Greifvögel nicht zu haben.

> **Türckheim (franz. Turckheim)**
> Michelin-Karten 87 und 242, Elsaß, Département Haut-Rhin, 3600 Einwohner. Entfernungen: Paris 514 km, Gérardmer 45 km, Epinal 100 km, Straßburg 73 km, Freiburg i. Br. 54 km. Sehenswürdigkeiten: Altstadt, Tierparks bei Kintzheim (ca. 30 km nördlich), Aussicht Trois Epis (9 km), Hochvogesen bei La Schlucht (31 km westlich).

Aus dem Logbuch

Nun bin ich wieder unterwegs. Generalrichtung Süden, zum Frühling in der Provence. Zuvor möchte ich etwas über die berühmten Hühner aus dem »Bresse« lernen, wie sie rings um Bourg en Bresse gezogen werden. Es muß doch herauszufinden sein, warum sie erstens so zart und zweitens so teuer sind.

Hinter Belfort verlasse ich die N 83, um über Montbéliard und das wildromantische Tal des Doubs ins Jura zu gelangen. Bei Montbéliard beginnt doppelter Ärger. Für den einen können die Franzosen nichts, es ist das Wetter. Die Sonne verzieht sich hinter Wolkenbänke, es fängt an zu regnen. In den zum Teil sehr engen Felsschluchten des Doubs wird es also finster. Der andere Ärger dagegen ist für die Sorglosigkeit mancher Franzosen Fremden gegenüber typisch: Richtungsschilder sind in Montbéliard nur für Einheimische nützlich; denn sie geben nur Ortschaften der unmittelbaren Umgebung an. Mit denen aber kennen sich die Ortsansässigen sowieso aus, und den Fremden interessieren sie kaum. Hinweise auf Fernziele sucht man vergeblich. Oder sie sind so niedrig angebracht, daß jeder Kleintransporter sie schon verdeckt. Ich lande also irgendwo in einer Sackgasse in Sochaux und laviere mich mit Hilfe einiger Restsonnenstrahlen wieder in die gewünschte Richtung. In Pontarlier erlebe ich, daß es auch ganz anders geht. Dort ist die Beschilderung vorbildlich, auf einheitlichen grünen Tafeln sind immer wieder Fernziele angegeben, in immer derselben Höhe. Wahrscheinlich sind jedesmal örtliche Beamte für derlei zuständig. Bei uns in Deutschland gibt es ja auch Städte, in denen man sich als Fremder allzu leicht verfährt, und andere, die einen mit wirklich hilfreichen Hinweisen weiterleiten.

Kurz nach Salins erreiche ich wieder die N 83 und lande wenig später in dem Weinort Arbois auf einem platanengesäumten Parkplatz bei der Kirche. Es regnet inzwischen so stark, daß ich zu bleiben gedenke. Aus dem Heckfenster blicke ich auf Weinberge, aus denen erstes Grün herüberleuchtet. Der Lärm, den ich bald mit der Olympia mache, läßt mich das Regengepladder aufs Dach fast vergessen.

Abends läßt die Himmelsbrause etwas nach, und ich mache einen Rundgang durch das verträumte Provinzstädtchen. Die Cuisance stürzt sich in mehreren Etappen durch den Ort, rauscht und schäumt und spiegelt an einer ruhigen Passage bei der Hauptstraßenbrücke, gleich neben der Kirche, uraltes Fachwerk wider.

Am Morgen regnet es immer noch. Ich bleibe also und schreibe weiter. Zum Mittag klart es jedoch auf. Ich fahre weiter über Sons le Saunier in Richtung Bresse. Bei St. Amour – wer wird nicht neugierig sein auf St. Amour – verlasse ich die N 83, um die östlichen Höhen hinaufzufahren. Von dort oben muß es einen herrlichen Blick ins Land hinaus geben, denn die Sonne kommt jetzt hin und wieder durch. Blühender Raps bringt helle, heitere Stimmung ins Bild.

Wieder auf der N 83. Ein Schild zeigt an: »Camping a la ferme« – Camping auf dem Bauernhof. Bei Bauern müßte ich am ehesten etwas über das »Poulet de Bresse« erfahren können. Bis zur Hauptstadt Bourg sind es ohnehin nur noch wenige Kilometer. Ich lande bei Louis Chatard, dessen Frau Monique sich der Hühneraufzucht widmet, Marke »Poulet de Bresse«. Hof und Campingplatz heißen »Bon Repos« – »Gute Ruhe«. Ich bin der einzige Gast. Glück muß der Mensch manchmal haben. Das mit der Ruhe ist freilich relativ. Sie wird nämlich alle paar Minuten harsch unterbrochen. Die Hauptbahnlinie von Bourg in den Norden führt unmittelbar am Hof der Chatards vorbei. Das sind von Shortys Standplatz nicht einmal hundert Meter, und dazwischen ist nur fette grüne Wiese. Doch der Mensch ist gewöhnungsfähig. Schon nach einiger Zeit höre ich gar nicht mehr auf das Gerassel der Güterzüge, das Brummen der Dieselloks und das Heulen der Fernbahnen.

Die Sonne ist herausgekommen. Ich wasche und hänge meine Hemden in den Wind. Madame Monique hat mir versprochen, mir ihre »Elevage des Poulets« zu zeigen.

Hühner mit dem Adelsprädikat »Von der Wiese«

Nein, ein Geheimnis gibt es um die Hühner des Bresse nicht. Im Gegenteil, damit sie als Poulets ihr gesetzlich geschütztes Markenzeichen tragen dürfen, muß ihre Aufzucht strengen Regeln folgen, die demnach bekannt sind und deren Einhaltung ständig geprüft wird. So ähnlich, wie es auch mit dem besseren Wein geschieht, der das Kontrollzeichen »Appellation controllée« trägt. Diese Hühner haben eins mit Eiern gemeinsam: Eins sieht aus

Die besten Hühner der Welt kommen aus dem »Bresse« – davon sind die Züchter des »Poulet de Bresse« überzeugt. Auf jeden Fall fangen all diese berühmten Leckerbissen als Küken an. Monique Chatard zieht jedes Jahr 6000–7000 davon groß, zur Freude aller Feinschmecker

wie das andere. Sie sind alle weiß, haben alle blaue Beine und einen einfachen Kamm. Ein wenig gegen die auch in Frankreich geltenden Bestimmungen über vergleichende Werbung lobt ein offizieller Prospekt die Vorteile des »Poulet de Bresse« gegenüber dem sogenannten Industriehuhn. Statt einer halben Milliarde Fabrikationshühner bringen die Bauern des Bresse pro Jahr nur eine Million ihrer kostbaren Exemplare auf den Markt. Ihr Wachstum wird nicht durch hormonale Gaben oder andere chemische Beimengungen auf sechs bis acht Wochen verkürzt, sondern sie dürfen sechzehn Wochen alt werden, bis sie schlachtreif sind.

Madame Monique zeigt mir, wie es bei ihr zugeht.

Die Tiere werden als Eintagsküken gekauft und vier Wochen im Gluckenstall mit handelsüblichem Futter versorgt – Fette sind dabei nicht gestattet. Danach wird das weiße Federvieh auf die Wiese geschickt, darf dort nach Herzenslust scharren und laufen und fressen, aber eben nur Wiese! In dieser Zeit des stärksten Wachstums leben die Hühner also nur von grünem Gras. Die fünfzehnte und sechzehnte Woche seines kurzen Lebens verbringt das Bresse-Poulet wieder im Stall und wird dabei nur mit Mais und Milcherzeugnissen ernährt. Jedes Tier bekommt einen Metallring mit Nummer ans linke Bein, über die der »Hersteller« zu ermitteln ist, und der Schlachter heftet das dreifarbige Markenzeichen an den Hals.

Bresse-Poulets werden grundsätzlich nicht gefroren und dürfen nur frisch verkauft werden. Wer von der fabrikationsmäßigen Massentierhaltung weiß, wird zudem erfreut sein über eine weitere wichtige Regel: Bresse-Hühner dürfen nur in Trupps von höchstens 500 Stück leben.

Monique Chatard liefert pro Jahr zwischen 6000 und 7000 Hühner ab. Ihr Mann muß dafür – auch das gehört zu den Regeln der Aufzucht – pro 1000 Hühner einen Hektar Mais anpflanzen, damit die vorgeschriebene Ernährung auch gesichert ist. Kein Wunder, daß diese adeligen Federviecher von der Wiese gut dreimal so viel kosten wie ihre schnellgemästeten und tiefgefrorenen Artgenossen. Sie sind halt noch so etwas wie handgefertigt, wenn der Vergleich erlaubt ist.

Aus dem Logbuch

Wieder unterwegs, weiter Richtung Süden. Zwischen Voiron und Grenoble am Straßenrand eine Erinnerungsszene an die »Volerie des Aigles«. Ein Bussard landet auf der Spitze eines Telegrafenmastes, und sofort wird er von einer Krähe angegriffen. Der Bussard sucht das Weite. Bisher wußte ich nur, daß Krähen auf Eulen und andere Nachtvögel losgehen, und das nur in Gemeinschaft.

Mittagspause am Rande des weitläufigen, heute sonnendurchfluteten Parc Paul Mistral, gleich neben dem Rathaus. Zum Verdauungsspaziergang durch den Park nehme ich die Contax mit. Einige leuchtend blaue Blumen möchte ich mit dem Makro ganz aus der Nähe aufnehmen, da blockiert etwas in der Kamera. Es ist Sonnabend, da wird keine Werkstatt mehr aufhaben, wenn es überhaupt einen Spezialisten für solche Sachen in Grenoble gibt. In einem Fotogeschäft erfahre ich: Es gibt einen. Aber ob er Montag morgen im Geschäft ist, hält man für fraglich. Viele Läden sind montags vormittags in Frankreich geschlossen. Ich muß es wohl darauf ankommen lassen und übernachte auf dem Platz Vaucanson in der Innenstadt. Bin sehr verärgert. Klar.

Sonntags beim Frühstück denke ich über die Situation noch einmal nach. Soll ich hier den ganzen Tag herumsitzen und nichts tun? Vergeudete Zeit. Da könnte ich besser einige Kilometer hinter mich bringen, und wenn es unterwegs etwas zu fotografieren gibt, habe ich ja noch die anderen Kameras. Wohin also? Marseille mag ich nicht, da hat es beim letzten Aufenthalt zu sehr geregnet. Nizza habe ich noch nicht gesehen, jedenfalls nicht mit Shorty. Also über die Seealpen abgedampft in Richtung Nizza. Lange Zeit folge ich der sogenannten Route Napoleon – wenn auch in umgekehrter Richtung. Das ist die Straße, die Napoleon nach seiner Flucht von der Insel Elba genommen hat, um sich Paris und möglichst auch Europa wieder zurückzuerobern. Als er von Elba verschwunden war, schrieben die Zeitungen in Paris: Der Rebell ist geflohen. Kurz darauf hieß es: Der Usurpator ist in Frankreich gelandet. Und endlich hieß die Schlagzeile: Der Kaiser ist in Paris. 100 Tage später erlebte er Waterloo, wo der englische General Wellington sich so gut auf die Preußen verlassen konnte, und der Kaiser mußte endgültig abdanken. Auf der Route Napoleon wird das Andenken des großen Korsen heute noch besonders lebhaft gepflegt. Hier wird eine Wiese gezeigt, auf der er biwakiert haben soll (am Hang ein altes Gehöft, das malerisch in der Sonne liegt. Vielleicht tat es das schon zu Zeiten des Heimkehrers Napoleon?), Hotels und Restaurants zu Hauf tragen seinen Namen. Verbürgt ist die Geschichte von den Truppen aus Grenoble, die ihn festnehmen sollten. Er rief ihnen entgegen: »Ich bin euer Kaiser, wenn ihr mich erschießen wollt, hier bin ich!« Der Schießbefehl wurde gegeben, aber von keinem einzigen Soldaten befolgt. »Bis dahin war ich Rebell, danach war ich Prinz«, schrieb Napoleon später über diese Episode.

Die Kiefern auf den Berghöhen tragen oft eigenartige, etwa kinderkopfgroße Gespinste. Möchte wissen, wer so etwas baut. Eine Motte? Eine Spinne? Webervögel gibt es hier meines Wissens ja wohl nicht. Die sind in den Tropen zu Hause.

Nizza. Sonne, aber noch kühle Luft. Ich komme über die berühmte Promenade des Anglais herein. Sie wurde nach reichen Engländern benannt, die sie einst bauen ließen. Ausgerechnet schräg gegenüber dem alten Nobelhotel Negresco finde ich einen freien Parkplatz. Da habe ich Blick aufs Meer, wenn auch nicht auf den tiefliegenden Strand, auf dem sich die ersten Mädchen einen Busenbrand holen.

Am anderen Morgen stehe ich um neun vor dem ersten Laden, der Fotoapparate anbietet. Es ist leider einer von denen, die montags regelmäßig blaumachen. Diesen hier scheint auch nicht zu stören, daß morgen Feiertag ist. Tag der Kapitulation der Deutschen. Das war vor 39 Jahren, es ist also immer noch ein Grund zum Feiern. Ein Sprecher im Radio hat sich gestern abend noch darüber mokiert. Eine Umfrage habe ergeben, erzählt er, daß mehr als die Hälfte aller Franzosen, und bei den Frauen sei dieser Anteil noch höher, daß also die meisten Franzosen der Meinung sind, Frankreich habe seine Befreiung aus eigenen Kräften bewerkstelligt. Von einer Beteiligung der Amerikaner wissen die wenigsten. Auch so läßt sich Vergangenheitsbewältigung betreiben: verdrängen. Aber ich wollte mich ja nicht in innerfranzösische Verhältnisse einmischen. Nur – der Tag morgen geht uns Deutsche ja auch an, oder etwa nicht?

Trotz superlangen Wochenendes – der freie Dienstag verführt halt dazu, wenn bei uns etwa der 17. Juni auf einen Dienstag fiele, wäre es ja auch nicht anders – hat ein kleiner Fotoladen geöffnet. Der Besitzer ruft einen befreundeten Feinmechaniker herbei, der mit meiner geliebten Contax freilich umgeht, und das mit Riesenpranken, daß mir angst und bange wird. Er vermutet Schwäche der Batterien, hat also keine Ahnung vom Batteriecheck. Der kennt die Kamera also gar nicht. Ich entreiße ihm das gute Stück und erkläre, daß ich lieber nach Marseille fahren will, wo es sicher eine entsprechende Werkstatt gibt. Der Dicke nickt und nennt mir sogar eine Adresse. Also lasse ich Nizza Nizza sein und gondele langsam die Côte d'Azur entlang, mit großem Bogen um St. Tropez, in Richtung Marseille. Das St.-Tropez-Ausweichmanöver bringt mich von der Hauptstraße auf einen sogenannten Itinéraire bis – den zweiten Weg, der aber landschaftlich sehr reizvoll ist. Meist wird er durch grüne dicke Pfeile angezeigt. In diesem Fall führt er am »Massif des Maures« entlang, an dessen Hängen ein ganz spezieller Wein wächst, eben der »Vin des Maures«. Der Name stammt übrigens nicht von den Mauren, die hier in der Tat lange Zeit die Herren waren, sondern von dem Dialektwort »maouro«, das soviel wie schwarz bedeutet und sich auf die dunklen Wälder aus Kiefern, Korkeichen und Kastanien bezieht, die die Höhen bedecken. Ein provenzalischer Schwarzwald also. Als ein Campingplatz unter Kiefern und Olivenbäumen lockt, schwenke ich kurzentschlossen ein und bleibe die Nacht vor dem Kapitulationstag dort.

Der wird an manchen Orten noch mit viel Gepränge gefeiert. Wer sich an die

Geschichte erinnert, wundert sich ein bißchen darüber, aber nicht nur die Franzosen haben Geschick darin, fröhlich zu sein, wenn eigentlich Nachdenklichkeit angebracht wäre. In Bandole komme ich in eine solche Veranstaltung. Würdige Herren stehen auf der Straße, viele mit Auszeichnungen an der Brust, eine Musikkapelle spielt, und irgend jemand reicht jemand anderem, der auch sicher sehr wichtig ist, die Hand. Die Kollegen Fotografen von der Lokalpresse haben nur einen Platz, das alles für die Geschichte eindrucksvoll festzuhalten: die Straße. Ich bleibe also stehen und warte das gewiß denkwürdige Ereignis ab. Übung in Geduld tut sowieso not; denn am Eingang von Bandole habe ich mich eben noch über ein Schild geärgert, das Campingcars, also Wohnmobilen, das Parken in der Stadt schnöde untersagt.

Wenig später bin ich in Le Ciotat. Die Stadt hat einen mittelprächtigen Strand, eine Werft und einen eindrucksvollen Port de Plaisance. In diesem Sporthafen lockt mich der schon vorher angekündigte Parkplatz. Ich parke und mache erst einmal einen Rundgang. Mein altes Taucherherz erfreut sich an dem wunderschön klaren Hafenwasser. Der Grund ist deutlich zu erkennen. Sogar die Fischarten sind gut voneinander zu unterscheiden. Ich sehe kleine und größere Marmorbrassen. Äschen rudern in Rudeln behäbig vorbei. Außerhalb des Hafens hat eben eine Gruppe von Tauchern Kurs aufs offene Meer genommen. Ihre Sicherheitsballons ziehen einträchtig nebeneinander her. Erinnerungen werden wach. Nicht weit von hier habe ich vor einem Vierteljahrhundert mit dem Tauchen angefangen. Eine Weile höre ich den Angehörigen zu, die am Ufer auf die Rückkehr der Aquanauten warten und sich inzwischen von deren Wundertaten erzählen.

Ich gehe zu Shorty zurück, stelle die Schreibmaschine auf den Tisch und fange an zu arbeiten. Da klopft jemand. Eigenartig, jeder, der bisher geklopft hat, versuchte auch gleich, die Tür zu öffnen. Mit gutem Grund, denke ich, halte ich den Wagen immer von innen verschlossen. Um es gleich dazuzusagen: Ich parke grundsätzlich so, daß ich sofort vorwärts wegfahren kann, wenn es nötig sein sollte. Umständliche Wendemanöver erledige ich deshalb immer sofort.

Ich gehe an die Tür und drehe das Fenster herunter. Ein Mann mit Schiffermütze meint, ihm persönlich sei es ja egal, aber er wolle mich darauf hinweisen, daß Campingcars im Hafengebiet nicht parken dürften. Bevor ich also Ärger mit der Polizei bekäme...

Also stelle ich alles auf den Boden und fahre eine Minute später los. Diskutieren ist da sinnlos. Vielleicht habe ich das entsprechende Verbotsschild ja übersehen.

Außerdem ist mir die Lust vergangen. Ich nehme zunächst genau den Weg, den ich gekommen bin, blicke mich sorgfältig um, aber ich kann keinerlei Verbotshinweise entdecken. Was soll's, ich will jetzt weiter. Bei der Stadtausfahrt werde ich wieder einmal Opfer französischer Unbekümmertheit. Umleitung wegen Straßenarbeiten. Na gut. Ich folge der »Deviation«. Oder besser, ich bin bereit, ihr zu folgen. Ein weiterleitendes Schild kann ich nirgends finden. Natürlich lande ich in einer Sackgasse, die so eng ist, daß ich viele Male zurück- und wieder vorsetzen muß, bis ich aus der Klemme bin. Mit Hilfe der Sonne mogele ich mich wieder zur Hauptstraße zurück.

Cassis könnte die letzte Möglichkeit bieten, einen Parkplatz am Wasser zu finden. Erfreulich – ein Hinweisschild »Parking du Port« verheißt Gutes. Drei-, viermal lotst es in Richtung Hafen. Schließlich geht es steil bergab, genau auf eine Kette zu, an der ein Schild hängt: »Begrenzung auf 1,90 m«. Höher ist die Kette auch nicht. Shorty ragt 3,20 m in den Himmel. Ich rette mich nach rechts in eine Baustelle, die zufälligerweise trotz Kapitulationstag in Betrieb ist. Es wird Beton gegossen. Deshalb wohl muß durchgearbeitet werden. Die Bauarbeiter winken mich bei dem schwierigen Wendemanöver zwischen Betonpfeilern, gähnenden Löchern und Baugerät hindurch. Ich verlasse Cassis und habe von kleinen Mittelmeerhäfen erst einmal die Nase voll.

Auf den scheinbar kahlen Höhen vor Marseille meine ich bunte Tupfen in der grauen Macchie gesehen zu haben. Bei der nächsten Gelegenheit halte ich an und schaue nach den Farbklecksen in der Landschaft. Es sind Blumen über Blumen. Kleine blaue Sterne, roter Mohn, hellblau blühender Rosmarin, allerlei Gelbes, Lilien in einem beinahe morbiden Violett und etliche andere, die ich nicht sofort bestimmen kann. Es lohnt sich also, zumindest im Frühling, in der Macchie herumzustöbern. Rosmarin und Thymian für die Bordküche habe ich erst einmal genug.

Weil ich in Marseille jenen Optiker um Rat fragen will, der kürzlich meine Brille so prompt repariert hat – der Mann verkauft auch Fotoapparate –, brauche ich einen Parkplatz in dessen Nähe. Da ist am ehesten der alte Hafen »Le Vieux Port« geeignet. Genau da, wo ich vor wenigen Wochen wegen Stadtekels und Dauerregen geflohen bin, genau dort finde ich in diesem von Sonntagsspaziergängern überfluteten Stadtteil einen Parkplatz, 25 Meter vom Wasser entfernt, mit Blick auf Segel- und Motorboote und auf die vorbeiflanierende Menge. Diesmal meint Marseille es gut mit mir.

Rage de Telefon

Allerdings hilft es mir auch zu einer etwas bitteren Erkenntnis. Wieder einmal muß ich drei Telefonzellen ausprobieren, bis ich einen funktionierenden Apparat finde. Dem einen sieht man seine Macken äußerlich nicht an, aber er nimmt das Geld, ohne eine Verbindung herzustellen. Beim nächsten fehlt die Sprechmuschel, in der dritten Zelle ist der ganze Apparat aus der Verankerung gerissen. Ich schaue zurück, sehe in einiger Entfernung, wie ein Mann wütenden Gesichts auf den Apparat einschlägt, der Geld nimmt, ohne dafür zu arbeiten. Dabei kommt mir die angekündigte Erkenntnis: In Frankreich funktionieren viele Telefone deshalb nicht, weil sie kaputt sind, sondern sie sind kaputt, weil sie nicht funktionieren. Ein Widerspruch? Nein. Sinnlose Zerstörungswut, diesen schrecklichen Slum-Vandalismus, gibt es hier auch – sicher aber nicht häufiger als woanders.

Die offenbar größere Zahl demolierter Telefone aber ist nicht darauf zurückzuführen. Viele Zerstörungen gehen auf die schlichte Wut sonst gesitteter Menschen zurück, die nach dem soundsovielten Versuch schlechthin verzweifeln und auf den Apparat einschlagen oder an ihm herumreißen. Weil sie sich von dieser unvollkommenen Technik genasführt fühlen. Ich habe auch manchmal Lust gehabt, draufzuschlagen. Getan habe ich es nicht, aber dicht davor war ich öfter. Irgendwann könnte aber auch mich die »Rage de Telefon« packen. Wer weiß.

Manche Geschichten ergeben sich auf die einfachste Weise. Die Freunde in Paris wollten bei meinem letzten Besuch die nächsten Ziele wissen.

»Das Elsaß, dann die Provence, möglicherweise das Languedoc, das ich viel zu wenig kenne, wohl auch Carcassonne, Les Baux...«

Im Languedoc kannten sie jemanden, von dem sie annahmen, er könne mir mit Ideen und Kontakten helfen: Monsieur Claude Siegfried, den Chef des Office de Tourisme von Cap D'Agde. Sie gaben mir die Telefonnummer mit.

Cap D'Agde, soviel wußte ich, ist ein neu an der Mündung des Hérault erbauter Ferienkomplex. Ich dachte an die Betonterrassenanlage von La Grande Motte und an das nicht minder schreckliche Port Camargue und habe deshalb bislang nicht angerufen. Aber hier in Marseille tue ich's dann doch.

Dieser Monsieur Siegfried ist offenbar ein Mann von ungewöhnlich schneller Auffassungsgabe. Ich brauche gar nicht lange zu erklären, worauf es mir ankommt.

»Ich habe den richtigen Mann für Sie. Monsieur Fonquerle hat als Unterwasser-Archäologe bedeutende Funde gemacht und ist außerdem ein brillanter Geschichtenerzähler. Ihr einziges Problem wird es sein, herauszufinden, welche seiner Geschichten wahr, welche halbwahr und welche erfunden sind. Er ist auf jeden Fall ein höchst interessanter Mann. Kommen Sie her, ich bringe Sie mit ihm zusammen.«

Ich antworte, daß ich mich wieder melden werde, bedanke mich und lege auf.

Ganz wohl ist mir nämlich immer noch nicht. La Grand Motte und Port Camargue gehen mir nicht aus dem Sinn. Allerdings, wenn dieser Monsieur Fonquerle wirklich ein solch faszinierender Plauderer ist, lohnt es sich wohl doch, denke ich. Erst aber muß ich wissen, ob meine Kamera hier repariert werden kann. Morgen soll ich diese Leute anrufen.

In Marseille möchte ich die Nacht über nicht bleiben. Also fahre ich gen Norden, etwas über Aix en Provence hinaus und finde den kleinen, aber sehr hübsch angelegten Campingplatz »Filebrige«, der auf dem Plateau d'Entremont liegt und ein zauberhaftes Provence-Panorama mit der »Chaine de la Trévaresse« als malerischem Hintergrund bietet. Überall Zypressen und Pinien, einzelne Bauernhöfe und Weinfelder im ersten Grün. Eine Gegend, in der man lange bleiben möchte. Eine verwunschene Schloßruine hat's auch – im nahen Puyricard.

Am nächsten Mittag erhalte ich die zugesagte Auskunft. Leider ist sie negativ: Es müßten Ersatzteile angefordert wer-

Blumen aus der Macchie bei Marseille: eine morbidviolette Lilie und...

den, Reparaturdauer zwei Wochen. So lange will und kann ich nicht warten. Da muß ich mir eben einstweilen mit den anderen Apparaten helfen.

Kurz entschlossen rufe ich den schnellen Monsieur Siegfried an und melde mich für den nächsten Nachmittag bei ihm an.

St. Gilles. Ein etwas verschlafen wirkendes Nest in der nordwestlichen Camargue. Es gibt einen recht ordentlichen Campingplatz, gestiftet von der Lokalzeitung. Unweit der Kirche finde ich versteckt eine bretonische Crêperie, in der ich ein Menü für 35 Francs esse, etwa 12 Mark. Vorweg ein Crêpe Jambon, ein Schinkencrêpe mit Ei, dann eine Muschel St. Jacques und zum Schluß ein Crêpe flambée. Dazu habe ich eine Flasche Cidre aus der Normandie getrunken, und der Wirt hat mir erzählt, daß er im Urlaub immer in die bretonische Heimat fährt, und daß er leider keinen Alkohol ausschenken darf, weil er so dicht bei der Kirche residiert. Einen Calvados zum Abschluß gibt es darum diesmal nicht.

Auf der Weiterfahrt habe ich von den Höhen vor Vauvert einen schönen Blick einerseits auf die Ebene der Camargue und andererseits auf die Höhen de Hérault. Ich finde blühenden Thymian.

Cap D'Agde. Erst bin ich vorbeigefahren, weil ich auf Betontürme gewartet habe. Aber nichts dergleichen. Plötzlich erreiche ich das alte Agde, das nur wenige Kilometer weiter liegt. Also umgekehrt und diesmal auf die Beschilderung geachtet. Dieses ockerfarbige Dorf an der Küste ist tatsächlich das neue Cap D'Agde. Nur wenige hohe Gebäude, alles in Gelb- und Brauntönen getüncht.

Freundlich.

Monsieur Siegfried greift, kaum, daß ich sein Büro betreten habe, zum Telefon und läßt sich mit Denis Fonquerle verbinden, bittet ihn, mir seine Arbeiten zu erläutern und zu zeigen, und möglichst ein bißchen auch die Gegend. Termin morgen früh um halb zehn. Mir wird ein Platz auf dem nahen Gemeinde-Camping zur Verfügung gestellt. Monsieur Siegfried arbeitet wirklich mit zwar sanfter, aber spürbarer Effektivität. Hinter seinen Brillengläsern funkeln verflixt wache Augen. Ein Intellektueller im Tourismusgeschäft.

5000 Jahre mit Denis Fonquerle

Monsieur Fonquerle dagegen ist von ganz anderem Zuschnitt. Pünktlich holt er mich mit seinem Kombi ab. Ein Mann, der breit auf der Erde steht. Aus seinem offenen, erwartungsvoll gespannten Gesicht sehen mich graublaue Augen an. Seine Prinz-Heinrich-Mütze gibt ihm etwas Nordisches, aber als er losredet, habe ich sogleich Mühe, ihm zu folgen. Er spricht rasend schnell, und das in einem singenden mediterranen Tonfall. Kaum haben wir die üblichen Höflichkeitsfloskeln ausgetauscht, lädt er mich zum Einsteigen ein. Bevor er losfährt, fragt er: »Was wollen Sie von mir wissen?«

»Alles«, antworte ich, »alles, was Sie mir in kurzer Zeit über Ihre Unterwasserforschungen und über Ihre Heimat mitteilen können.«

Fonquerle schnauft. Schlägt mir auf den linken Schenkel, schnauft wieder und meint: »Sie haben ja gar keine Ahnung, was Sie da von mir verlangen. Keine Ahnung. Aber versuchen wir es mal.«

Er zeigt durch die Frontscheibe. »Sehen Sie den Berg da vorn, den mit dem alten Leuchtturm und der Fernseh-Relais-Station? Waren Sie schon oben?«

Ich schüttele den Kopf.

Er aber nickt. »Dann müssen wir hinauf. Am besten, wir fangen da oben an. Auf dem Mont St. Loup.«

Während wir alsbald über enge, grauschottrige Serpentinen den Berg vom heiligen Wolf hinaufkurven, erklärt Fonquerle: »Dies ist ein alter Vulkan. Er hat zum Reichtum dieser Gegend beigetragen, mit seinem Basalt zum Beispiel. Die Griechen haben sich immer von Vulkanen angezogen gefühlt, weil sie dem Element Feuer sehr zugetan waren. Bisher hat man geglaubt, Agde sei eine griechische Gründung. Aber hier haben schon viel früher Menschen gelebt. Ich habe es bewiesen. Aber davon später. Schon Ptolemäus hat den Vulkan erwähnt. Heute ist in dem längst geschlossenen Krater ein Schießstand. Schlimm. Sehen Sie da links die Basaltbrocken? Ich glaube, ich sollte etwas langsamer sprechen, wie?«

...gleich daneben die leuchtend gelbe Blüte des Habichtkrauts

Denis Fonquerle ist nicht nur ein Mann der Tat, er ist auch ein nimmermüder Erzähler. Seine Freunde nennen ihn den Marcel Pagnol des Meeres, vergleichen ihn mit dem großen Erzähler der Provence

Wir sind oben und steigen aus. Ich zeige auf rotbraunen Aschenboden. »Solche Asche findet man auch auf dem Vesuv.«

»Genau«, sagt er und wendet sich dem Ausblick nach Norden zu.

Das ganze Bassin von Thau ist zu übersehen, mittendrin die dunkel sich abhebenden rechteckigen Austernkulturen. Mèze kann ich ausmachen, und rechts oben Sète mit seinem auffälligen Berg. Nach Süden reicht der Blick bis in die Gegend von Narbonne.

»An besonders klaren Tagen kann man von hier bis Spanien sehen. Das sind in Luftlinie rund 80 Kilometer. Dann sind die Pyrenäen zu erkennen.«

Fonquerle beschreibt mit dem Arm einen großen Kreis. »In dieser Gegend habe ich in den letzten 25 Jahren mit meinen Tauchern 26 antike und historische Fundstellen und sechs prähistorische Niederlassungen entdeckt, und zwar an der Küste, im Bassin von Thau und im Bett des Hérault. Wir haben Hunderte von Amphoren aus den verschiedensten Zeiten herausgeholt und ...«

Ich unterbreche ihn. »Amphoren welcher Herkunft?«

Er lächelt und zählt auf: »Etruskische, griechische, römische, anatolische, kartagische, iberische, afrikanische, gallische ...«

»Und wo sind die jetzt?«

»Ich werde sie Ihnen zeigen, jedenfalls einen Teil davon. In zehn Zimmern, dicht an dicht gelagert. Sie werden sehen. Dann haben wir sehr schöne Bronzen gefunden, ich kann ihnen eine Geschichte des Ankers vorführen. Wir haben Teile alter Hafenbauten geborgen. Reste griechischer Tempel, und ich weiß heute genau, wie die antiken Schiffe gebaut wurden.«

Ich mache ein paar Aufnahmen und zeige bewundernd auf die Pracht wilder Blumen. »Die muß ich im Vordergrund haben.«

Er hält mich am Arm fest, grinst und erzählt: »Von diesen Blumen kann ich Ihnen eine hübsche kleine Geschichte erzählen. Es ist keine Legende, sondern wirklich passiert, wenn es auch schon eine Weile her ist. Ich habe einmal die große Ehre und das wirklich außerordentliche Vergnügen gehabt, diese sehr aparte kleine und so sehr energische Königin von Siam durch Agde zu führen. Sirikit heißt sie. Es war ein langer Wagentroß, der sich damals durch das alte Agde bewegte. Vorweg fuhr Polizei, hinterher fuhr Polizei. Vor lauter Sicherheit konnten wir uns kaum bewegen. Aber diese kleine Königin war sehr charmant. Wegen der schönen Aussicht hier oben sind wir mit der ganzen Kolonne auch auf den Mont St. Loup gefahren. Alles war sorgfältig bis ins Kleinste geplant. Man hatte mir eingeschärft, nicht die geringste Abweichung einzulegen, weil man meine Neigung zur Improvisation ja kannte. Hier oben also hat sich die Königin umgesehen. Die Landschaft hat sie weniger interessiert, obwohl die Sicht an diesem Tage sehr gut war. Aber die Blumenpracht hat sie begeistert. Ich will welche pflücken, hat sie gesagt. Ich habe entgegengehalten, daß das nicht vorgesehen sei. Es stand nicht im Protokoll. Sie hat mich angefunkelt mit ihren schwarzen Augen und verlangt, daß ich mich bei der Weiterfahrt ans Steuer ihres Wagens setzen sollte. Ich sagte, das geht nicht, Majestät, das ist so nicht vorgesehen, das darf ich nicht. Da hätten Sie die kleine Person aber erleben sollen. Sie hat mich wieder angefunkelt und mich angezischt, daß sie mir nun den Befehl gibt, ihren Wagen zu fahren. Was sollte ich tun, ich habe gehorcht. Kaum waren wir wieder auf dem Rückweg in die Stadt zu irgendeinem Empfang, ich weiß nicht mehr, bei wem, da verlangte sie, ich solle in Agde in eine dieser schönen engen Seitengassen einbiegen und mit ihr auf den Berg zurückkehren. Sie wollte nun einmal Blumen pflücken. Was blieb mir anderes übrig als abermals zu gehorchen. Ich kenne ja mein Agde. Ich bin also mit Königin Sirikit im geeigneten Moment aus der Kolonne ausgeschert. Zunächst hat das auch niemand bemerkt, nur bei dem Empfang war sie eben nicht mehr dabei. Sie hat hier oben einen Arm voll Blumen gepflückt und war wohl ein bißchen glücklich dabei. Dann kamen die Sicherheitsfritzen und haben uns zu dem Empfang geholt. Sie können sich vorstellen, mein Lieber, einesteils hat mich das ziemlich aufgeregt, und andererseits hat es mir ungeheuren Spaß gemacht, mit der kleinen Königin so einfach auszureißen, hierher auf den Mont St. Loup.«

Denis Fonquerle strahlt über sein breites Gesicht. Er erinnert mich ein bißchen an Jacques, diesen Erzkomödianten.

Wir fahren durch die Innenstadt von Agde. Uralte Gemäuer, engste Gassen. Fast alle Grundmauern aus Basalt. Viele kleine, gittergeschmückte Balkone. Die Menschen könnten aus aller Herren Ländern hergekommen sein, vornehmlich aus dem Süden. Ihre Vorfahren sind das ja auch. Eben Etrusker, Phönizier, Griechen, Kelten, Karthager, Zigeuner, Römer, Araber. Ich erinnere mich an den Barmann in Mèze. Es kommt mir vor, als hätte er hier lauter Brüder und Schwestern.

Die Kathedrale ist ein kantiger, dunkler Basaltbau. Monsieur Fonquerle erzählt: »Sie hat schon eine Menge erlebt. Zum Beispiel das denkwürdige Konzil von 506, als die Bischöfe die Ehelosigkeit der Priester beschlossen. Das war hier. Der Beschluß hat die Herren allerdings nicht davon abgehalten, fleißig Nachkommen in die Welt zu setzen. Damals. Nur eben nicht mit Ehefrauen.«

Wir steigen aus, und er führt mich zu einem Eckhaus, an dem in mehr als Mannshöhe ein steinerner Kopf angebracht ist.

»Sehen Sie genau hin. Es ist eine Frau mit orientalischen Zügen. Mit edlen Zügen. Sie trägt ein Diadem. Ich finde, man sieht sofort, daß sie eine Frau königlicher Herkunft ist. Und sehen Sie sich das Haus gegenüber an, das mit den vielen Gittern. Zu all dem gibt es eine Geschichte: Einer unserer Handelskapitäne hat vor vielen Jahren, die Daten sind nicht mehr bekannt, im Orient einen König von unermeßlichem Reichtum kennengelernt. Dieser Monarch hatte eine wunderschöne Tochter, und es gelang dem Kapitän, das Vertrauen des Königs und die Gunst der Tochter zu gewinnen. Er heiratete das Mädchen und kehrte, natürlich reichlichst beschenkt, mit seiner jungen Frau heim nach Agde. Oder er wollte jedenfalls mit ihr heimkehren. Unterwegs bekam seine Frau ein Baby, es gab dabei Komplikationen, ein Arzt oder gar eine Hebamme waren nicht an Bord, Mutter und Kind starben und wurden, wie es damals üblich war, über Bord geworfen.

Der Kapitän kaufte sich nach der Heimkehr das Haus da drüben, das mit den Gittern, und ließ die Seefahrt künftig Seefahrt sein. Er hatte seine Schäfchen ja im Trockenen. Jemand aus seiner Mannschaft muß wegen der Umstände beim Tode der jungen Frau und des Kindes einen schlimmen Verdacht gehabt haben. Jedenfalls hat er dieses Eckhaus erworben und den Kopf hier angebracht. So hatte der Kapitän die Geschichte ständig vor Augen. Lange hat er das nicht ausgehalten; bald ging er hin und hängte sich auf.«

Wir fahren zum Fluß hinunter. »Sehen Sie die steinernen Pfosten? Von der Mündung bis hierher standen davon an jedem Ufer alle 25 Meter einer, und die meisten stehen noch heute und werden immer noch benutzt. Wieviel Schiffe mögen wohl im Laufe der Jahre daran vertäut gewesen sein. Nun stellen Sie sich aber auch einmal vor, was das bedeutet: Vier Kilometer lang alle 25 Meter ein Pfosten! Agde war seinerzeit einer der größten Häfen des Mittelmeers! Noch um 1500 hat man sich hier im Rat darüber gestritten, ob nun eine Brücke über den Hérault gebaut werden soll oder nicht. Haben Sie eine Ahnung, welche Argumente gegen den teuren Bau vorgebracht wurden? Ich will es Ihnen verraten: Wozu eine Brücke bauen, wenn der Hafen ständig derart voller Schiffe liegt, daß man jederzeit bequem trockenen Fußes auf die andere Seite kommen kann!

Es wird Zeit, daß ich Ihnen die Herkunft des Namens Agde erläutere. Er stammt aus dem ersten Teil eines griechischen Doppelwortes: Agathe-Tyché. Das war seinerzeit der Sinnspruch der Seefahrer und bedeutete »Gute Zukunft« oder »Glückliches Schicksal«. Die Einwohner von Agde nennen sich heute noch Les Agathois. Mit Recht wurde dieser Hafen so genannt, denn hier erfüllten sich die Träume der Griechen in besonderer Weise. Dieses Land war reich: Es gab diesen Flußlauf als Hafen und als Verbindung ins Hinterland. Ringsum fanden sich immense Salzfelder. Der Vulkan lieferte Steine zum Bauen und Schotter für die Straßen. Beides wurde weithin exportiert. Oliven wurden angebaut, Wein. Es gab Quellen genug, fischreiche Seen, Wälder ringsum. In dieser von der Natur so reichlich gesegneten Region haben 700 Jahre vor der Zeitrechnung schon die Etrusker Niederlassungen gehabt! Und jetzt werde ich Ihnen Dinge zeigen, die meine Behauptungen beweisen. Kommen Sie mit.«

Er schließt ein Tor auf, und wir befinden uns in einem geschlossenen Hof. Links, vor einem Haus, liegen steinerne Gegenstände, deren Bewuchsspuren verraten, daß sie lange im Meer gelegen haben. Geradeaus stehen meterhohe, fast kugelförmige Amphoren.

Denis Fonquerle hebt einen der Steine zur Linken hoch und erklärt: »Hier kann ich Ihnen anhand unserer Funde die Geschichte des Ankers demonstrieren. Sie ist jahrtausendealt und stammt aus dem Meer und aus unserem Fluß, dem Hérault. Sie beginnt mit dem einfachen pfahlförmigen Stein, in dessen Mitte eine Kerbe für das Tau geschlagen wurde. Sie geht weiter über den trapezförmigen Stein mit Öse im spitzen Winkel, bis hin zum Holzanker mit schweren Bleistücken und zum tonnenschweren eisernen Gerät.«

Er schließt die Tür zum Haus auf. Schon im Treppenhaus liegen, hoch gestapelt, Amphoren. Daneben steht das Kapitell einer griechischen Säule, das aus dem nahen Fluß stammt. Im ersten Zimmer – Monsieur Fonquerle macht Licht – ist der Boden bedeckt mit Amphoren. Im nächsten Zimmer dasselbe Bild, insgesamt sind es im Erdgeschoß fünf amphorengefüllte Räume. »Oben sind noch mal fünf Zimmer, ebenso vollgestopft. Wollen Sie sie sehen?«

»Nein, ich glaube Ihnen das auch so.«

»Gut. Manche Leute glauben mir nämlich immer noch nicht.«

Wir holen zwei besonders schöne Amphoren, die in eisernen Gestellen stehen, heraus zu den Kugelgefäßen. Ich fotografiere, so gut es in dem engen Hof eben geht. In einem Nebengelaß steht das fast fertige Modell eines antiken Handelsschiffes. Es ist genau wie diese ohne Nägel gefertigt, und das Segel ist nach alter Art befestigt. Das Modell dürfte fast zwei Meter lang sein.

»Das Ergebnis unserer Forschungen. So, und jetzt fahren wir erst einmal zum Essen.«

Er wiegt allerdings gleich wieder skeptisch den Kopf. »Es gibt da ein Problem. Meine Frau liebt es eigentlich nicht, so überrascht zu werden.«

»Keine Frau liebt das.«

»Eben. Andererseits habe ich keine Lust, in ein Restaurant zu gehen. Es könnte also passieren, daß Madame zu Anfang etwas reserviert ist. Aber das wird sich geben. Mit Ihnen traue ich mich schon, ohne Anmeldung aufzukreuzen.«

»Bringen wir ihr doch ein paar Blumen mit.«

Er haut mir seine Pranke auf die Schulter und lacht. »Blumen? Blumen für meine Frau? Na, Sie werden ja sehen. Fahren wir also in Gottes Namen zu mir.«

Aber die Fahrt wird noch einmal unterbrochen, denn dem quirligen Mann fällt noch etwas ein. Abrupt biegt er von der Straße ab, um einen massiven Gebäudekomplex herum, und hält am Ufer des Hérault. Das Gebäude war früher eine Mühle, die dem hiesigen Bischof zugeeignet war, der alle »Mehlrechte« besaß. Die basaltenen Einlaßöffnungen für das Wasser sind heute zugemauert.

Der Fluß ist hier breit und von einem nicht mehr ganz intakten Wehr angestaut. Möwen treiben sich auf den Bruchsteinen herum, die aus dem abströmenden Wasser ragen. Jenseits liegt unmittelbar am Ufer eine ungewöhnlich große, offenbar vor sich hingammelnde Villa. Davor schaukelt ein alter Kahn im Fluß. Alles zusammen vereint sich zu einem makaber-romantischen Bild. Ich hole schnell die Kamera heraus.

Monsieur Fonquerle hat sofort eine Geschichte parat: »Diese Villa da drüben hat ein Doktor Laurent gebaut, der von seinem amerikanischen Onkel viele Dollar-Millionen geerbt hatte. Er hat einen weiten Park angelegt und dazu einige hundert Meter des Flußufers erworben. Er hat rauschende Feste gefeiert und für seine Frau, die Opernsängerin gewesen war, er hat sie aus Paris mitgebracht, ein kleines Theater gebaut. Die Kuppel davon können Sie von hier aus erkennen. Dann kam der große Wallstreet-Krach, der Dollar war nichts mehr wert und der Dr. Laurent ein armer Mann. Ich habe ihn noch gekannt. Er war immer sehr höflich, so richtig von der alten Schule. Bis zu seinem Tode ließ er sich nie ohne seinen Chauffeur sehen. Oder besser, es war umgekehrt: Sein Chauffeur ließ den armen Doktor nicht im Stich. Weil er der beste Herr war, den er in seinem Leben gehabt hatte, hat er immer gesagt. Bis zum Schluß hat er ihn mit seinem Ersparten über Wasser gehalten. Beinahe eine romantische Geschichte, nicht wahr?«

Auf der Fahrt zu seinem Haus berichtet er von den Anfängen seiner archäologischen Arbeiten: »1960 habe ich die Gruppe für die archäologische Unterwasserforschung in Agde gegründet, deren Präsident ich heute noch bin. Wir arbeiten nach wissenschaftlichen Grundsätzen, sorgen für die Konservierung unserer Funde nach modernsten Gesichtspunkten und arbeiten mit Wissenschaftlern aller erforderlichen Fakultäten eng zusammen. Schon zwei Jahre nach der Gründung dieser Gruppe konnte in Agde ein Museum eröffnet werden, dessen Konservator ich bin.«

Endlich kann ich wieder eine Frage in seinen unerschöpflichen Redefluß werfen: »Man hat mir gesagt, daß Sie etliche Titel tragen und vielerlei Aufgaben haben. Wieviel sind es?«

Er lacht wieder. »Da muß ich erst nachdenken. Also – ich bin Präsident und Gründer unserer Tauchergruppe GRASPA. Ich bin Präsident der nationalen archäologischen Kommission der französischen Vereinigung für Unterwasserforschung und -sport. Ich bin Mitglied des wissenschaftlichen Komitees der Weltvereinigung für Unterwasseraktivitäten. Ich bin Kulturdelegierter beim Europarat. Und ich bin Konservator des Museums von Agde. Genügt das?«

»Und wie alt sind Sie?«

»Ich bin 65.«

Er biegt in einen unbefestigten Weg ein, der von Gräsern und Sträuchern hoch umwachsen ist, fährt an einem gepflegten Gemüsegarten vorbei und hält vor einem paradiesisch, mitten in Blumen stehenden Haus. Es hat eine lange, sich in den Garten vorwölbende Fensterfront.

»Alles mein«, sagt er schmunzelnd.

Madame Marcelle Fonquerle empfängt uns unter der Tür. Ich habe mich auf eine etwas gespannte Atmosphäre eingestellt, aber offensichtlich habe ich einen guten Tag erwischt. Vielleicht genießt sie es auch, daß ich sie bewundernd anschauen muß. Die beiden sind längst Großeltern, aber Madame sieht man es noch sehr deutlich an, daß der gute Denis als Freiersmann unbedingt die Schönste haben mußte. Was hat er noch über sie gesagt, als wir den schmalen Weg hinauffuhren? »Stellen Sie sich vor, ich habe das unerhörte Glück, mit einer Frau verheiratet zu sein, die es mit einem so unruhigen Geist wie mir aushalten kann, die mich versteht. Sie werden sehen, ich bin auch in meinem Privatleben ein Glückspilz.«

Zu Anfang necken die beiden sich. »Hast du das Essen fertig?« fragt er.

»Aber sicher, wie könnte ich es wagen, das Essen nicht fertig zu haben.«

Sie zwinkert mir zu. »Denis ist ein Macho, wie er im Buche steht. Er kommandiert herum und läßt sich ständig bedienen.«

Er drückt ihr einen Kuß auf.

Es gibt ein einfaches, aber sehr schmackhaftes Essen: Tomatensalat mit frischen süßen Zwiebeln aus dem Garten und Sardinen, danach Pellkartoffeln mit Spiegeleiern, dann Käse, Obst und einen herzhaften Kaffee, dazu einen mehr als 40 Jahre alten milden Marc, einen Trester erster Qualität.

Während des Essens frage ich: »Wie sind Sie eigentlich zum Tauchen gekommen?«

»Schon als kleiner Junge von zehn oder elf Jahren. Mein Vater war Fischer. Wir waren zeitweise ziemlich arme Leute, haben in einer Holzhütte gewohnt und oft nur von Fisch gelebt, und von Kartoffeln, oder nur von Langusten. Wenn man nichts anderes zu essen bekommt, ist das bald keine Delikatesse mehr, das können Sie mir glauben.

Die Fischer des Mittelmeers haben im allgemeinen einen Horror vor allem, was unter Wasser vor sich geht oder vor sich gehen könnte. Meinem Vater ging es auch so. Diese Scheu ist übrigens von den alten Griechen ganz bewußt gepflegt worden. Wer hat denn die Geschichten von dem bösen Neptun, von den Sirenen und Medusen und anderen Seeungeheuern erfunden?! Die Griechen! Die anderen Völker sollten damit eingeschüchtert werden, damit sie sich nur ja nicht zuviel auf See zutrauten. Sie mußten Angst vor dem Meer haben. So konnten die Griechen selbst das Meer beherrschen. Bis dann die Römer mit ihren Landheeren kamen. Aber das ist eine andere Geschichte. Also zurück zu meinem Vater.

Wenn damals ein Netz verlorenging, war das ein folgenschweres Unglück. Die Netze wurden von den Frauen in monatelanger Arbeit geknüpft. Fabriknetze gab es ja noch nicht. Solange nicht gefischt werden konnte, herrschte Hunger im Haus. Eines Tages war es wieder einmal passiert: Vater hatte sein Netz verloren. Die Stelle, wo es liegen mußte, war nicht einmal weit. Irgend etwas habe es festgehalten, erzählte Vater. Ich bin hingerudert, habe getaucht und das Netz schließlich gefunden. Mühsam konnte ich sogar einen Teil nach oben schaffen. Hätte mein Vater mir nicht wenigstens diesen Versuch erlaubt, wäre aus Denis Fonquerle wohl etwas ganz anderes geworden. Ich brachte also ein Stück Netz nach oben, aber es hakte unten noch fest. Ich habe gezogen und gezogen, bis es endlich nachgab. Ein eigenartiges, längliches Tongefäß hing daran. Damals wußte ich ja noch nichts von Amphoren. Mein Vater sagte, das ist zu nichts nutze, zerschlage es und wirf es ins Meer zurück. Das habe ich getan. Hauptsache war ja, daß wir das Netz wieder hatten, unser täglich Brot.

Vater ging es dann bald besser, und ich wurde in die nächste Stadt zur Schule geschickt. Dort las uns eines Tages ein Geschichtsprofessor von antiken Schiffen vor und von der Art, wie die Ladung transportiert wurde, eben in Amphoren. Er erzählte, daß man in Griechenland solche Gefäße im Meer gefunden habe, von untergegangenen Schiffen, und daß man sie dort im Museum bestaunen könne. Da habe ich mich gemeldet und gesagt, daß es bei uns auch solche Amphoren auf dem Meeresgrund gibt. Der Professor hat mich einen Aufschneider und Geschichtenerzähler gescholten. Das war für mich der Grund, nach Amphoren zu tauchen. Leider habe ich so bald keine gefunden. Ich hatte ja weder Gerät noch Ausbildung. Daß Cousteau und Taillez damals schon bei Marseille, vor allem in technischer Hinsicht, viel weiter waren, wußte ich nicht.«

»Haben Sie Cousteau inzwischen kennengelernt?«

Der »Ephebe von Agde«, Fonquerles bedeutendster Fund. Die Bronzestatue lag dicht bei der Kathedrale von Agde auf dem Grund des Hérault. Zur Zeit steht sie im Louvre in Paris (dieses Foto wurde mir freundlicherweise von Denis Fonquerle zur Verfügung gestellt)

»Aber ja. Er hat etliche meiner Bemühungen unterstützt.«

»Was ist er für ein Mann?«

Fonquerle wiegt den Kopf. Druckst ein bißchen herum. Dann meint er: »Nun, soviel kann ich wohl sagen – Cousteau ist ein ausgezeichneter Geschäftsmann. Er versteht es, sich zu verkaufen. Mehr möchte ich dazu nicht sagen. Sie verstehen?«

Ich versuche es wenigstens.

Das Telefon klingelt. Männer seiner Tauchergruppe verständigen ihn, daß sie bei der römischen Brücke wie geplant Untersuchungen anstellen wollen. Fonquerle fragt mich, ob ich mitkommen will. Natürlich möchte ich dabeisein.

Wir fahren nach Norden, über Bessan nach St. Thibéry und biegen dort auf einen Feldweg, der uns ans Ufer des Hérault führt. Die Taucher sind schon da, drei Männer, der dreizehnjährige Philipe, der beim Ausladen des Geräts mithilft, und Françoise, die junge Frau eines der Männer.

Von der römischen Brücke sind nur noch ein Bogen und ein Pfeiler vorhanden. Denis Fonquerle hebt bedauernd die Schultern. »Den nächsten Bogen hat es in meiner Jugend noch gegeben. Lange wird es nicht mehr dauern, dann bricht auch der Rest zusammen.«

Er hilft den Tauchern beim Anlegen der Geräte und überprüft die Sicherheitsdetails. Als ich dazu eine Bemerkung mache, sagt er: »Darauf habe ich immer ganz besonders geachtet. Ich bin stolz darauf, daß es in all den Jahren, bei den vielen tausend Tauchstunden meiner Gruppe, nicht einen einzigen Unfall gegeben hat.«

Hinter der Brückenruine, flußaufwärts, ist das Wasser gestaut und stürzt über das Wehr herab. Bis dorthin sollen die Taucher langsam vordringen. Fonquerle erklärt: »Alte Geschichten erzählen, daß es früher Brauch war, Geld von der Brücke ins Wasser zu werfen. Das sollte Glück bringen und eine glückliche Heimkehr sichern. Wir hoffen also, alte Münzen zu finden. Möglicherweise liegen sie aber auch inzwischen viel zu tief im Schlamm. Nun, wir werden ja sehen.«

Am Fuß der über 2000 Jahre alten Brückenpfeiler haben Angler ihre Ruten ausgelegt. Die Taucher müssen sich also vor den Schnüren in acht nehmen. Weiter links, wo das Wasser aus einem Durchlaß schießt, wirft ein Mann sein Netz aus.

Einer nach dem anderen lassen sich die Taucher nun rückwärts ins Wasser fallen, drehen sich um und verschwinden. Nur die kleinen Sicherheitsballons, die sie hinter sich herziehen, verraten noch ihre Anwesenheit. Françoise hat sich bei den zurückgebliebenen Geräten ausgestreckt. Sie möchte ein Mittagsschläfchen halten. Der Junge beobachtet derweil die drei roten Ballons, die sich langsam auf das Wehr zubewegen.

»Kommen Sie«, sagt Fonquerle und zieht mich am Arm fort. »Ich möchte Ihnen etwas zeigen. Ganz in der Nähe. Hier tut sich in der nächsten Stunde sowieso nichts. So lange wird es dauern, bis die Jungs wieder auftauchen.«

Wir fahren nach St. Thibéry hinein und stellen den Wagen bei der Kirche ab. Fonquerle weist mit dem Kopf auf das Gotteshaus. »Sechzehntes Jahrhundert. Also nicht besonders alt für unsere Verhältnisse. Es ist eine Klosterkirche. Aber die will ich Ihnen nicht zeigen, sondern etwas ganz anderes, das typisch für diese Gegend ist.«

Wir wandern durch den Ort. »Wovon leben die Leute hier?« frage ich.

»Wenn Sie die Augen aufmachen, sehen Sie es über den Haustüren. Da finden Sie fast überall ein Zeichen mit Reben. Die meisten sind Weinbauern.«

Vor vielen Häusern blühen Rosen. Einige duften besonders intensiv.

»Die Rosen sind von den Griechen mitgebracht worden. Hier hat es lange weitläufige Rosenplantagen gegeben. Einige Orte haben deshalb heute noch die Zusatzbezeichnung ›la Roserie‹.«

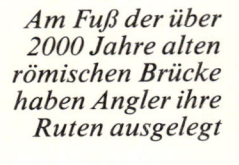

Am Fuß der über 2000 Jahre alten römischen Brücke haben Angler ihre Ruten ausgelegt

Wir biegen in eine schmale Gasse ein, an deren Ende eine dunkle Wand aufragt, die auf eigenartige Weise und ziemlich regelmäßig zerklüftet ist.

»Hier haben wir einen Basaltsteinbruch, der aber schon seit Jahrhunderten stilliegt. Oben erkennen Sie an den angeschnittenen langen Pfeilern noch die Arbeit antiker Fachleute. Weiter unten sind die Spuren späterer Generationen zu erkennen. Da hat man es nur noch verstanden, kleine Stücke herauszubrechen.«

Auf dem Rückweg begegnet uns eine Touristengruppe, deren Führer Fonquerle herzlich begrüßt. Ein alter Mann, der uns mit dem Fahrrad entgegenkommt, winkt. Denis Fonquerle ist ein bekannter Mann, nicht zuletzt auch durch etliche Fernsehserien, mit denen der gewandte wie charmante Plauderer sich viele Freunde erworben hat. Bisher hat er auf jede meiner Fragen eine Antwort gehabt. Jetzt will ich mal etwas ganz anderes wissen: »Es gibt außer dem Cap D'Agde noch ein Grau D'Agde, und an der Küste gibt es noch mehrere Graus. Was bedeutet das? Mein Wörterbuch läßt mich da im Stich.«

»Das Wort stammt aus dem Griechischen und bedeutet soviel wie schiffbare Flußmündung. Ganz einfach, wenn man es weiß. In Wörterbüchern kann ja auch nicht alles stehen.« Er zwinkert mir zu. Er hat halt seinen Spaß, wenn er zeigen kann, was er weiß. Er hat zwar das Abitur gemacht, aber sein archäologisches Wissen hat er sich selbst erarbeitet. Da ist er Autodidakt. »Meinen Lebensunterhalt habe ich als Eisenbahner verdient. Ich war zuständig für die Strecken zwischen Montpellier und der spanischen Grenze. Auch das habe ich gern getan. Ich bin viel herumgekommen. Sicher, das ist nicht zu vergleichen mit meinen späteren Reisen. Da habe ich es zum offiziellen Vertreter Frankreichs auf einer internationalen Wissenschaftskonferenz in Miami gebracht. Da hat der Sohn eines Fischers einen französischen Minister vertreten. Jawohl.«

Wie die meisten Autodidakten begegnet er etablierten Wissenschaftlern mit Studium und Titel einigermaßen reserviert. Er ist auf seinem Spezialgebiet jedoch dermaßen versiert, daß er den Herren Doktoren schon mal einen Irrtum nachweisen kann. In seinem Haus hat er mir einen Stein gezeigt, etwa handgroß, mit Spuren wie von Schnitten. »Den hat mir einer dieser studierten Leute unter die Nase gehalten und sich darüber beschwert, daß er auf dem Abfallhaufen des Museums gelegen hat. Das ist doch eindeutig ein uralter Wetzstein, hat er zu mir gesagt, und Ihre Leute werfen so etwas weg! Da habe ich ihm gesagt: Daß meine Jungs den Stein mit nach oben gebracht haben, war richtig. Analysieren kann man immer erst später. Und die Analyse hat ergeben, daß der Stein nichts wert ist. Keine Spur menschlicher Bearbeitung zu entdecken. Aber ja doch, schreit der Mensch, die Spuren sind doch allzu deutlich. Ich sage nein, es ist allzudeutlich, daß diese Riefen nicht von Menschenhand oder Menschenwerkzeug stammen. Schauen Sie mal genau nach: Diese Riefen folgen präzise den ganz natürlichen Einlagerungen, die weicher als das übrige Material sind. Die hat der treibende Sand im Laufe der Zeit freigewaschen. So einfach ist das. Der Mann hat sich den Stein noch mal genau angesehen und hat ihn dann weggeworfen. Ich habe ihn wieder aufgehoben, um ab und zu beweisen zu können, daß auch studierte Leute sich gelegentlich irren.«

Wir treffen wieder bei der Brücke ein, die übrigens auf den Michelin-Karten 1:200 000 dicht bei St. Thibéry, unweit der D 18, etwa zehn Kilometer nördlich von Agde eingezeichnet ist. Die drei Taucher sind beim Wehr angelangt und winken herüber. Fonquerle winkt zurück, daß sie umkehren sollen, und nacheinander lassen sie sich herantreiben. Einer hat eine alte Schaufel geschultert, die aber erst ein paar Jahre im Wasser gelegen hat. »Sinn für Ulk haben die Jungs schon, warum auch nicht«, meint der Präsident und grinst. Nachdem sie die Preßluftflaschen abgelegt haben, greift einer der Männer in die Tasche seiner Rettungsjacke und holt ein paar rote Tonscherben hervor. Sie tragen Verzierungen, und eine hat auf der Rückseite einen Stempel mit Buchstaben. Fonquerle sieht sich die Scherben an. »Aus dieser Werkstatt haben wir schon mehrere Gegenstände im Fluß gefunden. Das stammt aus der römischen Zeit.«

Ich nehme die alten Bruchstücke in die Hand und betrachte sie bewundernd. Fonquerle lächelt dazu. »Glauben Sie mir, das ist nichts Besonderes. Da habe ich ganz andere Sachen.«

Sachen – choses. Das »o« spricht er ganz anders aus als die Pariser es tun. Bei denen klingt es wie bei uns in »Lob«. Hier an der Küste ist es ganz offen, noch mehr als bei unserem »Post«. Wenn Denis Fonquerle etwas Besonderes vorhat, nimmt er einen gern beim Arm. Das tut er auch jetzt. »Kommen Sie noch einmal mit zu mir. Dort zeige ich Ihnen Sachen (wieder: choses), die wirklich zu bewundern sind.« Er rückt seine Prinz-Heinrich-Mütze zurecht und stapft voran, die Flußböschung hinauf. Im Wagen sagt er: »Wir machen einen kleinen Umweg. Ich muß Ihnen noch etwas zeigen.«

Kurz darauf hält er bei einem einsam in der Landschaft stehenden Bahnhof. »Hier habe ich auch einmal gearbeitet. Fällt Ihnen etwas auf? Nein? Das kann es eigentlich auch gar nicht. Das Gelände hier liegt so tief, daß es bei starkem Regen schnell überschwemmt ist. Dann kann es dem Bahnhof passieren, daß er tagelang abgeschnitten ist. Ich habe das ein paarmal erlebt. Geschichten könnte ich Ihnen da erzählen!«

Ich glaube ihm aufs Wort. Aber diesmal läßt er es mit dem Hinweis bewenden. Wir fahren nach Agde zurück.

Im Haus holt er einen Karton herbei, dem er einige sorgfältig eingepackte Gegenstände entnimmt. Behutsam wickelt er sie aus und breitet sie auf dem Schreibtisch vor mir aus. Bronze-Armbänder, eine Gürtelfibel aus Bronzeblech mit schönen Verzierungen, zwei bronzene Spitzen von Dolchscheiden – dazu die Dolche. »Die übrige Scheide war aus Leder. Das ist natürlich längst verrottet.«

Er legt eine eiserne Speerspitze vor mich hin. »Die ist deshalb nicht verrostet, weil sie mit Baumharz versiegelt war.«

Eine klobige und grünspanüberzogene flache Axt folgt.

»Wie alt?«

»Über 4000 Jahre.«

Über 4000 Jahre! Vor mehr als 200 Generationen hat sie also einer unserer gemeinsamen Vorfahren geschwungen. Richtig vorstellen kann man sich diesen Zeitraum gar nicht.

Alle Stücke sind mit einer Nummer versehen. »Es ist alles peinlich genau registriert. Fundort und Zeit, und auch vom Fundort sind detaillierte Zeichnungen angefertigt.«

Fonquerle zeigt mir Listen mit Daten, und dann holt er Mappen mit Fotos, die Taucher bei der Arbeit zeigen, wie sie in von Markierungsstangen umgrenzten Feldern den Boden absuchen.

Ich möchte die Bronzestücke fotografieren. Aber es ist längst Zeit, mich zu Shorty zurückzubringen. Denis Fonquerle hat noch einen Termin.

»Montag um zehn hole ich Sie wieder ab, dann können Sie fotografieren, was Sie wollen. Einverstanden?«

Ich blicke auf meine Uhr. Es wird tatsächlich Zeit. Seit fast zehn Stunden sind wir jetzt zusammen.

Trotzdem biegt er, wir sind schon in Cap D'Agde angekommen, noch einmal vom Weg ab.

»Fünf Minuten nur. Da ist noch etwas sehr Wichtiges.«

Zwei kurze Serpentinen, und er hält vor einem von Bäumen umstandenen Gebäudekomplex, auf einer kleinen Anhöhe.

»Das war einmal ein Bauernhaus. Es wurde nach meinen Plänen zu einem Museum mit Forschungsabteilungen umgebaut, beziehungsweise erweitert. Das neue Museum von Cap D'Agde. Hier soll auch unser schönster Fund stehen, der Ephebe von Agde. Vorerst ist er noch im Louvre in Paris untergebracht. Wir haben ihn hier gefunden, im Hérault, innerhalb der Stadt.«

»Und ein halbes Jahr später haben Sie auch das fehlende Bein entdeckt!«

Amphoren über Amphoren – in Agde gibt es ein ganzes Haus voll dieser antiken Tongefäße. Die Taucher der GRASPA haben sie in jahrelanger Arbeit aus dem Fluß und vom Meeresgrund geholt

»Sie kennen sich aus! Schön. Ja, nach einem halben Jahr intensiver Suche haben wir über einen Kilometer weiter flußabwärts tief im Sand das Bein gefunden. Sehen Sie sich hier um: Hier gibt es ein großes Bassin zur Entsalzung der Funde. Es wurde ein Laboratorium für die Aufarbeitung und Konservierung der Objekte installiert, eine Spezialbibliothek eingerichtet, vier Räume für 16 Studierende, ein Hörsaal für 350 Personen mit Simultananlage. Leider kann ich Sie nicht hineinlassen. Ich habe nämlich keinen Schlüssel, keinen Zutritt zu meinem Werk. Agde will, daß ich der Konservator dieses Museums werde. Das Ministerium will lieber einen studierten Mann einstellen. Entschieden ist das alles noch nicht, aber ich fürchte, die Politiker werden wieder einmal das letzte Wort behalten.«

Er steht da vor der schönsten Erfüllung seines Lebenswerks, hebt traurig die Schultern und versucht zu lächeln. Es gelingt ihm nicht ganz. Denis Fonquerle nimmt mich beim Arm und sagt: »Kommen Sie, nun wird es wirklich Zeit. Meine Freunde warten schon.«

Sonntag. Radio Cap D'Agde kündet schlechtes Wetter an. Die sind wohl nicht bei Trost, denke ich, und fahre mit Shorty und der ganzen Kameraausrüstung die basaltschottrigen Serpentinen des Mont St. Loup hinauf. Aber die Sicht ist heute nicht so gut wie gestern, als ich mit Monsieur Fonquerle hier oben war. Also kehre ich wieder um. Auf halber Höhe begegnet mir eine Wagenkolonne. Der Fahrer des ersten Autos winkt mir zu halten und bleibt seinerseits stehen. Es ist Denis Fonquerle. Ich kurbele mein Fenster herunter. Er ruft: »Es wird leider nichts mit dem Fotografieren morgen um zehn. Der Bürgermeister möchte mich sehen. Ich melde mich wieder. Okay?« Was soll ich machen, Bürgermeister gehen vor. Diesmal hebe ich es bedauernd die Schultern, grüße, und die Kolonne rauscht bergwärts an mir vorbei.

Ich fahre nach Agde hinein und suche mir eine Stelle am Ufer des Hérault, an der ich einen dieser uralten Basaltpfosten fotografieren kann, möglichst mit »Hintergrund«. Ich muß nicht lange suchen. Da liegt nicht weit hinter einem dieser antiken Steindokumente ein alter Kahn, und gleich neben dem Pfosten ragt ein algenüberwachsenes Schiffswrack teilweise noch an die Wasseroberfläche. Weiter südlich haben moderne Boote angelegt, und ganz hinten schwingt sich die Brücke der N 112 über den Fluß. So habe ich Zeugen für einige tausend Jahre Verkehr auf einem Bild.

Mittags parke ich an der südlichsten Ecke von Grau D'Agde, wo der Hérault ins Meer mündet. Der Himmel bezieht sich allmählich. Sollte das verdammte Radio Cap D'Agde recht behalten?

Ich kann von meinem Platz die ganze Flußmündung überblicken und einen Teil des schönen breiten Sandstrandes. Dicht vor mir liegt ein splitternacktes Mädchen, blickt unverwandt aufs Meer hinaus und rührt sich nicht. Es ist aus Stein. Ein Schiff wird kommen ...

Wirklich – bald nähert sich eine Segelyacht, wird immer größer, hält auf die enge Flußmündung zu und läuft schließlich unter vollen Segeln ein. Erst einige hundert Meter flußaufwärts nimmt der Skipper die Fock herunter. Will er nun den teuren Sprit sparen, oder will er zeigen, was er kann? Wohl beides.

Ein Pärchen schlendert die Mole hinaus. Die beiden halten sich eng umschlungen, weltvergessen streicheln sie sich gegenseitig über den Po. Sonniger Süden.

Montag mittag auf dem Campingplatz von Cap D'Agde. Ich habe gerade gegessen, da klopft jemand an die Tür. Denis Fonquerle. Er hat einen dunklen Anzug an und wirkt ziemlich feierlich. Nur die unvermeidliche Prinz-Heinrich-Mütze mildert diesen Eindruck etwas.

»Es ist ganz gut gegangen beim Bürgermeister. Der für alle Forschungen zuständige Staatssekretär hat sich angemeldet, ich muß gleich wieder in die Stadt. Nun, haben Sie noch einmal auf dem Mont St. Loup fotografiert? Gut. Wo waren Sie außerdem?«

»Am Fluß, bei den Steinpfosten. Ich habe einen gefunden, neben dem ein halbversunkenes Wrack liegt ...«

Er unterbricht mich. Denis Fonquerle kennt natürlich die Geschichte dieses Wracks, und er muß sie gleich erzählen. »Erinnern Sie sich noch an den Francokrieg? Spanien liegt doch ganz in der Nähe. Dieses Schiff hatte wohl Waffen geladen und ist unterwegs beschossen und schwer getroffen worden. Es hat so gerade eben noch den Hafen von Agde erreicht und ist hier gesunken. Es war so schwer beschädigt, daß eine Reparatur sich nicht mehr gelohnt hätte. So ist es an dieser Stelle liegengeblieben und rottet seit bald 50 Jahren vor sich hin. Aber nun zu dem Grund meines Herkommens. Ich halte heute abend ganz in der Nähe einen Vortrag, mit Dias. Haben Sie Lust, sich den alten Plauderer Fonquerle einmal anzuhören? Ja? Schön. Ich hole Sie rechtzeitig ab. Bis heute abend also.«

Er tippt mir auf die Schulter, besteigt seinen Kombi, wendet und rauscht ab. Von meinem hohen Sitz aus sehe ich in seinem Laderaum ein Bleigewicht liegen, mit dem die Taucher sich beschweren, um den Auftrieb ihres Schaumgummianzugs auszugleichen.

Veranstaltungen beginnen hier im allgemeinen um neun. Gegen acht fällt mir ein, daß Fonquerle wegen seiner Dias wahrscheinlich Vorkehrungen zu treffen hat und entsprechend früher aufkreuzen wird.

Ich steige also aus den Jeans und mache mich ein kleines bißchen landfein. Kaum habe ich das geschafft, hupt es vor Shorty. Der Redner des Abends ist da.

Wir brauchen kaum fünf Minuten bis zum Hotel du Golf. Als wir dort aussteigen, überquert ein Mann mit englischem Sergeantenbart den Vorplatz. Fonquerle stößt mich an, wie es seine Art ist, und sagt: »Der Bürgermeister von Agde, Monsieur Pierre Leroy-Beaulieu.«

Monsieur le Maire hat Fonquerle jetzt entdeckt, ändert den Kurs und kommt zu uns herüber. Fonquerle macht uns bekannt, berichtet von meinen Buchplänen und daß auch Agde mit seinen Unterwasserschätzen erwähnt werden soll. Die beiden unterhalten sich noch kurz über den ministeriellen Besuch, dann verabschiedet man sich, der Bürgermeister wünscht mir weiterhin gute Reise und sagt zum Schluß auf deutsch: »Auf Wiedersehen.« Ein höflicher Mann.

Ich helfe, die Koffer in den Vortragssaal zu bringen. Es bleibt noch Zeit für einen Kaffee an der Hotelbar. Wir unterhalten uns über unsere Erfahrungen mit Haien und Barrakudas. Dabei haut Fonquerle mir wieder einmal seine Pranke auf die Schenkel und lacht laut. »Sind Sie je von einem Hai gefressen worden? Ich auch nicht. Ich bin ihnen überall begegnet. Im Roten Meer, in der Karibik. Haben Sie je einen Haikäfig gebraucht? Na! Das ist doch alles Panikmache gewisser Unterwasserleute, die sich damit ein interessantes Image verschaffen wollen. Pah!«

Christine, die Animateurin der Gruppe, vor der Fonquerle sprechen soll, erscheint mit dem Hoteldirektor. Der gute Mann möchte vor dem Vortrag noch eine Dia-Einführung über Cap D'Agde präsentieren. Fonquerle schüttelt energisch den Kopf. »Das geht nicht, auf keinen Fall geht das. Menschen haben nur ein begrenztes Aufnahmevermögen, und ich kann meinen Vortrag nicht kürzen. Tut mir leid, Monsieur.« Der Direktor kratzt sich am Kopf. Er sagt sich wohl, daß er schließlich für den Vortrag bezahlt. Christine schlägt einen anderen Termin für die Cap D'Agde-Einführung vor, und die Situation ist gerettet. Der Vortrag kann beginnen.

Es dauert keine fünf Minuten, da hat dieser äußerlich sogar ein bißchen grobschlächtig wirkende Mann seine Zuhörer, die aus dem Tourismus kommen und von Unterwasser-Archäologie sicher nicht allzuviel wissen, völlig in seinen Bann geschlagen. Er redet zwar unheimlich schnell, dabei aber doch sehr deutlich. Fonquerle agiert wie ein professioneller Schauspieler, mal hebt er die Stimme, mal flüstert er. Schlägt die Hände zusammen. Lacht. Er zieht alle Register. Noch hat er kein einziges Dia gezeigt, da sind seine Zuhörer bereit, ihm alles abzunehmen, was er ihnen erzählen wird. Aus Informationen, die er mir noch halbwegs trocken serviert hat, komponiert er jetzt kleine Abenteuer.

Dabei hat Denis Fonquerle, nüchtern betrachtet, in der Tat Enormes geleistet. Zufälligerweise ist er obendrein ein Meister der verbalen Verpackungskunst. Seine Geschichte von der Entdeckung eines prähistorischen Pfahldorfes fängt er so an: »Auf dem Markt, in den Bistros, in den Wohn- ja selbst in den Kinderstuben hat man sich bei uns immer wieder die Sage von der geheimnisvollen, im Bassin von Thau untergegangenen Stadt erzählt. Wie oft hat meine Großmutter mich als kleinen Jungen auf die Knie genommen und mir von dieser Stadt, von ihrem ungeheuren Reichtum, von ihrem schrecklichen Untergang erzählt...«

Anfang der 70er Jahre fing Fonquerle an, systematisch nach den Überresten dieser Stadt zu suchen. Zunächst einmal sammelte er alles, was darüber zu lesen war. So hatte der römische Dichter und Geograph Festus Avienus schon 400 Jahre vor der Zeitrechnung von dieser Stadt geschrieben und ihren Namen mit Polygium angegeben. Fonquerle studierte die Tiefenlinien des Beckens und entdeckte dabei eine längere Untiefe, die er mit seinen Tauchern abzusuchen begann. Am 25. Juni 1976 entdeckte sein Freund Emile Gelly in einer Tiefe von nur drei Meter unter Feueraktinien Töpfereien, die nicht auf einer Scheibe gedreht waren, also sehr alt sein mußten. Dort wurden bald in den Grund gerammte Pfähle gefunden, die sämtlich an der Spitze Brandspuren aufwiesen, vermutlich Spuren eines Großbrandes. Es wurde Schmuck aus Bärenzähnen geborgen, Armreifen und Haarnadeln aus Bronze, aber auch menschliche Gebeine. In fünfjähriger Bergungsarbeit wurden 700 Objekte aus dem Wasser geholt, von denen 233 aus der Bronzezeit stammen. Carbonuntersuchungen bestätigten diese Zeitangaben. Das Holz für die Pfähle ist vor über 5000 Jahren geschlagen worden.

Als Fonquerle mir die Karten mit den eingezeichneten Suchfeldern zeigte, erwähnte er Unglaubliches: Die Behörden haben ihm die Erlaubnis entzogen, dort weiterzuforschen. »Wir arbeiten trotzdem daran, auch ohne Genehmigung.«

»Das sollte ich wohl besser nicht erwähnen?«

»Wieso nicht? Schreiben Sie es nur. Es ist die Wahrheit, und ich fürchte mich nicht.«

Am Schluß seines Vortrags erhält der Redner Beifall wie ein Popstar. Der Direktor eilt zu ihm und gesteht: »Sie hatten völlig recht, die Cap D'Agde-Vorstellung wäre hier völlig fehl am Platze gewesen. Das hätte nur gestört. Wirklich.«

Fonquerle zeigt Briefmarken mit dem Epheben von Agde, versehen mit dem Ersttagsstempel. Man kann sie kaufen. Die Zuhörer drängen sich, sie anzuschauen, aber erst, als ich sage: »Ich möchte eine haben...«, bricht der Bann. Der Direktor erwirbt gleich zehn Sätze.

Im Auto sagt Fonquerle schließlich: »Die hatte ich ganz schön im Griff, wie?

Für Sie war es sicher schwierig, weil ich so schnell sprechen mußte. Glauben Sie mir, ich hätte die Leute zum Weinen bringen können.«

Ich sehe ihn verblüfft an. Nun scheint er mir aber doch erheblich zu übertreiben.

»Ist es nicht zum Weinen, wenn hier, von diesem Cap D'Agde, einige der schönsten römischen Schiffswracks zugedeckt worden sind? Glauben Sie mir, wenn ich den Leuten erzählt hätte, was hier alles an archäologischen Kostbarkeiten zugeschüttet worden ist, dann wären Tränen geflossen.«

Er läßt den Motor an und fährt ein paar hundert Meter, um wieder stehenzubleiben. Er legt mir die Hand aufs Knie und fragt: »Aber sagen Sie selbst, mein Freund, ist es nicht ein Jammer, daß ich mit solchen Vorträgen das Geld für unsere Forschungsarbeit auftreiben muß? Wieviel Stunden in jeder Woche bin ich zu solchen Vorträgen und Plaudereien unterwegs! Wieviel kostbare Zeit geht damit verloren! Ich bin es allmählich müde, glauben Sie mir.« Schweigend fahren wir weiter zum Campingplatz.

In den nächsten Tagen regnet es, zuweilen fällt das Wasser nur so vom Himmel. Zum Fotografieren komme ich nicht, dafür aber zum Schreiben. Dieser Regen trommelt mich geradezu an die Arbeit.

Einmal klart es denn doch auf und ich eile ins Tourismusbüro, um Monsieur Claude Siegfried ein paar Fragen zur Entwicklung von Cap D'Agde zu stellen.

»Gut, daß Sie kommen. Ich wollte Sie nämlich mit einem Mann bekanntmachen, der Ihnen gerade davon erzählen kann. Monsieur Denestebe war von Anfang an dabei, hat lange hier auf meinem Stuhl gesessen und ist heute der Direktor von Radio Cap D'Agde. Interessiert Sie der Mann?«

»Aber sicher.«

Effektiv, wie Monsieur Siegfried nun einmal ist, ruft er sofort an und wird auch gleich mit dem Radio-Chef verbunden. Lange Erklärungen sind in Cap D'Agde anscheinend niemals erforderlich. Nur wenige Sätze gehen hin und her, dann legt Siegfried auf und bittet mich, mitzukommen. »Die Radiostation ist hier im Haus. Ich bringe Sie hin. Monsieur Denestebe erwartet Sie.«

Er durchquert mit mir die Halle des Kongreßzentrums, öffnet eine schmale Tür, auf der »Eintritt verboten« steht, steigt sieben Stufen mit mir hoch, tritt in eine offenstehende Tür – und schon sind wir im Senderaum von Radio Cap D'Agde. Im Hintergrund hantiert ein kopfhörer-bewehrter Mann mit Schallplatten, Bändern und Mikrofonaussteuerung. Vorn, gleich bei der Tür, sitzen sich zwei Damen gegenüber. Mikrofone stehen vor ihnen. Ein Mann mit weit offenem Hemd kommt auf uns zu. Monsieur Gérard Denestebe, der Chef des Unternehmens. Er gibt mir die linke Hand. »Ich habe mir vor ein paar Tagen den rechten Arm gebrochen. Beim Gocart-Fahren. Ich wollte unbedingt der Schnellste sein.«

Siegfried eilt zu seinem Job zurück. Denestebe holt sich einen Stuhl heran, schiebt mir einen anderen hin und fragt nach dem Buch, an dem ich arbeite.

Ich antworte nur kurz und beginne dann meinerseits, nach der Geschichte von Cap D'Agde zu fragen.

»Ich bin damals hierhergekommen«, erzählt er, »mir hat es hier gefallen, ich kaufte ein Stück Land, gründete eine Zeitung und habe mich überall eingemischt. Nach drei Jahren verkaufte ich mein Land wieder. Ich mußte es einfach, es hatte inzwischen den dreifachen Wert. So bin ich zum Spekulationsgewinnler geworden, obwohl ich von Geld nicht viel verstehe. Ich habe mich um die Einrichtung eines Tourismusbüros gekümmert, dafür gesorgt, daß es eine Empfangshalle gibt, in der auch spät am Tage eintreffende Gäste noch beraten und versorgt werden können.

Außerdem bemühte ich mich um die Entwicklung eines Gemeindewesens. Hier waren doch lauter Leute zusammengekommen, die es zu Hause nicht mehr ausgehalten haben, die entwurzelt waren und um so eher bereit, etwas zu riskieren. Wenn Sie so wollen, habe ich versucht, die Pionierzeiten von Cap D'Agde etwas menschlicher zu gestalten. Dabei habe ich mich mit allen Leuten irgendwann einmal angelegt und mich mit ihnen auch wieder vertragen.

Sie müssen wissen, ich bin ein Mann, der am liebsten in Shorts und mit nacktem Oberkörper herumläuft. So an- oder besser ausgezogen habe ich als Leiter des Tourismusbüros einmal Blumen und Pflanzen vor dem Hause begossen. Die hatten das bitter nötig. Es war eine Delegation aus China angesagt, mit einem veritablen Minister. Wir wußten nicht genau, wann die Chinesen eintreffen sollten, und so stand ich mit dem Gartenschlauch in der Hand und mit nur einer Turnhose bekleidet da, als die Delegation vorfuhr. Dem Bürgermeister war mein Aufzug ziemlich peinlich, aber er hat mich trotzdem als den Leiter des Büros vorgestellt. Mit Hilfe des Dolmetschers habe ich dem Minister erklärt, daß wir eine sehr fortschrittliche Gemeinde sind, in der der Gärtner auch die Aufgaben eines Tourismusdirektors übernimmt. Danach hat mir der Mann noch einmal besonders kräftig die Hand geschüttelt. Er muß das ausgesprochen gut gefunden haben.«

»Seit wann gibt es Cap D'Agde?«

»Seit etwa 1970 auf dem Papier. 1972 wohnten die ersten Leute hier. Ich war dabei. Damals war hier alles noch eine ungeordnete Wüstenei. Baufirmen tobten sich

Denis Fonquerle zeigt mir alte Steinanker, die seine Taucher aus dem Wasser geholt haben

aus. Dazwischen wurden überall Agentur-Buden aufgestellt, in denen Land verkauft wurde. Ein Agent hatte vor seine Hütte einen Kasten gestellt und darin eine Kiefer gepflanzt. Weil er sie sorgfältig goß, wuchs sie schnell heran. Eines Tages konnte er in ein festes Gebäude umziehen, und seine Agenturhütte wurde abgerissen. Der Baum sollte auch weg. Ich hatte damals schon meine Zeitung, die ›Hérault Tribune‹, und startete eine Kampagne mit dem Titel ›Dieser Baum darf nicht sterben!‹ Die Leute waren Feuer und Flamme für diese Idee, und so steht der Baum heute noch. Es wurde ein schöner Platz drumherum angelegt, der ganz offiziell ›Platz des Baumes‹ heißt.«

»Wo ist dieser Platz?«

»Auf der Hauptstraße, über die alle Leute flanieren, keine 100 Meter von hier.«

»Kann ich dort nachher ein Foto von Ihnen machen?«

»Meinetwegen. Aber jetzt möchte ich erst einmal wissen, was Sie auf Ihrer Reise schon alles angestellt haben.«

Ich erzähle von Jean Claude, von Jacques, von den Austernfischern. Da unterbricht er mich und fragt den Operateur im Hintergrund, ob er ihn zu Beginn der nächsten vollen Minute »auf Sendung gehen« lassen kann. Der Mann nickt nur, Denestebe zieht sich ein Mikrofon heran, setzt sich einen Kopfhörer auf und gibt der mir am nächsten sitzenden Sprecherin ein Zeichen. Die Dame schiebt mir ihr Mikrofon vors Gesicht und hält mir ihren Kopfhörer hin. Ich setze das Ding auf, höre nur einen Augenblick lang Super-Walkman-Musik und dann Denestebes Stimme, der mich seinen Hörern vorstellt und sogleich die erste Frage abschießt. Eigenartigerweise duzt er mich dabei. Das ist bei Radio Cap D'Agde wohl so Brauch. Ich erzähle also von der Reise, von den Leuten, die mir begegnet sind, und natürlich von Denis Fonquerle... Zum Schluß lädt Denestebe mich ein, das Buch in Cap D'Agde vorzustellen, und schon ist wieder Musik an der Reihe.

Anschließend machen wir uns auf den Weg zum Platz des Baumes, wo mir sogleich die Erkenntnis kommt, daß ich hier schon öfter vorbeispaziert bin. Der Blick fällt auf Boote und Hafen.

Denestebe zeigt auf die vielen Bepflanzungen des Platzes, die anfangen zu grünen. »Die meisten habe ich angelegt und gezogen. Genaugenommen ist dies mein Platz.«

Gérard Denestebe erzählt weiter: »Eines Tages haben wir den Baum sogar getauft. Wir haben Leute zusammengetrommelt, und weil es der Tag des Heiligen Johannes war, tauften wir ihn St. Jean. Pate war ein Deutscher, der Johannes heißt. Auf diese Weise haben wir hier längst eine direkte Beziehung zu Deutschland.«

Auf dem Rückweg kommen wir am Büro der »Hérault Tribune« vorbei. »Die habe ich inzwischen auch verkauft. Man hat mir derart viel Geld dafür geboten, daß ich gar nicht anders konnte. So bin ich zu einigem Vermögen gekommen, obwohl ich, wie schon gesagt, von Geld eigentlich gar nichts verstehe...«

Nicht nur auf dem Stadtplan von Cap D'Agde, auch auf den reichlich vorhandenen Richtungsschildern an Straßenkreuzungen wird auf »Naturisme« hingewiesen. Das ist also ein ganz offizieller FKK-Teil. Allerdings legen die Damen auch an den anderen Stränden, kaum, daß die Sonne es ein bißchen besser meint, die Oberteile ab. So wird es beinahe schwierig, die Küste zu fotografieren, ohne Nacktes im Bild zu haben. Einmal, als einer der seltenen Sonnenstrahlen ein buntes Surfer-Segel trifft und ich auf den Auslöser drücke, läuft mir eine Frau vors Objektiv, die gerade die Wassertemperatur geprüft hat. Nennenswert bekleidet ist sie nicht.

Als ich Siegfried davon erzähle, meint er, es wäre nur richtig, daß ich auf Fotos vom Strand auch ein bißchen hübsche Haut zeige, denn das gehöre nun mal zu Cap D'Agde, und wenn ich ein Modell brauche, solle ich das nur sagen, das sei schnell zu vermitteln. Ich sage also: »Samstag morgen um zehn, okay?«

Warum soll ich nicht auch mal schnell reagieren! Aber schon bald fange ich an, dieses Arrangement zu bereuen. Der Himmel bezieht sich wieder, es regnet und regnet. Ich sitze in meinem Shorty und schreibe, auch Fonquerle ist ständig unterwegs, so daß ich nicht dazu komme, seine Bronzezeitobjekte zu fotografieren. Dann nennt mir seine Frau einen Termin: »Samstag um 14 Uhr?«

Natürlich, und gleich hinterher werde ich mich wieder auf die Straße begeben, Kurs Nord. Wenn nur das Wetter endlich mitspielen würde. Freitag ist der Himmel blauschwarz, es blitzt und donnert. Auf dem Campingplatz haben sich die Leute in ihre Wagen und Zelte verkrochen. Nebenan fliegt ein Zelt gegen die nächste Hecke. Gegenüber campen zwei junge Engländerinnen, die einen Sommerjob suchen. Sie stecken nicht einmal die Nase aus dem Zelt. Ihre bunten Bikinis auf der Leine haben keine Chance zu trocknen, obwohl der Wind sie ständig umherwirbelt.

Leider muß ich trotz des Wetters noch einmal in den Ort. Ich brauche vor der Weiterfahrt Bares. Jetzt, vor der Saison, hat noch keine Bank geöffnet. Geld bekommt man nur in der halbkugeligen Empfangshalle, die Gérard Denestebe sich hat dankenswerterweise einfallen lassen. Ich ziehe also meinen Regenschutz über und stiefele in den Moonboots los. Kaum ein Mensch ist auf der Straße zu sehen. Kein Wunder bei dem Sauwetter. In der Halle ist natürlich auch fast kein Betrieb. Hinter dem Wechselschalter liest ein älterer Herr in aller Ruhe Zeitung. »Das ist ja gerade kein Ferienwetter«, fängt er ein Gespräch an, während er routinemäßig seine Wechselformulare ausfüllt.

»Ich bin nicht zum Vergnügen hier. Ich muß arbeiten.«

»Was arbeiten Sie denn, wenn ich fragen darf? Was kann man um diese Zeit um Himmels willen als Auswärtiger in Cap D'Agde arbeiten?«

»Ich schreibe, über Land und Leute.«

»Da brauchen Sie sicher einen Führer, der sich gut auskennt. Ich wüßte einen, den besten, den Sie haben können.«

Denkt er etwa an sich selbst?

»Der Mann, den ich meine, kennt sich nicht nur aus, er weiß auch tausend amüsante Geschichten zu erzählen. Sie müssen unbedingt Denis Fonquerle kennenlernen.«

»Ich war einen ganzen Tag mit ihm unterwegs.«

»Da waren Sie in den richtigen Händen. Wissen Sie, wie man den guten Denis hier unter Freunden nennt?«

»Nein.«

»Wir nennen ihn den Marcel Pagnol des Meeres.«

»Das klingt wie eine Auszeichnung.«

»Das soll auch eine sein. Denis hat viele Freunde in der Gegend.«

Wir plaudern noch ein bißchen, dann trotte ich durch den Regen zurück zum Campingplatz. Dabei ist mir jetzt ganz warm. Ich freue mich. Ich bin richtig glücklich über diesen »Marcel Pagnol des Meeres«. So etwas hat der Mann wirklich verdient, finde ich.

In der Nacht wird der Sturm zum Orkan. Den Strandfototermin mit dem versprochenen Modell kann ich vergessen, und Fonquerles Bronzezeit wird auch noch eine Weile Geduld haben müssen. Es ist zum Auswachsen. An Schlafen ist bei dem Wetter eigentlich nicht zu denken, aber dann bin ich irgendwann vor lauter Müdigkeit doch weg. Als ich aufwache, ist es ungewöhnlich hell im Wagen. Sonne? Unglaublich – die Sonne scheint, als sei das hier so üblich. Verflixt: In einer halben Stunde ist Fototermin. Beinahe hätte ich ihn verschlafen.

Sie heißt Beatrix, ist pünktlich, sehr hübsch und gut gewachsen, und in weniger als dreißig Minuten haben wir die Küste von Cap D'Agde gemeinsam abgelichtet. Natürlich nicht die vielen Kilometer, sondern nur die »Grande Conque«, was große Muschel heißt. Es ist das schönste, von bizarren Felsen romantisch eingerahmte Strandstück. Es hat außerdem den Vorteil, daß es ganz dicht beim Ort liegt.

Vor dem Treffen mit Fonquerle bleibt Zeit zu einem Spaziergang durch das alte Agde. Kinder spielen in der Sonne. Ein kleiner Krauskopf hat eine Schnecke gefunden und hält sie mir stolz hin. Ein Mulattenmädchen springt durch ein Gummiband, das zwei Jungen festhalten, und wie ich um eine Ecke biege, kläfft mich ein Dackel derart an, daß ich erschreckt zusammenfahre. Der Hund hat seinen Kopf aus einem tief liegenden Fenster gesteckt und will sich gar nicht beruhigen. Ein Mann, der nebenan gerade sein Auto geparkt hat, streichelt den aufgeregten Dackel und kann ihn tatsächlich beruhigen. Ich kenne den Mann. Um ihn ein bißchen zu provozieren, sage ich: »Dieser Hund mag wohl keine Deutschen.«

Da dreht sich der Mann um und richtet sich auf. Er schüttelt energisch den Kopf, streicht über seinen Sergeantenbart und erklärt sehr ernsthaft: »Diese Zeiten sind glücklicherweise vorbei...«

Als ob Dackel sich je nach irgendeiner Nationalität gerichtet hätten, um jemanden anzukläffen. Der Mann schaut mich näher an. »Wir kennen uns doch?«

»Monsieur Fonquerle hat uns kürzlich bekanntgemacht.«

»Stimmt, beim Hotel du Golf. Um aber noch einmal auf ihren Scherz zurückzukommen – wir müssen wirklich glücklich sein, daß wir uns solch einen Spaß heute ohne jeden Hintergedanken leisten können. Als Bürgermeister dieser Stadt (er benutzt das deutsche Wort ›Bürgermeister‹) kann ich Ihnen versichern, daß wir Sie und Ihre Landsleute jederzeit gern empfangen. Natürlich darf man die Vergangenheit nicht vergessen, damit solche schrecklichen Dinge nicht wieder über uns kommen. 1914/18 sind mehrere meiner Onkel umgekommen, und sie trugen dabei einen Stahlhelm. Sie verstehen, was ich damit meine...«

»Meiner Familie ist es nicht anders ergangen, Monsieur.«

»Sehen Sie, sehen Sie! Wie gut, daß die Verhältnisse sich so grundlegend geändert haben. Monsieur, sollten Sie Wünsche oder Probleme haben, das Rathaus von Agde ist für Sie immer weit geöffnet.«

Während er das sagt, blickt er mir über die Schulter. Ich weiß nicht, wen er da sieht. Jedenfalls bedanke ich mich, und Monsieur Leroy-Beaulieu schreitet weiter, seinen Geschäften nach, seien es nun die politischen oder die privaten. Es ist schon eigenartig, daß Männer der Öffentlichkeit häufig so viele Worte um die einfachen Dinge machen. Wahrscheinlich können sie gar nicht mehr anders.

Nachmittags treffe ich mich also noch einmal mit Fonquerle, um endlich den Inhalt seines Antik-Kartons zu fotografieren: Armreifen, eine Haarnadel, Äxte, Dolch und Speer. Dazu zwei persönliche Stempel, einen griechischen und einen römischen. Ferner das Herkunftszeichen im Henkel einer Amphore und schließlich die Scherben, die vor wenigen Tagen bei der römischen Brücke gefunden wurden.

»Eigentlich ist das nichts Besonderes«, erklärt Fonquerle. »Solche Fragmente haben wir zu Tausenden gefunden. Ihre Herkunft ist genau bekannt. Sie stammen aus rund 200 Töpfereien, die die Römer in der Gegend von Millau, in der Graufesenque eingerichtet haben. Dort gab es genug Ton, ausreichend Wasser, um den Ton zu schlemmen, und aus den Wäldern holte man das Holz zum Brennen. Das war schon eine regelrecht industrielle Fertigung, die dem römischen Heimatland mit Erfolg Konkurrenz gemacht hat, vor allem, weil die Ware billiger war. Formen und Dekor waren natürlich Imitationen der römischen Originale. Man weiß, wie gesagt, sehr genau Bescheid. Ich kann es Ihnen beweisen.«

Er geht ins Haus und kommt Augenblicke später mit einem kiloschweren Aktenbündel zurück. »Alles Material über die Töpfereien in der Graufesenque.«

Fonquerle trägt die Akten ins Haus zurück und kommt mit einem Steinkopf wieder heraus. »Dieses ist dagegen etwas Außergewöhnliches, mein Freund. Wir haben es 1964 unterhalb der Kathedrale von Agde aus dem Hérault geborgen. Es stellt Silen dar, den Begleiter des Gottes Bacchus. Dieser Kopf muß schräg befestigt gewesen sein, wie man an der Rückseite erkennen kann. Nur wenige Leute haben ihn bisher fotografieren dürfen.«

Zum Schluß serviert Madame Marcelle uns einen Kaffee.

»Und jetzt habe ich eine Neuigkeit für Sie. Neulich abends habe ich die Befürchtung ausgesprochen, daß man mich wahrscheinlich nicht zum Konservator des neuen Museums von Cap D'Agde machen wird. Sie erinnern sich?«

»Aber ja.«

»Ich hatte recht. Ich werde nicht der Konservator, sondern man ernennt mich zum Direktor des ganzen Objektes. Ich werde der Chef des Konservators. Es ist also sogar noch besser gekommen!«

Er reicht mir die neueste Ausgabe der »Hérault Tribune« herüber. Auf Seite eins ganz oben wird von seiner Ernennung berichtet, natürlich mit Bild. Der Artikel liest sich wie eine Siegesmeldung.

»Du hast es einfach verdient«, stellt Madame Fonquerle nüchtern fest. Fonquerle nickt abwesend. Er denkt über irgend etwas nach. Schließlich kommt er zu einem Entschluß.

»Sie wollen jetzt nach Les Baux fahren?«

»Ja, das habe ich vor, wegen der Bauxit-Steinbrüche.«

»Aber Sie sind doch vor allem an Personen interessiert, die nicht ganz alltäglich sind, nicht wahr?«

Ich nicke zustimmend.

»Dann fahren Sie nicht nach Les Baux. Darüber kann man sowieso genug in den Reiseführern lesen. Ich weiß etwas Besseres.«

Zu seiner Frau gewandt fährt er fort: »Ich denke an Paul. Paul könnte ihm Minerve zeigen, überhaupt kennt Paul sich im ganzen Minervois aus wie kein zweiter. Ich rufe ihn einfach mal an.«

Mich fragt er gar nicht.

Paul Azema ist Kunstmaler und Bildhauer. Er stellt Keramiken her und hat eine Töpferei. Früher war er ein aktives Mitglied des GRASPA, des Unterwasserforschungsteams von Agde. Fonquerle erwischt ihn am Telefon, als er gerade das Haus verlassen will. Aber natürlich, ich soll kommen, am Abend will er zurückkommen, und wenn er sich verspäten sollte, wird sich Marie-Paule, seine Frau, um mich kümmern. Die Azemas wohnen in Azillanet, zwischen Béziers und Carcassonne. Statt wieder nordwärts zu fahren, lenke ich Shorty also noch weiter nach Süden, nicht ohne den Fonquerles versprochen zu haben, sie bald wieder zu besuchen.

Agde/Cap D'Agde
Michelin-Karten 83 und 240, Languedoc-Roussillon, Département Hérault, 13 000 Einwohner. Entfernungen: Paris 815 km, Béziers 22 km, Montpellier 58 km, Carcassonne 100 km, Toulouse 182 km. 1800 Yachtliegeplätze, großes FKK-Gebiet. Sehenswürdigkeiten: Mont St. Loup, Bassin de Thau, Altstadt Agde, Römische Brücke bei St. Thibéry, 10 km nördl., Museen Agde und Cap D'Agde. Informationen: Office municipal du Tourisme, B.P. 544, 34300 Cap D'Agde, Tel. 00 33 67/94 08 58.

Aus dem Logbuch

Der Abschied von Claude Siegfried fällt kurz aus – der Gute ist mit einem Kongreß beschäftigt. Sämtliche Direktoren der französischen Yachthäfen haben sich versammelt, um über ihre Probleme zu beraten. Die Kongreßhalle wimmelt von Leuten mit Namensschildern am Revers.

»Dann ist sicher auch der Mann dabei, der dafür verantwortlich ist, daß ich nicht im Hafen von Le Ciotat parken durfte...«, kann ich mir nicht verkneifen zu bemerken.

Siegfried reagiert ernsthaft. »Monsieur, das ist in der Tat ein Problem. Im letzten Jahr hatten wir zur Saison mehr als hundert solcher Fahrzeuge auf unseren Parkplätzen stehen. Das wäre an und für sich noch kein Problem. Aber leider schmeißen viele Ihrer Campingcar-Freunde ihre Abfälle einfach in die Gegend, sie breiten sich mit Tischen und Stühlen aus und berufen sich dann auf ihr Parkrecht. Wir werden in Cap D'Agde wohl nicht umhin können, das Parken für Campingcars auf 24 Stunden zu begrenzen. Einige unvernünftige Leute zwingen uns dazu. Leider.«

Das muß ich mir anhören, und ich kann nichts dagegen sagen. Wenn Ferkel per Wohnmobil unterwegs sind, kann man den Gemeinden wohl nicht verwehren, sich gegen Auswüchse zu wehren. Schade.

Vor Olonzac verlasse ich die D 5, durchfahre den Ort und habe bald die Höhen des Minervois vor mir. Auf dem ersten Hügel halte ich an, um mich umzusehen. Ringsum wächst nur Wein, soweit man blicken kann. Am Berghang vor mir liegt hinter einer Front aus Zypressen Azillanet. Rechts und links sind einzelne Weingüter verstreut. Zypressen überall, Pinien. Der Süden, wie man ihn sich träumt. Blaugraue Berghöhen vor mir, und hinter mir blinken am Horizont die Schneegipfel der Pyrenäen. An den Rändern der Weinfelder Blumen über Blumen. Überall leuchtet roter Mohn. Raps blüht, und am Straßenrand wachsen Thymian und Rosmarin.

Der Himmel bezieht sich. Trotzdem möchte ich erst einmal dieses sagenhafte Minerve sehen, bevor ich bei Paul Azema klingele. Ich durchfahre Azillanet, kurve einige Serpentinen hoch – der Ausblick nach Süden ist wahrlich atemberaubend. Wolkenberge türmen sich zu einer Gewitterfront.

Minerve. Es ist in die Felsschlucht der Cesse hineingebaut, die sich teilweise unter den Felsen hindurchgespült hat – Wassertunnel, hoch darüber führt die Straße. Minerve muß in den Religionskriegen Fürchterliches durchgemacht haben. Das Schloß ist seitdem Ruine. Ein steiles Mauerstück ragt wie ein mahnender Finger in den Himmel. Erste Tropfen fallen. Ich suche nach Standpunkten zum Fotografieren. Es wird ja wohl nicht ewig regnen hier. Minerve stimmt mich düster ein. Graubraun die Farben, Böen wehen durchs Gras. Ich klettere über die Berge zurück nach Azillanet.

Paul Azema – Licht im Herbst

Über dem sich weit hindehnenden Tal steht dunkel die Gewitterfront, vor der sich quer die Lichtzacken der Blitze spannen. Sie hinterlassen jedesmal Rauchspuren, die sich hell abheben. So jagt eine Entladung nach der anderen von Wolke zu Wolke. Zum Glück ist es nicht mehr weit bis Azillanet.

Das große Haus der Azemas ist leicht zu finden – Schilder mit der Aufschrift »Exposition« führen hin. Als ich eintreffe, ist aus den ersten Tropfen längst ein ordentlicher Regenguß geworden. Ich klopfe an der Haustür, aber nichts rührt sich. Ich springe unter dem Regen hindurch hinüber zum Seitenflügel, in dem die Ausstellung untergebracht ist. »Ouvert« – geöffnet steht da, und »Sonnez svp« – bitte klingeln. Ich tu's. Wenige Augenblicke später wird in der Ausstellung Licht gemacht. Eine junge kräftige Frau erscheint und öffnet mir. Sie weiß sofort Bescheid.

»Sie sind der Freund von Denis. Willkommen in Azillanet. Paul ist leider noch nicht zurück. Aber er wird jeden Moment kommen. Wollen Sie einen Blick auf die Ausstellung werfen? Pauls beste Stücke sind leider zur Zeit nicht da, sie werden in Béziers in einer Galerie gezeigt.«

Ich will mich umsehen, da knallt es ganz ungeheuer, und wir stehen im Dunkeln. Blitz und Donner waren unmittelbar aufeinander gefolgt. Es hat ganz in der Nähe eingeschlagen. Marie-Paule holt eine Taschenlampe und leuchtet mir den Weg zur Töpferwerkstatt, wo sich die Sicherungen befinden. Aber der Knopf der Hauptsicherung rastet nicht ein, springt sofort wieder heraus. Im ganzen Haus bleibt es dunkel. Ein schmaler Flur führt in den Wohntrakt hinüber. Marie-Paule leuchtet mir weiter voran und ruft beruhigende Worte. Ich höre Knurren, kurzes Gebell folgt. Aber der Schäferhund gehorcht Marie-Paule aufs Wort und beruhigt sich sogleich wieder. Er heißt Obelix und ist im Gegensatz zu seinem literarischen Vorbild wohlgebaut – schlank, mit edlem Kopf und großen Bernsteinaugen.

Eine Terrierdame ist neugieriger als Obelix. Sie kommt zu mir und beschnuppert mich. Sie heißt Rosie.

Im Wohnzimmer kann man wegen der großen Fenster zum Garten noch leidlich sehen, aber Marie-Paule sucht vorsorglich nach Kerzen. Es ist gerade sieben durch.

Dieser Kopf eines Silen (das war der ständige Begleiter des lebenslustigen antiken Gottes Bacchus) hat ungefähr 2000 Jahre auf dem Grunde des Hérault gelegen

Minerve hat einer Landschaft den Namen gegeben, obwohl es nur 106 Einwohner zählt. Einst war es Zentrum der Katharer, die im 13. Jahrhundert als Ketzer verfolgt wurden. Ihr Schloß hat man bei den Kämpfen bis auf einen Mauerrest (siehe obere Bildmitte) geschleift

Draußen im Garten hüpft eine weiße Taube aufgeregt in ihrem Bauer hin und her. Das Gewitter ängstigt sie wohl.

Marie-Paule holt das Vogelbauer ins Wohnzimmer, ich halte ihr die Tür auf. Jetzt kommt auch Obelix zu mir, beäugt mich, schnuppert und verzieht sich wieder. Da hat doch etwas miaut?

»Eine Katze?«

»Sie mag bei dem Wetter wohl nicht mehr draußen sein.«

Die Tür zum Garten wird noch einmal geöffnet, und eine pechschwarze Katze humpelt herein. Ihr fehlt die linke Vorderpfote. »Sie mußte nach einer Verletzung amputiert werden, aber das Tier kommt ganz gut zurecht. Es fängt sogar Mäuse.« Aus dem Schwarz leuchten grüne Augen. Die Katze springt zu mir auf die Couch, läßt sich streicheln und fängt sofort an zu schnurren. Das Fell ist ziemlich feucht. Natürlich.

Rosie kommt noch einmal ins Wohnzimmer, um mich in Augenschein zu nehmen. Dann hat Marie-Paule genügend Kerzen zusammengetragen. Das Gewitter ist inzwischen weitergezogen.

Im Kamin brennen dicke Holzscheite. Darüber hängt eine großflächige Keramik, die einen Mönch zeigt, der mit einem weißen Vogel spricht – Franz von Assisi. Marie-Paule geht noch einmal in die Werkstatt, um ihr Glück mit der Sicherung zu versuchen, aber die Lampen bleiben dunkel.

Immerhin ist es draußen wieder ein wenig heller geworden. Zur Sicherheit ruft Marie-Paule jedoch beim Elektrizitätswerk an. Dort rät man ihr, sämtliche Verbraucher abzuschalten und es dann noch einmal mit der Hauptsicherung zu versuchen. Sie tut es, zieht sogar alle Stecker heraus, aber die Sicherung will nicht einrasten. Daraufhin versprechen die Leute vom Elektrizitätswerk, innerhalb einer Stunde einen Spezialisten vorbeizuschicken.

Kaum hat Marie-Paule sich wieder gesetzt, schlagen die Hunde an. Aber es ist kein drohendes Knurren dabei. Ihr Herr ist in den Hof gefahren.

Wie hat man sich einen erfolgreichen Künstler vorzustellen? Hager, bärtig, asketisch, in verblichenen Jeans? Ich höre seine Stimme im Flur. Er spricht mit den Hunden. Dann kommt er ins Zimmer. Paul Azema ist ein großer, schwerer Mann, glatt rasiert. Er trägt blaue Leinenhosen, das Hemd ist offen, darüber hat er einen leichten Pulli gezogen. Das Gesicht ist eher schmal, auffallend die Hakennase. Die Brille gibt ihm das Aussehen eines Advokaten, der ein bißchen Urlaub macht. Er schaut mich ruhig prüfend an. »Willkommen in Azillanet. Wie geht es Denis?«

»Er ist ziemlich müde. Sonst wäre er gern mitgekommen. Aber er ist einigermaßen zufrieden. Die Entscheidung wegen des Museums ist nämlich gefallen. Statt Konservator wird er Direktor.«

»Das ist die bessere Position.«

»So sieht er das auch.«

»Das ist eine vernünftige Lösung, die Denis zu gönnen ist. Ich kenne ihn schon lange, war einer seiner ersten GRASPA-Leute. Ich habe viel für ihn fotografiert. Sie kennen seine Dias vom Epheben? Die habe ich gemacht.«

Fotografieren kann er also auch.

»Warum habt ihr kein Licht gemacht?« will er wissen. Marie-Paule erzählt ihm die Blitz-Geschichte und von ihren Telefonaten mit dem Elektrizitätswerk.

»Das finde ich auch selbst heraus. Wozu habe ich die Schaltpläne aller Anlagen?« Er entschuldigt sich, scheint aber ein ordentlicher Hausbesitzer zu sein; denn schon nach zwei Minuten ist er mit den Plänen zurück.

Wieder schlagen die Hunde an. Sie scheinen den Ankömmling zu kennen, da sie gleich wieder ruhig sind: Es ist Alain, ein Freund der Azemas. Klein, schmal, mit einem riesigen rötlichen Schnauzbart, der ihm etwas ungemein Friedliches gibt. Alain ist Architekt, höre ich.

Alain hat seinerzeit den Umbau gelei-

132

tet, kennt sich also mit den Plänen aus. Die beiden studieren die Unterlagen, suchen nach exponierten Stellen, geistern alsbald im Haus herum, und plötzlich ist wieder Licht. Sie haben alles Mögliche versucht, den Schaden aber nicht wissentlich behoben. Wo der Kurzschluß genau steckt, wissen sie immer noch nicht. Aber ihr Mißtrauen gilt der Dusche. Gründliche Reinigungen werden also vorerst abgesagt. Im übrigen werden immer noch die angekündigten Leute des E-Werks erwartet. Doch sie kommen nicht. Statt dessen erscheint als nächstes die grazile Marie, Alains Frau. Sie bemerkt sogleich die Taube.

»Kennst du die Geschichte dieses schönen Vogels? Marie-Paule hat sie noch nicht erzählt?« fragt Paul.

Marie schüttelt den Kopf.

»Dann will ich sie erzählen. Wir haben doch in der vorigen Woche meine Ausstellung in Béziers eröffnet. Kurz vorher rief uns ein Bekannter von dort an und fragte, ob wir ein paar Tauben für unsere Tiefkühltruhe haben wollten, seine hätten sich zu stark vermehrt. Marie-Paule war einverstanden, wenn er die Tauben vorher töten würde. Das tut sie nun mal nicht gerne. Nein, sagte der Mann, er würde das schon besorgen, wir bräuchten sie nur noch zu rupfen. So wurde es also abgemacht. Wir haben unsere Camping-Kühlkiste mit viel Eis in den Kofferraum gestellt, die in einen Plastiksack verpackten Tauben in Empfang genommen und in die Kiste gepackt. Dann sind wir zur Ausstellung gefahren. Am nächsten Nachmittag habe ich die Tauben aus der Kühlkiste geholt, um sie zu rupfen. Eine hat sich noch bewegt, ganz schwach, aber ich habe gleich gespürt – da ist noch Leben drin. Sie war zwar eiskalt, aber sie lebte noch! Marie-Paule hat sie vorsichtig in die Hände genommen und sich mit ihr dicht an den Kamin gesetzt. Ihr seht es ja selbst – der Vogel hat sich wieder völlig erholt. Wir hatten noch dieses Bauer auf dem Boden, und so sind wir zu einem neuen Hausgenossen gekommen. Rosie und Obelix haben ihn schon anerkannt. Bei der Katze bin ich mir nicht so sicher. Wir wollen im Garten eine Voliere bauen, damit die Taube richtig fliegen kann.«

Marie-Paule fügt hinzu: »Und wir kaufen noch ein paar Tauben, damit der eine Vogel nicht so allein ist.«

Alain denkt praktischer. »Warum laßt ihr die Taube nicht einfach fliegen?« fragt er. Marie-Paule ist beinahe empört. »Damit sie der nächste Jäger abknallt oder Nachbars Kater sie frißt?«

Alain gibt sich geschlagen und sagt nichts mehr zum Thema. Ich werfe ein: »Es ist schließlich eine besondere Taube. Sie ist eigentlich filmreif: Die Taube, die aus der Kälte kam.«

Paul lacht und greift die Idee auf. »Gut. Rudolf und ich werden gemeinsam einen Film drehen. Den Titel haben wir schon, den Hauptdarsteller auch. Es fehlt nur noch das Drehbuch.«

»Mit eurer Phantasie werdet ihr das schon zuwege bringen«, spottet Alain.

»Ich finde die Idee gar nicht einmal schlecht«, unterstützt uns Marie. Sie ist halt eine Frau und weiß einer Laune leicht zu folgen, vor allem, wenn es um eine weiße Taube geht.

Später bitten die beiden Männer um Entschuldigung und erörtern Hauswirtsprobleme. Sie haben Kummer mit einem Mieter, der sich ohne zu zahlen hinter Rechten verschanzt hat. Warum soll es in dieser Beziehung anders in Frankreich zugehen als bei uns? Mich macht diese Erörterung freilich aus anderem Grunde stutzig. Seit langem wollen Marianne und ich irgendwann, wenn sich eine Möglichkeit bieten sollte, in einer schönen Gegend Frankreichs für einige Zeit unsere Zelte aufschlagen. Mit anderen Worten – ein Häuschen mieten. Die Gegend hier ist zauberhaft. Wenn diese beiden Männer Häuser oder Wohnungen vermieten, dann könnten sie mir womöglich einen Rat geben...

Ich warte ihre Diskussion also ab und frage dann frei heraus, ob sie ein für meine Pläne passendes Objekt wüßten. Paul schüttelt den Kopf. Auch Alain fällt zunächst nichts ein. Aber dann hat er doch eine Idee. »Marie, das Haus, das wir für uns mieten wollten! Das steht wohl noch leer. Das Haus im Park! Es war uns etwas zu klein, weil ich nicht genug Platz für meine Zeichentische gehabt hätte...«

Paul sagt dazu: »Rudolf, ich möchte Ihnen sowieso morgen die Gegend zeigen. Dabei fahren wir an diesem Haus vorbei und sehen es uns an. Einverstanden?«

Ich nicke zwar zustimmend, aber eigentlich geht mir das etwas zu schnell. Was gibt es da nicht alles zu bedenken! Die Schule für Stefanie zum Beispiel. Nun gut, anschauen bedeutet ja nicht, daß ich mich auch gleich entscheiden muß.

Abends gibt es Entenbrust, die auf der Glut von Weinreisern gegrillt wurde. Paul hat dazu im Hinterhof eigens einen Grillofen aufgestellt. Zur Ente wird Roter aus der Gegend getrunken. Ein Landwein, aber eine Köstlichkeit. Paul erklärt mir: »Das ist der einzige Tropfen, der meinem empfindlichen Magen bekommt.« Natürlich ist bald die Rede von Denis Fonquerle, und Paul erzählt aus alten, gemeinsamen Tauchertagen.

»Damals machte noch jedermann Jagd auf Amphoren. Gesetzliche Bestimmungen gab es nicht oder waren nicht bekannt. Vor allem deutsche Taucher kamen hierher. Oft hatten sie Erfolg, und an den Grenzen kümmerte sich noch niemand um diese seltsamen Tonvasen mit ihren Kalkablagerungen von Meerestieren. Wir haben uns damals schon gegen diese Wilderer gewehrt. Ich kann euch sagen, manchmal hat es wilde Unterwasserschlachten gegeben, wie später im Kino bei James Bond. Unser schnellster Mann, Raffael hieß er, war darauf trainiert, bei solchen Auseinandersetzungen erst einmal das Schlauchboot der Räuber abzustechen. Die kamen damals aus Deutschland alle mit Schlauchbooten. Waren sie versenkt, waren auch die Amphoren gerettet. Einmal sind wir ohne jede Polizeihilfe auf einen Campingplatz gegangen und haben Amphoren aus den Zelten geholt. Wir wußten von den Funden. Nun ja, es waren unter uns einige besonders stämmige Kerle.«

»Ich kann mir vorstellen, daß Monsieur Fonquerle nicht sehr genießbar ist, wenn er wütend wird.«

»Da können Sie sicher sein. Denis kann in seiner Wut richtig gefährlich werden. Jedenfalls konnte er das mal. Heute ist er wohl vernünftiger und ein bißchen ruhiger geworden. Da kann ich euch eine Geschichte erzählen, die sich vor langen Jahren unweit der spanischen Grenze abgespielt hat. Wir hatten von einer schmalen Mole aus getaucht und waren mit unseren Wagen auf dem Rückweg. Auf der Mole war nur eine Wagenbreite Platz. Gut 200 Meter vor dem Molenanfang begegnete uns ein Personenwagen aus Paris. Der Mann war nicht bereit, das relativ kurze Stück zurückzusetzen, und es ergab sich bald eine hitzige Diskussion. Ich muß dazu sagen, daß wir alle ziemlich ausgepumpt und müde waren. Denis, der für uns das Wort führte, wurde immer wütender. Der Pariser wollte auf keinen Fall nachgeben, Denis aber ebensowenig. Plötzlich packte er seinen Kontrahenten kurzerhand an Kragen und Hosenboden und warf ihn ins Meer. Ich schrie: ›Denis, der Kerl kann vielleicht gar nicht schwimmen!‹

Denis drehte sich zu uns um, zornrot im Gesicht, und schrie uns an: ›Dann holt ihn wieder heraus!‹

Was soll ich weiter erzählen – wir haben anschließend die halbe Nacht auf der nächsten Polizeistation verbracht.«

»All diese Geschichten müßten doch einmal aufgeschrieben werden«, sagt Marie-Paule.

»Er könnte es schon, er schreibt ja einen ganz amüsanten Stil. Aber er will nicht.«

»Keine Zeit, sagt er, ich habe ihn erst heute morgen gefragt«, kann ich berichten.

Paul fährt fort: »Dabei hat er wirklich eine Menge erlebt. Auch Komisches. Er kann ja glücklicherweise auch über sich selbst lachen. Dazu fällt mir eine Geschichte ein. Wir hatten beim Fort Brescou vor Cap D'Agde getaucht, wenig gefunden, und so hatte Denis für die Jungs Unterwasserjagd angesagt. Sie sollten auch mal ihren Spaß haben. Ich blieb auf dem Fort und hielt von dort Ausschau, während Denis die Jagd von seinem Ruderboot aus überwachte. Da sehe ich durchs Glas, wie er die Ruder ganz sachte ins Wasser setzt und das Boot langsam auf einen großen dunklen Fleck zu in Bewegung setzt. Ich stütze das Glas ab, damit es nicht so wackelt, stelle genau ein und erkenne einen riesigen Mondfisch, der an der Oberfläche treibt und anscheinend schläft. Ein Mondfisch, müßt ihr wissen, ist sehr selten. Er hat einen Körper wie eine Diskusscheibe und wird einige hundert Kilo schwer. Ich sehe also meinen Denis sanft und vorsichtig auf diesen schlafenden Riesen zurudern. Was will er mit dem Fisch, denke ich, er hat weder eine Harpune noch einen Enterhaken an Bord. Will er ihn etwa mit dem Ruder erschlagen? Da richtet Denis sich langsam in dem auf den Fisch zutreibenden Boot auf, hebt mit beiden Armen den Anker hoch und läßt ihn mit voller Wucht auf den Fisch niedersausen. Das Tier macht einen Riesensatz, verschwindet und zieht die Ankerleine hinter sich her. Denis läßt sich sofort fallen und klammert sich an die Ruderbank. Schon geht die Fahrt los. Aber nicht lange. Das Boot bleibt liegen, und ich sehe Denis die Ankerleine einholen. Der Anker ist noch dran, aber kein Mondfisch. Nur ein Brocken Mondfischfleisch. Ich habe ziemlich aufgeatmet damals. Denis hat noch lange geflucht, daß ihm der größte Fisch seines Lebens entkommen ist. Aber dann mußte er doch lachen. ›Ich habe wohl sehr komisch ausgesehen, wie ich mich an der Ruderbank festgehalten habe, wie? Ich dachte nur, wenn der dich nur nicht in die Tiefe zieht, denn dann saust du an deinen Jungens vorbei, und die kriegen vor Lachen keine Luft mehr . . .‹«

Eine besonders sympathische Neigung ist Paul Azema genauso eigen wie Denis Fonquerle: Beide wollen dem Gast möglichst viel Interessantes zeigen. Wir fahren zunächst nach Westen an den Berghöhen entlang, folgen einem durch die Weinfelder sich schlängelnden Weg.

»Hier male ich immer wieder diese von Zypressen umstandenen, ockerfarbenen Häuser. Was mich aber auch fasziniert, das sind die vielen Zeugen der Geschichte. Zeugen von Menschenhand. Hier gibt es zum Beispiel eine Unzahl von Steinzelten, die sich die Hirten mit den bloßen Händen aus flachen Feldsteinen aufgerichtet haben. Sie sind außen kantig, innen sind sie rund. Obwohl überhaupt kein Bindemittel verwendet wurde, trotzen diese primitiven Unterstände seit Urzeiten Wind und Wetter.«

Langsam fahren wir an der karolingischen Kapelle St. Germain vorbei, die gerade eben restauriert wurde. Und jetzt stehen am Wegesrand die ersten Steinzelte.

»Sie erinnern mich an die Trullis in Kalabrien, in Süditalien.«

»Richtig. Von denen weiß man ja auch nicht, wer sie nun eigentlich errichtet hat. Es ist wohl die gleiche Technik. Oder besser – der gleiche Mangel an jedweder Technik. Es sind handgearbeitete Unterkünfte.«

Wir steigen aus, um uns eines dieser Steinzelte anzuschauen. Es riecht intensiv nach Kräutern. Wir treten auf Thymian, Bienen umschwärmen uns. Eidechsen huschen über die Steine. In Sichtweite wächst Wein. Immer wieder Wein.

Weiter geht's einen Hügel hinan. Oben ragt die kleine Kirche Centeilles in den Himmel. Wir halten. Der Blick zurück reicht wieder bis zu den Pyrenäen. Nicht weit rechts vor uns scharen sich die Dächer von la Livinière um ihre Kirchenkuppel. Aber die modernen Zeiten reichen auch bis hierher: Unten am Feldrand rennt ein Jogger entlang, gefolgt von einem Dachshund.

»Diese Kirche hier oben habe ich oft gemalt. Was halten Sie von den Säulen?«

Jeweils an den Enden der den Kirchplatz abgrenzenden Mauer stehen zwei Säulenstümpfe, darauf Kapitelle mit Blumenfriesen. Die Ornamente stellen zweifelsohne die Blüten von Heckenrosen dar, wie Jean Claude Michaud sie in seinen Symbolen verarbeitet.

»Nun?« mahnt Azema.

»Der Säulenstein stammt nicht von hier. Das ist doch Basalt! Es könnte Basalt aus Agde sein.«

»Es ist in der Tat Basalt aus Agde. Aber niemand weiß mehr, wer ihn hierher gebracht hat, und warum.«

Unweit werden eigenartige Geräusche produziert. Ein Weinbauer spritzt junge Triebe. Seine Giftfässer stehen in der Nähe auf einem alten Wagen.

Ich will die Kirche aufnehmen, da rät Azema: »Nicht von hier aus. Kommen Sie mit, ich kenne einen besseren Blick.« Er ist Maler, er kennt sich hier aus, er wird's also wissen, denke ich und folge ihm einen Seitenweg hinab.

»Das war früher einmal der Kirchweg der Leute von Siran. Jetzt wächst schon längst Gras darüber. So – hier ist die Stelle.« Er hat recht. Oder fast. Ich gehe noch zwei Schritte weiter. »So habe ich diese kleinen Weinstöcke als Vordergrund.«

Paul nickt. Im Sucher habe ich eigentlich einen Postkartenblick, aber so sieht das hier nun mal aus. Langsam gehen wir zurück.

Der Weinbauer ist inzwischen heraufgekommen und füllt seine Giftbehälter nach. Man grüßt sich, und der Mann kommt näher. Er ist seit Tagen nicht rasiert und trägt das älteste Zeug, das er für diese Arbeit aufbewahrt hat. Danach kann er es nur noch verbrennen.

»Interessiert Sie die Kirche Centeilles? Das ist gut. Es kommen nicht mehr viele Leute hier herauf. Sie hat ja eine Zeitlang als Schafstall gedient, aber jetzt wird sie erfreulicherweise restauriert. Eigenartig sind diese kurzen Säulen auf den Mauerenden. Wissen Sie, woher die Säulen kommen?«

Paul lächelt. »Das ist Basalt aus Agde.«

»Oh, Sie kennen sich aus. Das freut mich. Sind Sie Historiker?«

»Nein, ich bin Maler. Ich war schon öfter hier oben. Ich stamme aus Pezenas, gleich hinter Agde, und ich wohne seit ein paar Jahren in Azillanet.«

Paul steckt sich einen Zigarillo an. Der Weinbauer möchte mit seinen grünbespritzten Händen lieber nicht zugreifen. Er erzählt von der Geschichte der Gegend, von seinen Schwiegereltern, die weiter oben am Hang ein kleines Weingut hatten. »Dort haben sie den besten Wein produziert, aber so weit oben will heute niemand mehr arbeiten. Es ist zu schwierig und bringt nichts mehr ein.«

Die Ruinen des alten Gutes kann man noch gut erkennen. Ich frage, ob ich ein Foto machen darf.

»So, wie ich aussehe? Wie ein Clo-

Paul Azema (r.) unterhält sich mit einem Weinbauern über die Kirchen des Minervois. Die Azemas führen ihre Herkunft auf die alten Sarazenen zurück

Die Kirche »Centeilles« steht auf einer Anhöhe unweit la Livinière (Michelinkarten 83 und 240, etwa 45 Kilometer westlich der Stadt Béziers)

chard? Nun ja, es ist die Arbeit. Meinetwegen also. Fotografieren Sie nur.«

Er spricht seinen mediterranen Akzent glücklicherweise so langsam, daß ich fast jedes Wort verstehen kann. Er spricht nahezu jede Silbe aus, und seine »R's« rollen hart. Er weiß, wieviel alte Kapellen es in der näheren Umgebung noch gibt, und er kennt ihre Geschichte. Die beiden Männer führen ein kunsthistorisches Gespräch. Paul raucht seinen Zigarillo dabei, den unvermeidlichen. Der Bauer hat tiefbraune, warme Augen. Schließlich nimmt er sein Giftgerät und geht zu den Weinstöcken zurück.

Wir wollen nach la Livinière hinunter. Ich möchte aussteigen, um den malerischen Ort aufzunehmen, aber ich bleibe dann doch sitzen.

»Schlimm«, sage ich, »überall stören diese blöden elektrischen Freileitungen. Es gibt in Frankreich keinen einzigen schönen Ausblick, den sie nicht verschandeln.«

»Doch, ich weiß einen. Fahren wir ein kleines Stückchen weiter. Aber im Grunde haben Sie recht. Diese Leitungen hängen überall herum. Auf meinen Bildern kann ich sie Gott sei Dank weglassen.«

Wir verlassen die Straße und kurven einen Feldweg hoch. Paul hält vor einer mit gelben Blumen übersäten Wiese, hinter der die Kirchenkuppel von la Livinière aufragt. Wieder eine Postkartenansicht, und doch die schlichte Wahrheit.

Azema drängt plötzlich. »Wir wollen uns doch noch das Haus im Park ansehen. Marie-Paule erwartet uns in einer halben Stunde zum Essen. Wir müssen uns beeilen.«

Er jagt mit dem Wagen jetzt um die Kurven, schneidet sie, wo die Sicht es erlaubt. Ich brauche nicht auf den Tacho zu sehen, ich weiß, Paul fährt viel zu schnell. Aber er kann es.

»Unangenehm?« fragt er, als ich nach dem Seitengriff über der Tür fasse.

»Nein, keine Sorge. So bin ich früher selbst gefahren.«

Immerhin habe ich inzwischen herausgefunden, daß Paul Azema drei Jahre jünger ist als ich.

Er läßt seinen Wagen laufen, was er hergibt, fährt wie ein Weltmeister, beherrscht das Auto in jeder Sekunde.

Wir spazieren durch einen seit Jahren nicht mehr gepflegten Park. Die Bäume ragen hoch. Unterholz hat sich breitgemacht. In der äußersten Ecke steht ein verwunschenes Häuschen. Wein rankt über die Tür. Eine mannshohe Mauer umschließt den Garten. Vögel zwitschern. Stille.

»Hier gäbe es natürlich noch einiges zu tun«, meint Paul, »aber es ist ein Ort der Ruhe. Hier kann man arbeiten.«

Dann gehen wir hinein. Es gibt einen Kamin. Seine Wände sind verrußt. Auf dem Rost liegt eine alte Pfanne. Die Fenster öffnen sich entweder zum Park hin, in diese herrlich verwachsene grüne Wildnis, oder zur anderen Seite, über die Mauer hinweg, auf endlose Weinfelder, die sich weit im Dunst der Berge verlieren. Ich höre mein Herz klopfen...

Als die Zypressenwand vor dem Friedhof von Azillanet vor uns auftaucht, sagt Paul: »Jetzt ist eigentlich noch nicht die richtige Zeit für das Minervois. Jetzt ist noch alles grün. Zugegeben, es sind alle Nuancen von Grün da, aber eben nur von Grün. Malen mag ich jetzt nicht. Erst im Oktober ist es soweit. Dann gesellen sich alle, aber auch alle roten, braunen und gelben Töne hinzu. Dann leuchtet das Minervois und lebt im richtigen Licht. Es ist nicht zu hart, aber doch sehr klar. Im Oktober stimmen alle Farben. Dann male ich am liebsten. Ich male den Herbst, den reifen, satten Herbst. Im Oktober müssen Sie wiederkommen.«

»Gibt es hier eigentlich so etwas wie einen Winter?«

»Sie meinen Schnee und Eis? Das hat es vor wenigen Jahren tatsächlich einmal gegeben. Alles ist damals zusammengebrochen, Verkehr, Telefon, Elektrizität. Kaum fünf Zentimeter Schnee, und schon eine wahre Katastrophe. Ich habe ein Bild vom verschneiten Minervois gemalt. Gestern habe ich es verkauft. Ein eigenartiges Bild, so fremd. Aber ich habe es, wie gesagt, sogar verkauft.«

Marie-Paule hat einen Anruf bekommen. Ihre über achtzigjährige Großmutter hat sich auf einer Afrikareise eine Infektion zugezogen, liegt krank im Bett und will sie sehen. Sie will schon am Nachmittag fahren. »Ihr Männer müßt ein paar Tage ohne mich auskommen. Ich hoffe, ihr werdet das überleben. Eßt, was ihr wollt, aber steckt mir nicht die Messer mit den Holzgriffen in die Spülmaschine. Paul kann eigentlich alles: malen, töpfern, in Keramik arbeiten, Maschinen entwerfen, er kann Tische und Stühle bauen, nur vom Geschirrspülen hat er keine Ahnung.« Marie-Paule lacht ein bißchen gequält. Sie macht sich Sorgen um die alte, geliebte Großmutter. Nachmittags bringen wir sie zum Zug.

Paul zeigt mir die Ausstellung. Die meisten seiner eigenen Arbeiten hängen zur Zeit in Béziers. Aber er zeigt auch junge Künstler, die er damit unterstützt. Auf den Bildern des einen findet sich immer wieder eine klassisch schöne junge Frau, völlig nackt, in immer neuen Posituren, und drumherum sind Phantasmagorien gemalt, Alpträume, nicht alles gleich zu entwirren. Paul fragt: »Wie finden Sie das?«

Ich zögere mit der Antwort. Aber dann sage ich, was ich denke. Wenn Paul schon fragt, dann will er keine leeren Floskeln, sondern eine Meinung hören. Ich antworte: »Ich finde, der Mann hat eine frappierende Technik, und er hat Phantasie. Aber was er malt, paßt nicht zusammen: Der wie fotografierte Akt hat mit der Trauminszenierung nichts zu tun. Das hat kein Miteinander, es hat keine Seele. Finde ich.« Paul sagt nichts dazu, sondern zeigt auf einen Mädchenakt in Rötel. »Und das?«

»Der Maler hat, was dem anderen noch fehlt. Das Bild hat Seele. Finde ich wenigstens.«

Paul zieht nachdenklich an seinem Zigarillo und pafft vor sich hin. Während er weitergeht, sagt er: »Der Junge sollte Sie hören. Wahrscheinlich würde er glauben, ich hätte Ihnen das eingeredet. Denn genau das, was Sie sagen, predige ich ihm seit langem. Er soll sich nicht auf seine Technik verlassen. Die ist ganz hervorragend. Er soll in sich hineinhorchen. Entweder tut er das nicht, oder er hört noch nichts. Ich hoffe, irgendwann klingt es in ihm. Wenn es so weit kommt, hat er eine große Zukunft.«

Wir erreichen die Keramik-Abteilung. Paul erklärt: »Was da an der Wand hängt, die bunten Teller, das ist Kunsthandwerk. Das mögen die Leute. Damit verdiene ich das Geld zum Leben. Die Stücke hier auf dem Tisch – nun ja, ich gebe zu, die verkaufen sich so gut wie gar nicht.«

Ich nehme eine Platte in die Hand. »Die ist wirklich verkäuflich?«

»Ja.«

»Dann ist sie verkauft. Ich mag sie sehr. Ja, ich finde sie sogar unheimlich gut.«

Paul lächelt. »Dann nehmen Sie sie aber auch sofort mit, sonst passiert noch ein Wunder und jemand anders will sie haben.«

Ich bezahle auf der Stelle den Preis, der unter der Keramikplatte steht und freue mich. Ich besitze eine Azema-Arbeit mit zumeist dunklen und doch tief leuchtenden Farben, und das für den Gegenwert eines guten Abendessens. Der Gedanke bringt mich auf einen Vorschlag. »Morgen gehen wir zusammen essen. Wohin Sie wollen. Ich lade Sie ein.«

»Einverstanden.«

Paul Azema zeigt mir noch seine Töpferwerkstatt. Die Herstellung der Teller ist bereits zur Serienfertigung ausgeartet. Zu Hunderten stehen rote, vorgebrannte Stücke in den Regalen, warten auf die Glasur.

»Ich mag das alles nicht mehr. Ich möchte nur noch malen. Ich werde die Töpferei wohl aufgeben.«

Im Hintergrund steht ein kleiner Lieferwagen. Er hat schon Staub angesetzt, weil er so lange nicht mehr bewegt worden ist.

Abends werden Surprise-Gäste erwartet. Künstler, Journalisten. Sie wollen ein Gigot mitbringen, eine Hammelkeule. Marie, Alains Frau, hat sich erboten, als Hausfrau einzuspringen und für die Vorbereitungen zu sorgen. Die Keule soll im Backofen zusammen mit Kartoffeln gegart werden. Große Mengen sind zu schälen. Ich sitze also in der Küche und helfe dabei. Paul holt einige angestaubte Flaschen Rotwein aus dem Keller. Er selbst will bei dem gewohnten Landwein bleiben. Der Abend wird längst nicht so fröhlich, wie er geplant war. Zunächst kommen die Gäste viel später als angesagt. Ein Bösewicht hatte versucht, den Wagen zu stehlen und dabei die Lenkung verbogen. Eine Werkstatt konnte zwar schnell helfen, aber eben nicht schnell genug. Dann erweist sich die Handhabung des Herdes als schwierig – weder Keule noch Kartoffeln wollen so richtig garwerden, es dauert und dauert, bis endlich gegessen werden kann. Es wird zwar viel geredet, aber ich verstehe nicht viel. Rede und Gegenrede folgen einander oft rasend schnell, diese Mittelmeerländler sind ohnehin schwer zu verstehen, wenn sie unter sich sind. Außerdem ist Paul müde. Er rettet sich, indem er anfängt, Witze zu erzählen. Ich bekomme die Pointe nur gelegentlich mit und bin einigermaßen froh, als ich endlich in meinen Shorty kriechen kann.

Für den nächsten Morgen stelle ich mir den Wecker. Uwe hat Geburtstag, ich möchte ihn anrufen, bevor er in die Universität geht. Als ich losgehe, um eine Telefonzelle zu suchen, folgen mir Rosie und Obelix. Sie folgen mir tatsächlich; denn sie bleiben jederzeit dicht bei mir. Mehr als zehn Meter trennen sie sich nicht von mir. Als ich einmal etwas abrupt in eine Seitengasse biege, weil ich an ihrem anderen Ende einen größeren Platz gesehen habe, brauche ich nur kurz zu rufen, und schon sind die beiden, die ein kleines Stückchen vorausgelaufen waren, wieder bei mir. Während ich telefoniere, umkreisen sie die Zelle. Als wir zu dritt wieder im Hause eintreffen, legt Obelix mir die Vorderpfoten auf die Brust und schmiegt sich an mich. Sofort springt Rosie zu und beißt ihn in den Schwanz. Die Dame ist eifersüchtig. Paul grinst dazu. Er kennt das Spiel seit langem. Manchmal hat Obelix freilich schon die Geduld verloren, hat zugeschnappt und Rosie böse verletzt. Hinterher war er immer verstört, erzählt Paul. Trotz solcher Erfahrungen kann Rosie es jedoch nicht lassen, immer wieder mal nach der buschigen Rute ihres dreimal so schweren Kumpels zu schnappen.

Beiden Hunden hat Paul kleine Spielchen beigebracht. So ruft er einen der beiden Namen und wirft ein Stückchen Brot in die Luft. Nur der Gerufene springt und schnappt sich das Stück. Es klappt fast immer. Noch eindrucksvoller ist es, wenn er ein kleines Stückchen Brot zwischen den Fingern hält und mit erhobener Stimme warnt: »Vorsichtig, ganz vorsichtig!« Die Hunde fassen dann wirklich unglaublich sanft mit ihren spitzen Zähnen nach dem Brot.

Ich frage: »Obelix zumindest erweckt den Eindruck, als könnte er sehr gefährlich werden. Weiß er das eigentlich?«

»Und ob er das weiß! Ich habe einmal in der Werkstatt gearbeitet. Marie-Paule war nicht im Haus. Zuweilen hörte ich die Hunde herumtollen, aber dann war es geradezu unheimlich still. Ich habe nachgeschaut. Da waren zwei Strolche vom Garten her ins Wohnzimmer eingedrungen, und nun standen sie kreidebleich an der Wand und die Hunde drohend vor ihnen. Die Tiere wissen ganz genau, wer ins Haus darf und wer nicht. Die beiden Kerle konnten von Glück sagen, daß sie sich nicht gerührt haben, und daß ich aufmerksam geworden bin. Man soll sich übrigens nicht in der kleinen Rosie täuschen. Sie kann durchaus zubeißen, und vor allem, sie fürchtet sich vor nichts und niemand.«

Die kleine Terrierdame kommt ins Zimmer, legt den Kopf etwas schief, springt zu mir auf die Couch, klettert auf meine Beine und streckt sich aus. Ein Glück, daß sie mich so offensichtlich mag.

»Bleibt es bei unserer Verabredung zum Essen?«

»Aber ja.«

»Gut. Dann schlage ich vor, wir essen in Minerve. Dort gibt es ein kleines, aber sehr gutes Restaurant. Ich habe eine Zeitlang in Minerve gewohnt. Man kennt mich da. Sie haben sich dort schon einmal kurz umgeschaut, nicht wahr?«

»Ja, am ersten Tag, bevor ich zu Ihnen kam. Die Schlucht ist sehr beeindruckend, die Tunnel, die sich der Fluß durch die Felsen gespült hat. Aber der Ort selbst hat mich traurig gestimmt. Es geht etwas Düsteres von ihm aus. Möglicherweise lag das an dem Gewitter, das sich gerade zusammenbraute, als ich da war.«

Er schüttelt den Kopf. »Es lag nicht an dem Gewitter. Es liegt an dem Ort. Es liegt immer noch an seiner Geschichte. Ich kenne diese Stimmungen, die von ihm ausgehen, nur zu gut. Minerve hat Fürchterliches durchgemacht. Es ist schon einige hundert Jahre her, es geschah bei der Verfolgung der Ketzer. Da haben die Soldaten der Kirche grausam gehaust. Alles Lebende haben sie niedergemacht, Greise, Frauen, Kinder, und natürlich auch die Männer. Bei lebendigem Leibe haben sie sie verbrannt. Man hatte ihnen gesagt, lieber zwanzig Unschuldige umbringen als einen Schuldigen laufen lassen. Das Schloß haben sie in Schutt und Asche gelegt. Es steht nur noch dieser schmale Mauerrest, wie ein mahnender

Finger. Wo derart Entsetzliches geschehen ist, bleibt immer ein Rest zurück. Sensitive Naturen spüren das. Das dürfen Sie mir glauben.«

»Ich habe es ja erlebt.«

Paul nickt. »Das alles soll uns nicht abhalten, dort oben zu essen. Wollen wir? Ich möchte nämlich noch einen kleinen Umweg machen und Ihnen etwas zeigen.«

Er erinnert mich wieder an Denis Fonquerle. Ich schiebe Rosie also vorsichtig von meinen Beinen. Schließlich will ich es mir nicht mit ihr verderben. Sie trollt sich, und ich kann Pauls Wagen besteigen. Die Fahrt geht schräg bergwärts, sie folgt schmalen Straßenwindungen, bis schließlich kein Wein mehr wächst, sondern nur noch duftende Macchie den Boden bedeckt. Wir sind fast oben, da biegt er in eine Querstraße und bleibt gleich darauf stehen.

»Geht es hier bergauf oder bergab?« fragt Paul. Komische Frage, denke ich.

»Bergauf natürlich.«

»Passen Sie auf!« Er nimmt den Gang heraus und läßt die Bremse los. Der Wagen setzt sich in Bewegung – bergwärts!

»Das gibt es doch gar nicht!« rufe ich.

»Doch, hier gibt es das.«

Er legt wieder einen Gang ein, fährt mit Motorkraft ganz hinauf bis zur nächsten Kurve und wendet. Dann hält er wieder, legt den Leerlauf ein und läßt den Wagen rollen. Er bewegt sich rückwärts, wieder den Berg hinauf.

»Das glaube ich nicht, so etwas gibt es doch gar nicht! Aber er rollt die Straße hinauf, verdammt.«

Paul lacht und schüttelt den Kopf.

»Natürlich rollt er bergab. Das Ganze ist eine schlichte optische Sinnestäuschung, hervorgerufen durch die Geländeformation. Sonntags können Sie hier Leute mit Meßlatten und Wasserwaagen hantieren sehen. Sie trauen eben ihren Augen nicht und wollen es ganz genau wissen. Jedermann in der Gegend kennt dieses sogenannte Naturwunder, das uns die Augen vorgaukeln. Hübsch, nicht wahr?«

Azéma schmunzelt, zieht noch einmal an seinem Zigarillo und drückt ihn im Aschenbecher aus. Er schmeißt ihn nicht einfach aus dem Wagenfenster auf die Straße, wie es so viele Leute tun.

Um nach Minerve hineinzukommen, muß man über eine Steinbrücke, die nur von den Einheimischen befahren werden darf. Alle anderen müssen ihr Auto auf dem Parkplatz vor der Brücke lassen und zu Fuß hinübergehen. Paul hält sich nicht daran und fährt ohne zu zögern über die alte Brücke, kurvt durch die engen Straßen von Minerve und findet auch schnell einen Parkstreifen. Er kennt sich halt aus. Im Restaurant – es ist klein, ohne Plüsch und anderem Schnickschnack, aber mit viel Kunst an den Wänden, begrüßen ihn mehrere Leute mit Handschlag. Paul hat mir versprochen, während des Essens von seinem Werdegang zu erzählen.

Von dem Menü bleibt mir nur die exquisite Vorspeise in Erinnerung: Frischer Ziegenkäse zart angeröstet, angerichtet auf Toast und grünem Salat. Auch das übrige ist gut, doch ich behalte nur die Einzelheiten von Pauls Erzählung im Gedächtnis:

»Ich habe schon immer malen wollen, aber mein Vater hat mir eine Ausbildung nicht erlaubt. Ich mußte in sein Baugeschäft eintreten, und ich habe erst einmal gehorcht. Viele Jahre sind mir dadurch verlorengegangen. Um diese Zeit könnte ich in meiner Entwicklung längst weiter sein. Ich darf gar nicht darüber nachdenken. Als ich dreißig wurde, habe ich endlich zu meinem Vater gesagt, daß ich aufhöre. Von einem auf den anderen Tag. Ich habe ihm gesagt, ich will nicht mehr, ich gehe weg. Ich will für mich allein leben, Schluß mit der Fabrikation von Häusern. Dann geh, hat er gesagt. Aber ich gebe dir keinen Sou mit, wenn du so abrupt aufhörst. Ich war damals für mehrere Bauvorhaben verantwortlich, das habe ich alles liegenlassen und bin gegangen. Vier Francs hatte ich in der Tasche, das war alles. Kein Konto, kein eigener Hausrat, nichts. Ich war genauso ein Dickkopf wie mein alter Herr. Der hat sich wohl gedacht, nach einer Woche Freiheit käme ich wieder angekrochen. Aber ich bin nicht umgekehrt, ich habe mich durchgeschlagen. Ich habe angefangen, kleine Keramiken zu fertigen, die ich bei einem Freund brennen konnte. Ich bin mit dem Fahrrad an die Strände gefahren zu den Touristen und habe ihnen meine Sachen verkauft. Erst war es sehr mühsam, dann ging es immer besser. Ich konnte meinen ersten Brennofen kaufen, und drei Jahre später hatte ich schon zwei Reisende angestellt, die die fünfzig Geschäfte im Umkreis abfuhren, um Aufträge hereinzuholen. Eines Tages ist mir jedoch klargeworden, daß ich dabei war, denselben lebensfernen Unsinn zu machen wie mein Vater: Fabrikation von Gegenständen, von Sachen. Beaufsichtigung von Angestellten. Zum Malen war ich kaum gekommen. Wieder habe ich alles hingeschmissen und bin nach Minerve gegangen und habe endlich gemalt. Gut, ich habe hier auch getöpfert, Kunsthandwerk gemacht, um leben zu können. Dann lernte ich Marie-Paule kennen. Sie brachte Ruhe und vor allem Ordnung in mein Leben. Ich konnte meine Produktivität besser einteilen. Ich konnte immer öfter malen. Bald wurde es zu eng in Minerve, und als ich dieses Haus in Azillanet kaufen konnte, habe ich zugegriffen. Inzwischen denke ich daran, die Töpferei ganz aufzugeben, aber das habe ich wohl schon einmal erwähnt. Zur Ruhe setze ich mich aber noch lange nicht. Ich muß arbeiten, um leben zu können. Ich

Solche von Schafhirten schon in grauer Vorzeit aus unbehauenen Feldsteinen und ohne Bindemittel gefügten Hütten gibt es im Minervois zu Hunderten

muß mir etwas einfallen lassen. Glücklicherweise ist mir bisher immer noch etwas eingefallen.«

Er trinkt seinen Wein aus. Hier gibt es denselben Tropfen, den er auch daheim vorzieht, von demselben Weingut. Paul Azema ist unruhig. Er will Litho-Abzüge anfertigen, steckt mitten in den Vorbereitungen und möchte weitermachen. Also bleiben wir nicht lange in Minerve.

Paul hat eine etwa postkartengroße Federzeichnung angefertigt von Booten, die am Ufer liegen. Es sind nur wenige Striche. Es ist keine Sonne zu sehen, aber das Bild ist voller Licht. Ich habe ihn gefragt, wie er diesen Eindruck von Helligkeit erreicht hat.

Auf der D 11 bei Olonzac sehe ich plötzlich im scheidenden Licht einen alten Turm

»Ganz einfach«, erklärt er mir, »durch weglassen. Kunst besteht zu einem großen Teil darin, daß man das Unwesentliche wegläßt.« Paul hat die Zeichnung per Film erheblich vergrößert und versucht nun, den richtigen Farbton zu finden. Während er in seinem Atelier hantiert, hocke ich mich hinter die Olympia und schreibe.

Am späten Nachmittag kommt er zu Shorty, klopft ans Fenster und ruft: »Mit dem Abendessen wird es nichts.« Ich hatte mich erboten, die Zubereitung aus Bordmitteln zu übernehmen. »Mit dem Essen bei uns, meine ich. Alain hat angerufen. Weil Marie-Paule doch nicht da ist, sollen wir zum Essen hinüberkommen. Einverstanden?«

Paul wartet meine Antwort gar nicht ab und ist schon wieder auf dem Rückweg ins Atelier. Wie ich hinter ihm herschaue, fällt mir auf, daß er immer noch dieselben Sachen trägt wie am Tag meiner Ankunft.

Der Abend bei Alain und Marie verläuft ruhig und friedlich. Bei den jungen Leuten geht es noch ziemlich beengt zu, aber es ist gemütlich bei ihnen. Die Küche ist vom Wohnzimmer nur durch einen Vorhang getrennt. Paul fühlt sich bei ihnen offensichtlich zu Hause. Müde, wie er ist, macht er es sich auf der Couch gemütlich und überläßt seinen schweren Körper den Kissen. Es stört ihn überhaupt nicht, daß seine blaue Tuchhose inzwischen deutliche Spuren der Arbeit im Atelier trägt. Er ist ein selbstsicherer Mann, der derlei Äußerlichkeiten keine Beachtung schenkt, zumindest nicht von ihnen abhängig ist, soweit es sein Wohlbefinden betrifft. Die aparte, grazile Marie schafft noch hinter dem Küchenvorhang. Alain hat seinen roten Asterix-Schnurrbart über einen Schinken gebeugt, von dem er hauchdünne Scheiben zu schneiden bemüht ist. Die Stücke sind so vornehm blaß, als stammten sie aus Parma. Ich muß derart fasziniert auf dieses schönste Borstenviehprodukt gestarrt haben, daß Alain mir ein Scheibchen herüberreicht. Himmel – es ist Parmaschinken! Er wird auf einem Brettchen angerichtet und stellt die Vorspeise dar. Im Nu ist das Brettchen leer, und Alain macht sich erneut mit dem Messer über den Import aus der Toskana her.

Wir unterhalten uns über das Haus im Park. »Ich würde die dünne Wand zwischen Küche und Wohnzimmer herausnehmen lassen«, rät Alain. Dieselbe Idee hatte ich auch schon.

»Und die Verkehrsverbindungen sind günstig«, fügt Paul hinzu. »Kaum zehn Minuten bis zur Autobahn, und wenig mehr bis zur nächsten D-Zug-Station.«

Mit anderen Worten – beide reden mir zu, ins Minervois zu ziehen. Wenn man Freunde in der Nähe hat, ist das Risiko eines solchen Vorhabens gewiß schon etwas kleiner. Ich verkünde einen Entschluß: »Morgen früh fahre ich zum Direktor der Schule und erkundige mich nach Möglichkeiten und Bedingungen für unsere Kleine. Für Stefanie wäre solch ein Umzug nicht einfach. Sie ist zwar intelligent und für ihr Alter schon sehr selbständig, aber sie kommt immerhin in ein anderes Land.«

Zum erstenmal sagt Marie etwas zum Thema. »In diesem Alter sind Mädchen sehr flexibel. Da würde ich mir also keine Sorgen machen. Soviel ich weiß, gibt es dort schon mehrere kleine Ausländerinnen. Man hat also Erfahrung mit derartigen Umschulungen.«

Ich denke an mein letztes Telefongespräch mit Marianne. Als ich von dem Haus erzählte, stellte sie sofort eine ganze Reihe praktischer Fragen. Ob man eine Waschmaschine aufstellen könne, ob Telefonanschluß möglich und wie weit die Schule entfernt ist. Sie fragte nach Heizung, Einkaufsmöglichkeiten und Arzt. Mir fängt allmählich auch der Kopf zu schwirren an. Es genügt wohl nicht, daß mein Herz immer noch zu spüren ist, wenn ich nur an dieses Haus im Park denke. Was zunächst nur eine entfernte Möglichkeit schien, wird immer mehr zu einem aktuellen, realen Projekt.

Alain und Marie scheinen eine Vorliebe für den jungen Malerschützling Paul Azemas zu haben. Ich sehe allein dreimal die junge Frau, fotografisch genau gemalt, an den Wänden hängen.

Ich zeige auf eines dieser Gemälde, auf dem sie lang auf dem Rücken liegt und in den Himmel starrt, und frage Alain: »Was tut die Schöne da?«

Paul blickt mich etwas streng an, sagt aber nichts. Alain antwortet unbefangen: »Sie träumt. Sie liegt halt da und träumt.«

Gegen diese Interpretation läßt sich nichts vorbringen. Ich lasse die schöne Nackte also weiterträumen und fange nicht wieder davon an. Es gelingt mir sowieso nicht besonders gut, meine Gedanken von dem Haus im Park abzulenken.

Auf der Heimfahrt erläutert Paul Azema mir eine neue Idee. »Sie müssen die Taffanels kennenlernen. Jean und Odette Taffanel. Ich werde Odette gleich morgen früh anrufen und einen Termin vereinbaren. Die beiden sind nicht etwa miteinander verheiratet, sondern Bruder und Schwester. Sie leben in Mailhac, nur wenige Kilometer von Azillanet entfernt. Die beiden sind Archäologen. Eigentlich sind sie Amateure, aber sie haben seit ihrer Jugend jeden Stein in ihrer Gegend umgekehrt, Erstaunliches zutage gefördert und im Laufe der Zeit bemerkenswerte Entdeckungen gemacht. Ein rundes archäologisches Museum haben sie zusammengetragen. Es gibt da einen Hügel bei Mailhac, der über Jahrtausende als Begräbnisstätte gedient hat. Diesen Hügel haben die beiden ihr Leben lang Zentimeter für Zentimeter abgesucht, sie haben ihn um und um gegraben. Im Dorf hat man sie für Spinner gehalten, weil Jean lieber einen Weinstock ausgerissen hat als sich einen Fund entgehen zu lassen. Jean hat einen unerklärlichen, aber sicheren Spürsinn für solche Funde. Odette ist mehr praktisch veranlagt. Aber beide haben ihr Leben der Archäologie gewidmet. Jean hat zwar manchmal etwas wunderliche Ideen, aber er ist längst ein Weiser. Sie müssen die beiden kennenlernen. Denis schätzt sie übrigens auch sehr. Er hat sich manchen Rat von ihnen geholt.«

»Können die Leutchen denn davon leben? Oder haben sie Vermögen, daß sie sich dieses Hobby leisten können?«

»Nichts haben sie. Durchgehungert haben sie sich viele Jahre lang, um Fachbücher zu kaufen, immer nur auf der Suche nach Zeugen der Vergangenheit. Heute sind die Geschwister Taffanel Fachgelehrte von internationalem Rang. Sie haben allerdings keine materiellen Sorgen mehr. Der Staat hat ihr Museum übernommen, ihnen ein Häuschen gebaut und eine Rente ausgesetzt. So etwas gibt es tatsächlich noch. Wie gesagt, diese beiden Alten sind ganz außerordentliche Leute. Soll ich sie anmelden?«

Welche Frage!

Während Paul am nächsten Morgen mit Odette Taffanel telefoniert, stehe ich vor dem Kamin und betrachte die Franz von Assisi-Keramik. Paul vereinbart, daß ich zum Mittagessen nach Mailhac fahre. Vorher habe ich noch Zeit, die Schule zu besuchen, die Stefanies Schule werden könnte.

»Sind das nicht Hufnägel?« frage ich Paul und deute auf die Eisenstifte, mit denen die Keramik an ihre Unterlage geheftet ist.

»Richtig, das sind Hufnägel. Sie eignen sich nicht nur besonders gut für solche Spezialbefestigungen, sie sehen auch gut aus, finde ich. Sie kennen solche Nägel also?«

»Als kleiner Junge habe ich oft beim Beschlagen von Pferden zugesehen und oft geholfen, die Beine festzuhalten. Es hat ganz schön gestunken, wenn die heißen Eisen das Horn verbrannten. Der alte Schmied hat immer gelacht und behauptet, der Rauch sei gut für die Lunge.«

Paul fährt mit den Fingern über die Nägel. »Leider gibt es keine mehr. Jedenfalls kann ich keine auftreiben. Schade.«

Die Geräusche in einer französischen Schule unterscheiden sich in nichts von denen einer deutschen. Das ist das erste, was ich feststelle. Irgendwo singt eine Klasse mehr laut als richtig, an anderer Stelle wird gemeinsam deklamiert. Hier dringt eine männliche Stimme auf den Flur, dort eine weibliche. Wenn man auf die Sprache nicht achtet, klingt es wie daheim. Dazu kommt, daß man hier im tiefen Süden so gut wie keine Nasale spricht, wie sie im übrigen Frankreich üblich sind. Nur die »R's« rollen kräftig herum. Die Nase schnuppert – auch der Geruch erinnert an heimische Schulen.

Beim Eingang habe ich einen Hinweis gelesen: Direktion im Hinterhof links. Im Hinterhof links kann ich aber keine Tür mit entsprechender Aufschrift finden. Ich kehre um, um in der Intendantur um Rat zu fragen. Deren Tür war mir im ersten Hof aufgefallen. Durch die Türscheibe habe ich jemanden hinter einer Schreibmaschine sitzen sehen. Es ist eine kleine rundliche Dame, der die Unterbrechung vom täglichen Einerlei offenbar willkommen ist. Bereitwillig begleitet sie mich zur Direktion. Ich frage sie unterwegs, was ich denn, bitteschön, unter einer Intendantur zu verstehen habe und erkläre ihr dazu, daß ich von französischen Schulverhältnissen und -einrichtungen keine Ahnung habe. Sie gibt mir Auskunft. »Die Intendantur ist in erster Linie für die Verpflegung der Kinder verantwortlich und für alles, was damit zusammenhängt.«

Ich erinnere mich, daß die französischen Schüler ja den ganzen Tag Unterricht haben und mittags in der Schule verpflegt werden. Diesen Teil besorgt also die Intendantur. Ich muß natürlich auch damit herausrücken, was ich bei der Direktion will, und so werde ich bei der Assistentin gleich richtig eingeführt. »Hier ist ein Monsieur aus Deutschland, der hierher ziehen möchte und wissen will, was er wegen seiner kleinen Tochter zu unternehmen hat.«

Der überraschend junge Direktor stellt die erforderlichen Fragen nach Alter und Ausbildung des Kindes und bemerkt alsbald, daß seine Schule gar nicht in Frage kommt, sondern die benachbarte Primärschule. Aber da ich nun einmal bei ihm gelandet bin, holt er seine Richtlinien hervor und telefoniert zur Sicherheit auch noch mit der nächsthöheren Behörde, um nur ja keine falsche Auskunft zu geben. Alles, was ich über die Anmeldung wissen muß, schreibt er mir auf. Auch in diesem Fall werde ich an eigene Schulzeiten erinnert: Die Schrift des Herrn Direktors ist sehr akkurat und leicht lesbar. Allerdings kann ich mich nicht erinnern, in unseren Vorzimmern und Direktorien jemals so zuvorkommend und freundlich empfangen worden zu sein. Ich bin angenehm überrascht, nicht zuletzt auch durch den Hinweis, daß Stefanie zusätzlichen Anpassungsunterricht erhalten würde, den entsprechenden EG-Richtlinien zufolge. Heiliges Europa, in der Praxis scheinst du ja hin und wieder schon zu funktionieren!

Ich mache mich also einigermaßen beruhigt auf den Weg zu den Taffanels. Mailhac ist auf der Michelinkarte verzeichnet, und im Ort selbst weisen Schilder auf das Museum hin. Das Privathäuschen der Taffanels steht im Hof des Museums, das eher grau und unansehnlich wirkt wie ein lange nicht gepflegtes Schulgebäude. An der Taffanelschen Haustür ist eine Weinbergschnecke hochgekrochen und macht in Höhe meiner Augen Rast. Vorsichtig nehme ich sie ab und setze sie drei Meter daneben auf eine Mauer. Jenseits wird sie sich wieder wohl fühlen. Dort wächst Wein. Dann klopfe ich. Eine sehr alte, leicht gebückte Dame öffnet mir. »Oh, Sie sind sicher der Monsieur aus Deutschland. Meine Tochter und mein Sohn werden gleich kommen.«

Zwischenakt: Die Gelehrten vom Dorfe

»Nein, Mama, Odette ist noch nicht zurück«, höre ich eine hohe Männerstimme aus dem Hintergrund. Dann erscheint Jean Taffanel in Person. Auf den ersten Blick ist er ein Bauer in grünem Loden und Pantoffeln. Aber das Gesicht und die aufrechte, schmale Gestalt gehören keinem Menschen, der ständig schwere körperliche Arbeit zu leisten hat. Paul Azema hat recht. Jean Taffanel hat einen Gelehrtenkopf. Sein Händedruck ist federleicht.

»Meine Schwester müssen sie noch einen Moment entschuldigen. Sie ist auf den Markt gegangen. Dieser Markt ist jedoch kein richtiger Markt, nur ein Platz, auf dem gegen Mittag ein Krämerauto zu erscheinen pflegt. Häufig hat es Verspätung, was auch heute der Fall zu sein scheint. Sonst wäre Odette längst hier. Leider sind wir mit unseren Einkäufen auf diesen Wagen angewiesen, es sei denn, wir fahren in die nächste Stadt. Ich bitte Sie also um etwas Geduld. Ich schlage vor, wir machen schon einmal einen Gang durch unsere Sammlung. Bei unserer Rückkehr wird Odette mit den Lebensmitteln zurückgekehrt sein. Sie werden gestatten, daß ich mir zuvor noch einen Pullover unterziehe. Im Museum ist es für unsere Begriffe recht kühl. Nordländer wie Sie pflegen dort nicht zu frieren.«

Er lächelt flüchtig, zieht sich zurück und ist nach drei Minuten wieder da. Ich folge ihm hinüber in das große graue Haus, das seine Lebensarbeit birgt. Langsam gehen wir durch die Säle, treten vor die Vitrinen mit den Zeugnissen längst vergangener, verblichener Generationen. Seit Tausenden von Jahren haben diese Scherben und Krüge und Werkzeuge in der Erde gelegen. Namen oder gar Gesichter lassen sich damit nicht mehr verbinden. Jetzt werden sie eingeordnet und katalogisiert, werden zu Reliquien, weil sie trotz ihrer Namenlosigkeit Stück für Stück und ganz allmählich unsere eigene Vorgeschichte zu erhellen beginnen, weil ein hellsichtiger Verstand ihnen neue Namen zu geben vermag. Diese neuen Namen schaffen aus scheinbar toter Erde neues Leben. Das ist für mich schlechthin unheimlich. So unheimlich, daß es mich tief anrührt.

Ich lausche der leisen, fast tonlosen, heiseren und hohen Stimme des Jean Taffanel, der die Schamanenkunst versteht, dieses Puzzle unbekannter Generationen zu lesbaren Bildern zusammenzusetzen. Fast nichts von dem, was er mir an Geheimnissen aufdeckt, verstehe ich wirklich. Mir fehlen die Zusammenhänge, die prähistorischen Ereignisse und Daten vermag ich gar nicht einzuordnen. Das ist eine mir unbekannte Welt, deren Bewußtseinsraster fehlen. Ich habe das erforderliche Hintergrundwissen nicht. Dafür fange ich an zu begreifen, was einen Mann – in diesem Fall sogar einen Mann und eine Frau – dazu treiben kann, ein ganzes Leben voll und ganz der Archäologie zu widmen. Dieser Antrieb ist ein urmenschlicher: Sicherheit zu gewinnen, daß man nicht allein ist. Zu erfahren, daß ein langer Weg zu mir geführt hat. Wenn ich weiß, woher ich komme, daß ich einen langen Weg schon hinter mir habe, darf ich sicher sein, daß der Weg weiterführen wird. Je mehr Glieder aus der Kette der Vergangenheit sich auftun lassen, desto sicherer ist man eingebettet in die Geschichte, in die Menschheit. Archäologie scheint mir eine ausgezeichnete Medizin gegen die Einsamkeit zu sein; denn sie läßt kleine Bröckchen der Ewigkeit schmecken. Wenn einer das erst einmal begriffen hat, mag er auf mancherlei vordergründigen, irdischen Spaß gern verzichten. Ja, es ist gar kein Verzicht mehr. Statt Vergnügen gewinnt er an Sicherheit. Ich denke, ich bin der Weisheit der Taffanels ein bißchen auf die Spur gekommen. Um so größer ist der Respekt vor der Konsequenz, mit der diese Geschwister ihren Weg gegangen sind. Von Saal zu Saal durchmessen wir Jahrtausende und nähern uns dabei nur allmählich der Neuzeit.

In einer Vitrine liegen seltsam verformte Gegenstände. Es könnten einmal Waffen gewesen sein, Schwerter, Dolche. Aber alles ist verbogen. Wer verbiegt schon seine Waffen? Ich frage, ob es eine Erklärung dafür gibt. Jean Taffanel nickt. »Es gibt in römischen Schriften Hinweise auf einen Aufstand, der in dieser Gegend niedergedrückt werden mußte. Bei diesen Aufzeichnungen befindet sich auch die Bemerkung, daß die Waffen der Rebellen eingesammelt, vernichtet und ihre Überbleibsel an geheimer Stelle vergraben wurden. Wir haben dieses Waffengrab zufällig entdeckt. Eine andere Erklärung habe ich nicht.«

Im letzten Saal steht auf einem Wandregal eine stumme Galerie von Schädeln. »Die Völker haben sich im Mittelmeerraum schon immer gemischt. Ob sie nun zur Zeit der großen Wanderungen hierherkamen, ob als Eroberer oder als friedliche Kaufleute, oder ob sie als Sklaven hierher verschleppt wurden – es hat wohl die vielfältigsten Schicksale gegeben. Menschen aus aller Herren Länder haben hier gelebt und sind hier gestorben. Dies ist der Schädel eines Afrikaners, dieser gehörte einem Kaukasier, dieser einer Chinesin.«

Auf dem Rückweg zum Häuschen im Hof beschwichtigt Monsieur Taffanel: »Unser kleines Museum hat nicht viele Besucher. Touristen kommen kaum hierher. Aber wir bekommen Besuch von Wissenschaftlern aus der ganzen Welt, vornehmlich jedoch aus Amerika und Deutschland. Wir unterhalten sehr interessante und fruchtbare internationale Verbindungen.«

Odette Taffanel ist inzwischen zurückgekommen und hat gemeinsam mit ihrer Mutter den Tisch gedeckt. Diverse Salate, gefüllte Tomaten und Sardinen stehen bereit. »Sie müssen entschuldigen, aber etwas Warmes können wir Ihnen heute nicht anbieten. Der Krämerwagen war fast ausverkauft.«

»Ich bin doch nicht hierhergekommen, um ein großes Menü zu verspeisen, sondern um Sie und Ihre Arbeit kennenzulernen. Außerdem sieht dieser Imbiß doch sehr einladend aus, Madame.«

Schwester Odette ist eine behende, lebhafte Person. Sie neigt ein klein wenig zur Rundlichkeit und macht den praktischen Eindruck, wie Paul Azema ihn geschildert hat.

Odette und Jean Taffanel vor »ihrem« Hügel, auf dem sie über 200 vorgeschichtliche und antike Grabstätten entdeckt und analysiert haben. Die Geschwister sind heute international geschätzte Experten der Eisenzeit

»Ich bin nicht Madame, ich bin Mademoiselle. Wir sind nicht miteinander verheiratet, sondern wir sind Geschwister«, stellt sie klar, hat dabei aber keineswegs den ominösen altjüngferlich strengen Blick.

Die Mutter schenkt mir Rotwein ein.

»Mama hilft uns immer noch im Haushalt. Sie ist immerhin neunzig.«

Ich werfe der alten Dame einen bewundernden Blick zu, wie er wohl – und mit Recht – erwartet wird und frage die Geschwister: »Paul Azema hat mir erzählt, daß Ihr Vater Weinbauer war.«

Jean Taffanel hebt die Hand. »Das ist nur zum Teil richtig. Er hat zunächst die Schmiede seines Vaters übernommen, war sehr fleißig und sparsam und hat Geld zurückgelegt. Man kann sich das heute kaum noch vorstellen: Für das Beschlagen eines Pferdehufes bekam er einen einzigen Sou. Trotzdem hat er so viel Geld gespart, daß er eines Tages Weinäcker kaufen konnte.«

»Haben Sie noch weitere Geschwister?«

»Nein. Mit uns stirbt dieser Zweig der Taffanels aus.«

Er sagt das ganz ruhig. Es ist eine Feststellung, mit deren Endgültigkeit sich der alte Herr längst abgefunden zu haben scheint. Immerhin geht er stark auf die Siebzig. Seine nächste Bemerkung beweist, daß er der Philosoph ist, für den ich ihn gehalten habe. Er sagt: »Das ist keineswegs ein Verlust oder ein Manko, das wir zu beklagen hätten. Wer sich so intensiv wie wir beide mit der Geschichte und Vorgeschichte beschäftigt, weiß sich in diese Geschichte eingebettet. Auch wenn wir keine Kinder haben, so wissen wir doch, daß alle Menschen letztendlich Brüder und Schwestern sind, und damit werden die Nachkommen der anderen auch unsere Nachkommen sein. Wir sind doch alle eine einzige Menschenfamilie.«

Er greift zum Brot und reißt sich ein großes Stück ab. »Ich esse gern Brot, und ich esse viel Brot. Ich mag es eben.« Jetzt lächelt er ganz offen, nicht so nach innen wie sonst.

Ich frage seine Schwester: »Kann man sich immer vertragen, wenn man so eng zusammenarbeitet wie Sie?«

Ihre Antwort kommt schnell und präzise. »In den großen Linien waren wir uns immer einig. In Details haben wir uns oft auseinandersetzen müssen. Allerdings habe ich im Laufe der Zeit gelernt, daß Jeans Intuition immer, oder doch fast immer, in die richtige Richtung gegangen ist. Er hat sich selten geirrt.«

»Und Sie haben seine Intuitionen mit dem Tatsachenmaterial in Zusammenhang gebracht. Sie haben gerechnet und kontrolliert. Sehe ich das richtig?«

»Das sehen Sie wohl richtig, Monsieur.«

Madame, Pardon, Mademoiselle Taffanel lacht.

Ihr Bruder möchte etwas von meiner Arbeit wissen. Ich erzähle von meiner Begegnung mit Denis Fonquerle und von seiner Erkenntnis, daß Agde offenbar ein besonderer Schmelztiegel der Völker gewesen ist, was sich noch heute in den Straßen der Stadt an den Gesichtern der Einwohner ablesen läßt. Sofort nimmt er Bezug auf die eigene Umgebung. »Wir haben hier in Mailhac seit einiger Zeit auch Italiener und Nordafrikaner, einen Deutschen gibt es auch seit kurzem, aber bis dahin gab es lange neben dem französischen nur ein bedeutendes spanisches Element. Man kommt zwar seit langem gut miteinander aus, aber es gibt da auch Bräuche, die uns fremd sind.«

Odette Taffanel nickt. »Die Totenklagen zum Beispiel. Bis vor kurzem gab es hier noch eine alte Spanierin, die wurde bei Trauerfällen als Klageweib engagiert. Da hat sie dann gejammert und geschrien. Für Geld! Eigenartig.«

Ich komme noch einmal auf die Archäologie zurück: »Gibt es wesentlich neue Erkenntnisse, die Sie aus Ihren eigenen Forschungen schließen konnten?«

Der gründliche Jean Taffanel überlegt eine Weile, bevor er schließlich zögernd antwortet: »Aus meinen eigenen Forschungen meine ich feststellen zu können, daß die Vorgeschichte viel weniger kriegerisch gewesen ist, als man das bisher angenommen hat. Jedenfalls gilt das für unseren Lebensraum hier.«

»Das hat Monsieur Fonquerle auch festgestellt. Er hat zum Beispiel ungleich mehr Handelsschiffe auf dem Meeresgrund und im Sand des Hérault entdeckt als Kriegsschiffe. Das deckt sich also mit Ihrer Theorie. Und woraus schließen Sie Ihre Erkenntnisse?«

»Ebenfalls an der erstaunlich geringen Zahl von Waffenfunden. In dieser Ecke des Mittelmeers, am Schnittpunkt zwischen Römern, Iberern und Galliern hat man Handel getrieben und sich nicht gegenseitig bekriegt. Kriege waren die Ausnahme. Wenn man dagegen den Geschichtsunterricht in den Schulen verfolgt, hat man den Eindruck, daß Geschichte sich nur auf Schlachtfeldern abgespielt hat. Dieser Eindruck ist grundfalsch.«

»Das gilt Ihrer Auffassung nach auch für prähistorische Zeiten?«

»Da erst recht. Da bin ich ganz sicher. Wir haben einige hundert Gräber untersucht. Waffen haben wir nur in Häuptlingsgräbern gefunden. Der gemeine Mann hat waffenlos gelebt, er hat keine gebraucht. Unsere Vorfahren waren keine Wilden, die sich gegenseitig nach dem Leben getrachtet haben. Ganz abgesehen davon – damals haben ja auch noch nicht so viele Menschen gelebt. Es gab Platz genug für alle.«

Monsieur Taffanel verleibt sich noch einen großen Bissen Weißbrot ein, bevor er weiterspricht. »Eins möchte ich Ihnen noch sagen. Ich halte das für wichtig. Man hat kürzlich, so habe ich gelesen, wieder einmal ein sogenanntes Bindeglied zum Vormenschen gefunden. Will es gefunden haben. Sie wissen, überall, vor allem in Zentralafrika und in Abessinien, sucht man nach dem sogenannten missing link, dem angeblich gemeinsamen Vorfahren von Mensch und Affen. Ich halte das für Unsinn. So etwas gibt es nicht. Ich halte diese ganze sogenannte Evolutionstheorie für falsch.«

Ich könnte jetzt fragen, ob er dafür wissenschaftliche oder religiöse Gründe hat, aber diese Frage würde zu weit führen – ich wäre einer solchen Diskussion gar nicht gewachsen. Also gebe ich Jean Taffanels Meinung zur Evolutionstheorie, deren Vater ja wohl Charles Darwin ist, kommentarlos wieder.

Der Abschied ist herzlich, Odettes Händedruck um etliches stärker als der Jeans, und ich darf die Geschwister noch mit dem Rücken zu »ihrem« Hügel fotografieren. Jean sagt noch: »Ja, man könnte schon sagen, daß das unser Hügel ist. Dort kenne ich jeden Quadratzentimeter Boden, das können Sie mir glauben. Ich habe jedes kleine Fleckchen auf den Knien abgesucht. Den Erfolg haben Sie drüben im Museum gesehen.«

Eine freundliche ältere Dame, die zwar darauf besteht, Fräulein genannt zu werden, gleichwohl aber sehr mütterlich wirkt, und ein Gelehrter im grünen Loden winken mir nach. Dieser Mann hat lediglich die Volksschule besucht. Er hat nicht nur Scherben zusammengetragen, sondern Zusammenhänge deutlich gemacht. Um sie erkennen zu können, hat er die Sprachen der Alten studiert. Er kennt sich in den Hieroglyphen der Ägypter aus und fährt heute noch mit dem Mofa in die Bibliotheken der umliegenden Städte, um zu lernen. Was er an Unterlagen braucht, schreibt er von Hand ab. Seine Schwester hilft ihm. Paul hat recht gehabt. Sie sind schon ganz ungewöhnliche Leute.

In Azillanet hat Paul Azema inzwischen alles für Litho-Abzüge vorbereitet. Zwei Proben liegen auf dem Arbeitstisch. Die eine ist fast schwarz, die andere etwas heller, mit einem Braunton, sephiafarben.

»Welche gefällt Ihnen besser?«

»Die dunklere. Sie läßt das Licht besser zur Geltung kommen.«

»Das meine ich auch.«

Er entnimmt einer Dose mit einem Spachtel einen ordentlichen Klacks schwarzer Masse, fügt aus einer anderen Dose mit Hilfe eines anderen Spachtels eine kleine Portion Rot hinzu und mischt das Ganze hingebungsvoll und geduldig.

Ein wenig von der fertigen Mischung wird auf einen glatten Stein gegeben und die Handwalze damit sorgfältig eingefärbt. Viele Male wird sie kreuz und quer über den Stein gerollt. »2000 Francs kostet solch eine Walze«, bemerkt Paul.

Die Metallplatte mit dem Negativ der Zeichnung wird abgewaschen. Nur das Negativ wird die Farbe annehmen und beim Abzug auf das Papier übertragen.

Die Litho-Presse ist uralt. Paul hat sie jedoch mit einem starken Elektromotor modernisiert, so daß er für den Preßvorgang selbst keine Körperkraft aufwenden muß. Er ist sehr stolz auf diese Konstruktion. Arbeit bleibt freilich genug: Für jeden einzelnen Abzug muß Paul einen schweren Bügel herüberziehen und festspannen. Mit dem Fuß betätigt er den Hebel für das Gewicht, das für den nötigen Anpreßdruck sorgt. Hundert Abzüge werden von jeder Lithographie angefertigt, numeriert und gezeichnet.

»Ich könnte schon die Platte zeichnen, aber das finde ich nicht so gut. Ich denke, jeder einzelne Abzug sollte zu der Nummer den originalen Namenszug tragen.«

Ich wundere mich darüber, daß er selbst bei dieser schwierigen, mit äußerster Akkuratesse auszuführenden Arbeit seinen Zigarillo nicht ausgehen läßt. Ich frage ihn: »Würden Sie einem Lehrling bei dieser Arbeit erlauben zu rauchen?«

Paul grinst, nimmt aber den Zigarillo nicht aus dem Mund, so daß er bei jeder Silbe auf- und niederwippt. »Auf keinen Fall. Das würde ich strikt verbieten. Das kleinste Stäubchen Asche in der Farbe würde den Abzug verderben. Nein, das würde ich nicht erlauben.«

Er hält einen Moment inne und pafft eine Wolke vor sich hin. Dann arbeitet er weiter. Während er einen Abzug auf Fehler kontrolliert, bevor er ihn auf das mit Zehnernummern versehene Paket legt, sagte er: »Ehe ich es vergesse – auch heute kommt Monsieur Rudolf nicht dazu, seine Kochkünste vorzuführen. Wir sind eingeladen. Florette hat mich gebeten, ihr das Winterbild zu bringen, das sie gekauft hat. Es ist jetzt fertiggerahmt. Sie sollen natürlich mitkommen.«

»Odette Taffanel hat das Winterbild gekauft?«

»Nein, dies ist eine andere Dame. Sie heißt Florette, nicht Odette. Ich mache jetzt noch drei Abzüge. Dreißig genügen für heute. Wir müssen noch die Hunde versorgen, danach fahren wir zu Florette.«

Auch diesmal zieht er sich nicht um. Er legt das Bild vom winterlichen Minervois auf den Rücksitz, und es geht los. Paul legt eine Zigarillopause ein und pfeift vor sich hin. Marie-Paule hat angerufen. Der Großmutter geht es besser. Morgen abend wird Madame Azema zurückerwartet. Ich werde sie also nicht mehr sehen; denn ich muß morgen aufbrechen, wenn ich rechtzeitig bei Gérard in Angoulême sein will. Er hat mir am Telefon versprochen, meinen Berg Filme zu entwickeln. Kurz darauf muß ich in Paris sein. Marianne kommt für ein Wochenende und wird Dias und Manuskripte mitnehmen. Diese Unterlagen würde ich keiner Post der Welt anvertrauen.

Paul stellt den Wagen neben einer Kirche aus Basaltsteinen ab, nimmt das Winterbild und geht mir durch enge Gassen voran. Es hat leicht zu regnen angefangen. Paul öffnet ohne zu klopfen oder zu klingeln eine Haustür, und wir treten in ein weiträumiges »Living«. Rechts steht ein langer gedeckter Tisch. Links brennt ein Kaminfeuer. Davor lädt eine um einen tiefen Tisch arrangierte Sitzgruppe zum Ausruhen ein. Ganz hinten ist Florette in der Küche beschäftigt. »Setzt euch schon, ich komme gleich!« ruft sie.

Paul läßt sich wie gewohnt der Länge nach in den weichen Pfühl sinken. Seine blaue Tuchhose hat an diesem Nachmittag noch mehr gelitten. Es stört ihn nicht. Er zündet sich einen neuen Zigarillo an. Florette kommt herüber, wischt sich die Hände an der Schürze ab und nimmt das Bild hoch. »Bevor ich euch begrüße, will ich erst meinen Winter sehen.«

Sie trägt das Bild zur gegenüberliegenden Wand und hält es hoch. »Hier wird es hängen. Den Platz habe ich schon lange dafür bestimmt.«

Florette läßt das Bild drüben an der Wand stehen, kommt herüber und umarmt erst Paul, dann mich. Sie ist eine lebhafte, sehr herzliche Frau, ein wenig mollert. Ein Typ, der immer mehrere Dinge gleichzeitig tut.

Ein Junge von etwa zwölf Jahren kommt herein. Er ist klatschnaß. Es regnet jetzt also richtig. Der Junge begrüßt uns flüchtig und verschwindet nach oben. Kaum ist er die Treppe hinaufgegangen, öffnet sich die Haustür abermals. Ein anderer Junge, vielleicht sechzehn, erscheint und zieht ein Mädchen hinter sich her. Sie ist eine kleine, pummelige Ausgabe ihrer Mama. Auch sie dürfte sechzehn sein. Sozusagen runde sechzehn. Sie umarmt Paul, dann mich. Umarmen scheint hier besonders beliebt zu sein. Noch eine ganze Zeitlang spüre ich den feuchten Kuß der Kleinen auf meinem Gesicht. Paul sagt zu ihr, während sie ihren Regenumhang auszieht: »Heute hast du uns gefehlt, mein Schatz. Wir haben eine Wiese mit hunderttausend Mohnblumen gesehen. Ich hätte dich gern darauf fotografiert. Rudolf sicher auch. Du hättest dich in die Blumen gesetzt und dabei nichts anhaben dürfen als einen riesigen Strohhut. Auf dem Kopf natürlich.«

Das Mädchen ist unsicher, ob Paul das ernst meint oder nicht. Plötzlich prustet sie los. »So etwas mache ich nie, nie, nie!«

»Was machst du nie?«

Auch dieses Feld mit Olivenbäumen und Tausenden von Mohnblumen gehört zum Zauber des Minervois

»Na ja, was du da von mir willst. Posieren, mit nichts an. Das mache ich nicht.«

»Du solltest niemals nie sagen«, entgegnet Paul. Der junge Mann, der mit hereingekommen ist, steht wie verloren da und sagt nichts.

Florette kommt aus der Küchenecke herüber. »Rudolf, das ist Aude, meine Tochter. Ungezogen und wild. Ich weiß nicht, was aus ihr noch einmal werden soll. Sie will nicht mehr lernen. Sie möchte lieber heiraten. So etwas Dummes! Dieses Kind! Aude, ruf den Parrin an und frage ihn, ob er zum Essen herüberkommt.«

Parrin – das heißt Pate. Wessen Pate? Ich habe keine Ahnung, wer das sein mag. Paul erklärt mir nichts, obwohl er sich doch sagen muß, daß dieses Gewirre von Personen für mich undurchschaubar ist. Er liegt da auf seiner Couch und pafft und schaut Aude amüsiert zu, wie sie telefoniert. Sie hängt wieder auf und kreischt, um nicht bis zur Mutter in die Küchenecke gehen zu müssen: »Der Parrin hat schon gegessen. Er sieht sich noch die Nachrichten im Fernsehen an, dann kommt er auf ein Glas herüber.«

Aude saust – die Geschwindigkeit hätte ich ihr nie zugetraut – die Treppe hinauf. Der unbeholfene junge Mann folgt ihr. Fünf Minuten später stellt Florette eine enorme Salatschüssel auf den Tisch und ruft: »Es ist Zeit zu essen. Alle zu Tisch!«

Zuerst erscheint der kleine Junge. Er hat sich noch nicht umgezogen und ist immer noch klatschnaß. Wer weiß, was er inzwischen getrieben hat. Statt sich hinzusetzen, geht er zu Paul und zeigt ihm ein Taschenmesser. »Sieh, was ich mir von meinem Geld gekauft habe. Gut, wie?«

»Du hast das ganze Geld dafür ausgegeben?«

»Sicher, es hat gerade gereicht.«

»Dann hast du zuviel bezahlt. Sieh her!« Paul holt ein ähnliches, aber größeres Messer aus der Tasche. »Dafür habe ich zehn Francs weniger bezahlt als du. Du mußt die Preise vergleichen, und manchmal mußt du auch handeln. Vergiß das nicht!«

»Aber es ist ein gutes Messer, nicht wahr?«

»Ein gutes Messer, aber zu teuer.«

Der Junge trollt sich und nimmt am Kopf des Tisches Platz. Der junge Mann erscheint, immer noch wortlos, und setzt sich. Dann kommt Aude. Sie trägt ein Nachthemd aus derbem Leinen. Es ist etwas ausgeschnitten, und in dem Ausschnitt schaukelt es erheblich. Ich erwarte, daß die Mutter etwas zu diesem Aufzug sagt, aber Florette schweigt. Läuft diese Göre abends immer so herum? Auch Paul scheint daran gewöhnt zu sein. Er beginnt sofort mit neuen Frotzeleien. »In diesem Aufzug hätte ich dich natürlich nicht in die Mohnblumen gelassen. Das hätte alles zu Hause bleiben müssen. Sieh doch, es rutscht ja. Schade, daß es draußen schon dunkel ist.«

Aude streift den breiten Träger wieder hoch, denkt aber nicht daran, dabei schamhaft zu erröten. Sie sitzt mir gegenüber, stopft den grünen Salat in sich hinein und verlangt nach Wasser. Ihr kleiner Bruder soll es holen. Aber der will nicht. Florette hält sich da heraus. Mit Recht, wie ich bald erlebe. Der Kleine gibt nämlich nach und holt eine Flasche Wasser aus dem Kühlschrank.

»Mädchen in deinem Alter sollten lieber Wein trinken. Das bekommt ihnen viel besser«, stichelt Paul.

»Ich mag aber keinen Wein. Also trinke ich keinen Wein. Und von Mohnblumen will ich auch nichts mehr hören.«

»Schade«, sagt Paul unbewegt, »das Rot hätte deiner Haut gut gestanden. Es waren nämlich wirklich hunderttausend Blumen auf der Wiese. Und ein paar alte Olivenbäume.«

Florette setzt sich neben mich, häuft sich Salat auf den Teller und sagt zu mir: »Paul und Aude albern immer herum. Die sind beide noch nicht erwachsen. Beide nicht.«

Paul grinst nur.

Wieder öffnet sich die Tür, ein Regenschirm wird nach draußen ausgeschüttet, der Ankömmling tritt ein und wünscht uns einen guten Abend.

»Setz dich zu uns, Parrin. Trink ein Glas mit uns, wenn du schon gegessen hast.«

Der Parrin begrüßt alle per Handschlag. Florette und Aude tauschen mit ihm zusätzlich Wangenküsse.

Der Mann mag um die Sechzig sein, aber er ist, wie man so sagt, gut erhalten. Er ist schlank, hält sich sehr gerade, trägt hellbraune Cordhosen und unter dem Pullover einen eigenartigen schmalen weißen Kragen. Sein Haar ist kurz geschnitten, leicht lockig und ins Gesicht gekämmt. Der Parrin strahlt Ruhe aus.

»Mit Mohnblumen will er mich fotografieren!« hält Aude ihm vor.

»Wer will dich mit Mohnblumen fotografieren?«

»Paul natürlich.«

»Aha.«

»Was heißt hier Aha? Er will mich nackt fotografieren. Ich soll für ihn posieren. Was sagst du dazu?«

»Maler pflegen nackte Mädchen zu malen und wohl auch zu fotografieren. Paul ist Maler. Das ist so üblich, denke ich.«

»Mehr sagst du dazu nicht?«

»Warum sollte ich mehr dazu sagen?«

Aude brütet vor sich hin, schüttelt den Kopf. Sie erhebt sich, stellt fest, daß sie genug gegessen hat und verläßt uns hemdflatternd in Richtung Treppe. Der junge Mann folgt ihr wortlos.

Wir verspeisen noch ein paar Stücke Fleisch und ein paar Würstchen, essen etwas Käse und wechseln zur Sitzgruppe vor dem Kamin. Florette erzählt von einem Haus, das sie kaufen will. »Ich bin es leid, jeden Tag 25 Kilometer hin und 25 Kilometer zurückzufahren. Das ödet mich an. Ich sitze ja nur noch im Auto!«

Der Parrin hört geduldig zu, äußert aber keine Meinung. Paul pafft seinen Zigarillo. Das Telefon klingelt. Florette führt ein langes Gespräch. Es geht um den Hauskauf. Von Finanzierung ist die Rede, von Vorkaufsrechten. Ich kenne sie nicht wieder. Sie argumentiert kalt, kontert, wirft mit großen Zahlen um sich, als ob sie das jeden Tag tut. Sie droht mit »anderen Möglichkeiten«. Geht es nun um das Haus, von dem sie vorhin gesprochen hat, oder ist es ihr Job, solche Verhandlungen zu führen? Ich denke, es ist wohl eher das Letztere. Schließlich verhandelt sie wie ein Profi.

In welchem Verhältnis der Parrin zu ihr und ihrer Familie steht, weiß ich immer noch nicht. Hat sie einen Mann? Wenn ja, wo ist er? Hat der sich wegen dieses unglaublichen Hin und Her und Durcheinanders abgesetzt?

Als hätte sie erraten, was ich gerade überlege, nimmt Florette mich beim Arm und sagt: »Ich möchte dir etwas zeigen.« Sie geht vor mir die Treppe hinauf und ruft voraus: »Aude, hast du etwas an?« Sie hat. Aude trägt immer noch ihr leinenes Nachtgewand. Die jungen Leute hören Musikkassetten. Der junge Mann hockt auf dem Bett und hat den Kopf in die Hände gestützt. Er schaut nicht einmal auf, als wir einen kurzen Blick in das Zimmer werfen. Der kleine Bruder liegt lang auf dem Boden.

Die Besichtigung des Kinderstockwerks ist schnell erledigt. Wir steigen die Treppe weiter hinauf in die oberste Etage, die in nur zwei Räume geteilt ist, in ein Schlafzimmer, dessen Tür Florette schließt, ehe ich einen Blick hineinwerfen kann, und in ein »piece«, das für sich ein Ereignis ist. Der Blick fällt zunächst auf einen runden Wandteppich, der die Stirnfläche beherrscht. Der in kräftigen Farben ausgeführte Flausch ist stellenweise faustdick.

»Deine Arbeit?« frage ich.

»Ja, so etwas macht mir Spaß.«

Dieser ganze urgemütliche Raum mit seinen weiteren Wandteppichen und Gemälden und den ruhigen Farbtönen ist ein Boudoir für zwei Leute, die sich mögen.

Die Wände eines Seitenerkers sind dicht an dicht mit alten Garten- und Feldwerkzeugen gespickt.

»Dein Mann?«

»Ja, das ist sein Hobby. Hier arbeitet er, wenn er daheim ist.«

Wir gehen wieder nach unten. Paul und der Parrin unterhalten sich über die unglaubliche Vitalität von Tieren. Paul hat sicher die Geschichte der geeisten Taube erzählt. Als er mich sieht, fragt er: »Wollen wir heim?«

Florette und der Parrin bringen uns noch zum Wagen. Es hat inzwischen aufgehört zu regnen. Auf der Heimfahrt frage ich: »Wenn Florette täglich soviel fahren muß, ist sie also berufstätig. Was macht sie denn?«

»Sie ist Chefin der Sozialeinrichtungen in Capestang. Ihr Mann arbeitet mit kranken und schwierigen Kindern, meistens hält er Nachtwache. Das ist nicht einfach für die beiden, nicht zuletzt deshalb, weil sie ständig mit Problemfällen zu tun haben. Materiell stehen sie sich wohl gut, aber es ist schon ein aufreibendes Leben. Sie haben einen anstrengenden Beruf, der viel Nerven kostet, und dazu eine ausgesprochen lebhafte Familie.«

»Und der Parrin, wer ist der Parrin, was macht er?«

»Das ist der Priester des Ortes. Sie sind mit ihm befreundet. Das ist ein Mann mit ganz vernünftigen und vertretbaren Ansichten. Ich mag ihn jedenfalls. Er entstammt einer alten Adelsfamilie, die im Norden ein sehr schönes Schloß besitzen soll, für dessen Unterhalt sich die ganze Familie krummlegt.«

»Und wer ist der junge Mann, der ständig schweigend um Aude herumsteht?«

»Soviel ich weiß, ist das ein Kostgänger aus der Nachbarschaft, für den Florette sorgt. Ein lebhaftes Haus, nicht wahr?«

Ich weiß nicht, ob er Florette meint oder die Familie und sage: »Florette ist eine sehr sympathische Person. Sie ist sehr herzlich. Sie hat mir das Zimmer unter dem Dach gezeigt. Das hat Geschmack und Charme.«

»Natürlich haben die Leute Geschmack. Schließlich kaufen sie Bilder von Paul Azema.«

Paul lacht und durchfährt die nächste Kurve etwas schneller, als er es normalerweise tun würde.

Minerve
Mittelpunkt des Minervois, Département Hérault, 106 Einwohner. Entfernungen: Paris 871 km, Béziers 45 km, Narbonne 33 km, Carcassonne 45 km, Olonzac 11 km. Sehenswürdigkeiten: Ort, Schluchten der Cesse mit »Naturbrücken«, prähistorische Höhlen, Azillanet mit Ausstellung Paul Azema, Tel. 0033/68/91 22 98, 5 km nördl. Olonzac; Kapellen St. Germain und Centeilles, 5 bzw. 8 Kilometer westl. Azillanet; Kanal du Midi mit Hafen Homps, Steinzelte im ganzen Gebiet; Archäologisches Museum Taffanel, Mailhac, 8 km östl. Olonzac.

Aus dem Logbuch

Vergleicht man europäische Straßen, schneiden die französischen überdurchschnittlich gut ab. Das gilt auch für die Nebenstrecken. Abkürzungen kann man deshalb in der Regel getrost benutzen, auch dann, wenn sie nicht auf der Karte rot eingezeichnet sind. Daß sich eine Nationalstraße in katastrophalem Zustand befindet, ist also eine ganz seltene Ausnahme. Solch eine Ausnahme habe ich nun erwischt. Ich fahre auf der N 9 von Pezenas nach Norden. In Paulhan hat man angefangen, den schlimmen Zustand zu beheben. Das bedeutet Umleitungen durch Engpässe. Lkw zirkeln sich in Millimeterarbeit hindurch. Der Ortsverkehr wird gestört und stört selbst. Einmal wird Shorty derart an die Seite gedrängt, daß die rechte hintere Kaschierung der Zwangsventilation von einem Ast abgerissen wird. Es gibt einen Knall, doch lebenswichtige Teile sind nicht beschädigt. Tesafilm und ein Stück Plastiktuch dichten die Öffnung ab. Ohne Bastelgeschick sollte man nicht wohnmobilieren. Natürlich reißt kurz darauf ein Rollo ab, doch auch das kriege ich wieder hin. Das ist der Tribut an den unbedingt erforderlichen Leichtbau; denn die leichten Materialien sind wenig belastbar. Noch vor Lodève verwandelt sich die Straße in das Musterbeispiel eines Schnellwegs. Trotzdem sehe ich ringsum die endlosen Weinfelder.

Die Weite wird dadurch noch stärker spürbar, daß sich nirgendwo Anhaltspunkte fürs Auge bieten. Man hat hier vor einiger Zeit sämtliche Bäume abgeholzt. Das hatte schlimme Folgen; denn bei den häufigen Gewittern in dieser Gegend finden die Blitze keine herausragenden Stellen mehr und haben seitdem schon eine ganze Reihe von Menschen getötet, die in den Feldern arbeiteten.

Weil der Kühlschrank fast leer ist und ich auch telefonieren muß, fahre ich nach Lodève hinein. Ich denke, ich habe mich im Erdteil geirrt. Überall schreiten alte, würdevolle Männer im Kaftan umher. Junge Frauen mit schwarzem Kraushaar und dunklem Teint kaufen ein. Wüßte ich es nicht besser, könnte ich mich auf einen Markt nach Nordafrika versetzt glauben. Eine dieser Frauen fährt bei der Post im Mercedes vor. Sie ist betont schick gekleidet. Ich tippe auf Ärztin oder die Frau eines Arztes.

Bald hinter Lodève schwingt sich die N 9 in weiten Bögen die Berge hinauf, und das zum Teil vierspurig. Rote, steile Felswände ragen an den Seiten empor. Paul hat mir erzählt, daß dieses von der Lergue durchflossene Tal sich jährlich um acht Zentimeter verengt. Das bringt technische Probleme für die Brücken mit sich, die das Flüßchen überqueren. Sie werden vom andrängenden Gebirge angehoben.

Vor dem 623 Meter hohen Pas de l'Escalette schmiegt sich die Straße mehrere hundert Meter so dicht an die Felswand, daß ängstliche Gemüter Herzklopfen bekommen. Frühere Generationen hatten hier jedoch noch ganz andere Abenteuer zu bestehen. Der Paß war nämlich damals nicht befahrbar. Auf beiden Seiten machten die Postkutschen vorher kehrt, und die Reisenden mußten mit Hilfe von Leitern hinüberklettern (Pas de l'Escalette = Leiterpaß). Wer da nicht schwindelfrei war, ist womöglich lieber umgekehrt.

In ebenfalls sanften Bögen senkt sich die Straße jenseits nach le Caylar hinab. Was von weitem wie eine riesige Burg aussieht, die sich über dem Städtchen auftürmt, ist eine phantastische Felsformation. Andere, kleinere, begleiten die Straße nun über viele Kilometer. Da sind Türme und Zinnen, die aus dem Gras ragen, weit über die Hochebene verstreut – Launen der Natur aus Kalk. Gäbe es derlei Felspartien bei uns, hätten die Karl-May-Festspiele von Bad Segeberg längst ernsthafte Konkurrenz. Als ob es hier nicht schon Eigenartiges genug gäbe, haben die Menschen noch etwas hinzugefügt. Über die Hochfläche von Larzac hat man die N 9 über zehn Kilometer lang stur geradeaus gebaut. Hinter l'Hospitalet windet sie sich noch einmal in einigen Serpentinen höher und überschreitet dabei die 800-Meter-Grenze. Und dann geht es wieder geradeaus weiter.

Drachenflug

Parallel zur Straße läuft rechts ein Landestreifen. Ein kleiner Flughafen also. Auf der Piste setzt sich soeben ein Drachenflieger in Bewegung, hebt nach wenigen Metern ab und steigt steil empor. Das Ding hat also einen Motor. Es beschreibt eine Kurve und schickt sich an, über mich hinwegzufliegen. Ich reiße das Steuer herum, bremse Shorty auf dem ausgerechnet hier angelegten Parkplatz ab und springe mit der Kamera hinaus. Wie ich sie hochhebe, ist der Drachen ganz nahe. Der Pilot sieht mich und winkt. Er überfliegt mich, kurvt ganz eng zur Piste zurück und setzt wieder auf. Nicht weit hinter ihm steht ein zweiter Drachen. Ich blicke durchs Teleobjektiv und sehe, daß dort ein Mann startbereit unter dem Flügel steht. Er hat jedoch keinen Motor an seinem windabhängigen Fluggerät. Jemand bringt eine Leine, und Augenblicke später setzen sich beide Drachen gleichzeitig in Bewegung. Schleppflug unter Drachen? Gelesen habe ich von derartigen Versuchen, gesehen aber noch keinen. Der Mann, der sich ziehen läßt, läuft ein paar Schritte, springt, und schon schwebt er. Vorweg rollt der motorisierte Drache noch ein Stückchen, dann hebt auch er ab. Die beiden fliegen so langsam, daß man meint, sie müßten jeden Augenblick wieder herunterfallen. Aber sie klettern höher und höher, beschreiben dabei große Kreise und bleiben dabei stets in der Nähe des Flughafens.

Schließlich löst sich der gezogene Drachenflieger vom Schlepper, der sogleich abkippt und in engen Kurven herunterschwebt. Wieder winkt der Pilot, als er vorbeifliegt. Wenige Augenblicke später setzt er auf. Es dauert jedoch nicht lange, da befindet sich auch der Hochgeschleppte im Anflug. Er landet genau an seinem Startpunkt. Offensichtlich sind beide Piloten recht erfahrene Leute.

Die Drachen werden erneut verbunden und starten zum zweitenmal. Diesmal geht es wesentlich höher hinauf und sogar einer Gewitterfront entgegen, die sich im Süden zusammenbraut. Ich hole mein Fernglas und verfolge beide. Plötzlich habe ich einen dritten Segler im Blickfeld. Doch das ist kein menschengesteuerter Drache, sondern ein ganz gewöhnlicher Bussard.

Noch weit vor der dicken Wolkenwand lösen sich die beiden Drachen voneinander. Der Motorflieger ist an seiner Gondel leicht von dem anderen zu unterscheiden. Ich lege schnell einen neuen Film in die Kamera, und als ich das Glas wieder hochnehme, entdecke ich nur noch den Motordrachen und den Bussard. Der Solosegler ist verschwunden. Vielleicht hat er inzwischen landen müssen, denke ich. Wenige Minuten später setzt der Motordrache auf. Der Pilot steigt aus und kommt zu mir herüber.

»Sie haben uns doch beobachtet, Monsieur. Haben Sie gesehen, wo mein Freund abgeblieben ist?«

»Leider nein, ich habe gerade einen Film eingelegt, und danach habe ich ihn nicht wiedergefunden.«

»Er wird wohl gelandet sein. Hoffentlich nicht zu weit von der Straße. Na gut, ich steige noch einmal auf und suche ihn.«

Der motorisierte Drache fliegt dicht an mir vorbei. Deutlich ist im Heck die Luftschraube zu erkennen. Das 120-Kilogramm-Maschinchen kann auch eine zweite Person tragen

Wenig später rollt er an und schwebt im Tiefflug davon. Lange fliegt er hin und her, doch plötzlich fängt er an zu steigen. Bald erkenne ich den Grund. Hoch oben, dicht vor den Gewitterwolken, kreist sein Freund. Statt herunterzukommen ist er noch höher gestiegen. Der Aufwind muß also ziemlich stark sein. Bald umkreisen die beiden einander und klettern dabei immer höher. Sie sind jetzt derart weit entfernt, daß ich Mühe habe, sie ständig im Blickfeld zu behalten. Ich verliere sie gelegentlich aus den Augen, aber noch finde ich sie immer wieder. Der Motordrache geht plötzlich in Steilkurven nach unten und verschwindet hinter den Höhen von l'Hospitalt. Den anderen Drachen kann ich nicht mehr entdecken. Ist da was passiert?

Es muß etwas passiert sein! Vielleicht sind die Aufwinde zu stark gewesen und haben etwas an diesem leichten Drahtdrachen zerbrochen. Ich muß telefonieren, sage ich mir. Leute verständigen. Aber wen? Ich renne hinunter in den Hangar der Drachenflieger. Kein Mensch ist dort zu sehen. Ein Telefon steht da, aber wen soll ich anrufen? Und was soll ich sagen? Vielleicht irre ich mich ja auch und alles ist in bester Ordnung. Aber es ist unerträglich, vermuten zu müssen, es könnte doch etwas passiert sein, daß jemand Hilfe braucht, und man kann nichts unternehmen. Ich steige in den Wagen und fahre zum Tower hinüber. Aber dort ist alles abgeschlossen. Der Flughafen ist nicht mehr be- oder überwacht. Es ist ja auch schon halb sieben. Mutlos gehe ich zu Shorty zurück. Da kommt der Motordrache im Tiefflug praktisch um die Ecke geflogen und landet dicht beim Hangar. Ich fahre natürlich sofort hinüber.

»Erst habe ich ihn unten gesucht, aber dann habe ich ihn doch da oben entdeckt. Er hatte keine Lust, jetzt schon zurückzukommen, weil er da oben einen phantastischen Aufwind erwischt hat. Er will später neben der Route Nationale landen, falls er es nicht bis hierher schafft.«

Wir machen uns miteinander bekannt. Er heißt Frederic Pignet und ist Fluglehrer. »Wie ist es, haben Sie Lust, eine Runde zu drehen? Hier ist die Luft noch ziemlich ruhig. Das Gewitter wird sich erst später bemerkbar machen. Sie brauchen also nicht zu befürchten, daß wir allzu sehr durchgeschaukelt werden.«

»Passen denn zwei Leute in das Ding?«

»Aber ja. Es ist als Zweisitzer konzipiert. Und wenn der ULM stark genug ist, einen Drachen hochzuschleppen, kann er auch zwei Personen tragen. Also keine Sorge. Nun?«

Wohl ist mir ja nicht. Aber kann man solch ein Angebot ausschlagen? Ich hole meine Lederjacke, setze einen Sturzhelm auf und klettere vorsichtig in die leichte Gondel. Man sitzt hinter dem Piloten und ein gutes Stückchen höher, so daß man ihm leicht über die Schulter blicken kann.

Ein einfacher Bauchgurt hält mich fest. Der Pilot klettert in seinen Sitz, wirft per Handzug den Motor an, und schon drückt uns der Heckpropeller über die Wiese. Die asphaltierte Landebahn ist viel zu weit weg. Flugbetrieb ist ohnehin nicht mehr. Eine kurze Drehung gegen den Wind, Vollgas, Gerumpel, und wir schweben. Wie im Fahrstuhl geht es steil nach oben. Ich habe mit Böen und viel Fahrtwind gerechnet. Aber die Flugbewegungen sind sanft, ja geschmeidig, und der Wind bläst mir nicht stärker ins Gesicht als auf einem Moped.

Die Piste sackt unter uns weg, wir schweben über den Tower hinweg, lassen die Straße weit unter uns. Das zehn Kilometer lange Geradeausstück der N 9 liegt wie geschrumpft schräg vor uns.

Frederic Pignet wendet sein Maschin-

Und schon trägt uns der Drache empor... Frederic Pignet hält das Lenktrapez mit leichter Hand

chen weiter nach Westen. Das ist mir ganz lieb, denn die Gewitterfront im Süden sieht unheimlich, ja bedrohlich aus.

Ich schaue hinauf auf die leichten Drachenflügel, die tatsächlich zwei Leute tragen. Der Heckmotor ist nicht übermäßig laut. Obwohl wir praktisch im Freien fliegen, können wir, wenn auch etwas angestrengt, miteinander reden.

Pignets Hände gleiten fast spielerisch über das quer vor ihm hängende Lenkrohr. Er muß es also nicht krampfhaft festhalten. Ich werde ihn nachher fragen, was geschieht, wenn er das Ding losläßt, nehme ich mir vor.

Pignet zeigt nach schräg vorn. Dort schwebt ein Bussard. Der Pilot nimmt Gas weg, fliegt hinter dem Vogel her und umkreist ihn. Der Bussard zieht die Flügel etwas an den Körper und sinkt schnell tiefer. Zum erstenmal in meinem Leben sehe ich einen Bussard ganz nahe von oben. Wir gehen wieder auf Kurs und beschreiben weiter einen großen Bogen um den Flugplatz. Die Runde nähert sich dem Ende. Der Rasen fällt uns entgegen, die Rollen rumpeln, die Erde hat uns wieder. Es ging alles viel zu schnell. Aber es läßt sich nicht leugnen: Ich bin mit einem Drachen geflogen.

Ein paar technische Fragen habe ich natürlich noch. Das Maschinchen kostet rund 15 000 Mark, der Motor ist ein Zweitakter mit 50 PS Leistung. Schon bei 35 km/st hebt der Drache ab. Für Start und Landung braucht er je nach Windstärke 40 bis 50 Meter. Ein bißchen zögernd, muß ich zugeben, habe ich gefragt, was denn passiert, wenn man das Lenktrapez losläßt.

»Nichts. Es geschieht absolut überhaupt nichts. Der Vogel ist so getrimmt, daß er in diesem Fall von allein geradeaus weiterfliegt. Das Trapez braucht man nur, um die Richtung zu ändern.«

So einfach ist das also. Frederic Pignet lädt mich ein, wiederzukommen. Mal sehen. Sein Telefon: 0033/67/523935.

Aus dem Logbuch

Kurs Angoulème. Ich habe Gérard versprochen, ihm noch heute die Filme zu geben, damit er Zeit hat, sie in Ruhe zu entwickeln. Ich habe ihn und Elisabeth eingeladen, in ihrem eigenen Haus mit mir zu essen. Ich werde kochen. Christian und Agnes kommen auch. Weil ich ständig das Gaspedal durchgetreten habe, treffe ich schon nachmittags ein. Erinnerung an diese eilige Tour: Alles ist inzwischen grüner geworden. Die Dordogne ist nach wie vor unvergleichlich. Gramat läßt mich an ein kleines, sehr hübsches und verzweifeltes Mädchen namens Christine denken, das ich dort abgesetzt habe, nachdem dieses gute Kind völlig außer sich geraten war, weil es plötzlich den Heimweg nicht mehr wußte. Ich fahre durch Gramat und ertappe mich dabei, daß ich die Mädchen anschaue, ob nicht vielleicht Christine... Ich komme durch das Städtchen, ohne ihr zu begegnen.

Als ich im Hof eintreffe, spielen und lärmen die Kinder wie eh und je. Der große Hund begrüßt mich wie einen alten Bekannten. Dabei sieht er so gefährlich aus. Ich weiß gar nicht, was die Hunde an so einem alten Grizzly wie mir finden, aber sie mögen mich alle. Die von Paul und Marie-Paule Azema, der von Gérard und Elisabeth, der kleine Terrier meines, hoffentlich, künftigen Vermieters im Minervois, der Collie der kleinen Elisabeth, der Bastard der Posthalterin von Azillanet. Der kam sogar mit einem gewaltigen Satz über den Tresen geflogen, um mich freundlich zu beschnuppern. Dabei bin ich sicher, eines Tages streichele ich wieder einen dieser liebenswerten Kläffer, und der beißt dann tatsächlich zu.

Die große Elisabeth (Die kleine habe ich angerufen. Ihre Mutter hat mich für morgen zum Kaffee eingeladen.) kommt bald aus der Stadt und betrachtet nach der obligaten Umärmelung den etwas angestaubten Shorty. »Kann man auf das Dach steigen?« fragt sie schließlich.

»Aber ja. Dafür ist es gemacht. Dafür hat er die Leiter im Nacken.«

»Man kann also auch Sachen da oben unterbringen?«

»Sicher.«

»Auch Fahrräder?«

»Auch Fahrräder.«

»Könntest du mir einen riesigen Gefallen tun?«

»Wenn ich kann, gern.«

»Wir haben beim Schmied in Sers vier Fahrräder zur Reparatur. Sie sind fertig. Ich weiß nur nicht, wie ich sie auf einmal hierherbringen soll.«

»Wie weit ist das denn?«

»Keine zehn Minuten mit dem Wagen.«

»Dann laß uns fahren. Danach muß ich mit den Vorbereitungen für das Essen anfangen.«

Wir laden ihre drei Kinder ein, für die es natürlich ein Abenteuer bedeutet, in einem Caravancar mitzufahren. Entsprechend schwierig ist es, die Rangen unterwegs auf ihren Plätzen zu halten. Die Schmiede von Sers liegt nicht nur außerhalb des Ortes, sondern auch außerhalb jeder Norm. Die Tür zu dem finsteren Etablissement steht offen. Aber niemand ist anwesend.

»Vielleicht schläft er«, meint Elisabeth.

»Dann müssen wir ihn eben wecken. Es ist immerhin Geschäftszeit.«

Elisabeth wiederholt süffisant das Wort Geschäftszeit und lacht dazu. Sie denkt wohl an ihren Fotoladen. Schlafen ist da nicht drin. Wir betätigen den altertümlichen Türklopfer. Nichts rührt sich. Wir betätigen ihn nochmals und noch etwas kräftiger.

»Der alte Herr ist ein bißchen schwerhörig.«

»Wie alt ist er denn?«

»Ich weiß nicht genau, aber sicher über siebzig.«

Die Kinder werden unruhig. Genaugenommen – Gérards und Elisabeths Kinder sind immerzu unruhig. Jetzt jedoch fangen sie an zu toben. Sie haben zwei Kaugummis gefunden, und sie sind nun mal zu dritt. Über der Schmiede sind jetzt Schritte zu hören. Einige Minuten vergehen jedoch noch, bevor der Schmied erscheint. Es ist ein schon sehr alter Herr in einem fast ebenso alten Arbeitsanzug.

»Die Fahrräder?« fragt er.

Elisabeth nickt. »Die Fahrräder.«

Sie werden aus einem Seitenschuppen geholt und Shorty aufs Dach geladen. Der alte Herr ist unrasiert und offensichtlich sehr müde, aber keinesfalls unfreundlich.

»Beschlagen Sie noch Pferde?« frage ich ihn.

»Nur noch selten. Aber es kommt vor.«

»Könnte es sein«, frage ich weiter, »daß Sie noch große Hufnägel haben?«

»Die ganz großen?«

»Die ganz großen.«

»Ich glaube schon«, sagt dieser Meister des Feuers und des glühenden Eisens.

»Könnten Sie mir ein paar davon verkaufen?«

»Wieviel denn, drei, vier?«

»Eine große Handvoll?«

»Ich denke, das läßt sich machen. Ich muß nachsehen.«

Er schlurft davon, verschwindet im Halbdunkel der Schmiede. Ich höre ihn eine Treppe hinaufächzen. Dann ist Stille über mir. Ich schaue mich um. Ein Amboß steht in der Mitte. An einem Brett hängen an die zwanzig verschiedene Schmiedezangen. Diverse Hämmer liegen herum. Die Wände sind schwarz vom Ruß. Und – es ist fast nicht zu glauben – es gibt nicht nur einen Blasebalg, einen von Hand zu betätigenden, mit Dutzenden von Lederflicken, es gibt auch einen Kohlenhaufen, und darunter glimmt schwache Glut. Der alte Herr schmiedet also noch, hat vor kurzer Zeit eine zerbrochene Hacke repariert. Sie liegt neben den Kohlen.

Zwischenakt

Ich schreibe von den Kohlen und von der Glut. Dabei sitze ich schon wieder bei den Azemas im Garten. Ich könnte aufwachen und ein wunderschöner Traum wäre aus. Aber es ist kein Traum. Alles ist Wirklichkeit. Wie meine Geschichten von dieser Reise, die ich einfach nur wiedergebe. Das dichte Laub der Akazie über mir gibt Schatten. Ich sitze an dem Tisch, dessen Platte wir gestern gemeinsam angebracht haben. Ein leichter Wind hat sich aufgemacht, die Schwüle zu verscheuchen. Ich schreibe, und die Maschine klappert über Placidos Arien, die aus dem Wohnzimmer herüberklingen. Drinnen sitzt Paul und zeichnet für einen Keramik-Auftrag. Marie-Paule hat eben einen Kaffee gebracht. Zu meinen Füßen liegt die Terrier-Dame Rosie und schläft trotz des Lärms, den ich mache. »Tu sei regina...« singt Placido seine Aida an. Du sollst meine Königin sein... Neben mir flattert die weiße Taube zuweilen in ihrem Käfig umher. Die Taube, die aus der Kälte kam. Rosie, die zwischendurch ihre Wunden leckt, die Obelix ihr zugefügt hat. Das alles ist kein Märchen, nichts ist erfunden. Trotzdem. Jemand müßte jetzt kommen und mich kneifen...

Aus dem Logbuch

Der alte Schmied kommt zurück und bringt tatsächlich eine Handvoll großer Hufnägel mit. Paul Azema wird sich freuen. (Heute weiß ich ja, daß er sich gefreut hat.) Aber ich möchte jetzt mehr, ich bin richtig scharf darauf, daß der Mann seinen Blasebalg in Gang setzt.

Ich sage: »Ihre Schmiede erinnert mich sehr an meine Jugend. Ich bin im Ruhrgebiet aufgewachsen, da roch es auch immer nach verbrannter Kohle. Außerdem habe ich oft beim Hufbeschlagen geholfen und Pferdebeine festgehalten.«

»Ja, ja, aber das mache ich nur noch selten«, wiederholt er sich.

Seine alten, kleinen Augen mustern mich. Ich gehe einen Schritt weiter. »Schade, daß Sie die Hacke schon repariert haben. Ich hätte gerne Fotos gemacht, wenn Sie mit Blasebalg und Feuer arbeiten.«

Er überlegt nicht lange. »Ich könnte ja mal kurz an der Hacke arbeiten. Das geht ganz schnell, Monsieur.«

Ich bin schon draußen, um Kamera und Blitz zu holen.

Lucien Brouillet heißt der Schmied. Er schreibt mir seinen Namen auf einen Zettel, auf dem oben ein Kuhkopf abgebildet ist, und der aufgedruckte Text heißt: »Die gute Kuh... aus gutem Hause«.

Eine uralte Schmiede mit einem alten Schmied, aber ein gutes Haus. Wie immer man das nennen will.

Die Kinder sind erstaunlicherweise still. Fleißig kauen sie »Chewing Gums«. Sohnemann hat eine Lösung des Verteilerproblems gefunden: Seine Schwestern haben sich einen Kaugummi geteilt, den anderen hat er für sich in Anspruch genommen. Solange die Damen nachgeben...

Der Abend verläuft zunächst ruhig und harmonisch. Christian und seine schöne Agnes lassen nicht lange auf sich warten, und allen scheint mein Bœuf Stroganoff zu munden. Zum Nachtisch serviere ich gepfefferte süße Orangen mit frischen Zwiebeln und Nußöl. Alles wird aufgegessen, das beste Zeichen, daß es geschmeckt hat. Zuvor hatte ich noch schnell die Kinder aus meinen Vorräten abgefüttert: Kartoffelbrei mit Bratwürstchen. Elisabeth hatte über dem Fahrradtransport vergessen, rechtzeitig ihre Tiefkühltruhe zu öffnen. Solange Shorty in der Nähe ist...

Später erlebe ich einen völlig verwandelten Gérard. Gérard als Fan. Er ist, wie viele Franzosen, in Rugby vernarrt. Unser deutsches Fußballfieber ist gegen diese Besessenheit allenfalls ein leichtes Kribbeln in der Nase.

Gérard springt alle Augenblicke auf, feuert die Spieler an, stöhnt verzückt, schlägt sich an die Stirn. »Sieh dir das an!« ruft er außer sich. »Ist das herrlich! Welch ein Esprit! Hast du das gesehen?«

Was ich gesehen habe? Ein Mann ist mit diesem eigenartigen Rugby-Ei losgerannt, hat es alsbald einem anderen zugeworfen, und der wurde brutal umgerissen. Ein nächster befördert das Ding dicht vor den Kopf eines Gegners mit einem Supertritt in den Himmel, und dann drängt sich ein Mustopf erwachsener Männer gegenja, ineinander, Arme verschwinden dabei zwischen Schenkeln, verschwitzte Leiber vermengen sich, und dann kommt von irgendwoher dieses Ei wieder angeflogen und erneut rennt jemand damit wie der Teufel los. Werfen, umreißen, treten. Männergewühl.

Ohne den verzauberten Blick vom Bildschirm zu lösen, versucht Gérard einige Erklärungen abzugeben. »Du verstehst nichts von Rugby, ich merke es schon. Dabei ist Rugby ein so geistvolles Spiel. Es erfordert Intelligenz und taktisches Talent. Fußball ist dagegen eine profane, brutale und geistlose Beschäftigung. Glaube mir, es ist so! Beim Rugby hat jeder Spieler seine ganz spezielle, seinen körperlichen Möglichkeiten genau entsprechende Aufgabe. So gibt es zum Beispiel die starken, und es gibt die schnellen Spieler. Im richtigen Aufeinandergehen, mit der richtigen Taktik läßt sich der Gegner bezwingen, anders nicht. Rugby ist schlichtweg schön.«

Ich verstehe überhaupt nichts.

»Die Regeln sind natürlich kompliziert.

Mit seinem alten Blasebalg facht der Schmied von Sers sein Feuer wieder an

Der Läufer darf den Ball nicht nach vorn, sondern immer nur zurück zu einem hinter ihm laufenden Mitspieler werfen. Er muß ihn vorher also möglichst weit tragen. Achtung! Es könnte ein Mal geben. Nein, schade. Es wäre gut für Béziers gewesen. Ich werde dir das später in Ruhe erklären.«

Dazu kommt es nicht mehr. In diesem Spiel geht es um die französische Meisterschaft. Gérard ist hinterher total erschöpft, wohl auch von diesem anstrengenden Tag und vom Wein. Soviel weiß ich immerhin: In Frankreich hat der Rugby mehr Anhänger als der Fußball. In den Mannschaften spielen angeblich nur Amateure. Da geht es nicht um große Geldbeträge wie bei den Kickern. Aber wer steckt die Einnahmen ein, frage ich mich. Gérard um Auskunft zu bitten, habe ich heute keine Traute mehr.

Paris. Wieder einmal Camping Bois de Boulogne. Es regnet. Die Seine geht hoch, der Platz ist zu großen Teilen verschlammt. Aber die Organisation funktioniert hervorragend. Jeder Wagen führt eine Holztafel mit sich, auf der die Quittungen der im voraus zu leistenden Zahlungen befestigt sind. Groß notierte, von weitem lesbare Zahlen geben den Tag der Abreise an. Dieses Brettchen bietet zwei wichtige Vorteile. Erstens sieht der Mann am Schlagbaum, daß er einen bereits eingeschriebenen und »abgefertigten« Camping-Benutzer vor sich hat, und zweitens kann während der Abwesenheit des Platzhalters sich kein anderer darauf einrichten – ohne Brettchen wird kein »Emplacement« vergeben.

Gut finde ich auch, daß ein Fahrradfahrer den Ankömmling zu seinem Platz begleitet und auch gleich den Strom anschließt. Aber sonst... Wenn Toiletten und Waschgelegenheiten denselben Standard hätten wie die Organisation, könnte der Touringclub de France stolz auf dieses Unternehmen sein. Derartige »Sanitaires« findet man heute höchstens einmal auf einem verwahrlosten Gemeinde-Campingplatz. Doch auch draußen im Lande sind diese Stiefkinder des Tourismus selten geworden. Die meisten sind sauber und gepflegt.

Wenn es dazu im Bois de Boulogne auch noch regnet, bilden sich sogleich tiefe Pfützen und die Fußwege versumpfen. Womöglich läßt sich so dicht am Ufer der Seine keine zufriedenstellende Dränage einbauen. Aber der übrige Zustand des Platzes läßt die Vermutung aufkommen, daß sich wohl niemand allzusehr dafür interessiert. Konkurrenz gibt es in Citynähe jedenfalls nicht. Und überhaupt – wann regnet es schon einmal in Paris. Heute zum Beispiel. Kaum bin ich »installiert«, klopft der Nachbar.

»Sie, hören's, ist bei Ihnen auch der Strom ausgefallen?«

Trotz der Empörung in seiner Stimme ist das charmige Deutsch des Österreichers unverkennbar.

Ich sehe nach. Tatsächlich, die Kontrollampe brennt nicht. Den Stromausfall habe ich nicht bemerkt, weil Shorty in solchen Fällen das Licht automatisch per Batterie liefert.

Das Kabel des Nachbarn hängt an demselben Verteilerkasten wie meins. Es regnet zwar immer noch, aber ich steige aus, um nachzuschauen, ob eine Sicherung durchgebrannt ist. Der Nachbar sagt: »Sie, da können's nicht nachschauen. Der Verteilerkasten ist abgeschlossen.«

Das weiß ich natürlich. Aber weil ich beim Anschließen meines Kabels zugesehen habe, weiß ich, daß man den Kasten wegen der ungewöhnlich langen Schloßbügel eine Handbreit öffnen kann.

»Man kann trotzdem hineinschauen«, entgegne ich. Der Mann schüttelt seinen grauen Kopf. »Hören's, i bin Elektrika, zufällig bin i Elektrika. Dös geht nicht.«

Ich mache den Kasten so weit auf, wie es geht.

»Nanu!« ruft der Mann aus dem Süden und greift blind in das Kabelgewirr. Will er die Funktionsfähigkeit der Sicherungen ertasten? Ich hole meine Taschenlampe und leuchte in den Kasten. Keiner der Knöpfe ist herausgesprungen. Also muß der Schaden woanders liegen. Die Wegbeleuchtung funktioniert noch. Also kann es nicht an einem allgemeinen Stromausfall liegen.

Ich drücke die Tür des Verteilerkastens wieder an, damit es nicht unnötig hineinregnet. Der Elektrika flucht: »Eine einzige Sauerei ist dös. Den Strom abschalten! Sie sind alle gleich, diese Franzosen, dreckert, schlampig und unzuverlässig...« Ich höre ihn weiterschimpfen, habe ihm längst den Rücken zugedreht. Soll ich ihm sagen, daß ich hier Freunde habe? Soll ich ihn fragen, was er denn in diesem angeblich so dreckerten und schlampigen Land sucht, oder soll ich ihm klarmachen, daß elektrische Leitungen auch in Österreich zusammenbrechen können? Soll ich erklären, daß der Balkan über Wien längst auch Berlin erreicht hat? Soll ich dieses engstirnig-arrogante Nationalgefasel mitmachen?

Ich sage nichts. Als der Elektrika mir am anderen Morgen einen guten Tag wünscht, überhöre ich ihn allerdings. Ich denke daran, daß ich Gott sei Dank auch in Wien und in Graz und in Innsbruck Freunde habe.

Erstaunlicherweise erweist es sich als schwierig, in der Weltstadt Paris jemanden zu finden, der meine Contax reparieren kann. Auch die Europazentrale in Hamburg kann nicht helfen, weil der französische Vertragspartner gerade dichtgemacht hat. Aber dann findet sich endlich doch jemand. Ich kann wieder hoffen.

Saïd Salah – oder Der Platz der Vogesen

Vor über fünfundzwanzig Jahren hatte ich zum erstenmal in Paris zu tun. Hans Hiss, damals stellvertretender Chef, Wirtschaftsredakteur und väterlich-kritischer Freund mahnte mich vor der Abreise: »Wenn Sie Zeit finden, müssen Sie sich den Platz der Vogesen ansehen. Er liegt ganz in der Nähe der Bastille, aber kein Mensch kennt ihn. Dabei ist es meiner Meinung nach der schönste geschlossene Platz, den es überhaupt gibt. Die Concorde in Paris und den Petersplatz in Rom kennt alle Welt. Aber diese Plätze sind riesig und offen. Keiner ist so harmonisch wie der Platz der Vogesen in Paris. Den müssen Sie gesehen haben. Das ist eine Pflichtübung für jeden Europäer, junger Freund.«

Inzwischen war ich etliche Dutzend Male in Paris, ich bin wer weiß wie oft auch über den Platz der Bastille gefahren, auf dem es längst keine Bastille mehr gibt, aber nie habe ich die Zeit gefunden, den kleinen Umweg über den Platz der Vogesen zu machen. Was mich gehindert hat, weiß ich nicht. Gedacht habe ich jedesmal an die mahnenden Worte des guten Dr. Hiss. Vielleicht hat mich gerade das Mahnende abgehalten, dieses unangenehme Wort Pflichtübung. Wer tut schon gern, was man angeblich tun muß. Dieses Mal aber will ich den Platz nun endlich sehen – la place des Vosges. Ich stelle Shorty auf den bewachten Parkplatz der Bastille und wandere los. Kurz vorher hat die Sonne noch geschienen, jetzt ziehen Wolken auf.

Mein handlicher brauner »Leconte« (der beste Parisführer, den ich kenne) hilft mir auf den Weg. Ich schlendere also erst einmal die St. Antoine hinauf, die später in die Rue de Rivoli übergeht, und betrachte das Denkmal des Herrn Beaumarchais, der von weitem so aussieht wie der selige Wolfgang Amadeus.

Ein alter Herr führt seinen Dackel an Monsieur Beaumarchais vorbei. Der Mann erinnert mich sehr an einen Hamburger Maler, der als Porträtzeichner viel für das Hamburger Abendblatt gearbeitet hat. Wie viele Skizzen von Theaterproben mag Werner Knoth fürs Feuilleton geliefert haben, wie viele Köpfe für das »Menschlich gesehen« auf Seite 1! Ich war dabei, als er im Studio Hamburg die unvergeßliche Therese Giese mit schnellen, sicheren Strichen aufs Papier zauberte, wie der weißhaarige Mann mit dem imposanten Goethekopf die große alte Dame des deutschen Theaters (sie spielte gerade die urböse Giftmischerin in »Haben« von Háy) fast schüchtern bat, ihren Namenszug unter die Zeichnung zu setzen, und wie er errötete, als sie seine Arbeit lobte.

Der alte Herr geht langsam mit seinem

Spitzenhäubchen in einem Laden der Rue Briaque

Hund weiter. Er hat Zeit. Diese Gegend hier hat Zeit. Sie hat die Zeiten ja längst überdauert. Ich schaue in uralte Hauseingänge, die sich in endlosen, verwinkelten Fluren verlieren. Wieder einmal denke ich, daß dieses Frankreich ein einziges, lebendes Museum ist.

Eine junge Frau stöckelt auf hohen Absätzen vorüber. Sie trägt einen engen Jeansmini, und die bis zum BH geöffnete Bluse deutet auf das sonnen- wie lebenshungrige Gemüt der Dame.

Ich biege in die Rue Briaque. Gut hundert Meter vor mir tut sich das hochumbaute Tor zum Platz der Vogesen auf. Im Schaufenster eines Trödelladens hat man einem Jungmädchenkopf Urgroßmutters Nachthäubchen aus Batist übergestülpt. Stünden nicht die Autos am Straßenrand, könnte man meinen, die Zeit wäre stehengeblieben. Parken ist hier nur »Payant« erlaubt. Man muß aus einem elektronischen Parkscheinspucker die Erlaubnis einlösen, hier eine Weile stehenzubleiben. Aber was ist hier schon eine Weile ...

Ich stehe also endlich auf dem von 36 in gleichem Stil errichteten Häusern umstandenen, viereckigen, ja quadratischen Platz. Als Heinrich IV. ihn Anfang des 17. Jahrhunderts erbauen ließ, war er völlig unbepflanzt. Auf seinen Steinen spielte sich das höfische Leben ab. Heute ist der Platz von Bäumen umstanden. Auch das Zentrum ist so zugewachsen, daß nirgendwo mehr ein Blick auf den ganzen Platz möglich ist. Auf der Südseite gibt es den Pavillon des Königs, gegenüber dem der Königin. Wie modern – man war sich nah, aber nicht allzusehr. Das so berühmte wie vielbesuchte Schloß von Versailles wurde erst viele Jahre später errichtet. Versailles war da noch ein Dörfchen hinter Sümpfen. Wo ich jetzt stehe, ist der Kardinal Richelieu mit seiner Kalesche vorgefahren. In der Nummer 21 hat er gewohnt. Später hat in der Nummer 6 Victor Hugo residiert – ganze 15 Jahre lang. Seinen heutigen Namen erhielt der Platz erst 1800, weil das Département Vosges als erstes seine Steuern bezahlt hatte.

Ich hantiere wie üblich mit meinen Kameras, da spricht mich jemand an. »Schöne Apparate haben Sie da.«

»Die brauche ich auch«, sage ich nicht gerade geistreich.

»Machen Sie Postkarten damit?«

Der Neugierige ist nicht das, was man gepflegt nennt. Man könnte den alten Herrn getrost für einen Clochard halten. Haar und Bart läßt er wachsen wie sie wollen. Die wäßrigen Augen und vor allem der Atem verraten den Rotwein-Liebhaber. Wahrscheinlich hat er früher geboxt. Die eingeschlagene Nase deutet darauf hin. Zweierlei überrascht mich: der trotz allem ruhige Blick und die Ausdrucksweise. Er setzt seine Worte deutlich, er spricht sehr überlegt. Oder was mag es sonst sein, was mich nicht abweisend sein läßt?

»Nein, ich mache keine Postkarten, ich arbeite an einem Buch über eine Frankreichreise. Ich suche Dinge und Leute, die man nicht überall kennt. Ich denke, der Platz der Vogesen gehört dazu. Oder?«

»Aber ja, Monsieur. Es ist nur ein Jammer, daß viele dieser Häuser so schlecht erhalten werden. Sehen Sie sich doch die Fassaden an! Manche sind vorbildlich restauriert, andere verkommen. Es ist eine Schande. Dabei gibt der Staat ansehnliche Beihilfen!«

»Wohnen Sie in dieser Gegend?«

»Seit vielen Jahren schon. Ich kenne jede Ecke. Gut, jede Geschichte kann man von zwei Seiten sehen. Die Bäume hier zum Beispiel. Im Sommer geben sie den alten Leuten schönen Schatten. Aber von der schönen geometrischen Konstruktion des Platzes lassen sie nichts mehr erkennen. So, wie der Platz einmal gedacht war und wie er lange Jahre erhalten wurde, so ist er nicht mehr. Wenn ich hier der zuständige Mann wäre, ich würde alle Bäume abholzen lassen. Aber in Paris tut ja niemand etwas für eine grundlegende Restaurierung. Man schmeißt das Geld lieber für fremde Länder und Leute aus dem Fenster.«

»Ich war neulich in Rouen. Dort wird aber fleißig restauriert.«

»Ach, Rouen. Da gibt es den Monsieur Lécanouet. Der war mal Justizminister. Er kümmert sich um diese Dinge. Ich liebe ihn nicht, überhaupt nicht. Er hat keinen Sinn für soziale Fragen. Er geht bei den Pfaffen ein und aus. Er ist ein Antikommunist. Aber um die Restaurierung kümmert er sich. Das muß ich zugestehen.«

Ich hebe die Kamera, um wenigstens einen Teil der Pavillons zu erfassen, da sagt der alte Mann: »Das Licht ist heute ja günstig, nicht so hart wie bei direktem Sonnenschein. Da haben Sie wenigstens Glück.«

Erstaunt sehe ich ihn an.

»Ich habe früher auch fotografiert. In Schwarzweiß. Ein bißchen kenne ich mich schon aus damit.«

»Darf ich ein Foto von Ihnen machen?«

»Meinetwegen, ich habe nichts dagegen. Vielleicht treten wir dazu mehr ins Licht?«

Ich versuche ein paar Aufnahmen. Der Mann weist auf ein sehr schön restauriertes Gebäude. »Dort wohnt der Schauspieler Brialy. Er hat beantragt, die Bäume wegzunehmen. Ich bin gespannt, was man tun wird.«

»Der Filmschauspieler Jean-Claude Brialy?«

»Ja, der ist das. Und da drüben, wo zur Zeit gearbeitet wird, das ist die alte Synagoge.«

»Alte Synagoge? Aber das Gebäude dient nicht mehr als Synagoge, oder?«

»Aber ja, natürlich tut es das. Die Sperren hat man errichtet, damit dort keine Autos parken können. Wegen möglicher Attentate. So etwas muß man ja immer noch befürchten.«

Er blickt mich erwartungsvoll an, möchte wohl meine Meinung zu diesem Punkt hören. Ich sage: »Ich kann nicht verstehen, daß es immer noch Leute gibt, die sich schlagen müssen, die Gewalt anwenden, um ihre Ansichten durchzusetzen. Ich verstehe das nicht.«

Der Alte nickt. »Ich auch nicht. Ich verstehe das ebensowenig. Waren Sie noch im Krieg?«

»Ja. Ich habe genug davon erlebt. Es reicht mir.«

»Ich war nicht mehr Soldat. Bei Kriegsende war ich fünfzehn. Ich bin Bretone, aus dem Finistère. Meine Familie hat den Krieg nicht aktiv mitgemacht. Deshalb ha-

Mein neuer Freund stellt mich seinen drei Kollegen vor

ben wir gelitten. Ich habe gelitten, das war vielleicht härter, als Soldat zu sein. Verstehen Sie?«

Er steckt sich eine Gauloise Bleu in den Mund und reicht mir das Päckchen hin. Ich lehne dankend ab. »Ich rauche schon seit mehr als zehn Jahren nicht mehr.«

Das nimmt er kaum zur Kenntnis. Er denkt über etwas anderes nach. Dann fragt er: »Sehen Sie die drei Männer dort drüben auf der Bank?«

»Ja.«

»Die sollten Sie auch fotografieren. Die gehören auch zum Place des Vosges. So wie ich.«

Ich bin nicht begeistert von dieser Idee. »Erstens werden die drei nicht wollen, und zweitens würde ich lieber die spielenden Kinder auf der anderen Seite...«

»Aber nein! Die drei werden es schätzen, fotografiert zu werden. Es sind meine Freunde. Und denken Sie nur ja nicht, daß wir Clochards sind. Wir sind Arbeitslose. Wir haben zur Zeit keine Stellung. Darum haben wir Zeit, hier auf der Bank zu sitzen und zu plaudern. Woher kommen Sie eigentlich?«

»Aus Hamburg«, antworte ich.

»Aus Hamburg! Ein großer Hafen ist das. Ich liebe Häfen. Ich habe ein bißchen gesehen von der Welt. Vor allem Häfen. Und ich kenne viele schöne Plätze. Kennen Sie Brüssel?«

»Brüssel? Ja, dort gibt es den Großen Platz.«

»Richtig. Den kennt jeder, der in Belgien war. Aber Sie sollten auch einmal nach Arras gehen. Dort gibt es auch einen großen Platz. Der hat auch Arkaden, und er ist viel größer als der in Brüssel.« Der Alte kennt sich offenbar aus.

»Und gleich nebenan gibt es den Platz der Helden«, füge ich hinzu.

»Sie waren also auch in Arras. Das gefällt mir. Kommen Sie, wir gehen zu meinen drei Freunden. Sie müssen sie jetzt fotografieren. Es wird bald regnen.«

Sein Weinatem weht mich wieder an. Soll ich, soll ich nicht? Warum eigentlich nicht, sage ich mir schließlich. »Gut, gehen wir und besuchen wir Ihre Freunde, Monsieur.«

Die drei haben natürlich längst beobachtet, daß wir uns unterhalten haben. Erwartungsvoll sehen sie uns entgegen.

»Ich stelle euch einen Freund aus Deutschland vor, der ein Buch über eine Frankreichreise schreibt. Die Fotos macht er selbst, und er redet auch mit Leuten, die ihm begegnen. Das finde ich besonders gut. Er hat ein offenes Ohr, Freunde, und er ist gegen jede Gewalt. Ich möchte, daß er euch fotografiert, und er wird...« Seine Stimme steigert sich plötzlich in den Diskant hinein, »und er wird verdammt noch einmal darüber schreiben, daß es in Frankreich viel zu viele Arbeitslose gibt, und daß man diesen verdammten Kapitalismus endlich beseitigen muß. Ja, das soll er schreiben, das muß er schreiben.«

Seine drei Freunde nicken. Der Mann in der Mitte hat sich einen schönen Patriarchenbart wachsen lassen. Er ist offenbar der Wortführer.

»Fotografieren Sie uns, Monsieur. Aber Sie sollten sich damit beeilen, denn wir werden bald ziemlich naß werden. Es wird ein Gewitter geben.«

Ich mache also einige Aufnahmen. Der alte Bretone, der jünger ist als ich, wie ich inzwischen ausgerechnet habe, möchte einen Abzug haben.

»Aber sicher. Den schicke ich Ihnen gern. Dazu brauche ich nur Ihre Adresse.«

Ich gebe ihm einen Zettel, aber er zögert. »Ich weiß nicht, was ich daraufschreiben soll. Ich – ich habe zur Zeit keine Adresse. Was machen wir da?«

Überall auf dem Platz der Vogesen versperren heute Bäume die Sicht

Der Bärtige nimmt ihm das Blatt aus der Hand und schlägt vor: »Ich schreibe meine Adresse auf, und ich gebe dir dann das Bild.«

»Das ist gut. So soll es sein.«

Aber der Bärtige hat nichts zu schreiben bei sich. Ich greife in meine Tasche. Ärgerlich, ich habe vergessen, meinen Kugelschreiber einzustecken.

Einer der drei Männer auf der Bank, der mit dem rotunterlaufenen Auge, holt zwei Schreiber aus der Tasche, hält mir einen hin und sagt: »Ich habe zwei, Monsieur, behalten Sie den.«

Der Bärtige schreibt mit meinem neuen Kuli seine Adresse auf und gibt mir das Blatt. Ich blicke kurz darauf und gebe es ihm zurück. »Da fehlt noch sein Name.«

Der Bärtige fragt: »Wie ist es, soll ich deinen Namen aufschreiben?«

Mein neuer Freund überlegt erst, dann sagt er: »Doch, schreib ihn dazu. Schreib ihn nur dazu.«

Ich stecke den Zettel ein, ohne noch einmal daraufzublicken.

Erste Tropfen fallen.

»Meine Herren, es wird Zeit, ich muß noch einen Besuch machen. Ich habe mich sehr gefreut, Sie kennengelernt zu haben.«

Der Bärtige erwidert: »Das Vergnügen war auch auf unserer Seite, Monsieur. Wir wünschen Ihnen eine gute Reise.«

Mein Freund mit der eingeschlagenen Nase verbeugt sich, die anderen winken mir noch einmal zu, und ich mache mich auf den Rückweg zu Shorty, um die endlich reparierte Contax abzuholen. Bevor ich losfahre, lege ich den neuen Adressenzettel in den Sammelkasten. Als mein Blick darauf fällt, stutze ich. Die Adresse ist die einer Dame mit einem sehr deutschen Namen. Mein alter Freund vom Platz der Vogesen, der Bretone aus dem Finistère, heißt Saïd Salah.

Aus dem Logbuch

Meine Contax ist tatsächlich repariert, und das in nur zwei Tagen. Dafür blockiert jetzt der Cassettenteil des Autoradios. Aber das läßt sich eher verschmerzen. Was man am meisten braucht für solch eine Reise? Geduld und nochmals Geduld. Das Campingcar-Fahren, das Unterwegssein im Wohnmobil, hilft dabei. Eigenartigerweise gewöhnt man sich nämlich schnell daran, nicht mehr wie ein rastloser Mitteleuropäer durch die Landschaft zu jagen. Man paßt sich dem gemächlichen Tempo, das diesem Gefährt nun einmal eigen ist, bald an und entwickelt einen Sinn dafür, auch unterwegs Dinge zu entdecken, für die man als Pkw-Fahrer keine Zeit hat. Man sieht etwas Buntes vorüberhuschen, schon ist es vergessen. Im Wohnmobil registriert man dagegen: ein blühendes Kleefeld, sprießenden Mais, schießende Sonnenblumen. Kinder, die am Straßenrand stehen und winken. Das gibt es tatsächlich noch, vor allem in der Provinz. Meist winken die Kleinen vergeblich, niemand antwortet. Die Leute rasen vorüber. Aus dem Wohnmobil lacht man ihnen zu. Man sieht sie um so besser, als man ja auch ein gutes Stück höher sitzt als der mit langem Arm rennmäßig hinter seinem Lenkrad hockende »niedere« Zeitgenosse.

Auf dem neuen Flughafen Charles de Gaulle dürfen Busse bis zu einer halben Stunde unmittelbar an den Ausgängen parken. Ich habe mich längst daran gewöhnt, Shorty auf Bus-Parkplätzen abzustellen. Dort hat man mehr Platz zum Rangieren, und bisher hat auch noch kein Ordnungshüter daran Anstoß genommen. Ausgerechnet hier hält mich solch ein blau Uniformierter am Eingang an. »Sie lassen Ihren Wagen da drüben nicht stehen. Sie fahren weiter. Parken Sie auf dem Parkplatz B, nicht hier.«

»Es ist ja nur für ein paar Minuten, eine halbe Stunde ist es doch ohnehin erlaubt.«

»Das gilt nur für Busse, nicht für Ihren Wagen. Fahren Sie weiter.«

Das Gesicht des Mannes ist unbewegt. Er sieht mich nicht an, wenn er spricht. Diskutieren wäre völlig nutzlos. Verärgert will ich über die Fahrbahn zurückgehen, da sehe ich dreißig, vierzig Meter weiter sogar Pkw auf solchen Busparkplätzen stehen. Ich sage zu dem strengen Menschen: »Dort drüben darf man anscheinend parken, dort stehen sogar Personenwagen.«

Er blickt gar nicht hin. Unbewegt gibt er seine Order: »Das da drüben sind Fahrzeuge von Flughafen-Offiziellen. Fahren Sie jetzt weiter.«

Was er da behauptet, ist glatt gelogen, und der Kerl weiß, daß ich das weiß. Es ist zu offensichtlich. Für die »Offiziellen« eines jeden Flughafens gibt es Spezialparkplätze. Diese Herren brauchen ihre Fahrzeuge nicht auf Busparkplätzen abzustellen. Das weiß doch jeder. Aber was hilft's – mit einem Polizisten, der nicht mit sich reden lassen will, kann man eben nicht reden. Französische Polizisten sind besonders schwierig, wenn sie schwierig sein wollen. Kein Mensch mag sie, und sie sind erstaunt, wenn man sie um Auskunft bittet. Häufig reagieren sie dann sogar außergewöhnlich freundlich. Dieser hier gehört zu den unangenehmen Ausnahmen. Vielleicht hätte ich ihn bitten sollen. Aber nun ist es zu spät. Ich fahre zum Parkplatz B. Das ist ein Platz für längeren Aufenthalt zu vermindertem Tarif. Alle zwei bis drei Minuten fährt ein kostenloser Pendelbus vorbei. Eine menschenfreundliche Einrichtung.

Auf diesem B-Parkplatz hat man eine Parzelle für Caravans abgegrenzt. Ein Schild bittet die Fahrer, sich an das Personal zu wenden. Das tue ich. Eine Frau schaut aus dem Fenster ihres Kassenhäuschens zu Shorty hinüber. »Wie lange wollen Sie denn bleiben?«

»Eine halbe Stunde, oder ein bißchen länger.«

»So kurze Zeit nur? Da lohnt es sich doch gar nicht, einen Schein auszustellen. Lassen Sie Ihren Wagen da stehen, wo er steht, und wenn Sie ihn innerhalb einer Stunde wieder abholen, fahren Sie einfach los. Der Pendelbus fährt dort drüben ab.« Sie zeigt mir die Haltestelle. So unterschiedliche Begegnungen gibt es, fast am selben Ort, innerhalb von fünf Minuten. In Paris, in Frankreich, überall.

Die Reise geht weiter, Kurs Nordwest, in die Normandie. Genauer: Ins Calvados, wo man aus Äpfeln einen Apfelwein besonderer Güte herstellt, den Cidre, und wo man aus Cidre einen Schnaps brennt, den Calvados. Vornehme Pariser sprechen das »o« lang aus, wie bei »Ofen«. Kenner verlangen im Bistro schlicht einen »Calva«. Ich will einen Bauern suchen, der seinen »Calva« selber brennt, und ich habe mir als erstes Ziel Lisieux ausgesucht. Ich fahre über St. Germain und Mantes und Evreux, immer über die Nationale 13. Das Wetter meint es gut. Auch hier im Norden sind die Felder längst grün. Der Sommer ist eingezogen.

Ich rechne mir eine knappe halbe Stunde bis Lisieux aus, da steht an einer Abzweigung: »Pont-Audemer 26.« Soll ich so dicht an dem alten Herrn Bouvet vorbeifahren, ohne ihn zu begrüßen? Das kann ich nicht. Kurzentschlossen biege ich nach Norden ab, und statt in Lisieux bin ich in der vorgesehenen Zeit in Pont-Audemer. Es ist halb sieben, aber das Office de Tourisme ist noch geöffnet. Monsieur verhandelt mit einer jungen Dame. Er ist geduldig wie immer. Zwischendurch nickt er mir zu, aber erkannt hat er mich offensichtlich nicht. Ich warte draußen, bis die Dame gegangen ist. Bouvet kommt heraus, und jetzt breitet er die Arme weit aus. »Sind Sie es wirklich? Das ist aber eine Freude, Sie wiederzusehen, Monsieur. Was kann ich für Sie tun?«

»Eigentlich gar nichts, ich war in der Gegend und wollte Ihnen nur guten Tag sagen.«

»Das ist aber besonders freundlich. Welche Pläne haben Sie denn? Wohin geht die Reise diesmal?«

»Weiter ins Calvados hinein. Ich suche einen Bauern, der seinen Calvados selbst brennt.«

»Wie gut, daß Sie bei mir vorbeikommen. Ich kenne nämlich solch einen Bauern. Warten Sie, da gibt es sogar einen Prospekt.«

Wir gehen ins Office. Marcel Bouvet kramt nur wenige Augenblicke, dann hat er ein grünes Faltblatt in der Hand. Dazu holt er einen Zettel heraus, den er umständlich beschreibt, damit ich auch ja den Weg finde. Es hilft nichts, daß ich ihm sage, mit meinen Michelin-Karten jedes kleine Dorf finden zu können. Er notiert zehn Minuten lang genaueste Anweisungen über jeden Richtungswechsel, mit Tankstellen und Bäckereien und gefährlichen Kreuzungen. Dann greift er zum Telefon und meldet mich an. Marcel Bouvet hat seine Leute eben fix im Griff. Gleichzeitig beweist er jetzt auch Sinn für die besonderen Probleme eines Wohnmobilfahrers. »Madame, könnte der Monsieur vielleicht auch auf ihrem Hof übernachten? Er wird Sie bestimmt nicht stören. Ich kenne ihn, er ist ein umgänglicher Mensch. Außerdem braucht er nichts, er hat alles an Bord, sogar eine Dusche. Das ist kein Problem. Wunderschön. In einer halben Stunde wird er bei Ihnen sein. Einen schönen Gruß an Ernest.«

Er bleibt noch an seinem Schreibtisch sitzen, beschreibt mit der Hand einen Kreis und sagt traurig: »Das alles ist nun nicht mehr mein Reich. Ich helfe nur noch aus. Jeden Abend zwei Stunden. Ich bin eben ein alter Mann, der nur noch zur Aushilfe taugt. Wenn Sie mir also einmal schreiben wollen, dann richten Sie den Brief an meine Privatadresse. Aber so ist das Leben. Meine Arbeit wird jetzt von einer jungen Angestellten aus dem Rathaus getan. Man wird ja sehen.«

Monsieur Bouvet erhebt sich langsam. Ich stehe mit seinem Fahrtzettel in der Hand da und suche nach den richtigen Worten. Da sagt er: »Monsieur, es ist eine solche Freude, daß Sie noch einmal vorbeigekommen sind und hereingeschaut haben. Ich muß Sie umarmen!«

Er tut es auf der Stelle, entschuldigt sich aber gleich wieder dafür, gibt mir zum Abschied die Hand und hat feuchte Augen. Lange steht der kleine alte Mann noch am Straßenrand und winkt hinter mir her.

Cidre und Calvados

Bonneville-la-Louvet ist ein kleines, uraltes normannisches Städtchen. Schmale Häuser mit den dunkelbraunen, senkrechten Holzbalken. Die Schlachterei ist schon geschlossen. Eine Frau fegt die Straße vor dem Laden. Ich frage: »Ist wirklich schon zu? Nichts mehr da?«

»Was wollen Sie denn haben?«

»Ich habe Appetit auf eine Scheibe Beefsteak, ein schönes saftiges.«

»Ich schneide Ihnen noch eine Scheibe ab, Monsieur.«

Sie schließt den Laden auf. Nebenan, vor der Kirche, bolzen ein paar Jungen mit einem Ball herum. Ich bezahle mein

Steak, die Frau schließt den Laden wieder ab und fegt die Straße weiter.

Das ist halt Kleinstadt-Kundendienst. Die Post hat natürlich auch schon geschlossen. Die Telefonzelle vor dem Haus funktioniert nicht richtig, die Geldstücke fallen immer wieder heraus. Eine Frau erscheint am Fenster des Postgebäudes, sieht sich meine vergeblichen Bemühungen nicht lange an und kommt heraus. »Sie müssen das Geld ganz vorsichtig hineinfallen lassen, Monsieur. Dann funktioniert es. Ganz vorsichtig.«

So funktioniert es tatsächlich. Kleinstadt-Kundendienst gibt es hier also selbst bei der Post.

Der Hof des Ernest Maudet liegt außerhalb von Bonneville an der Straße nach Pont-l'Évèque. Hier ist eine Verkaufsstelle für die landwirtschaftlichen Produkte der Gegend eingerichtet. Parkplätze gibt es ausreichend. Käse, Butter und Joghurt werden hier bereitgehalten; Geflügel, Eier, Obst, Gemüse, Honig, Konfitüren, Cidre und natürlich Calvados. Soweit klärt mich das Faltblatt auf, das Monsieur Bouvet mir mitgegeben hat. Monsieur Ernest ist freilich nicht anwesend, er ist auf einer Bauernversammlung in Caen. »Wer weiß, wann er zurückkommt. Vielleicht in einer halben Stunde, oder auch viel später. Das kann man nicht voraussagen. Stellen Sie Ihren Wagen neben die Scheune, und morgen früh wird mein Mann Ihnen alles erklären, was Sie wissen wollen.«

Madame ist, so scheint mir, ein bißchen reserviert. Sie mag es wohl nicht, daß ihr vom Office de Tourisme ein Logiergast auf den Hof gestellt wird, der eigentlich auch kein Logiergast ist, einen Menschen zumal, den man nicht kennt. Und der eigene Mann ist nicht im Haus. Ich glaube, ihre Zurückhaltung zu verstehen und ziehe mich alsbald in mein Schneckenhaus namens Shorty zurück, um mir zunächst einmal das Bonnevillsche Steak zu braten.

Nebenan im Stroh unterm Scheunendach schläft ein junger Hund. Er ist angebunden. Das könnte einmal ein Schäferhund werden. Ganz reinrassig ist er wohl nicht, aber niedlich, wie alle jungen Hunde. Ich werde Madame morgen fragen, ob es noch mehr Tiere aus diesem Wurf gibt. Die beiden großen Wölfe, die mich vorhin an der Haustür begrüßt haben, dürften die Eltern sein.

Ich schlafe fest und lang auf diesem normannischen Bauernhof. Erst gegen neun klopfe ich an die Haustür. Madame Maudet öffnet. »Mein Mann sitzt gerade beim Frühstück. Er wird gleich kommen.«

»Madame, wie alt ist der kleine Hund, der drüben bei der Scheune angebunden ist?«

»Der? Der ist vierzehn oder fünfzehn Jahre alt.«

Ein Schlag für meinen Hundeverstand!

Ernest Maudet füllt ein Glas mit Calvados

Madame trägt zu ihren Arbeitssachen hohe Gummistiefel. Sie geht an mir vorbei, läßt mich in der Küche stehen. Madame hat zu tun. Wichtigeres jedenfalls, als mit wildfremden Leuten zu schwätzen.

Lange muß ich jedoch nicht herumstehen. Monsieur Ernest Maudet erscheint. Er trägt Stiefel wie seine Frau, und er wirkt so sauber, als hätte er eben erst geduscht und sich rasiert.

»Ich hoffe, ich störe Sie nicht allzusehr, Monsieur.«

»Sie stören überhaupt nicht, kommen Sie, ich zeige Ihnen, wo wir unseren Calvados herstellen.«

Ich atme auf. Ein bißchen hatte ich befürchtet, hier wäre nur eine Verkaufsstelle. Ich folge Monsieur Maudet über die Straße zu einem fensterlosen Gebäude, das ich für eine Art Remise gehalten hatte. Das Tor ist nur durch ein einfaches Vorhängeschloß gesichert. Zuerst einmal muß sich das Auge an die Finsternis im Innern gewöhnen. Was da blinkt, das sind Hunderte von bereits verkorkten Cidreflaschen, die jedoch noch keinen Aufkleber haben. Allmählich erkenne ich mehr. In der Mitte liegt auf dem Boden die Apfelmühle. Der aus bretonischem Granit gefertigte Trog ist kreisrund und hat einen Durchmesser von etwa vier Metern. Durch den Trog wird ein Mühlstein gerollt, der die Äpfel zermalmt. Die Äpfel werden vor der Bearbeitung allerdings zwei Monate gelagert. Das Rollen des Steins besorgt ein Pferd oder ein Esel.

»Diese Anlage wird zwar nicht mehr benutzt, aber sie ist voll funktionsfähig. Wir könnten jederzeit damit arbeiten. Heute werden die Äpfel maschinell bearbeitet. Die Presse hier an der Wand ist ebenfalls noch intakt.«

Die Presse, das ist ein wahres Monstrum eines kantig behauenen Baumes von sechs oder sieben Meter Länge, der an einem Ende von einer kräftigen hölzernen Gabel gehalten, in der Mitte von senkrechten Balken geführt und am Kopf mit Hilfe einer meterhohen hölzernen Spindel niedergedrückt wird. Die Anlage ist einige hundert Jahre alt und tipptopp erhalten.

»Landwirtschaftsschulen schicken ihre Eleven hierher, damit sie sehen können, wie früher mit den Äpfeln gearbeitet wurde.«

»Und wie machen Sie das heute?«

»Maschinell natürlich. Die Geräte werden zur Saison gemietet, ebenso die Brennerei für den Calvados. Das geht dann von Hof zu Hof.«

»Der Calvados wird aus Cidre gebrannt?«

»Ja. Den Cidre lassen wir in unseren Fässern reifen. Sie stehen nebenan. Kommen Sie!«

Das Nachbartor wird geöffnet. Fässer unterschiedlicher Größe beherrschen den Raum. Das größte faßt über 8000 Liter, daneben stehen einige, die »nur« 5000 Liter aufnehmen. In diesen Holztonnen gärt also Cidre. Jetzt sind die kleinen Türen in Bodennähe geöffnet. Die Tonnen sind demnach leer.

»Womit reinigen Sie die Fässer?«

»Nur mit Wasser. Der kleinste Tropfen Chemie würde den Cidre umbringen.«

»Gibt es Kontrollen?«

»Aber ja. Das geht hier so zu wie beim Wein. Wenn uns ein Faß Calvados danebengerät, dürfen wir es nicht mehr als Calvados verkaufen. Das geht an die Industrie. Die Parfumhersteller nehmen so etwas zum Beispiel. Der Preis ist dann natürlich sehr viel niedriger. Kennen Sie sich aus mit Calvados?«

»Das kann ich nicht behaupten. Aber es gibt Calvados, der mir schmeckt, und anderen, der mir weniger zusagt.«

»Dann machen wir mal eine Probe.«

Auf einer Kiste steht ein bauchiges Schnapsglas, halb gefüllt. Ernest Maudet schwenkt es und gießt es aus. Damit ist es alkoholgereinigt. Ein Gummischlauch wird hervorgezaubert, von einem der vorderen, kleineren Fässern wird der obere Verschluß entfernt, der Schlauch eingeführt und der Inhalt angesaugt. Schon fließt es golden ins Glas. An den sicheren Handbewegungen erkennt man die tausendfache Übung. Das halbgefüllte Glas wird gegen das Licht gehoben und begutachtet. Bauer Maudet trinkt einen Schluck und reicht mir das Glas. Ich probiere. Das ist sattduftender, weicher Calvados, wahrhaftig. Ich nehme noch einen Schluck.

»Nun?«

»Das ist aber schon ein guter!«

»Ja, der lagert schon einige Jahre. Wir wollen aber noch einen anderen probieren.«

Der Rest aus dem Glas wird in ein kleines Fäßchen geleert, das an der Seite steht.

Es folgt die gleiche Prozedur mit dem Gummischlauch an einem anderen Faß. Lichtblick, Probeschluck, das Glas wird mir gereicht.

»Der ist jünger. Der lagert bestimmt noch nicht so lange.«

»Auch richtig. Das ist die letzte Produktion. Die braucht noch Zeit. Ich möchte Ihnen aber noch einen zu kosten geben, Monsieur.«

Wiederholung. Der Rest kommt ins Seitenfäßchen, ein neues Faß wird angesaugt. Licht- und Zungenprobe folgen. Dann darf ich mein Urteil abgeben. Dieser Tropfen läuft sanft streichelnd über die Zunge. Der volle Geschmack von überreifen Äpfeln bleibt noch lange im Mund. Ernest Maudet blickt mich erwartungsvoll an.

»Der ist Spitze, der hat Klasse.«

»Das meine ich auch.«

Wir gehen hinüber in die Verkaufsstation. Das ist ein Laden ohne Reklameflächen, mit Kühlschränken und -truhen. Zum Teil liegt die Ware auf Tischen, sachlich nebeneinander geordnet. Ein Tresen trennt sie vom Kunden. Ernest Maudet begibt sich zwar in die Verkaufsabteilung, steckt sich aber eine ganz private Gauloise Bleu in den Mund, bietet mir eine an, stützt sich mit beiden Armen ab und scheint eher auf einen Schwatz als auf Verkaufsgespräche eingestellt.

Ich stelle die unumgängliche Zahlenfrage: »Wieviel Apfelbäume haben Sie, Monsieur Maudet?«

Er hebt und senkt die Schultern und antwortet: »Das weiß ich nicht. Ich komme nicht dazu, sie zu zählen. Ich wüßte auch nicht, warum ich das sollte. Aber wenn Sie etwas zum Vergleichen haben wollen: Mein Apfelbaumbestand macht 15 Hektar aus.« Ich rechne schnell: Ein Hektar hat 10 000 Quadratmeter. Fünfzehn Hektar demnach 150 000. Das wäre ein Feld von 150 Metern Breite und einem Kilometer Länge. Alles voller Apfelbäume. Das kann man sich vorstellen.

»Da brauchen Sie in der Erntezeit sicher Hilfskräfte.«

»Nein, das erledige ich mit meiner Frau und mit meinem Sohn allein.«

»Dann dürfen Ihre Äpfel aber nicht alle zum gleichen Zeitpunkt reif werden.«

»Das ist in der Tat der springende Punkt. Die einzelnen Partien reifen nacheinander, so daß sich die Erntezeit auf

In der alten Apfelpresse aus bretonischem Granit wachsen heute Blumen

rund acht Wochen erstreckt. Anders wäre das mit drei Leuten nicht zu bewältigen.«

»Da müssen Sie also ein dickes Notizbuch führen, wenn ich außerdem an die verschiedenen Partien Cidre und Jahrgänge vom Calvados denke.«

»Notizbuch? Das brauche ich nicht. Ich notiere überhaupt nichts. Das habe ich alles im Kopf.«

Er schlägt sich an die Stirn. »Das wäre ja noch schöner, wenn ich alles aufschreiben müßte!«

Ich denke an Richard Claude und seine Austern. Dort sind Notizen wohl schon deshalb erforderlich, weil man nichts sieht, jedenfalls nicht mehr als die Begrenzungslappen der einzelnen Felder. Ein Apfelbauer sieht ja, wie seine Früchte reifen. Richard Claude muß sich auf seine Bücher verlassen.

Monsieur Maudet fragt mich nach meinen Reiseerfahrungen.

»Ich werde möglicherweise Schwierigkeiten haben mit meiner Glaubwürdigkeit. Überall habe ich freundliche Leute und sogar herzliches Entgegenkommen erlebt. Ich fürchte, meine Leser werden allmählich glauben, daß ich ihnen die unangenehmen Erfahrungen verschweige. Dabei habe ich bis jetzt kaum welche gehabt. Einmal wollte mich ein streikender Lastwagenfahrer nicht durch seine Barrikade lassen, und ein andermal hat mich ein Polizist von meinem Parkplatz verscheucht. Das war erst vor ein paar Tagen auf dem Flughafen Charles de Gaulle. Aber sonst kann ich mich nicht beklagen. Frankreich ist ein offenes, gastfreundliches Land.«

»Bei den Polizisten müssen Sie zwischen den Sicherheitsdiensten und den einfachen Landgendarmen unterscheiden. Die Gendarmen sind nicht stur, die leben mit der Bevölkerung, man kennt ihre Namen. Mit diesen Leuten gibt es kaum Schwierigkeiten, wenn man sich nichts zuschulden kommen läßt. Mit den Sicherheitsleuten ist es anders, da gibt es keine Kontakte. Oft sind es junge Leute, die keine Lebenserfahrung haben. An exponierten Stellen, wie zum Beispiel am Flughafen, werden oft solche Beamte eingesetzt, die sich schon durch Sturheit und eisernes Befolgen von Befehlen ausgezeichnet haben. Für einen Fremden mag es gelegentlich schwierig sein, zwischen beiden Typen zu unterscheiden.«

Die Erklärung leuchtet mir ein.

»Ich möchte Sie gern noch etwas fragen.»

»Aber bitte schön.«

»Zur Zeit sind hier überall die Feierlichkeiten zur Erinnerung an die Landung der Alliierten. 40 Jahre ist das her. Stört Sie das?«

»Nein. Es kommt schließlich darauf an, wie solch eine Musik gespielt wird. Ich glaube, ich könnte mich mit meinem Wagen und seinen deutschen Nummernschildern ohne weiteres neben solche Veranstaltungen stellen, und kein Mensch würde daran Anstoß nehmen. Wenn ich im Radio richtig gehört habe, gibt es da eher innerfranzösische Meinungsverschiedenheiten«, deute ich vorsichtig an.

»Sie meinen die Rede von Mitterrand?«

»Ja, genau. Darin hat er mit keinem Wort den General de Gaulle erwähnt. Kein Wunder, daß etliche Franzosen ihm das übelnehmen.«

»Und was denken Sie darüber?«

»Ich halte mich daraus. Ich kann das nicht werten. Aber ich denke immerhin, daß der General gerade bei der Befreiung Frankreichs seine Verdienste gehabt hat. Man kann sonst halten von ihm, was man will.«

Monsieur Maudet sagt nichts, aber nickt dazu.

Schließlich fügt er doch noch hinzu: »Im Grunde ist mir das alles fremd. Ich war vor vierzig Jahren noch ein kleiner Junge.«

Ich kaufe einen Camembert aus der Normandie und möchte eine Flasche Calvados mitnehmen.

»Welchen Calva möchten Sie denn?«

Er wird in verschiedenen Altersstufen zu entsprechend unterschiedlichen Preisen angeboten.

»Wenn ich schon einmal hier bin, Monsieur, dann möchte ich den besten, den Sie haben.«

Monsieur lächelt. »Gut, Sie sollen den besten bekommen, den ich habe. Dazu müssen wir aber noch einmal über die Straße.«

Er entnimmt einem Paket eine etikettierte leere Flasche und geht mit mir noch einmal in das Faßlager hinüber.

Der Schlauch tritt wieder in Aktion, und zwar an jenem Sonderfäßchen, aus dem wir zuletzt probiert haben.

»Einverstanden?«

»Ich weiß nicht, ob ich das bezahlen kann.«

»Sie zahlen den Preis, der oben im Laden für den besten angegeben ist. Einverstanden?«

So verhilft mir meine Neugier zur besten Flasche Calvados, die ich je gekauft habe. Der Preis entspricht ziemlich genau dem, den ich für die Keramik von Paul Azema bezahlt habe. Der Preis eines guten Essens. Ich schaue noch zu, wie Monsieur Maudet mit einem Handhebelwerkzeug einen Korken in den Flaschenhals schiebt, wie er ein vergoldetes Stanniolhütchen aufsetzt und dieses mit Hilfe eines Gummiüberwurfs fest andrückt. Auf dem Etikett lese ich, daß sich Calvados nach »Appellation réglementée« in der Flasche befindet, dessen Alkoholgehalt von 43 Prozent bestätigt wird, und unter einer Zeichnung vom Haus der Maudets sind Name, Adresse und Telefonnummer angegeben.

Verkaufsstelle Bonneville-la-Louvet
Ferme Ernest Maudet, Bonneville-la-Louvet, 14130 Pont-l'Évêque, Tel. 0033/31/64 75 11
(2 km westl. Bonneville, an der D 534, zwischen Pont-Audemer und Pont-l'Évêque)

Aus dem Logbuch

Shortys Kühler zeigt wieder in Richtung Süden. Unser neues Ziel ist die Sologne, ein grünes Land südlich der Loire, wo sich jeder kleine Landbaron ein Schloß gebaut hat. So reich soll die Gegend sein. Zwei, drei Stunden fahre ich noch durchs normannische Calvados. Schon hier sprießt sattes Grün. Der Sommer hat sich längst etabliert. Mich wundert es, daß gerade die Bauern hier im Norden immer wieder laute und bewegte Klage über ihr Elend führen. Die Höfe scheinen gut in Schuß zu sein. Landflucht hat hier offenbar noch keine großen Ausmaße angenommen; denn Brachland ist hier überhaupt nicht zu entdecken. Das Vieh auf den Weiden strotzt nur so vor Gesundheit. Die Autos mit 14er Nummernschild sind eher mittleren Kalibers. Der Anteil an Kleinwagen scheint hier geringer als sonst im Land.

In Alençon folge ich dem »Itineraire« für Schwerlastwagen, meide so die Innenstadt und bin bald wieder im Freien. Die Richtung ist jetzt mehr östlich. In Chateaudun will ich dann wieder nach Süden abbiegen und in Blois über die Loire.

Bei Mamers senkt sich die Umgehungs-

Auch das gehört zur Normandie – ein neues Haus in altem Stil

straße in ein Tal. Rechts liegt der Ort auf einer Höhe, im Grund blinken in einem Park mehrere kleine Seen oder Teiche. Ein Schild huscht vorbei: »Camping«. Camping am Wasser? Lust hätte ich schon, es wird Abend. Kurz darauf führt ein neuer Abzweig in den Ort. Ich folge ihm, finde neue Camping-Schilder und stehe bald am Ufer eines künstlichen Fischteiches, wo es von Kaulquappen nur so wimmelt. Der Campingplatz hat kaum die Ausmaße eines Fußballplatzes, der Grund ist dichter Rasen. Bäume geben Schatten. Die Sanitaires sind sauber. Die Leute vom Bois de Boulogne sollten sich an solchen Einrichtungen ein Beispiel nehmen. Obendrein sind die Preise hier erheblich niedriger. Ich bleibe zwei Tage, wasche Wäsche und schreibe. Die Sologne muß warten.

Romorantin

Mitten in der Sologne liegt Romorantin, ein Provinznest mit Unterpräfektur und mehreren Museen. Ringsum nichts als Landschaft: Wälder mit Eichen und Buchen, fast wie daheim, Seen und Heide. Jede Menge Spargelfelder. In der Stadt eine Autofabrik. Bei Matra wurde einst der hübsche kleine Bagheera gebaut, heute produziert man hier den neusten Renault, die »Espace«. Zur Spargelzeit gibt es Produktionsprobleme, weil die Leute lieber auf den Feldern arbeiten. Der Campingplatz am Ufer der Sauldre ist gepflegt, eben und bietet Baumschatten. Die Sanitaires sind sauber, heißes Wasser fürs Duschen ist jederzeit verfügbar.

»Suchen Sie sich einen Platz, es ist ja noch genügend Auswahl«, sagt Madame Moneuse, die Frau des Platzwarts. Ihr etwas zu klein geratener Schäferhund mustert mich aufmerksam, dann drückt er sich an mich wie eine Katze.

Ich rangiere über die Wiese, finde Schatten unter Platanen, stelle den Motor ab und habe keine Lust, mich aus dem Fahrersitz zu erheben. Ringsum ist alles wunderschön grün. Selbst die Mauer ist von einer schönen Hecke verdeckt. Aber das ist mir jetzt alles völlig wurscht.

Eigentlich müßte ich aufstehen und die Klappen über dem Gasherd umlegen, den Kühlschrank öffnen und mir etwas zu essen machen. Aber ich habe keine Lust. Vier Monate bin ich jetzt unterwegs. Heute morgen in Mamers bin ich noch fröhlich gestartet. Jetzt bin ich sauer. Festgefahren. Ich sollte die Flasche Calvados herausholen und ein paar Gläser trinken. Aber selbst dazu kann ich mich nicht aufraffen. Ich denke an mein schönes Zuhause. Ich habe von dieser Herumfahrerei plötzlich die Nase gestrichen voll.

Wer hat mir eigentlich diesen Floh ins Ohr gesetzt? Ich selbst. Schlimm genug. Wer berechtigt dich eigentlich, die Leute hier unter deine persönliche Lupe zu nehmen, sie einzuteilen und über dein Befinden zu schreiben? Willst du jemandem Vorschriften machen? Willst du Leute belehren, Erwachsene, die selber wissen, was für sie gut ist? Willst du mit deinen Erfahrungen, so klein sie auch sind, herumprotzen? Du bist ein arroganter, eingebildeter alter Pauker, der jeden Morgen seinen Zeigefinger anspitzt und der Welt zeigen möchte, was sie zu tun, zu essen und zu denken hat. Was sie gefälligst lassen soll, sagst du ihr auch. Oder nicht? Oder doch durch die Blume? Niemand, überhaupt niemand wird dir das danken. Mit Recht. Steck den Schlüssel ins Zündschloß, fahr nach Hause und halte die Schnauze. Schließ die Olympia ein und grabe lieber einen Garten um. Das ist nützlicher.

Ich rede mit mir selbst und höre mir nicht zu. Ich halte mir einen Spiegel vor und schaue nicht hinein. Kein Wunder, daß ich keine Lust habe, mir dieses altbekannte Gesicht anzusehen. Ich weiß ja, was der Kerl denkt.

Über mir im Baum zwitschert ein Vogel. Der hat gut zwitschern. Der hat sein Nest in der Nähe. Vielleicht sitzt er sogar darauf und singt sich deshalb eins. Zwitscher du nur, mein Vogel! Vielleicht hilft Musik? Ich stelle das Radio an. Natürlich quasselt wieder jemand. In keinem Radio der Welt wird soviel geredet wie im französischen. Es ist das geschwätzigste Radio der Welt. Ich will einen anderen Sender suchen, da höre ich einen Namen. Mahler. Und wieder: Gustav Mahler. Sie wollen die 1. Sinfonie spielen. Behaupten, schon die erste sei ein reifes Werk gewesen. Mahler habe keine der typischen Anfängermacken gezeigt. Wollen doch mal sehen. Oder hören. Es dauert noch eine Weile, denn welche Musik es auch immer sei, erst einmal wird sie wortreich auseinandergenommen, bevor man sie endlich hören darf. Manchmal bleibt dann nur Zeit für ein paar Takte. Aber diese 1. Mahlersche Sinfonie wollen sie ganz spielen. Ein furchtbar prominenter Dirigent sitzt am Steuer, pardon, steht am Pult. Sie spielen also endlich den Mahler.

Ich habe mich in Shortys Hinterteil begeben, sitze am Tisch, stütze den Kopf in die Hände und brüte mich aufmerksam in den Mahler hinein, der aus vier Lautsprechern auf mich heruntertönt.

Die Leute haben also angefangen zu spielen, aber die Musik will nicht in meinen Kopf. Das liegt nicht an den Musikern, sondern an Herrn Mahler. Gott hab ihn selig. Der fängt ständig etwas Neues an, ohne das vorige zu Ende gebracht zu haben. Kein Thema führt er bis zum Ende durch. Er beweist nur, daß ihm ständig etwas Neues einfällt. Wahrscheinlich bin

Das Schloß von Romorantin ist heute der Sitz einer Behörde

ich ein schrecklicher Musikbanause, aber dieser Mahler geht mir allmählich auf die Nerven. Es geht mir mit ihm wie mit diesem Panflötenvirtuosen Zamfir, der vor lauter technischer Bravour eine Melodienmasche nach der anderen fallen läßt, bevor er ihre Farbe zum Leuchten bringt. Das soll nun reif sein. Oder ich bin eben nicht reif für Gustav Mahler. Ich habe keine Beziehung zu ihm.

Aber das stimmt auch wieder nicht. Eine ganz kleine, urwinzige Beziehung um mehrere Ecken habe ich doch einmal gehabt. Einen Wimpernschlag sozusagen, und rühmlich habe ich mich dabei keineswegs aufgeführt, naseweis, wie ich damals (schon?) war. Wie war das noch?

Hamburg, Anfang der 60er Jahre. Ich saß beim Friseur auf dem Wartestuhl. Mittags, wenn die Zeitung fertig war, blieb immer ein Stündchen Zeit für derlei Unumgängliches. Da traf man selbst seine Chefs bei Besorgungen. Keiner sagte etwas Böses. Ich war als nächster an der Reihe und blätterte auch im neuesten »Spiegel«. Da gab es eine Klatschgeschichte über und von Alma Mahler-Werfel, jene berühmte Salon-Diva der 20er Jahre, die die Musiker und Literaten in Prag und Wien an- und aufgeregt hat wie kaum eine andere. Diese Alma also hatte geplaudert. Sie hatte Privates, ja Intimes verbreitet, und der Spiegel machte sich fröhlich drüber her. Da gab es einen jungen, auf manchem Gebiet noch unerfahrenen Feuilletonisten, den sie gelegentlich in ihre erfahrenen Arme schloß. Er kam in den Memoiren nicht gut weg. Genüßlich griff der Spiegel die schlechten Bettnoten auf, die Alma dem jungen Willy Haas nachwarf. Schon damals spuckte der Spiegel gern Häme um sich, wenn es um Kollegen aus dem Springerhaus ging. In diesem Fall eben um Willy Haas, den brillanten Senior des Welt-Feuilletons. Zufälle gibt es nicht, das hat sehr viel später auch Jean-Claude Michaud gesagt. Damals im Friseursalon hatte ich die Alma-Beichte samt Kommentar gerade durch, da öffnete sich die Tür, und eben jener Willy Haas trat ein. Schlohweiß, gebückt, mit riesiger Nase. Ein wirklicher Senior. Ich stand also auf und bot ihm meinen Platz an. Ich war sowieso gleich dran. Willy Haas bedankte sich mit einem Kurzzeitlächeln und griff nach dem Spiegel, den ich eben auf das Zeitschriftentischchen zurückgelegt hatte. Ich Lümmel konnte mir nicht verkneifen zu sagen: »Es steht auch wieder etwas über Sie drin...«

»Aha?« Noch ein kurzes Lächeln, dann Lektüre. Ich kletterte auf meinen freigewordenen Frisierstuhl.

Nun sitze ich in meinem Wohnmobil in Romorantin in Frankreich und höre Musik jenes Gustav Mahlers, der eine Zeitlang mit der weitherzigen Alma verheiratet war, die später Franz Werfel ehelichte.

Franz Kafka hat sie gekannt, auch Willy Haas hat Kafka gekannt. Einen Wimpernschlag im Leben des Willy Haas habe ich mich nicht sehr anständig benommen, habe ich wie die Kollegen des Spiegel mit Häme jongliert. Jetzt verbreite ich Häme über Herrn Mahler, dessen Musik ich nicht verstehe.

Ich tippe auf die Sendersuchlauftaste, und schon quasselt wieder jemand. Er redet von einem Enrico Macias-Spezial. Das sind drei 45er, die er vorspielen will. Und schon bin ich hingerissen. Der Enrico Macias kann singen! Nicht, daß er eine glorreiche Stimme hätte, aber angenehm ist sie, reicht manchmal an den Schmelz des alten korsischen Barden Tino Rossi, vermeidet aber dessen Schmalz. Der Junge kann mit seiner Kehle umgehen! Selbst diese maurischen Viertelton-Triller, die auch die Spanier manchmal beherrschen, serviert er bravourös. Schöne Melodien singt er auch, dieser Enrico. Vielleicht ist er Spanier? Für mich ist er jedenfalls eine Entdeckung. Ich möchte eine Cassette von ihm haben. Ich möchte wieder etwas. Ich habe wieder Lust. Morgen, sobald die Läden öffnen, werde ich nach Romorantin hineingehen und einen Enrico Macias kaufen. Ich habe wieder Pläne. Danke schön, Herr Macias.

Abends will ich noch einmal von der Telefonzelle vor dem Campingplatz zu Hause anrufen, habe aber nicht genug Kleingeld. Im Empfangsbüro sitzt noch jemand. Ich gehe hin, um passende Münzen einzutauschen. Natürlich bitte ich um Entschuldigung dafür, daß ich so spät noch störe.

Diesmal habe ich es mit Monsieur Moneuse selbst zu tun. »Sie stören nicht. Solange ich hier sitze, bin ich auch für Sie da. Ich bin mit genügend Kleingeld ausgerüstet, weil ich immer wieder danach gefragt werde. Wieviel brauchen Sie?«

Ich möchte zwei Zehner wechseln.

»Ich darf Ihnen auch raten, nicht sofort einen Fünfer einzuwerfen. Geht das Gespräch verloren, haben Sie dann wenigstens keinen Fünfer eingebüßt, sondern nur einen einzigen Franc. Man sollte nie mit den großen Münzen beginnen.«

Dies ist eine alte Telefonweisheit, aber gutgemeint. Ich bedanke mich für seinen freundlichen Hinweis.

Monsieur Moneuse ist ein hagerer, streng wirkender Mann, der sein dunkles Haar sehr kurz geschnitten trägt. Er blättert durch die Zeitschrift, in der er gerade gelesen hat, und meint dazu: »Ich suche nach Geräten, mit denen ich die Arbeit hier vereinfachen und nach anderen, mit denen ich den Service für die Gäste verbessern kann. Da gibt es zum Beispiel sehr praktische Friteusen – bezeichnenderweise alles ausländische Fabrikate. Sie glauben gar nicht, wie oft man nach Pommes frites gefragt wird. Ich weiß von einem Viersterne-Camping, in dem Frites tonnenweise verkauft werden. Damit läßt sich sogar ein gediegener Profit erwirtschaften, vor allem, wenn man tiefgekühlte Ware nimmt. Dabei gibt es so gut wie keinen Verlust!«

Er sieht mich an, ob ich ihm auch zuhöre, und fährt fort: »Die eigentliche Schwierigkeit ergibt sich dadurch, daß es einem Angestellten wie mir eigentlich nicht gestattet ist, sich solche Gedanken zu machen. Die leitenden Herren möchten sich gescheite Sachen lieber selbst einfallen lassen und sind pikiert, wenn sie von unten vorgetragen werden. Wenn ihnen was einfiele, wäre es ja gut. Dann brauchte ich nicht nachsuchen. Aber mit der Beweglichkeit hapert es da oben manchmal. Leider sind mitdenkende oder gar intelligente Mitarbeiter nicht sehr beliebt. Ob der gemeinsamen Sache gedient ist oder nicht, wird nicht gefragt. Ist das bei Ihnen in Deutschland auch so?«

»So etwas gibt es überall, oder sagen wir genauer, so etwas kommt überall vor. Ich glaube nicht, daß Frankreich für solche Ärgernisse besonders anfällig ist. Meiner Erfahrung nach liegt das meistens am allerobersten Chef eines Unternehmens. Mit Nationalität hat das bestimmt nichts zu tun.«

»Da bin ich nicht so sicher. Meine Erfahrungen beschränken sich natürlich auf einen kleinen Gesichtskreis. Aber beim Militär zum Beispiel, und ich war lange Zeit beim Militär, sind die Verhältnisse genauso. Je tiefer die Charge, desto mehr muß sie sich vor eigenen Denkaktivitäten hüten.«

»Das trifft aber für jedes Militär zu. Intelligente Subalterne haben es überall schwer. Das ist immer schon so gewesen und gehört zum Wesen des Militärischen. Das ist kein eigentliches französisches Problem.«

»Ich halte Sie auf, Monsieur. Sie wollten telefonieren.«

»Sie halten mich keineswegs auf. Sie haben ein interessantes, menschliches Problem angesprochen. Ich glaube nur nicht, daß es einer bestimmten nationalen Eigenart zuzuschreiben ist.«

Madame ruft zum Essen. So komme ich zu meinem Telefonat, ohne unhöflich zu sein. Wieso erzählt er ausgerechnet mir von seinen Problemen, warum lädt er seinen Frust ausgerechnet bei mir ab, frage ich mich, während ich zur Zelle hinüberschlendere. Das hat wahrscheinlich überhaupt nichts mit meiner Person zu tun, sage ich mir. Der Mann macht sich halt seine Gedanken, und manchmal braucht er eben einen Gesprächspartner. Wer dann zufällig daherkommt, der wird angesprochen. Hauptsache, man wird es erst einmal los. Wem geht es nicht manchmal ebenso?

Shorty bleibt am nächsten Morgen im Camping, und ich gehe zu Fuß nach Romorantin hinein. Das ist ganz gesund für einen Gaspedaltreter wie mich.

Ich will also einen Enrico Macias kaufen. Was soll ich aber damit, wenn der Cassettenteil meines Radios keinen Piep mehr von sich gibt. Ich schaue mich in den Auslagen der Radiogeschäfte nach einem Walkman um. Erst vor wenigen Monaten habe ich mit Engelszungen – vergeblich – versucht, Stefanie die Anschaffung eines solchen Kommunikationstorpedos auszureden. Nun will ich selbst einen haben, einen einfachen, ohne technischen Schnickschnack. Anders kriege ich Enrico Macias nicht in mein Schneckenhaus. Ob das Ding nun was taugt oder nicht, wird sich herausstellen – ich finde solch einen Musikberieseler für weniger als hundert Mark. Das ist für französische Verhältnisse ziemlich billig. Ich erwerbe das Gerät, das in Taiwan hergestellt wurde, und in dem Laden gibt es sogar eine Cassette von Monsieur Macias. Ich frage die Verkäuferin: »Ist das ein Italiener oder ein Spanier?«

Die Dame rümpft ein wenig die Nase und antwortet: »Keins von beiden. Das ist ein Pied Noir.«

Ein Schwarzfuß also. So bezeichnen die Franzosen die ungeliebten Nordafrikaner. Dabei haben sie deren Heimat lange genug als das Frankreich jenseits des Meeres bezeichnet. Jetzt haben sie die Leute im Land und möchten sie wieder los sein. Ein sehr streitbarer Herr Le Pen macht sich diese Aversion im Wahlkampf um Europa zunutze. Frankreich den Franzosen, ruft er. Redlich ist das nicht, aber ich will mich ja nicht in innerfranzösische Verhältnisse einmischen.

Enrico Macias ist auf der Cassette abgebildet. Ich kann mir nicht helfen – er hat ein sympathisches, offenes Gesicht. So ein Placido Domingo mit lustigem Kraushaar. Auf jeden Fall ein Mann, mit ernsten Augen. Dabei singt er so ausgesprochen temperamentvoll fröhliche Lieder, die Optimismus verbreiten. Das erste ist ein Duett mit seinem kleinen Sohn, der ihn im Kindersopran fragt, was man denn so für das Leben wissen muß: »Öffne mir das Tor...« Ein anderes Lied ist denen gewidmet, »...die mich verleumdet haben.« Wieder ein anderes erzählt von seiner Heimat Frankreich jenseits des Meeres. Das soll ans Gemüt gehen, und das tut es auch. Die Mittel, die Macias anwendet, sind offen und herzlich. Das ist keine Masche, keine Mache. Ich glaube dem Mann. Es ist schön, einem Mann etwas glauben zu können, zu dürfen. Ich höre die Cassette viele Male, und sie verliert nichts von ihrem Reiz. Sie heißt »Eine Stunde Enrico Macias«. Bravissimo Enrico.

Es geht auf Pfingsten zu. Ich werde über die Feiertage hier in Romorantin bleiben. Auf den Straßen ist jetzt sowieso großes Gedränge. Ich werde, ich muß schreiben. Mit meinen Texten bin ich noch im Hérault, bei Paul und Marie-Paule Azema. Schönes Minervois! Ich muß mich endlich wieder einkriegen! Sonst gibt es Ärger mit dem Verleger. Wozu muß ich das auch noch selbst sein! Ich sitze mir selbst im Genick.

Sonnabend. Jenseits der Sauldre hat sich ein Jahrmarkt etabliert. Ständig wehen Musikfetzen herüber. Musette- und Akkordeonweisen. Ein bißchen Wehmut kommt auf. Es ist längst dunkel, als ich mich auf den Weg mache. Ich muß bis zur nächsten Brücke zurückgehen, komme an den Mauern von Matra vorbei, und drüben geht es wieder flußaufwärts. Es schwant mir etwas vor von Weinzelten mit Gartenstühlen, von fröhlichen Leuten und von ein bißchen Zirkus- und Karussellatmosphäre. Der Weg ist weit genug. Auf der Brücke konnte ich von der Musik gar nichts mehr hören, jetzt wird sie wieder lauter. Die Rosen in den Vorgärten duften stark. In der Ferne blinkt Wetterleuchten. Laß es doch endlich regnen! Eng umschlungene Pärchen kommen mir entgegen. Junge Leute, die es eiliger haben als ich, überholen mich, pfeifen vor sich hin.

Ich erreiche die ersten Lautsprecher, die oben an den Laternen angebunden sind. Musik aus solchen Lautsprechern dudelt, egal was gespielt wird. Dudeln gehört auch zum Jahrmarkt. Ein Sprecher unterbricht die Melodie und verheißt ungeahnte Seligkeiten, wenn man... Ich kann ihn nicht genau verstehen. Aber ich werde ja sehen. Weit kann es nun nicht mehr sein. Erste Lichter sind schon zu erkennen. Ich biege um eine Ecke und habe das ganze Jahrmarktselend vor mir. Ein einziges Karussell dreht sich. Kinder wiegen sich glücklich und ängstlich auf weißen Pferden und Elefanten und Schwänen. Die Mütter stehen ringsherum und fürchten um die Gesundheit ihrer Sprößlinge.

Die Väter sind samt und sonders in ei-

Typisch für die Sologne: Ginster, Schafe, Eichen und einsame Gehöfte

ner Pastisbude versammelt, halten großartige Reden und lassen den Salmi-Alkohol in die Kehlen laufen. Dahinter steht eine zweite Pastisbude. So überfüllt wie die erste. Einige junge Leute stehen unentschlossen herum. Ein junger Mann macht mit seinem Geländemotorrad gewaltigen Lärm. Er geht aus dem zweiten Gang nicht heraus. Weil es so schön laut ist. Jemand nimmt sein Mädchen in den Arm und zieht es weg. Die beiden verschwinden im Dunkel. Zwei andere Paare folgen. Recht so. Ich mache kehrt und verziehe mich. Lautsprechermusik und Sprechergequake umdröhnen mich noch lange. Ich bin ziemlich traurig an diesem Sonnabend in Romorantin. Und morgen soll also Pfingsten sein.

Pfingsten. Nun gut, die Sonne scheint ja. Gegen Mittag brauche ich noch einmal Kleingeld fürs Telefon. Wieder verwickle ich mich mit Monsieur Moneuse in ein Gespräch. Sein kleines Büro ist tapeziert mit Postern von Schlössern. Ich spreche ihn darauf an, denn die Originale stehen im Umkreis von nur hundert Kilometern zu Dutzenden.

Namen sind darunter, die jeder Frankreichreisende kennt: Chambord, der Zuckerbäckerbau aus dem Märchenbuch – und doch eine imponierende Anlage. Amboise, wo Leonardo da Vinci seine letzten Lebensjahre verbrachte, wo aber auch noch Entsetzen in den Mauern festgekrallt sein müßte. Einst wurde dort eine Gruppe von Rebellen schauerlich zu Tode gemetzelt. Teils wurden die Männer in Säcke gesteckt und kurzerhand in die Loire geworfen. Bessere Herren wurden an den Zinnen des Balkons aufgehängt, die Anführer wurden zunächst enthauptet und später geviertteilt. Damals war es warm, ringsum soll sich Blutgeruch ausgebreitet haben. Der junge König – Franz Nr. 2 – spazierte mit seiner just angetrauten Gemahlin Maria Stuart umher, um den Henkern bei ihrer schlimmen Arbeit zuzuschauen. Besonderes Interesse zeigte das Herrscherpaar für die verzerrten Gesichter der Getöteten ... So geschehen im Jahre 1560.

Unweit stehen auch das klassischschöne Cheverny, dann Beauregard, Beaugency, Le Moulin, Blois, Valencay und wie sie alle heißen. Platzwart Moneuse hält Prospekte und Karten bereit. Nebenan im Tischtennisraum hängen ebenfalls lauter Zeugen französischer Schloßbaukunst. »Aber der eigentliche Schatz ist das Land selbst, Monsieur. Unsere Sologne ist ein grünes Juwel. Ich lebe erst seit vier Jahren hier, aber ich habe die Sologne längst schätzengelernt. Sie ist ein noch unverfälschtes Stück Frankreich mit ihren Wäldern und Seen und Heideflächen. Schade – kaum ein Mensch interessiert sich noch dafür. Wenn man mit dem Fahrrad über kleine Nebenstraßen fährt, begegnet man kilometerweit keinem Menschen. Und wenn doch einmal, dann sind es meist ältere Paare. Junge Leute sieht man da so gut wie überhaupt nicht.«

»Eigenartig. Auf den Campingplätzen ist doch der Anteil junger Leute ziemlich hoch. Viele kommen mit Fahrrad und Zelt.«

»Ach, die jungen Leute. Es ist ja gut, daß sie unterwegs sind, statt zu Hause vor dem Bildschirm zu hocken. Aber ich sage Ihnen, wenn ich Ärger mit Gästen habe, dann sind es meist junge Menschen.«

»Und welche Art Ärger ist das?«

»Es ist ja nicht wegen des Lärms, den sie oft machen. Junge Leute sind eben manchmal laut. Mit ein bißchen Diplomatie läßt sich das sogar einschränken. Schwierig wird es nur, wenn sie zu mehreren sind, Mädchen dazugehören und getrunken wurde. Dann hat man es mit diesem Imponiergehabe zu tun. Vernunft richtet dann nichts mehr aus. Ältere Nachbarn versuchen dann manchmal einzuschreiten und argumentieren dann immer grundfalsch, nämlich autoritär. Das gibt natürlich Streit.«

»Was machen Sie dann?«

»Viel ausrichten läßt sich in solchen Situationen nicht. Am nächsten Morgen versuche ich dann allerdings, die Parteien zu versöhnen. Bisher ist mir das immer gelungen, selbst da, wo es zu Handgreiflichkeiten gekommen war. Aber das sind, wenn man so will, Unzuträglichkeiten, mit denen man leben muß. Sie liegen in der Natur junger Leute. Was ich dagegen schlimm finde, ist die Unbedenklichkeit, mit der vor allem junge Menschen ihren Unrat herumliegen lassen. Die meinen, sie hätten ja bezahlt, nun dürfen die Lakaien springen, um alles wegzuräumen.«

»Mit Erwachsenen gibt es da weniger Probleme?«

»Ungleich weniger. Eine Kategorie muß ich da jedoch leider ausnehmen. Sie machen sich keine Vorstellung, wie sich die Leute aus Paris benehmen. Wenn sich ein Erwachsener erlaubt, seinen Dreck einfach in die Gegend zu werfen, Pflanzen glatt umzufahren und sich auch sonst wie ein ungehobelter Chef zu benehmen, dann kommt er garantiert aus Paris. Ich halte schon vorsorglich die Luft an, wenn ein Wagen mit einer 75 vorgefahren kommt. Nicht alle Pariser sind schlimm, zugegeben, aber benimmt sich jemand daneben, kommt er aus der Hauptstadt.«

Ich erinnere mich an eine Geschichte, die mir vor einigen Jahren in der Gegend von Le Mans passiert ist. Zufällig hatte ich mit Wagen und Anhänger auf einem Parkstreifen gehalten, neben dem ein Feld reifen Weizens wogte. Der Himmel leuchtete tiefblau. Vom Weizenfeld aus mußte der rote Wagen wunderbar in diese Palette passen. Ich nahm also die Kamera und begab mich in das Weizenfeld, vorsichtig zwischen die Pflanzenreihen tretend, um nur ja keinen Halm zu knicken. Kaum hatte ich auf den Auslöser gedrückt (und damit ein Titelbild für eine Zeitschrift gemacht, aber das wußte ich damals ja noch nicht), als mit quietschenden Reifen ein Wagen hielt, ein schwergewichtiger Mann in blauer Arbeitsmontur heraussprang und quer durch den Weizen auf mich zustürmte. Dabei schrie er mir entgegen: »Ich werde Ihnen helfen, mein Korn zu zertrampeln!«

Ich rief zurück: »Wo denn, Monsieur. Sehen Sie eine Spur? Sie machen eine, ich nicht.«

Er hielt inne und blickte sich erstaunt um.

»Ich weiß, wie man durch Korn geht, ohne es zu zerdrücken, Monsieur. Ich stamme vom Lande.«

Der Mann stand atemlos ein paar Schritte vor mir und schnaufte. Eben war er noch bereit, mich zu verprügeln. Jetzt wischte er sich den Schweiß von der Stirn und sagte: »Das sieht man. Sie haben nichts kaputtgemacht. Sie haben recht. Ich dachte, da ist wieder solch ein Lümmel aus Paris, der meinen Weizen plattwalzt. Diese Leute lagern sogar im Korn, unglaublich, wie ahnungslos die sind. Jedes Jahr passiert das wieder. Immer sind es Autofahrer aus Paris.«

Wir unterhielten uns noch eine Weile über Großstädter im allgemeinen und im besonderen, dann zog der Mann ab. Ich konnte seinen Ärger natürlich verstehen. Jetzt erzähle ich Monsieur Moneuse diese Geschichte.

Ich denke an Jean Claude Michaud, der sich auch so bitter über die Leute aus Paris beklagte. Sind Hauptstädter tatsächlich so borniert, oder hält man sie nur dafür? Ein bißchen arrogant sind sie wohl in aller Welt. So gesehen, sind unsere Landsleute in Bonn allerdings keine Hauptstädter. Ich kenne einige, und die scheinen mir ganz normal zu sein. Hauptstädtisches Benehmen muß wahrscheinlich wachsen. Den Berlinern sagt man so etwas ja nach, zumindest in Bayern. Aber Berliner im Kornfeld – nein, soweit würde ich nicht gehen. Das traue ich den Leuten um die Siegessäule nun doch nicht zu, weder denen aus Charlottenburg noch denen vom Kreuzberg.

»Sie wollten telefonieren...« Monsieur Moneuse unterbricht meine Gedanken.

Richtig. Ich verabschiede mich und drehe kurz darauf vergeblich die Wählscheibe. Daheim nimmt niemand ab. Vielleicht sind sie im Schwimmbad, denke ich. Möglicherweise ist dort ja auch schönes Wetter, und sie machen einen Spaziergang. Aber ein bißchen traurig ist man doch, wenn man die Stimme nicht hören kann, auf die man sich gefreut hat. Nachdenklich gehe ich zu Shorty zurück. Kurz darauf sehe ich Moneuse kommen.

»Darf ich Sie zu einem Kaffee einladen, Monsieur?«

Das finde ich reizend, ich weiß gar nicht, wie ich zu der Einladung komme. Aber ich sage gern zu und gehe gleich mit.

Madame entschuldigt sich. »Hier bei uns ist es sehr eng, Monsieur. Früher, als Jacques noch seine Fischzucht betrieb, war unser Wohnzimmer allein schon größer als diese ganze Wohnung. Da hatten wir ein Haus für uns...« Moneuse sagt nichts dazu, nickt nur.

Patrique, der Sohn, noch größer als sein Vater und ein Stückchen breiter dazu, kommt herein. Er begrüßt mich mit Handschlag. Also kennt er mich. Man hat von mir gesprochen. Patrique ist Motorradfan und arbeitet in einer Motorradwerkstatt. Ein zufriedener junger Mann. So etwas gibt es halt auch.

Zum letzten Schluck Kaffee rückt Monsieur Moneuse mit einer Frage heraus. »Hätten Sie Lust zu einer kleinen Fahrradtour? Nicht rasen, ganz gemütlich radeln. Ich kenne hier Nebenstraßen, da gibt es kaum Autoverkehr. Sie waren vorhin so interessiert, als ich von der Solonge sprach...«

»Gern. Das ist eine schöne Idee. Aber wirklich nur radeln! Ich habe nämlich kein bißchen Kondition und Übung.«

»Versprochen. Ich mache noch schnell ein Rad für Sie fertig. In zehn Minuten können wir losfahren, wenn Sie mögen.«

Es ist zwar jetzt die Zeit der größten Tageshitze, aber wenn es nicht so schnell angehen soll, warum nicht? So rollen wir denn schon eine halbe Stunde später gemütlich durch eine Heidelandschaft, wie es sie auch bei Uelzen oder Celle gibt. Ginster blüht. In drei Monaten wird hier die Heide duften und alles in Lila getaucht sein.

Patrique ist mitgekommen. Meist fährt er ein Stückchen voraus. Wenn er sich einmal an unserer Seite hält, so redet er kaum. Vater Moneuse dagegen spricht unaufhörlich. Ich weiß gar nicht, woher er die Luft nimmt. Er erzählt von seiner Fischzucht, die er in der Bretagne betrieben hat und wegen eines Unfalls aufgeben mußte. Er spricht von seiner Jugend, in der er Radrennen fuhr, was nicht einfach für ihn war, weil sein Bruder dabei mehr Erfolg hatte. Immer wieder kommt er auf seine Militärzeit zu sprechen, von dem unbefriedigenden Leben als Soldat, von seinen Erfahrungen als Feldwebel. Er war in Algerien dabei und deutet schlimme Erlebnisse aus dieser Zeit an. Allmählich höre ich einen Grundton heraus. Diesen Mann quält jede Art von Ungerechtigkeit. Seine Stirn zieht er kraus, wenn er davon spricht, und das kurze Stoppelhaar scheint dann noch kürzer zu werden.

»Das sieht man aber selten«, sage ich, als wir an einem Haferfeld vorbeifahren.

»Hafer! Den sieht man in der Tat nicht

mehr oft. Es gibt Kinder, die können nicht einmal mehr die verschiedenen Kornarten unterscheiden, noch schlimmer, viele wissen gar nichts davon.«

Patrique hält sich gerade dicht vor uns. Er muß es gehört haben, sagt aber nichts dazu.

Links über uns zieht ein Bussard seine Kreise. Ein Kibitz stößt auf ihn herab und greift ihn an. Eine Wolke von Kibitzen folgt ihm, aber der Greifvogel scheint keine Notiz von den Attacken zu nehmen. Ruhig kreist er weiter. Das Feld unter den Vögeln ist unbebaut. »Solche Brachstellen gibt es hier leider viele. Dabei sind sie gut vorbereitet. Sehen Sie genau hin, die Dränagegräben sind gut zu erkennen. Aber der Bauer hat aufgegeben. Wahrscheinlich gehört das Feld zu dem Hof da drüben.«

Das Gehöft liegt ein Stück zurück. Es ist von hohen Eichen umgeben. Schafe weiden in der Nähe. Über den tiefblauen Himmel segeln weiße Kumuluswolken. Es riecht geradezu nach Frieden.

Bis jetzt hat uns noch niemand überholt, niemand ist uns entgegengekommen. Aber Verkehr muß es hier geben; denn ich habe schon zwei totgefahrene Igel liegen sehen.

Zwei Stunden sind wir jetzt unterwegs. Patrique ist ausgerückt, vorausgefahren. Die Partie war ihm wohl zu langsam. Oder mag er seinem Vater nicht gern zuhören? Eine ganz spezielle Ungerechtigkeit drückt Jacques Moneuse besonders hart. »Stellen Sie sich vor – ich bin sicher, bei Ihnen gibt es das nicht –, ein französischer Offizier bezieht beim Abschied die Rente des Rangs, in den er zum Schluß befördert wird. Ein Unteroffizier wird zum Abschied zwar auch befördert, aber für ihn ist das nur Papier; denn seine Rente richtet sich nach seinem letzten Dienstgrad. Mit welchem Recht eigentlich? Freiheit, Gleichheit, Brüderlichkeit – daß ich nicht lache.«

Ich halte es für besser, keinen Kommentar zu geben. Wir kommen durch ein kleines Nest, dessen einziges Bistro erfreulicherweise geöffnet hat. Das genügt für ein Bierchen. Ich lade Monsieur Moneuse ein.

Zu meiner Überraschung ist die Kneipe dicht besetzt. An den Tischen hocken lauter alte Herren, einen Pastis oder einen Roten vor sich. Es ist dämmrig, aber angenehm kühl.

Kneipengespräch III

Die beiden Alten am Nebentisch reden manchmal gleichzeitig. Sie scheinen ihre Themen genau zu kennen, und ihre Auffassungen decken sich überhaupt nicht. Aber sie scheinen lange und eng befreundet. Seit fünfzig Jahren? Oder noch länger? Wer weiß. Wir Radfahrer trinken unser Bier und kommen nicht umhin, den beiden zuzuhören. Sie haben nicht einmal aufgeschaut, als wir hereingekommen sind. Sie blicken stur geradeaus, wie Blinde. Die Welt um sie her existiert für sie nicht mehr. Nur wenn sie zum Glase greifen, senkt sich ihr Blick. »Du wirst endlich einmal zugeben müssen, daß dein Chef dich immerzu ausgenutzt hat, dein Leben lang. Du hast immer nur für ihn geschuftet. Und was ist jetzt?«

»Was soll jetzt sein. Ich arbeite nicht mehr.«

»Er könnte noch so einiges für dich tun.«

»Wieso? Ich habe das Häuschen, in dem ich umsonst wohnen darf, solange ich lebe. Ist das etwa nichts?«

»Häuschen! Eine kleine Höhle ist das! Zwei Zimmer! Und das Scheißhaus immer noch im Garten. Nicht einmal eine Dusche hat er einbauen lassen, als Janine sich das gewünscht hat. Dieser Geizkragen! Dabei wäre in der rechten Ecke Platz dafür.«

»Die Leitung hätte zuviel Geld gekostet, das mußt du zugeben.«

»Unsinn. Dein Chef hat genug Geld. Eine Dusche hätte er einbauen lassen können. Du hast nicht energisch genug darauf bestanden.«

»Da war nichts zu bestehen, das weißt du. Bitten konnte ich, mehr nicht.«

»Quatsch. Du hast nie um etwas gekämpft. Du hast nie an dich selbst gedacht, sondern immer alles mit den Augen des Bauern gesehen. Und wenn du mal mit ihm geredet hast, dann hast du vor ihm gestanden und ängstlich deine Mütze in der Hand gedreht. So war es doch dein Leben lang.«

»Ich weiß nicht, was du willst. Ich hatte doch gar keinen Grund zu kämpfen. Ich habe immer alles gehabt, was ich brauchte.«

»Nein, du hast dich mit dem zufriedengegeben, was man dir gnädig gegeben hat. Gekämpft hast du nie.«

»Wozu kämpfen? Sein Vater hat schon für meinen Vater gesorgt ...«

»Sieh das doch mal anders: Dein Vater hat für seinen Vater geschuftet, auch ein Leben lang. Und sein Vater hat der Schwester deines Vaters, deiner lieben Tante, ein Kind gemacht und die Tante in den Süden geschickt. Das Kind soll ja in Amerika sein. Eigentlich ist dein Chef ein Cousin zweiten Grades, ist dir das jemals klargeworden? Und dieser Verwandte gönnt dir nicht mal eine Dusche. Vielleicht hat er sie deswegen nicht einbauen lassen, weil Janine sie sich gewünscht hat. Damit es kein Gerede gibt. Die alten Geschichten, mein Lieber, sterben nie.«

»Hör auf damit.«

»Bist du wirklich so sicher, daß dein lieber Chef Janine immer in Ruhe gelassen hat, wenn du auf dem Feld gearbeitet hast?«

Statt einer Antwort ein großer Schluck Rotwein und ein Handzeichen für die Wirtin, ein neues Glas zu bringen.

»Ich mache dir einen Vorschlag, ich wiederhole ihn zum hundertsten Male...«

»Ich weiß, ich weiß, reden wir nicht von unseren Frauen. Gut. Aber Janine war damals bildhübsch. Hast du dir niemals Gedanken darüber gemacht, warum sie dich armen Schlucker genommen hat?«

»Rede ich von deiner Marcelle? Wie lange ist sie jetzt auf und davon? Es muß ja auch schlimm sein, mit solch einem Rechthaber von Lehrer verheiratet zu sein.«

Jetzt trinkt der andere sein Glas leer, und das Gespräch stockt. Die Frauen werden verabredungsgemäß nicht mehr erwähnt. Dafür wird der Tanz ums goldene Kalb wieder aufgenommen.

»Du wirst doch zugeben, daß es deinem Chef in den letzten Jahren ausgezeichnet gegangen ist.«

»Er ist nicht mehr mein Chef. Vergiß nicht, daß ich Rentner bin.«

»Quatsch. Du wohnst bei ihm, du bekommst deine zwei Sack Kartoffeln und zu Pfingsten eine Portion Spargel. Weihnachten schickt er dir eine Seite Speck, und du darfst dir Feuerholz aus dem Wald holen. Wie gnädig! Und Janine darf nach wie vor einmal die Woche im Haus des Chefs putzen.«

»Janine arbeitet gern.«

»Sie kennt ja nichts anderes als Arbeit. Jedenfalls kennt sie nichts anderes mehr. Aber davon wollten wir ja nicht reden.«

»Das wollte ich meinen. Ich muß dir nämlich sagen, was den Chef angeht, übertreibst du wieder maßlos. Es geht ihm gar nicht gut. Neulich hat er sogar in Blois an einer Demonstration teilgenommen, und du weißt das. Aber so was vergißt du eben.«

»Was du erst alles vergißt! Fährt er den großen Peugeot, oder fährt er nicht den großen Peugeot? Muß seine Frau unbedingt einen Golf fahren? Geht der arme Mann auf die Jagd oder nicht? Studiert seine Tochter in Bordeaux oder nicht? Dem geht es nicht nur gut, mein Freund, dem geht es ausgezeichnet. Er ist nur geschickt im Jammern, wie alle Bauern heutzutage.«

»Das glaube ich nicht.«

»Glauben! Glauben! Wissen muß man! Jahrelang hat man den Herren Landwirten große und billige Kredite eingeräumt. Sie haben ihre Maschinenparks für einen Appel und ein Ei rundum erneuert. Sie haben Scheunen und Silos gebaut. Nun bekommen sie nicht mehr so viel und so billiges Geld, da weinen sie los. Und dein Chef heult natürlich mit.«

»Was weiß ein pensionierter Lehrer schon davon!«

»Er kann zumindest Zeitung lesen.«

»Die Humanité! Was weiß eine Kommunistenzeitung schon von Landwirtschaft!«

»Mehr als du jedenfalls.«

Wir zahlen und gehen zu unseren Rädern.

Moneuse sagt nachdenklich: »Die beiden sind höchstens zehn Jahre älter als wir und wirken wie Greise. Wahrscheinlich sitzen sie jeden Sonntag in dieser Kneipe und öden sich bis zum Abend an. Immer mit denselben Geschichten. Das ist schon ein Leben...«

Mehr gibt es dazu sicher nicht zu sagen. Die letzte halbe Stunde legen wir schweigend zurück.

Abends lade ich die Moneuses zu einem Calvados ein und freue mich, daß Patrique mitkommt. Madame kennt sich als Bretonin mit Calvados aus und lobt das Maudetsche Produkt. Wir schwatzen noch ein bißchen über dieses und jenes, aber die eigentlichen Themen lassen wir beiseite. Von Ungerechtigkeit ist heute abend nicht mehr die Rede. Außerdem ist immer noch Pfingsten.

Romorantin-Lanthenay, Sologne, Département Loir-et-Cher, Michelinkarten 64 und 238. 17 000 Einwohner. Entfernungen: Paris 199 km, Blois 41 km, Orléans 68 km, Tours 93 km. Sehenswürdigkeiten: Innenstadt, Landschaft, Schlösser. Information über Syndicat d'Initiative, pl. Paix, Tel. 00 33/54/76 43 89

Aus dem Logbuch

Ich war noch nie in den Pyrenäen. Grund genug, endlich einmal hinzufahren. Der Weg von Romorantin dorthin führt, ich kann es nun einmal nicht ändern, über das Minervois. Ich werde die Freunde dort also wiedersehen. Vorher lege ich einen Stop in Uzès ein, dort ist ein Knoblauchmarkt angekündigt. Aber bis dahin ist noch ein paar Tage Zeit. Ich werde einige Schlösser aufsuchen, solche, die ich noch nicht kenne, die nicht in jedem Touristikprogramm verzeichnet sind. Monsieur Moneuse hat mich gerade auf die abseits liegenden Prunkbauten neugierig gemacht.

Limoges. In vielen Gegenden werden durch Straßenschilder Spezialerzeugnisse angeboten. Um Grenoble Walnüsse, Nußöl und Pollen. Um Montélimar Nougat. In den verschiedenen Weinbaugebieten die jeweiligen Spezialitäten. In Limoges ist es Porzellan. Die Stände reihen sich an der Straße, und es ist nicht immer vom Feinsten, was da angeboten wird. Ich notiere ein paar bissige Bemerkungen und rufe mich doch gleich wieder zur Ordnung: Leute leben davon, und Leute kaufen diese Ware. Es gibt also einen Markt dafür. Wer schreibt, wird halt leicht überheblich...

Auf dem Markt von Uzès gibt es Ende Juni ganze Berge von Knoblauch

Der Duft von Uzès

Über Geschmack läßt sich nicht streiten, darüber waren wir uns wohl einig. Konkret: Wer keine Katzen mag, der sollte mit diesen eigensinnig-charmanten Tieren nicht zu Bett gehen. Wer Austern abscheulich findet, wird sie halt nicht schlürfen. Ich kenne einen Münchner Journalisten, der läuft weg, wenn er Käse auch nur von weitem sieht. Das ist Lothars Bier, oder besser, sein Käse.

Manchmal freilich grenzt Geschmack an Bereiche, die schon die Qualität einer Weltanschauung in sich bergen. Da scheiden sich die Geister dann wirklich. So zum Beispiel beim Knoblauch.

Allen, die ihn so abscheulich finden (oft nur, weil sie ihn nur gerochen, ohne ihn selbst gegessen zu haben; der Geruch allein kann für den Unbeteiligten allerdings unangenehm sein), sei in der allerbesten Absicht kundgetan: Man kann Knoblauch lieben lernen. Aber Vorsicht – unbeständige Charaktere seien gewarnt. Dies nämlich ist eine Liebe, die man so schnell nicht wieder los wird. Nicht daß nun in jedem Gericht der Saft der köstlichen Zehen verarbeitet sein müßte. Aber das Verlangen nach diesen Genüssen kehrt immer wieder und ist zuweilen übermächtig, wie das nach Schokolade etwa. Oder fast. Denn auf Schokolade könnte ich zum Beispiel, wenn es wirklich sein müßte, ohne Tränen zu vergießen verzichten. Eine Weile wenigstens. Bei Knoblauch bin ich mir da nicht so sicher. Knoblauch ist zwar keine Droge, gleichwohl macht diese Knolle irgendwie süchtig. Soviel sei deshalb verraten: Nach einem ordentlichen Knoblauchgericht gewinnt das Leben überhaupt einen neuen, urigen Geschmack. Die Lust zu leben ist dann so gegenwärtig, daß es einer Sünde gleich käme, Knoblauch allein zu genießen. Am besten nimmt man ihn zu zweit zu sich. Der Erfolg ist ungeheuer, weil Leute, die dem Leben zu zweit einen neuen Geschmack abgewinnen, dies natürlich in doppelter Weise tun. Und vor allem – in Liebe! In dieser Hinsicht ist Knoblauch wirkungsvoller als Champagner. Der weckt nämlich nur. Knoblauch dagegen hält lange wach. Nicht nur sein Aroma dringt am nächsten Tag aus allen Poren, auch die Lust zu leben hält lange, lange vor. Knoblauch kann mithin anstrengend sein. Aber solche Anstrengungen sind wahrhaftig ihren Schweiß wert. Noch eins: Eine der urigsten und ehrlichsten Küchen, die provençalische, ist ohne Knoblauch gar nicht denkbar. Ohne Zweifel aber gehört die provençalische Küche mit in den kulinarischen Himmel dieser schönen Erde.

Die griechische und die italienische Küche können auf Knoblauch ebensowenig verzichten. Lamm ohne Knoblauch? Das Tierchen wäre nie erfunden worden! Zarteste grüne Böhnchen ohne eine Spur dieser Wunderzehe? Undenkbar!

Was in Kalabrien als Arme-Leute-Zehrung gilt, dürfen Sie in den großen italienischen Restaurants dieser Welt immer ordern, auch wenn es nicht auf der Karte steht (man wird Sie für einen Kenner halten): Spaghetti al aglio e olio. Das sind beißzarte Spaghetti mit einer Soße aus Olivenöl, Knoblauch und Petersilie.

Oder versuchen Sie doch einmal, ein urdeutsches Gericht mit Knoblauch anzureichern. Bitte schön: Drei rohe Kartoffeln in Scheiben schneiden, zwei Eier rühren und ein wenig geräucherten Speck mit einer kleinen Portion Butter in die Pfanne geben (wollen Sie Meisterliches bieten, nehmen Sie statt der Butter, so sie es im Hause haben, zwei Teelöffel Gänseschmalz). Eine kleingewiegte Knoblauchzehe wird zu je einem Drittel zu den rohen Kartoffeln, den gerührten Eiern und zum Speck in die Pfanne verteilt. Der Speck wird heiß angekroßt, die Kartoffeln daraufgegeben und auf kleiner Flamme zugedeckt gegart. Mehr als zehn Minuten sind dazu nicht vonnöten. Dann werden die Kartoffeln unter häufigem Umschichten ohne Deckel auf großer Flamme goldgelb gebraten. Sind sie ringsrum schön knusprig, das braucht nicht mehr als zirka fünf Minuten, gießt man die gerührten Eier darüber, legt den Deckel wieder auf und nimmt die Flamme so weit wie möglich zurück. Nach drei bis vier Minuten stür-

Bei ihr habe ich in Uzès meinen Knoblauch gekauft

zen Sie Ihr Gericht auf einen Teller, und Sie werden das deutsche Bauernfrühstück für eine französische Köstlichkeit halten. Wohin Sie es auch einordnen, eine Köstlichkeit ist es auf jeden Fall, vorausgesetzt, Sie haben das Salz nicht vergessen und auch am Pfeffer nicht gespart. Wein schmeckt dazu übrigens besser als Bier, aber es muß entweder ein kräftiger Roter sein oder ein frischer Rosé. Da man über Geschmäcker nicht streiten kann, die zumal bei unterschiedlichen Temperaturen ebenso unterschiedlich geraten können, sollte man seinem eigenen Appetit mehr trauen als den Vorschlägen der ebenfalls äußerst subjektiv urteilenden schreibenden Zunft. Ich habe auch Cidre, und zwar den trockenen »brut«, gern zu diesem Kartoffelgericht getrunken, wenn es draußen sehr warm war.

Knoblauch hat hauchzart übrigens auch an dem kulinarisch als äußerst delikat verpönten britischen Hof Eingang gefunden. Der Leibkoch der Königin soll gestanden haben, daß er bestimmte Salate dadurch verfeinert, daß er eine Knoblauchzehe anbeißt und dann seinen Atem sanft über die angerichtete Speise streichen läßt ...

Sie wollen also Ende Juni nach Südfrankreich? Sie mögen heute schon Knoblauch, oder Sie sind bereit, es mit ihm aufzunehmen? Dann fahren Sie auf jeden Fall über Uzès. Die Betonung liegt auf der zweiten Silbe, das »s« wird mitgesprochen, und dieses uralt-lebendige Nest auf einem Hügel, den Sie 25 km nördlich von Nîmes bzw. 40 km westlich von Avignon finden. Vom weltberühmten Pont du Gard ist es nur eine Autoviertelstunde entfernt.

Am vorletzten Sonnabend im Juni wird in Uzès großer Knoblauchmarkt abgehalten. Die zarte Zehe wird dann und dort tonnenweise angeboten und verkauft, in Bündeln das Kilo zu etwa zwei Mark oder, etwas teurer, in aparten Zöpfen geflochten. Über der ganzen Stadt schwebt ein unbeschreiblicher Duft, allein der ist schon ein impertinentes Vergnügen an sich. Sonnabends ist in Uzès immer Markt, an diesem einzigartigen Sonnabend im Jahr wird freilich alles von den Knoblauchbergen überragt. Man kann es eigentlich nicht schildern, man muß es gesehen, vor allem, man muß es geschnuppert haben. Letzter Rat: Fahren Sie unbedingt zu zweit. Singles leiden an diesem Tag ungeheuren Frust. Ich weiß es.

Aus dem Logbuch

Erst die 16 wählen, für die interurbane Verbindung; das Brummen abwarten. Es brummt. Die Nummer drehen, Madame Fonquerle ist dran. »Hallo, Monsieur, sind Sie in der Nähe? Ja, Denis ist...« Seine Stimme nun: »Hallo, alter Freund, bist du es? Übermorgen kommst du nach Agde? Um zwölf trittst du bei uns an, zum Essen. Sei pünktlich, und keine Widerrede. Ha! Ich freue mich, dich wiederzusehen.«

So also kommen im Hérault Verabredungen zustande. Was ist bloß in den neuen Direktor des Museums von Cap D'Agde gefahren? Seit wann duzt er mich? Haben wir beim letzten Mal so viel getrunken? Ich kann mich nicht erinnern. Nun gut, er ist älter als ich. Ein paar Jährchen nur, aber da ist es sein Bier, mit dem Du anzufangen. Ich habe nichts dagegen.

Also noch einen Tag Erholungspause in Uzès. Nachts ist auf dem Campingplatz Fran-Val allerhand los. Es wird gesungen, was die Kehlen hergeben. Genauer – es wird geschlagen. Nachtigallen im klingenden Wettstreit ums Revier. Ich stelle mich unter einen Baum und halte mein kleines Tonbandgerät einfach nur hin. Ich nehme das Locken, Schlagen, Zirpen, Flöten und Triolen auf. Plötzlich sehe ich den winzigen Kehlkopfakrobaten. Er dreht singend den Kopf hin und her und schmettert aus Leibeskräften. Ganz warm wird mir dabei. Zum ersten Mal in meinem Leben sehe ich einer Nachtigall bei ihrem Konzert zu. Ich kann nichts dafür, daß ich heute so sentimental bin. Schließlich ist der Knoblauchduft bis hierher ins Tal zu spüren.

Neben Shorty hat ein Paar aus Belgien seinen Caravan aufgestellt. Die beiden kommen seit langem jedes Jahr zum Knoblauchfest, um sich für die nächste Saison mit besten Knollen einzudecken.

Über Nîmes (die Einheimischen sagen Nime, sprechen das »e« also noch aus) und Montpellier finde ich wieder einmal nach Agde. Die basaltene Kathedrale steht unverrückt am Ufer des Hérault, schräg davor wiegt sich sanft in den Wellen des Flusses das weiße Taucherboot der GRASPA. Zu meiner Verwunderung finde ich das Blumenhaus der Fonquerles, ohne mich zu verfahren. Der Kerl hat einen Schlag am Leib, daß ich in die Knie gehen möchte. Denis Fonquerle haut mir seine Pranke auf die Schulter. Er ist wie verwandelt. Als ich ihn kennenlernte, war er eher nachdenklich, ja grüblerisch. Müde sogar. Nun scheint er wieder dem Bild zu entsprechen, das Paul Azema von ihm beschworen hat. Er ist wieder der unermüdliche Organisator, der Hansdampf in allen Taucherrevieren. Gestern haben seine Jungs von der GRASPA wieder ein altes Wrack entdeckt. Sie haben kürzlich einen riesigen antiken Holzanker geborgen und eine Amphore mit Stroh. 2000 Jahre altes Stroh! »Ich werde es dir nachher zeigen. Aber jetzt wollen wir erst mal essen.«

Es gibt gegrillte Sardinen. »Sardinen fressen nur Plankton, also keinen Chemieabfall. Sardinen aus dem Mittelmeer kannst du unbesorgt essen.«

Denis zeigt mir, wie man den Fisch am Kopf hält, wie man mit der anderen Hand die Haut von der Brust löst und danach den Rest leicht abziehen kann.

»Gestern abend haben die noch munter geschwommen. Ein Freund rief heute morgen an, Denis, ich habe Sardinen. Das habe ich mir natürlich nicht zweimal sagen lassen. Voilà!«

Knalledickesatt werde ich von diesem köstlichen Fischgericht. Als der letzte verdrückt ist, haut Denis mir aufs Knie und kündigt an: »Komm in ein paar Wochen wieder, dann sind die Sardinen noch größer, dann ist es nicht mehr solch ein Fummelkram.«

In ein paar Wochen muß ich mit meinem Buch fertig sein. Dann streite ich mich garantiert mit Layouter und Drucker und mit wer weiß wem um Termine und so weiter. Sardinen wären mir dann schon lieber, gegrillte natürlich. Und möglichst in Agde serviert.

»Ich habe nachher etwas mit einem Freund zu besprechen, der ist Austernfischer bei la Ballonette am Bassin du Thau. Kommst du mit? Soviel Zeit hast du doch noch!«

Wir rollen also, kaum, daß der Kaffee ausgetrunken ist, in seinem Kombi nordwärts. »Wir machen noch einen kleinen Umweg. Ich möchte dir noch einen reizenden kleinen Fischereihafen zeigen.«

Es ist der Hafen von Marseillan, und ich enttäusche den Guten, als ich sage: »Den Hafen kenne ich. Hier habe ich mal mit meinem Wagen Wasser getankt. Die Leute hier haben mir das damals freundlicherweise erlaubt.«

Wenig später, wir sind wieder auf der D 51, zeigt er nach vorn auf ein mächtiges Weingut. »In jedem dieser Güter wohnt ein kleiner König. Ja, kleine Könige sind das.«

»Das Gut da vorn heißt la Rouquette. Ich habe es damals auf dem Weg nach Mèze fotografiert.«

Denis schüttelt den Kopf. Heute kann er mir anscheinend nichts Neues zeigen. Die Besprechung bei seinem Freund dauert nicht sehr lange. Die Arbeit wird deswegen nicht unterbrochen. Ich kenne die Handbewegungen aus Chailavette. Muscheln werden von den jungen Austern abgekratzt, Auswüchse beseitigt. Dann werden sie in die gleichen Plastikkörbe gegeben, die auch die Brüder Claude benutzen. Nur die Poster an der Wand gab es in Chailavette nicht. Dort gab es auch keinen 20jährigen Sohn mit Sinn für nackte Damen. Der junge Mann ist ein Riese, Taucher natürlich. Sein Neoprenanzug hängt in der Ecke zum Trocknen.

Anschließend fährt Denis mit mir nach Pinet hinüber, um einen Pinet zu trinken. Das ist ein trockener Weißer, der sich sicher gut zu Meeresfrüchten genießen läßt.

In der Taucherbasis der GRASPA halte ich wenig später 2000 Jahre altes Stroh in der Hand. Es riecht nicht gut, denn es ist in eine Konservierungsflüssigkeit getaucht. Ich schaue mir die zwei Hälften des gut drei Meter langen Querstücks eines antiken Holzankers an und halte eine Holzrolle in der Hand, die ein Handwerker vor rund 2000 Jahren gedrechselt hat. Das laufende Gut ist darüber geschnurrt, sprich das Segeltau. Ich frage mich wieder einmal, wie man das wohl aushalten kann,

Das Weingut la Rouquette, als es noch kein Laub an den Weinstöcken gab

ständig diese uralten Zeugen menschlicher Erfindungsgaben zu entdecken und mit der nötigen Ehrfurcht in die Hand zu nehmen. Wahrscheinlich ist dieser äußerlich scheinbar so grobgeschnitzte Denis Fonquerle wie die Taffanels dabei, ein Zipfelchen der eigenen Unsterblichkeit in der Hand zu halten.

Anderthalb Stunden später. Ich setze den Türklopfer der Azemas in Bewegung.

»Guten Abend, Madame!«

»Hallo, Rudolf! Aber doch nicht Madame, ich bin immer noch Marie-Paule.«

Auf der Terrasse ist man gerade dabei, eine neue Tischplatte anzubringen. Louis, in kurzen Hosen und Flatterhemd, wird mir vorgestellt. Er ist der Mann von Florette, bei der jetzt Pauls Winterbild hängt. Louis, der beruflich mit behinderten Kindern arbeitet, hat ein paar Tage Urlaub.

»Paul hat mir von Ihnen erzählt. Ich zeige Ihnen gern noch mehr vom Minervois. Zeit habe ich im Augenblick genug.«

»Leute möchte er kennenlernen«, präzisiert Paul.

»Leute? Da wüßte ich jemanden. Sie erinnern sich sicherlich, daß Florette Ihnen meine Werkzeugsammlung gezeigt hat.«

»Aber ja.«

»Beim Sammeln habe ich einen Mann kennengelernt, der Sie sicher interessieren dürfte. Er ist der letzte in der Gegend, der noch Weinfässer baut. Als Handwerker, wohlgemerkt. Wollen wir hinfahren? Ich müßte ihn natürlich erst fragen, ob er uns empfangen will. Er ist schon ein alter Herr. Morgen mittag gebe ich Bescheid, okay?«

Louis zeichnet die neue Tischplatte an, damit die Schrauben an die richtige Stelle gesetzt werden können. Wir schieben sie gemeinsam hin und her, und Paul schraubt mit seinem Bohreinsatz. Er flucht mächtig, wenn es nicht so klappt, wie es soll. Die Taube, die aus der Kälte kam, hüpft bei seinem Geschrei aufgeregt in ihrem Bauer hin und her. Zwischendurch will Paul von mir wissen, wie es Denis wirklich geht. Er hat da anscheinend seine Zweifel.

In der Felswand auf der anderen Seite reiht sich Höhle an Höhle

Vorzeitiges

Früh am nächsten Morgen, ich bin gerade dabei, das Bett zu verstauen und aufzuräumen, klopft Paul an den Wagen. »Haben Sie Lust, sich etwas Besonderes anzusehen? Ja? Gut, kommen Sie, wir frühstücken zusammen und fahren gleich danach los.«

In Cesseras hält er vor einem zunächst ganz normal aussehenden Haus. »Sehen Sie genau hin«, sagt Paul. Richtig, die Eingangstür ist fast zwei Meter hoch über der Erde angebracht. Für Hochspringer geeignet, von Schildbürgern gebaut, so scheint es. Paul grinst. »Das sieht komisch aus, wie? Früher hat es hier eine Steintreppe gegeben. Die mußte abgerissen werden, weil die Autos nicht mehr vorbeikamen. Die Leute gehen jetzt über den Hof ins Haus. Aber wegen dieser Tür halte ich Sie nicht vom Schreiben ab.«

Fünf Minuten später hält er auf einer Anhöhe erneut an. Ringsum grünen Weinberge. Seitwärts hat sich eben eine Wachtel hinter einen Weinstock geduckt und wartet, daß die Störenfriede sich endlich davonmachen.

Weit verstreut liegen einzelne Höfe, umgeben von Zypressen. Paul fährt hundert Meter weiter und stoppt wiederum. Rechts dehnt sich jetzt Brachland aus.

»Fällt Ihnen etwas auf?«

Ich schüttele den Kopf.

»Das ist auch nicht möglich. Selbst wenn man es weiß, kann man es kaum erkennen.«

Er biegt in einen Feldweg, der sich durch die Brache schlängelt. Kurz darauf stellt er den Wagen ab. Wir gehen ein paar Schritte, und plötzlich tut sich vor uns eine tiefe Schlucht auf. Ihre Wände fallen fast senkrecht hinab. Wir sind ein paar Kilometer westlich von Minerve. Unter uns hören wir die Cesse rauschen, sehen können wir sie von hier aus nicht. In der Nähe steht ein gelber Kombi mit monegassischem Kennzeichen.

»Das sind Archäologen, die in den Höhlen arbeiten. Hier ist noch vieles unerforscht. Die Höhlen sind auch für die Öffentlichkeit noch nicht zugänglich. Dazu braucht man eine besondere Erlaubnis des Bürgermeisters von Cesseras. Ich denke, ich werde mir solch einen Schein besorgen. In den Höhlen gibt es hochinteressante Spuren von prähistorischen Bewohnern, zum Beispiel Zeichnungen an den Wänden. Ein Stück kann man jedoch schon hinunterklettern, bis zu einer Plattform, von der aus man auch den Fluß sehen kann, wenigstens stellenweise. Eine kleine Höhle gibt es da auch. Wollen wir hinunter?«

Er wartet meine Antwort gar nicht erst ab und marschiert los. Eine Klamm führt steil nach unten und ist mit einem Stahlseil gesichert, so daß man sich im Bedarfsfall immer festhalten kann. Zwanzig, dreißig Meter klettern wir hinab. Die Plattform ist dicht von allerlei Büschen und Gras bewachsen. Rechts führt eine kurze Grotte schräg in den Fels, vielleicht fünfzehn Meter tief. An ihrem Ende gibt es einen zweiten Ausgang. Wo er sich öffnet, sind Linien in den Fels gegraben. Paul fährt ihnen mit der Hand nach.

»Das hat wahrscheinlich einen natürlichen Ursprung, aber mir scheint, als hätte Menschenhand nachgeholfen. Insgesamt ergibt sich der Umriß eines Tieres. Dies hier ist der Kopf. Beweisen läßt sich das allerdings nicht. Ich glaube es aber.« Gewiß ist jedoch, daß diese Höhle einst Zuflucht, wenn nicht Wohnstätte menschlicher Wesen war. Vor zehntausend, vor zwanzigtausend Jahren? Ob sie das Feuer schon gekannt haben? Die Forscher tiefer unten in den anderen Höhlen, die sich kilometerweit ins Innere erstrecken, werden es wissen.

Gegenüber, an der anderen Felswand, reiht sich eine Höhlenöffnung an die andere. Es ist eine einzigartige Stimmung. Nur Vögel sind zu hören, und tief unten das Rauschen der Cesse. Zwischen Büschen und Gras sprießen allerlei Blumen. Manche haben sich in Felsritzen festgesetzt. Wir klettern die Klamm wieder hinauf und schlendern zum Wagen zurück. Dieses Minervois macht wieder einmal nachdenklich. Aber Paul hat noch eine, eine ganz besondere Überraschung. Auf halbem Heimweg zeigt er auf einen Hügel zur Seite und behauptet: »Dieser Hügel ist Klein-Afrika. Jedenfalls hat die Oberfläche die gleiche Zusammensetzung von Mineralien, wie man sie in afrikanischen Wüsten findet. Deshalb gibt es hier auch weiße Skorpione. Wollen wir nachsehen, ob wir einen aufstöbern können?«

Zwei Minuten später kann man zwei Männer beobachten, die sich alle paar Meter bücken und backsteingroße Felsbrocken umkehren. Dabei gehen sie äußerst vorsichtig zu Werke, als könnten die Steine beißen.

Es sind fast weiße Kalksteine, die wir behutsam umdrehen. Aber außer ein paar Spinnen und Asseln treiben wir nichts auf. Macht Paul sich über mich lustig? Beiläufig hebt er zwei kleinere Brocken auf. »Versteinerungen von Schnecken. So was gibt es hier massenhaft. Mit den Skorpionen haben wir heute wohl kein Glück. Na, dann beim nächsten Mal. Gut, einen drehe ich noch um.«

Uns beiden steht vom ständigen Bücken in der Gluthitze der Schweiß in dicken Perlen auf der Stirn.

»Voilà!« ruft Paul. Im selben Augenblick habe ich ihn auch gesehen. Der Skorpion verkriecht sich unter einem anderen Stein, versucht es wenigstens. Paul stört ihn dabei mit einem Stöckchen, bis er ganz ins Freie zurückkommt. Mit seinem aufgebogenen Schwanz sieht er genau so aus, wie man Skorpione von Zeichnungen und Fotos kennt. Nur weiß ist er nicht, eher gelblich. Paul freut sich wie ein Schuljunge, dem ein Streich gelungen ist. Er hat mir bewiesen, daß es hier Skorpione gibt. »Dies ist ein ganz junger. Normalerweise sind sie doppelt so groß«, doziert er noch. Vielleicht flunkert er ja diesmal; denn dieser gelblich weiße Skorpion ist mehr als fünf Zentimeter lang!

Im Haus wartet Louis auf mich. »Der Tonnelier hat morgen keine Zeit, aber heute können wir zu ihm kommen. Am besten, wir fahren jetzt gleich. Wo wart ihr denn so lange?«

177

Drohend hat der weiße Skorpion sein Hinterteil aufgerichtet

»Bei den Höhlen von Cesseras. Die mußte ich Rudolf doch unbedingt zeigen. Man darf ja nicht hinein, aber ich werde mir eine Genehmigung vom Bürgermeister holen, dann machen wir mal eine richtige Höhlentour.«

»Dazu brauchst du keine Genehmigung. Ich habe nämlich eine. Und ich kann mitnehmen, wen ich will. Spar dir also den Weg. Aber jetzt ist erst einmal der Tonnelier dran.«

Paul fragt: »Nehmt ihr mich mit?«

Der Tonnelier von Caunes

So fahren wir zu dritt nach Caunes zu Paul Mavit, dem Böttcher. Louis warnt mich: »Du wirst es schwer haben, ihn zu verstehen. Ich verstehe selbst nicht alles, was er sagt. Er spricht ein uriges Mediterrané, und dazu behält er fast immer seinen Mego oder eine Zigarettenspitze im Mund. Aber er ist wahrhaftig ein Original.«

»Wenn er wirklich so ein Original ist, mache ich ein Litho von ihm«, erklärt Paul dazu.

Louis dokumentiert seinen Urlaubsstatus immer noch mit kurzen Hosen und Schlabberhemd. Er hat einen interessanten Wuschelkopf, finde ich. Ein gutes, sympathisches Gesicht. Seine Mutter ist Spanierin. Seit heute hat er offenbar beschlossen, mich zu duzen. Warum auch nicht. Ich mag ihn. Florette, seine Frau, hat damit freilich noch weniger Umstände gemacht.

In Caunes stellen wir den Wagen bei der Schule ab. Gegenüber liegen die Häuser tiefer als die Straße. Dort ist um einen Schuppen herum Holz gestapelt. Es sind schmale, sehr gleichmäßig geschichtete Hölzer. Faßholz. Hier arbeitet Paul Mavit.

Der alte Herr ist ein Bilderbuchfranzose. Das rosig glänzende, runde Gesicht, die kleinen, verschmitzt blickenden Augen, die kräftige, untersetzte Statur, die Mütze auf dem Kopf. Der Mann hat einen saftigen Händedruck.

Seine Werkstatt ist ziemlich dunkel. An den Wänden hängen dicht an dicht die verschiedensten Werkzeuge. Messer, Beile, Hacken. In der Mitte stehen zwei halbfertige Fässer auf dem Boden. Die Dauben der oberen Hälfte sind bereits eingebogen und schließen dicht aneinander. Sie werden von eisernen Ringen gehalten. Von der Mitte aus spreizen sich die Dauben nach außen. Diese Hälfte muß noch festgezogen werden. Die stählernen Spannseile liegen bereit.

Das Faßholz sieht eher spröde aus. Ich frage: »Wie verhindern Sie, daß das Holz beim Einbiegen bricht?«

Monsieur Mavit grinst. »Das Holz muß richtig vorbereitet sein, dann bricht es nicht. Es muß außerdem von den richtigen Kastanien stammen. Ich bekomme es von einem Mann, dessen Vater schon meinen Vater beliefert hat. Das Holz muß richtig gelagert sein. Und schließlich müssen die inneren Kerben an den richtigen Stellen angebracht sein, nicht zu tief und nicht zu flach.«

»Innere Kerben?«

»Sehen Sie!« Er kippt das halbfertige Faß etwas zur Seite, so daß das Licht hineinfällt. Innen sind auf halber Höhe auf jeder einzelnen Daube Kerben angebracht.

»Das mache ich hiermit«, sagt der Meister und nimmt ein Beil von der Wand, dessen Schneide leicht gewölbt ist. Die Wölbung entspricht genau dem Innendurchmesser der Faßmitte. Louis nimmt das Beil in die Hand, fährt mit dem Daumen über die Schneide und murmelt: »Ein Werkzeug ist das, ein Werkzeug! Prachtvoll, einfach prachtvoll.«

Für jede Faßgröße gibt es ein eigenes Kerbenbeil. Die Holzstiele sind tiefbraun vom Schweiß vieler Arbeitsstunden.

»Wie alt sind diese Geräte?« will Louis wissen.

»Ich weiß es nicht genau. Aber schon mein Großvater hat damit gearbeitet.«

Paul zeigt auf zwei Maschinen, die an der Seite stehen. »Damit arbeiten Sie aber auch, nicht wahr?«

»Ja, damit geht es leichter. Man braucht nicht so viel Körperkraft. Aber ich kann meine Fässer auch ohne Maschinen bauen. Wenn der Strom ausfällt, mache ich trotzdem weiter. Da bin ich nicht abhängig.«

Louis weiß Bescheid. »Den Innenrand der Fässer kann er ebensogut mit einem Rundbeil per Hand bearbeiten. Da sitzt jeder Hieb. Ich habe es selbst gesehen.«

»Sicher kann ich das. Ich werde es Ihnen zeigen. Was man einmal richtig gelernt hat ...«

Paul Mavit nimmt ein Beil von der Wand, dessen Schneide sehr stark gewölbt ist. Er kippt das Faß handgerecht vor sich und schlägt mit dem Beil zu, noch einmal, und immer weiter. Schlag auf Schlag bringt er die Innenschräge des Faßrandes an, das Widerlager für den Deckel. In wenigen Augenblicken hat er gut einen halben Meter Faßrand bearbeitet. Übergänge von Schlag zu Schlag sind mit dem bloßen Auge nicht zu erkennen, und der neue Holzrand befindet sich etwa zwei Millimeter neben dem eisernen Randstreifen.

Louis fragt: »Wenn Sie den Reifen treffen, ist die Beilklinge hin, nicht wahr?«

»Die wäre hin. Das Faß auch. Aber das passiert mir nicht. Nicht nach soviel Jahren Erfahrung.«

Monsieur Mavit lächelt stolz. Recht hat er. Er kramt einen Zettel hervor und hält ihn mir hin. Es ist das grüngelbe Etikett einer großen deutschen Senf- und Essigfirma. »Da habe ich in Gefangenschaft gearbeitet. Zwei Jahre war ich bei euch.«

»Ich war drei Jahre bei euch, aber so schöne Sachen habe ich nicht machen dürfen ...«

Monsieur Mavit legt das Etikett an die Seite und fährt mit der Hand über sein Faß. Sein Gesicht ist jetzt verschwitzt. Er hat sich für mich ordentlich angestrengt, aber es macht ihm offensichtlich Spaß, zu zeigen, was er kann. Sein Sohn, erzählt er, hat das Böttcherhandwerk ebenfalls erlernt, aber er wird den väterlichen Betrieb nicht übernehmen. Einmal ist ihm die Konkurrenz der Faßfabriken zu hart, und zum anderen hat er inzwischen einen verwandten Beruf – er ist Kellermeister auf einem Weingut.

Monsieur Mavit bringt uns noch zum Wagen.

»Fast hätte ich etwas vergessen!« ruft Louis. »Monsieur, Sie reparieren doch auch Fässer?«

»Aber ja.«

»Auch solche Halbfässer, in die man Blumen und Pflanzen setzt?«

»Sicher.«

»Ich habe solch ein Halbfaß im Kofferraum. Eine Daube ist geborsten. Wenn Sie eine neue einsetzen könnten, es hat Zeit damit, es ist nicht eilig.«

Louis öffnet den Kofferraum, und da liegt sein Halbfaß. Es ist auseinandergefallen, die Dauben liegen säuberlich sternförmig am Boden.

»Das macht nichts«, sagt Monsieur Mavit, holt ein Stück Kreide aus der Tasche und numeriert die Dauben. Zwei Minuten später klaubt er die Einzelteile zusammen und klemmt sie unter den Arm.

»Es hat Zeit damit«, wiederholt Louis noch einmal. Monsieur Mavit winkt uns mit der freien Hand nach.

Paul sagt: »Ich habe ein neues Thema für ein Litho, ein wunderschönes Thema.«

Böttcher Paul Mavit aus Caunes ist ein Meister seines Fachs

Rosaroter Stein

Am nächsten Morgen ist Louis wieder da. »Interessieren dich auch Sachen? Ich meine natürlich außergewöhnlich interessante Sachen?«

»Sicher.«

»Dann komm. Du wirst staunen.«

Alle meine neuen Freunde hier scheinen sich zusammengetan zu haben, um mich zum Staunen zu bringen. Natürlich bin ich gespannt auf das, was Louis diesmal vorhat. Wir brausen in seinem kleinen Cabrio nach Caunes und halten vor der

»Komm!« sagt Louis abermals und zieht mich zu seinem Wagen. Er macht es spannend. Pfeifend kurvt er eine staubige Straße hoch, die nicht asphaltiert ist. Die Straße taucht unter Bäume, dann können wir nicht mehr weiter, weil eine schwarze Kette uns daran hindert. Louis steigt aus und sagt: »Wir gehen zu Fuß weiter. Heute können wir hineingehen, heute wird nicht gearbeitet. Sonntags arbeiten die hier nicht.« Stimmt. Es ist wieder einmal Sonntag. Immer öfter verliere ich mich jetzt in der Zeit. Oft weiß ich das Datum nicht. Gut, daß mir mein kleiner Rechner sagt, wie alt die Woche ist.

Es ist heiß, und wir klettern bergan. Stahltrossen liegen herum, dann sehe ich Berge von Steinquadern, viele Meter lang jeder, deutlich sind die Spuren der Preßluftbohrer zu erkennen. Endlich senkt sich der Weg. An Schienen und Rohren vorbei gelangen wir zu einem riesigen Loch. Es mag 30 Meter breit, 15 Meter tief und an die 50 Meter lang sein. Es ist in den Fels geschnitten. Das Loch hat glatte, rosarot leuchtende Wände.

»Sie schneiden mit Drahtseilen und nassem Sand, wie die alten Römer. Nur eben jetzt mit Maschinenkraft.«

Louis Stimme hallt von den glatten Wänden zurück.

»Ist das nicht ein Jammer?«

»Was ist ein Jammer?«

»Dieser Marmor wird nach Italien exportiert! Nach Carrara! Die Italiener wissen etwas damit anzufangen. Wir nicht. Lieber importieren wir fertige Marmorartikel aus Italien. Aber das Material stammt von hier, aus Caunes, aus dem Minervois!«

Schwitzend gehen wir den Weg zurück. Ich bedanke mich bei Louis.

Kirche an. Kurze Hosen und Schlabberhemd hindern Louis nicht, mit mir die Kirche zu betreten. Im Halbdunkel führt er mich zum Taufstein und fragt: »Kannst du erkennen, was für ein Material das ist?«

»Marmor«, flüstere ich.

Er nickt und zieht mich zum Altar hinüber. »Und dies hier?«

»Auch Marmor.«

Louis zeigt auf die schlanken Pfeiler der Altarbalustrade. Alles ist aus glänzendem, rotem Marmor. Porphyr nennt man so etwas wohl. Louis nimmt mich beim Arm und führt mich wieder hinaus. Unweit plätschert ein Brunnen.

»Sieh ihn dir an. Woraus ist der gemacht?« Das Material glänzt zwar nicht mehr, aber auch dies ist Marmor, rosaroter Marmor.

»Ach was«, sagt er, »das war erst der Anfang. Hier gibt es noch viel zu sehen. Sachen und Leute.« Er schlägt mir auf die Schulter, und sein Cabrio macht einen Schlenker.

Afrikamann

Nachmittags sitzen wir auf der Terrasse und arbeiten. Ich hämmere auf meine Olympia ein. Paul zeichnet Muster auf rote Tonteller. Marie-Paule malt die Teller im Atelier mit Email-Farben aus und stapelt sie im Brennofen. Paul sagt dazu: »Das ist Kunsthandwerk, mehr nicht. Aber irgendwie müssen wir ja auch das Geld zum Leben verdienen. Immerhin ist jeder Teller handgemalt. Ich könnte auch Schablonen anfertigen, aber das mag ich nun mal nicht. Meine kleinen Freiheiten lasse ich mir nicht nehmen.«

Seine kleinen Freiheiten sind vergnügliche Abweichungen vom Muster. Bei den Eulentellern zeichnet er mal eine Eule, die mit einem Auge zwinkert, oder er setzt einer anderen eine kleine Eule auf die Schulter. Ich denke an Jean Claude Michaud, dem Puristen in Granit. Ob ihm wirklich eine Perle aus der Krone fiele, wenn er einen Teil seiner Zeit entsprechenden Produktionen widmen würde?

Gelegentlich wird die Arbeit unterbrochen, wenn Freunde auf ein Schwätzchen vorbeischauen. Mal ist es ein Galeriebesitzer, der Termine absprechen möchte, dann schneit ein Wirbelwind mit auffallend großer Nase herein, der in einem fort redet und redet. Er sieht aus wie ein spanischer Grande.

Als er hört, was ich treibe, fragt er: »Fahren Sie noch in die Richtung Bordeaux? Wenn Sie die Pyrenäen entlang wollen, müssen Sie doch irgendwo bei Bordeaux ankommen.«

»In die Gegend werde ich wohl kommen, zumindest Pau habe ich mir vorgenommen. Und von Pau nach La Rochelle. Da liegt Bordeaux am Wege. Um die großen Städte fahre ich jedoch am liebsten herum.«

»Wie gut! Das trifft sich ausgezeichnet. Ein Stück Papier, bitte.«

Ich gebe ihm mein Notizbuch, und er schreibt mir eine Adresse hinein. »La Belle Gasconne, Poudenas.«

Von dieser Adresse ist er geradezu begeistert. »Marie-Claude und Richard Gracia müssen Sie kennenlernen. Ich sage Ihnen, der weiteste Umweg lohnt sich. Sie haben ein ganz kleines Restaurant, aber sie kochen für die Welt. Besser, Marie-Claude ist die Köchin. Gehen Sie hin, es wird ein Erlebnis sein. Und grüßen Sie die beiden von mir. Wir sind alte Freunde. Grüßen Sie von Raymond aus Olonzac. Nicht vergessen!«

Paul lächelt über Raymonds Begeisterung. Später, als der Freund weitergefahren ist, sagt er: »Er ist ein lieber Kerl, aber er macht oft ziemlich viel Wind.«

»Was macht er beruflich?«

»Er ist der Chef der Post in Olonzac. Eins stimmt allerdings, er reist viel, und er kennt Gott und die Welt.«

Paul legt den letzten Teller aus der Hand. »Ich habe noch eine Idee. Da ist noch jemand, den Sie kennenlernen sollten. Ein alter, guter Freund. Er wohnt in Caunes und hat fast sein ganzes Leben in Afrika zugebracht. Er besitzt eine sehr schöne Sammlung afrikanischer Kunst. Wollen wir ihn besuchen? Dann rufe ich ihn gleich einmal an.«

Marie-Paule steht in der Tür. Lächelnd sagt sie: »Mit mir fährst du nicht so viel herum. Grotten, Skorpione und jetzt Afrika. Rudolf – wenn Sie alles gesehen haben, müssen Sie es mir zeigen.«

Paul lacht und geht zum Telefon.

Als wir am nächsten Morgen verabredungsgemäß bei Bernard Dudot anklopfen, ist der Hausherr nicht da. Eine Nachbarin weiß Rat: »Er ist sicher im Kirchgarten. Dort wollte er Ordnung machen.« Nach einigem Suchen finden wir den Kirchgarten unweit der riesigen Platanen von Caunes. Über sechs Meter mißt der Umfang der einen.

Monsieur Dudot hatte so früh mit uns noch nicht gerechnet. »Ich helfe dem neuen Pfarrer, in seinem Garten Ordnung zu schaffen. Sein Vorgänger hatte einen völlig anderen Geschmack in bezug auf Pflanzen und Blumen. Zeit habe ich ja, und Spaß macht es mir auch. Erstaunlich ist nur, daß auch europäische Dornen durch Leder pieken können.«

Er zieht die groben Handschuhe aus und begrüßt uns. Rentner Dudot ist ein schlanker, hochgewachsener Mann, den man höchstens für 50 hält. Er packt seine Gartengeräte zusammen. Darunter ist auch eine sorgsam in einem geschnürten Lederköcher untergebrachte Machete.

Zum Kennenlernen und ersten Reden führt der Gastgeber uns zunächst in die Küche. Auch hier steht und hängt schon Afrikanisches. Ich werde auf einen Häuptlingsstuhl genötigt, auf dem es sich recht bequem sitzt. Das leichte Gefühl, ein Sakrileg zu begehen, verflüchtigt sich schnell.

Bernard Dudot ist mehr durch Zufall in den medizinischen Afrikadienst geraten – eine Zeitungsanzeige hatte ihn neugierig gemacht. Jahrzehntelang hat er – zwischendurch immer mal wieder für ein halbes Jahr auf Heimaturlaub – auf dem Schwarzen Kontinent zugebracht und sich immer intensiver mit afrikanischer Kunst beschäftigt.

Wir gehen nach oben ins Maskenzimmer. Er nennt Herkunftsorte, Stammesnamen fallen. Eine fremde, unbekannte Welt

Louis zeigt mir die rosaroten Marmorbrüche von Caunes

Zufällig in Caunes gesehen: ein Türklopfer aus Bronze

tut sich vor mir auf, wenn sich auch nur ein winziges Zipfelchen davon hebt. Ich hätte Lust, diesem Mann lange Abende zuzuhören. Jetzt, in der knappen halben Stunde, die uns bleibt, kann ich nur feststellen: Hier lebt ein außergewöhnlicher Mann mit einem reichen Schatz an Erfahrungen und Wissen. Es gibt im Nachbarhaus noch mehr Räume mit afrikanischer Kunst. Ich bin so sehr beeindruckt, daß ich mich nicht entschließen kann, auch nur ein einziges Stück zu fotografieren. Das bliebe im wahrsten Sinne des Wortes Stückwerk. Nach welchen Kriterien sollte ich auswählen, wo ich doch von all dem nichts verstehe! Bernard Dudot und Paul Azema freilich verstehen meine Zurückhaltung. Ich werde eingeladen, eines Tages mit mehr Zeit wiederzukommen.

Aus dem Logbuch

Ich hatte mir vorgestellt, die Pyrenäen lägen gleich südlich des Minervois. Schließlich habe ich doch von Azillanet aus Schneeberge gesehen. Die Karte belehrt mich schnell eines Besseren. Bis zum 2784 Meter hohen Pic du Canigou sind es immerhin rund 90 Kilometer. Paul Azema schlägt vor: »Sie fahren erst einmal nach Narbonne (Narbonne spricht er aus, wie man es liest, er hängt das »e« also deutlich an). Dort stoßen Sie auf die Route Nationale Nr. 9, und der folgen Sie bis Perpignan. Von da halten Sie sich nach Westen, über Prades nach Bourg-Madame. Die Pässe sind ohne Schwierigkeiten zu meistern. Selbst mit dem Campingcar werden Sie keine Probleme haben. Also keine Angst vor den angegebenen Höhen – Sie müssen bis fast 2000 Meter hinauf. Irgendwo da werden Sie schon einen Bergbauern finden.«

Ich will mit einem Bauern reden, mit jemanden, der das Leben in den hohen Pyrenäen kennt. Mal sehen, ob sich einer von Fremden ansprechen läßt.

Die 9 ist stark befahren. Urlauber streben in Massen gen Süden, nach Spanien. Die französischen Ferien haben eben begonnen. Auf der Autobahn, die ich gelegentlich an der Seite sehen kann, gibt es manchmal Stop-and-go. Auf der Route Nationale kommt man immerhin vorwärts. Eine halbe Stunde lang hält sich vor mir ein Frankfurter Golf mit zwei Mädchen, die es vernünftigerweise nicht so eilig haben wie die meisten Franzosen, die trotz des dichten Verkehrs kein riskantes Überholmanöver auslassen. Die Beifahrerin im Golf hat die nackten Füße aufs Armaturenbrett gelegt. Der Marin, der heiße Seewind vom Mittelmeer, läßt die Temperaturen bis über 30 Grad im Schatten steigen. Der Horizont verschwimmt im Dunst. Was linker Hand schon wie das Meer aussieht, sind in Wirklichkeit die Bassins von Sigéan und Leucate mit ihren Salzfeldern. Sie sind so breit, daß die Dämme, die sie vom Mittelmeer trennen, gar nicht mehr auszumachen sind. In Perpignan kann ich bald rechts abbiegen. Die Golfmädchen steuern geradeaus. Sie halten Richtung Spanien.

Perpignan – auch das klingt schon spanisch. Ich durchfahre Millas und Vinca. Unter den Ortsschildern stehen die Namen noch einmal in Spanisch. Paul hatte recht, man merkt kaum, wie es aufwärts geht. Der Fluß, der mir entgegenkommt, heißt Têt. In den Vorgärten blühen viele Blumen, auch auf den Fensterbänken. Ich sehe Oleander, gelegentlich auch das zarte Blau von Lavendel. Pfirsiche werden am Straßenrand angeboten. Zwischen den Orten ziehen sich kilometerweit Pfirsichplantagen hin. Immer wieder blinken die hellgelben Blütenwedel der Eßkastanien auf. Die Menschen hier sind meist auffallend dunkelhäutig. Südfranzosen oder schon Spanier? Die am besten zu empfangende Radiostation nennt sich Radio Pyrénéen-Catalan. So ist das also: Catalanen wohnen hier beiderseits der Grenze.

In Villefranche habe ich plötzlich die hochragenden Mauern einer Festung neben mir. Aus den Steinen wachsen Sträucher. Eine friedliche Festung. Der flüchtige Blick durch die Einfahrt läßt dichtbesetzte Gartenstühle vor einem Restaurant erkennen. Friedliche Festung auch hier.

Bei der Schlucht von Carança bin ich schon 1000 Meter hoch. Noch ein bißchen klettern, und wenig später habe ich Mont-Louis erreicht. Ort und Festung liegen immerhin 1600 Meter hoch. Die Berghöhen ringsum sind graubraun und kahl, aber nur in schattigen Mulden liegt noch etwas Schnee.

Allmählich senkt sich die Straße wieder, und ich erreiche das breite Hochtal der Sègre, die bei Bourg-Madame nach Spanien hinüberfließt. Von den Hängen im Norden blinkt es herüber. Das Sonnenlicht wird von den Glasflächen großzügiger Hotelanlagen reflektiert. Skistation nennt sich so etwas ja wohl auf neudeutsch. Aber jetzt stehen dort oben die Lifte still. Die Wiesen haben Zeit, sich auszuruhen und ein bißchen zu grünen.

Der Wind weht hier zwar etwas frischer, aber die Sonne hat nichts von ihrer Kraft verloren. Endlich Bourg-Madame. Es liegt immer noch 1130 Meter hoch. Die Grenze nach Spanien läuft am Ortsrand entlang. Ein Campingplatz bietet Schatten und Ruhe, soweit das Plätschern der flachen Sègre das zuläßt. Der kleine Platzwart ist uralt, aber quicklebendig. 85 will er sein. Die Zahl sagt er auf deutsch.

»Bauern suchen Sie? Natürlich gibt es hier überall Bauern, auch in den Bergen.«

Ich habe eher den Eindruck, daß der alte Herr nicht mehr auf dem laufenden

Shorty in den Pyrenäen: Ein Blick in das Hochtal bei Mont-Louis

ist. Wo es früher auf den Höhen Bauern gab, da werden heute Skilifte betrieben und Loipen gelegt. Der weiße Tourismus hat die Landwirtschaft verdrängt. Ich werde sie erst dort wieder antreffen, wo die Brettlfans kein Geld mehr lassen, also tiefer im Tal. Morgen also. Aber vorher werde ich noch einmal höher müssen. Um den Col de Puymorens führt kein kurzer Weg herum. Der Col ist 1915 Meter hoch.

Fast unmerklich geht es zunächst bergan. Shorty läßt sich kaum beeindrucken und macht das alles im Dritten. Dann ein paar Serpentinen, immer noch nicht aufregend, und wir sind schon oben. Shorty steht neben dem Paß-Schild. Strahlend blaue Vergißmeinnicht blühen hier. Unweit weiden Kühe. Ihr Glockengebimmel wird vom Wind herübergetragen.

In weiten Kurven senkt sich die Straße ins Tal. Auch auf dieser Straße gibt es keine allzugroße Lenkradkurbelei. Die Sicht verliert sich im Norden bald im Dunst. In Merens halte ich, um einzukaufen. Ich durchfahre das Thermalbad Ax, wo der Kurbetrieb in vollem Gange ist. Bunt gekleidete Menschen flanieren in den Straßen. Kein Parkplatz bietet sich an. Die Kurgäste sind fast alle schon älter, soweit ich das im Vorbeifahren feststellen kann. Ax ist ein Rheumabad.

Weiter geht es im Tal der Ariège hinab, die dem Département den Namen gegeben hat. An den Berghängen tauchen jetzt Dörfer auf, die eher nach Landwirtschaft als nach Hotelansammlungen aussehen. Kurzentschlossen biege ich bei der nächsten Gelegenheit nach links ab.

Leben in Larnat

Sofort geht es steil bergauf. Der Weg schlängelt sich schmal an ein paar Häusern vorbei, eine Frau in schwarzem Kleid, sie ist hochschwanger, sieht erstaunt hinter mir her. Der Weg wird nicht breiter, aber er ist immerhin asphaltiert. Es darf uns nur niemand entgegenkommen. Shorty läßt kein bißchen Platz mehr. Soll ich besser umkehren? Am liebsten würde ich das ja tun, aber wo und wie, bitte schön? Es bietet sich keine Gelegenheit, ich muß weiter hinauf. Mir bleibt nichts übrig, als zu klettern und zu klettern. Die Serpentinen sind derart steil, daß ich aus dem ersten Gang kaum noch herauskomme. Hohes Gras und manchmal auch Büsche wachsen so dicht am Wegesrand, daß sie oft am Wagen entlangstreichen. Dann geht es durch dichten Wald.

Vögel fliegen auf. Ein bunter, fast taubengroßer mit gelbem Schwanz, flattert an die zwanzig Meter weit dicht vor mir her, bis er einen Ausweg findet und seitwärts verschwindet. Immer weiter geht es bergauf, und immer steiler.

Ich schwitze ganz schön, oder gar nicht schön. Plötzlich habe ich eine Wegegabelung vor mir. Hier könnte ich mit einiger Kurbelei wenden. Aber nun habe ich mich soweit hinaufgequält, jetzt will ich es auch zu Ende bringen. Wegebezeichnungen gibt es hier nicht. Auf einem Schild steht nur, daß der Weg jenseits des Passes ins Tal führt und daß Hunde gefälligst an der Leine zu lassen sind. Habe ich das Nest, das ich da oben am Berg habe hängen sehen, nun bald erreicht, oder bin ich etwa schon vorbei? Ich weiß es nicht. Ich entschließe mich, in Richtung Paß weiterzufahren. Schon bald hört der Asphalt auf, weiter geht's über Geröll. Shorty schaukelt jetzt zwar, aber ihn scheint dieser Geländetrip nicht zu stören. In immer neuen Serpentinen geht es aufwärts.

Endlich lichtet sich der Wald, und ich kann weit hinunter ins Tal der Ariège blicken. Seitlich unter mir sehe ich auch das Dorf, das ich erreichen wollte. Bei der Gabelung hätte ich mich also rechts halten müssen. Hoffentlich kommt bald eine Stelle, an der ich wenden kann! Der Weg taucht jetzt wieder unter Laubdächer. Tauchen ist gut – er klettert und steigt und klettert. Wieder eine Serpentine, und die ist jetzt so breit angelegt, daß ich mit einiger Vorsicht wenden kann. Also einschlagen, vor- und zurücksetzen, noch mal und noch mal. Bloß nicht in den Graben oder noch tiefer rutschen! Wer soll mir hier oben wieder heraushelfen? Da steht auf einmal am Wegrand ein grauer Hund, fast so groß wie ein Bernhardiner. Ein Pyrenäenhund. Er wedelt mit dem Schwanz. Hinter ihm, unter den Bäumen, erkenne ich jetzt ein Hausdach. Noch zweimal vor und zurück, und die Nase zeigt wieder talwärts. Shorty rollt. Bald haben wir die Gabelung wieder erreicht, und ich folge der anderen Richtung. Fünf Minuten neue Kletterei, dann habe ich das Ortsschild vor mir: Larnat. Auf dem halbwegs ebenem Dorfplatz stelle ich Shorty im Schatten einer Plantane ab. Mein Mittagessen habe ich mir diesmal redlich wie sauer verdient. Aber bevor ich den Gasherd aufklappe, will ich einen Gang durch den Ort machen.

Kein Mensch ist zu sehen. Die Häuser stehen dicht an dicht. Wäsche trocknet auf einer Leine. Strohballen sind aufgeschichtet. Dann doch ein Mensch: Ein Mann sitzt unter einem Holzdach und liest Zeitung. Er blickt nicht einmal auf, als ich vorbeigehe. Vielleicht ist er schwerhörig, oder meine Turnschuhe sind so leise. Vor der kleinen, uralten, efeubewachsenen Kirche sitzen vier Weißkittel und halten Brotzeit. Ich wünsche guten Appetit, die Herren danken. Farbtöpfe stehen umher. Ob die Kirche restauriert wird?

Langsam gehe ich zum Wagen zurück. Auf den sonnenüberfluteten Mauern huschen Eidechsen hin und her. Vor Shorty steht ein alter Mann.

»Guten Tag, Monsieur«, sage ich.

»Guten Tag. Ich dachte erst, das wäre der Wagen, der im vergangenen Jahr hier oben war.«

»Nein, das bin ich nicht. Ich war noch nie in Larnat. Wie hoch sind wir denn hier?«

Er beugt sich vor und zeigt auf den nächsten Hügel. »Der Berg da ist 980 Meter hoch. Wir hier dürften also etwa 900 Meter haben.«

Der Mann gibt mir jetzt die Hand. »Es ist wohl gar nicht so einfach, mit solch einem Wagen hier heraufzukommen?«

»Nein, einfach ist es nicht. Man muß gut auf den Weg achten. Ich bin zuerst noch sehr viel höher gefahren, fast bis zum Paß hinauf.«

»Holla, da oben waren Sie?« Er zeigt mit der Hand auf die Höhe. »Ich kann das ohne Brille nicht mehr erkennen, aber ich weiß noch, wie es da aussieht.«

Seine Stimme ist ungewöhnlich laut. Wahrscheinlich kann das halbe Dorf unserer Unterhaltung folgen.

»Sie sind Holländer, wie?«

»Nein, ich bin Deutscher.«

»Aha. Unsereins kennt sich mit den Autozeichen ja nicht mehr aus. Ich bin über achzig.«

»Sie stammen von hier?«

»Ich bin hier geboren.«

»Leben Sie gern hier?«

»Ob ich hier gern lebe? Ich bin hier geboren, was soll ich machen. Wir leben hier mit dem Wetter. Wir hängen vom Wetter ab. Dieses Jahr hatten wir einen milden Winter. Wir hatten einen unfreundlichen Frühling, und der Sommer ist erst seit ein paar Tagen ein richtiger Sommer. Ob ich gern hier lebe? Was heißt schon gern. Ich lebe hier. Mir ist nichts anderes übriggeblieben, als hier zu leben. Als ich zwanzig war, mußte ich den Hof übernehmen. Mein Vater hatte eine schwere Arthritis und konnte sich nicht mehr rühren. Vier Schwestern hatte ich. Die haben in alle Winde geheiratet. Ich bin zurückgeblieben. Gefragt hat mich keiner, ob ich das wollte. Ich habe das Feld bestellt, ich habe geerntet. Damals haben wir das Korn noch mit der Sichel geschnitten. Später war ich der erste im Dorf, der eine Maschine angeschafft hat, eine Mähmaschine. War das eine Aufregung! Aber es ist nicht gut gegangen damit. Lange habe ich das nicht durchgehalten. Ich habe dann keine Felder mehr bestellt. Heute gibt es hier nur noch einen, der Felder bestellt. Das ist der Bürgermeister. Er bestellt nicht nur seine eigenen Felder, sondern bearbeitet auch unsere mit. Er hat vier Söhne, der Bürgermeister. Der kann das. Ich habe nur noch meine zwölf Kühe, aber damit finde ich mein Auskommen. Klagen kann ich eigentlich nicht, Monsieur.« Er lacht sogar und zeigt mir dabei, daß er sich immerhin ein wunderschönes Gebiß leisten kann.

»Am 14. sind Sie nicht mehr da, nicht wahr?«

»Nein, leider nicht, ich muß bald weiter.«

»Am 14. ist unser großes Fest. Es gibt einen Ball. Alle aus der Umgebung kommen dann zu uns.«

Am 14. Juli feiern die Franzosen ihren Nationalfeiertag, den Sturm auf die Bastille, den Beginn von Freiheit, Gleichheit und Brüderlichkeit. Der alte Mann gibt mir noch einmal die Hand.

»Ich halte Sie auf, Monsieur.«

»Nein, Sie halten mich gar nicht auf, überhaupt nicht. Ich habe mich gefreut, mich mit Ihnen unterhalten zu dürfen.«

»Nun ja, dann gute Fahrt.«

Der alte Herr möchte nicht fotografiert werden. Ein Foto? Nein, das möchte er lieber nicht. Er geht langsam die Dorfstraße hinunter. Ich habe die Kamera über der Schulter hängen. Ich könnte hinter ihm herschießen. Aber ich tue es nicht. Der alte Mann hat etwas dagegen. Ich fange an, mir etwas zu essen zu machen, schäle Kartoffeln. In der Nähe gackert ein Huhn, das ein Ei gelegt hat. Weiter weg kräht ein Hahn. Ein Junge, vierzehn vielleicht, fährt auf seinem modernen Geländefahrrad vorbei. Er trägt eine witzige Mütze mit Schirm vorn und hinten und hat ein Fernglas umgehängt. Der Junge lehnt sein Rad an einen Baum und schaut durchs Glas in das Tal hinunter. Was er da wohl beobachtet? Oder sucht er etwas?

Ein kleiner Simca fährt vor. Ein Mann und eine ältere Frau in schwarzem Kleid steigen aus. Die Frau hat ein paar Plastiktaschen über den Arm gehängt und geht die Straße hinunter. Der Mann trägt einen Karton hinter ihr her. Dann holt er dreißig oder vierzig Wasserflaschen aus dem Wagen und schleppt sie hinunter zu einem Brunnen. Er schüttelt die Flaschen mit Wasser durch, läßt sie mit frischem Wasser vollaufen und verpackt sie wieder im Auto. Frisches Brunnenwasser aus Larnat. Ob er es selbst braucht? Vielleicht hat er im Tal eine Kneipe? Die Arbeit in der Sonne strengt ihn offensichtlich an. Er hat das Hemd ausgezogen und um den Kopf gewickelt. Ich könnte ihn ja fragen, was er mit dem Wasser macht, aber ich tue es nicht. Der Mann nickt mir im Vorbeigehen zu, füllt weiter seine Flaschen, und ich sitze im Shorty und brate mir meine Kartoffeln.

Der alte Mann, der mir vorhin aus seinem Leben erzählt hat, kommt noch einmal vorbei und unterhält sich mit dem Wasserholer. Ich trinke mein Perrier aus und lasse Shorty wieder talwärts rollen. Ich habe Glück, niemand begegnet mir auf dem schmalen Weg, bevor ich die N 20 wieder erreiche. Bald bin ich in Foix. Dort halte ich. Eine alte Burg steht über der Stadt. Sie hat nichts dagegen, fotografiert zu werden.

Aus dem Logbuch

Auch hier in den Pyrenäen gibt es Schlösser. Bei St. Lizier, kurz hinter St. Girons, ragt eines über dem schäumenden Fluß hoch auf. Kurz bevor die D 117 sich mit der N 117 vereint, umgeht sie in weitem Bogen einen Park. In dem Park mal wieder ein Schloß. Ich kehre um, weil ich ein Foto machen möchte. Ich trete in den Park, alles wirkt sehr privat. Vor dem Schloß steht ein Pkw, und bevor mich jemand darauf aufmerksam machen kann, daß ich mich auf nichtöffentlichem Gelände bewege, habe ich das Haus abgelichtet und kehre um. Ich sage jetzt Haus, weil es plötzlich, so aus der Nähe, ganz neu wirkt. Wie in altem Stil neu errichtet. Kann man heute noch Schlösser bauen? Ich weiß es nicht.

Auf der Karte ist die große Kurve um den Park herum eingezeichnet. Das Nest südlich heißt Montsaunes Château, bei der Kurve selbst steht das Wort Naouarrines. Welche Bezeichnung wozu gehört, läßt sich nicht mit Sicherheit ausmachen.

Jetzt habe ich die Pyrenäen links neben mir. Es sind nicht mehr die Schneeberge. Verglichen mit Heimatlichem würden sie in hohes Mittelgebirge einzuordnen sein. In der Tat sind sie hier sieben bis achthundert Meter hoch. Sie sind selbst auf den Kuppen dicht bewaldet. Die Rundungen verraten mir: Dies ist ein sehr altes Gebirge, geologisch gesehen. Die Grate der Schneepyrenäen dürften dagegen jüngeren Datums sein. In der Ferne verschwimmen einige davon im Dunst mit dem Himmel. Sie sind um die 2000 Meter hoch, der Cap de la Pique, der genau auf der Grenze liegt, bringt es auf 2034 Meter. Wie lange ist es her, daß ich Alpengeografie studiert habe! Schönes Innsbruck...

Links fließt, malerisch in Grün gebettet, die Garonne. Sie kommt aus den spanischen Pyrenäen herüber, schlägt einen weiten Bogen nach Osten, nimmt südlich von Toulouse die Ariège auf und wendet sich dann nach Westen, Bordeaux zu. Nördlich davon vereinigt sie sich mit der Dordogne zum sich weit öffnenden Trichter der Gironde. Dort tragen die Wasser dann sogar seegehende Schiffe. Kleine Flußgeschichte. Tut es eigentlich meinem Nationalgefühl gut, wenn ich hier immer wieder mal Firmenschilder lese, die mit der Heimat verbinden? Bosch, Grundig,

Volkswagen, AEG, Ford, Opel, Mercedes, Siemens, Stihl, Blaupunkt, Knoll? Nein, das Herz klopft keineswegs schneller. Das geht nicht ans Gefühl. Ich registriere, daß diese Firmen hier vertreten sind. Ich finde es auch schön und gut, daß dem so ist. Aber Gefühl? Nein. Es erinnert mich daran, daß die angesprochene Heimat schon lange nicht mehr am Rhein aufhört.

Die Geschwister Taffanel könnten mir dazu sicher einen tiefgründigen Vortrag halten. Ich denke, Leuten wie den Taffanels kann man nicht dankbar genug sein. Was sie erarbeitet haben, ein Leben lang, rückt Dinge in die richtige Ordnung. Ihr Gedankengut wird sich wohl nur tropfenweise ins allgemeine Denken mischen. Ich schätze mich jedenfalls glücklich, sie kennengelernt zu haben. Sie haben mir geholfen, meinen eigenen Wunsch zu begreifen, dieses Buch zu schreiben, mich selbst damit besser zu verstehen. Es ist schon wahr, jeder ist für sich allein nur winzig. Erst in der Familie hört man sein Herz schlagen. Zu dieser Familie gehören sie alle, die Bretonen und Spanier, die Pieds Noirs und die Schwarzen, die Gelben und Roten, die Engländer, Polen und Österreicher und so weiter. Das sind doch alles nur Namen für ein und dieselbe Familie.

Mein Bruder Jürgen hat vor vielen Jahren einmal einen sehr gescheiten Essay über Nationalhymnen geschrieben und sich damit einigen Ärger eingehandelt. Recht hat er trotzdem gehabt. Man sollte diese überheblichen, engstirnigen und vor Arroganz strotzenden Lieder nicht mehr singen. Jedenfalls nicht in der meist noch bestehenden Form. Wenn man so durch die Lande reist und mit den Menschen redet, fängt man wahrlich an zu begreifen, wie geradezu unglaublich gescheit, ja weise, die Männer und Frauen waren, die bei »uns« das »über alles« abgeschafft haben. Niemand sollte damit zufrieden sein, Deutscher, Engländer, Franzose, Amerikaner, Russe oder wer weiß was sonst noch zu sein. Weiß, schwarz oder gelb, das zählt doch in Wirklichkeit gar nicht. Wir sind alle mehr als das. Gott sei Dank. Was hat Jean Taffanel gesagt? »Letztlich sind alle Menschen Schwestern und Brüder...« Ich weiß, das klingt ungeheuer banal. Aber auch Banales kann ungeheuer wahr sein! Und oft dauert es unendlich lange, bis man die einfachen Dinge kapiert.

Zurück zum Fahren. Zum Fahren über französische Straßen. Alle Philosophie soll mich nicht abhalten, gelegentlich über Absonderliches nachzudenken. Also: Oft gibt es an den Straßen Hinweisschilder mit der Warnung »Absence de marquage«, damit man weiß, daß die Markierung fehlt. Dann beginnt in meinem Kopf jedesmal so eine Art automatische Denkmaschine zu rotieren, gegen die ich mich nicht wehren kann. Absence heißt Abwesenheit, betet die Maschine vor. Abwesend kann aber nur etwas sein, was vorher schon mal da war. Das mag kleinlich gedacht sein, in des Wortes tieferer Bedeutung ist das aber zweifelsohne richtig. Wenn Jacques Dalès seinen automatischen Anrufbeantworter einschaltet, hört man ihn mit außerordentlicher Akkuratesse artikulieren, daß man die Nummer soundso anrufen möge, dort sei man über jede Minute seiner Abwesenheit informiert... Dort redet er von »mon absence«, und da stimmt das Wort. Wenn die Markierung auf einem neuen Straßenbelag noch nicht angebracht ist, dann ist das keine Absence, meine ich mit meiner komischen Denkmaschine, und die hat ganz bestimmt unrecht. Der französische Sprachgebrauch sieht in diesem Fall nun mal das Wort Abwesenheit vor. Nur mein blöder Kopf will das nicht einsehen und fängt jedesmal an zu rotieren. Ich bin ganz sicher, aus solchem Unvermögen, andersartige und doch sehr wohl berechtigte Zusammenhänge begreifen zu können, sind schon Kriege entstanden. Ich werde mir also Mühe geben müssen.

Weiter nach Norden. Ich habe mich entschlossen, »La Belle Gasconne« zu suchen. Raymond hat mich doch neugierig gemacht. Außerdem bin ich nicht mehr weit davon weg. Poudenas ist sogar auf der Karte verzeichnet: an der D 656, zwischen Sos und Mézin. Mézin wiederum ist etwa 20 Kilometer südwestlich von Nérac zu finden.

Ich nähere mich über Aire und Nogaro, wo an jeder Hausecke Armagnac angeboten wird, und biege bei Eauze nach links in Richtung Montréal ab. Montréal in Frankreich also, im Département Gers. Bevor ich die Schwesterdadt der kanadischen Metropole erreiche, durchquere ich ein Nest namens Brétagne d'Armagnac. Namen gibt's hier!

Wenige Kilometer weiter macht mich ein Turm neugierig, der einsam in der Landschaft inmitten von Wein steht. Ein Schild erklärt dankenswerterweise: »Tour de Lamothe, 13. Jahrh.«

Es ist ein viereckiges, vielleicht dreißig Meter hohes Gemäuer mit einigen Auslugen unterm Dach. Im Haus daneben sind alle Fenster geschlossen. Ein Schild warnt: »Chien méchant«, bissiger Hund. Doch niemand kläfft mich an. Aha, unten am Turm klebt ein weißer Zettel. Er wird mir sagen, wer mir wo etwas über den Turm erzählen kann. Ich lese: »Zwei Brote, bitte in die Garage legen.«

Ich kehre, was soll ich anderes tun, zu Shorty zurück, den ich in ausreichender Wendeentfernung zurückgelassen habe. Da sehe ich neben dem Wagen, beziehungsweise etwas darüber, weil der Weg leicht abgesenkt ist, acht Säulen mit eigenartigen Kapitellen stehen. Die Säulen sind wie Neuner-Augen eines Würfels angeordnet, ragen vielleicht 2,50 Meter hoch und dürften dreißig bis vierzig Zentimeter stark sein. In der Mitte, wo eigentlich Säule Nummer neun stehen müßte, liegt ein Stein. Ist alles zusammen der Rest eines römischen Tempels? Wie gut, es kommt jemand. Ein alter Herr fährt mit seinem Mofa vorbei. Auf dem Gepäckträger hat er einen Karton mit Kartoffeln und Milch festgeschnallt, soviel ich in der Eile erkennen kann. Er hält drüben beim Turm und schließt das Haus daneben auf. Ich gehe also hin und frage den Mann, ob er mir etwas über den Turm erzählen könne.

»Nichts, Monsieur, so gern ich wollte. Ich weiß gar nichts über den Turm. Ich bin nur hier, um auf ihn aufzupassen. Aber ich weiß nichts darüber. Wo Sie Auskünfte bekommen können? Das weiß ich auch nicht. Die Säulen da drüben? Ich habe keine Ahnung, was das ist. Ich denke, das war mal ein Taubenschlag. Mehr weiß ich auch nicht. Ich bin froh, daß ich hier leben darf, Monsieur. Ich würde Ihnen gern mehr erzählen, glauben Sie mir, aber ich weiß nichts. Tut mir leid.«

Ich bedanke mich trotzdem, aber leid tut es mir auch.

Kurz vor Mézin führt eine schmale Straße links ab – Poudenas steht auf dem Schild. Ich biege ein. Wenige Minuten später fällt diese Nebenstraße steil bergab, senkt sich in ein Tal, auf dessen anderer Seite ein Schloß steht. Poudenas hat ein Schloß! Davon hat Raymond nichts erwähnt. Zypressen geben dem Bild ein südliches Gepräge. Hätte Azillanet ein Schloß, so könnte es aussehen.

Eine steinerne Brücke führt über ein Flüßchen. Rechts steht eine renovierte Mühle. In der Mitte, auf einer grünen Insel, hält ein Angler seine Rute fest. Gegenüber bietet sich in einem Haus mit Arkaden ein Restaurant an. Aber das ist nicht »La Belle Gasconne«, sondern »Heinrich IV.«. Schräg rechts duckt sich ein braunes Häuschen. Das ist die schöne Gasgognerin. So klein habe ich sie mir nicht vorgestellt. Ich parke Shorty seitwärts und schlage den Guide Michelin auf. Dort steht unter anderem: »Poudenas, 351 Einwohner, ein Stern ist vermerkt für La Belle Gasconne, Madame Gracia, Tel. 00 33/53/47 17 0, nach Paris sind es 736 Kilometer.

Für den Stern bin ich bereit, mein T-shirt gegen ein weißes Hemd zu tauschen. Noch ist es etwas früh zum Mittagessen. Ich gehe darum zu Fuß über die Brücke zurück, um mir das schöne Bild noch einmal in Ruhe anzuschauen: Schloßhügel, Brücke, Mühle, Angler. Heinrich IV., La

Hoch über dem Ufer des Salat erhebt sich die Schloßfestung von St. Lizier

Blick zurück ins Minervois: Der schon Ende des 17. Jahrhunderts gebaute Canal du Midi verbindet Agde und Toulouse und damit über die Garonne das Mittelmeer mit dem Atlantik

Belle Gasconne. Ein junges Mädchen in schwarzen langen Hosen begegnet mir, grüßt mich artig und lächelt mir zu. Ein freundliches Mädchen vom Lande. Die Idylle beginnt, sage ich mir.

La Belle Gasconne

Unter dem Eingang des Restaurants empfängt mich Monsieur Richard Gracia. »Aber nein, Monsieur, es ist nicht zu früh.«

Ich bekomme einen kleinen Tisch zugewiesen und bin, wie so oft auf dieser Reise, der erste Gast. Weil es so heiß ist, bestelle ich mir zur Erfrischung einen Kir, diesen schönen Mix aus dem Likör von schwarzen Johannisbeeren und einem trockenen, kalten Weißwein.

Und wer bringt mir den Kir? Die Kleine von der Brücke. Sie trägt jetzt einen langen, hellbraunen Rock zu einer weißen Bluse. Ihr Lächeln sagt mir: Sie hat mich auch wiedererkannt. Monsieur Gracia reicht mir die Karte. Sie enthält eine erstaunlich kleine Auswahl an Menüs. Sie ist, wie es sich für ein solches Haus gehört, handgeschrieben, und zwar schön groß, so daß ich die Brille stecken lassen kann. Viel essen bei diesen Temperaturen? Lieber nicht. Ich entscheide mich für das kleinste Menü. Es soll 92 Francs kosten, das sind nicht einmal 33 Mark. Für ein Feinschmeckerrestaurant ein wirklich bescheidener Preis.

Fräulein Freundlichkeit, ich nenne sie bei mir Eliette, warum, weiß ich nicht, serviert mir ein taubeneigroßes Gebäckstück. »Vorsicht, heiß!« warnt sie. Es ist Gänseleber drin und als Appetithappen gedacht. Gleich darauf kommt, ebenso klein, ebenso heiß und mindestens so gut, ein Häppchen mit eingebackenem Fisch. Roggenbrot wird gereicht, dazu zwei Fäßchen – eins mit Butter, das andere mit einer delikaten Kräutercreme. Monsieur empfiehlt mir einen Wein aus der Gegend. Ein halbes Fläschchen wird mir reichen.

Die Vorspeise wird gebracht. Eliette serviert mir aus einer Terrine Gänseleberpastete. Dazu reicht sie ein frisch geröstetes Landweißbrot. Nun, da alles bestellt ist und ich mit dem Essen angefangen habe, richte ich die aufgetragenen Grüße von Raymond aus Olonzac aus. Monsieur Richard freut sich sehr, sagt, daß Raymond ein alter Freund des Hauses sei, ein rechter Tausendsassa, und nun fange ich an zu glauben, daß dieser Tausendsassa in bezug auf La Belle Gasconne nicht in einem einzigen Punkt übertrieben hat.

Die Decke des auch in dieser Mittagszeit angenehm kühlen Speisezimmers wird von dunklen wurmstichigen Holzbalken getragen. Die Paneele darüber sind jedoch offenbar neu gelegt. Über dem Kamin hängt ein eigenartiges flaches Gerät, etwa in der Form antiker Schneeschuhe. Aber es ist größer. Ich frage Monsieur Gracia, was es damit auf sich hat.

»Das ist ein Fächer, mit dem man früher Pflaumen trocken gewedelt hat. Sie interessieren sich für altes Werkzeug?«

»Als alter Journalist interessiere ich mich für alles Besondere, Monsieur.«

Er holt eine Belegmappe herbei, in der liebenswürdige Bemerkungen über La Belle Gasconne aus »stern« und »Brigitte« abgeheftet sind.

Eliette serviert die zweite Vorspeise: einen kleinen, gedeckten und warmen Kuchen mit Erbsen, die mit Gartenkräutern angerichtet sind. Delikat. Endlich wird das Hauptgericht gebracht, Magret de Canard, das ist die Brust besonders gemästeter Enten. Außen fast kroß gegrillt, innen samtweich. Unbeschreiblich dieser Geschmack. Dazu gibt es ein Schüsselchen Zucchinis sowie eine kleine Kasserrolle mit in Rotwein gedünsteten Zwiebeln (Vorsicht: heiß!).

Solch eine Magret de Canard kostet auf dem Markt gut und gerne 45 Francs. Ich beginne zu fürchten, daß man sich in meiner Bestellung geirrt haben könnte. Neue Gäste erscheinen. Links nehmen vier Herren an einem runden Tisch Platz. Einer von ihnen sitzt noch nicht ganz, da hat er sich schon eine Zigarette angesteckt. Ich halte ihn mithin für einen Banausen. Eine fünfte Person erscheint, eine Dame. Der Mann nimmt die Zigarette aus dem Mund, erhebt sich und bleibt so lange stehen, bis die Dame sitzt. Doch wohl kein ganz so großer Banause. Bevor die Neulinge die Küche mit neuer Arbeit bedenken, tritt Madame ins Speisezimmer. Sie ist klein, blond, adrett mit ihrer weißen Schürze, ihre Haltung verkündet Stolz. Ihre hellwachen Augen sind überall.

»Sind Sie zufrieden?« fragt sie mich.

»Ja und nein, Madame.«

»Und nein?« Sie runzelt die Stirn.

»Ihre Küche ist noch besser, als Monsieur Raymond sie mir geschildert hat, Madame. Andererseits betrübt es mich, bei Ihnen allein essen zu müssen. Beim nächsten Mal bringe ich meine Frau mit.«

Madame Gracia neigt den Kopf ein wenig, lächelt und sagt: »Ein doppeltes Kompliment, Monsieur. Eines für das Restaurant, das andere für Ihre Frau. Ich danke Ihnen sehr.«

Eliette überredet mich, zum Dessert ein Melonensorbet zu probieren. Ich hab's nicht bereut.

Irgendwie war dies eine kleine Abschiedsfeier mit mir selbst. In einer Woche muß ich mein letztes Manuskript abliefern. Ich habe hervorragend in einer zauberhaften Umgebung gegessen und bin hochgestimmt. Ich bitte um die Rechnung und wundere mich: Da stehen die 92 Francs, zuzüglich 30 Francs für den Wein. Der Kir war, so steht vermerkt, eine Offerte des Hauses. Erstaunlich ist es schon, saß solch hervorragende Qualität zu vergleichsweise kleinem Preis geboten wird.

Ich nehme meine Karte heraus und schreibe: Madame, Ihre Küche ist eine

189

Noch ein Blick zurück: Im Bois de Boulogne in Paris hat ein Spaßvogel auf Baumrinde einen nackten Mann gepinselt, der das lebende Holz zu umklammern scheint

Pforte zum Himmel, und der Himmel ist die Liebe. Vielleicht ein bißchen überschwenglich, aber so habe ich es in diesem Augenblick empfunden (Ich bin sicher, Marianne wird mich beim Wort nehmen und mir bei nächster Gelegenheit eine Reise nach Poudenas abfordern: mit Vergnügen!).

Kurz darauf hole ich die Kamera aus dem Wagen, um noch ein paar Fotos zu machen. Da kommt Eliette atemlos um die Ecke gelaufen. Habe ich etwas vergessen? »Monsieur, Madame möchte Sie, bitte schön, noch einmal sprechen!«

Kaum hat sie es gesagt, kommt Madame hinter ihr her, ebenso atemlos. Sie bleibt vor mir stehen. Sie ist wirklich sehr klein, diese tüchtige Madame. »Ich schwitze«, sagt sie, »von der Arbeit in der heißen Küche. Aber Monsieur, ich muß mich für Ihren lieben Zettel bedanken.« Sie umarmt mich. »Bis bald, mit Ihrer Frau dann aber. Ich muß wieder an die Arbeit.« Sie winkt noch einmal, und ich bin um eine schöne Erinnerung reicher.

Aus dem Logbuch

Langon. Dicht am Campingplatz fließt die Garonne vorbei, und sie hat es hier unheimlich eilig. Junge Leute laufen Wasserski, und wenn sie genau vor uns die Leine loslassen und ins Wasser sinken, werden sie sofort abgetrieben. Das Boot saust dann immer hinter ihnen her, um sie aufzunehmen. Ein paar Meter weiter hat ein Lastkahn angelegt. Die Sonne geht in Blau und Rot und Violett unter. Ich hole die Contax heraus und muß feststellen, daß sie offenbar richtig mißt, doch der Verschluß arbeitet stur und schnell nach eigenem Geschmack. Was soll ich von einer Kamera halten, die nun schon zum zweiten Mal innerhalb weniger Wochen versagt. Ich bin ärgerlich. Gut, daß ich die alte Yashica noch habe.

Morgens. Auf dem Fluß treiben kleine Dunstschwaden. Der Wind treibt sie von Osten vor sich her, sie sind fast so schnell wie die Garonne. Der Lastkahn wird reisefertig gemacht. Aus dem dicken Heckrohr quillt blauer Rauch, als der Kahn mit Volldampf flußaufwärts ablegt. Ein Spatz turnt vor mir auf dem Zaun des Campingplatzes. Ringsum in den anderen Fahrzeugen ist noch alles ruhig. Ich habe Reisefieber. Als ich vor fast sechs Monaten losfuhr, lag morgens Reif auf den Wiesen. Ich mußte Shorty heizen. Jetzt steigt das Thermometer mittags auf 30 Grad und mehr. Die Sonnenblumen haben zu blühen angefangen. Die ersten Weizenfelder sind gemäht. Die Reise neigt sich dem Ende zu (freilich: In meinem Kopf wird sie noch lange weitergehen).

Mazières. Gut 14 Kilometer südlich von Parthenay. Hier gibt es ein Altersheim. Es liegt in einem Park. Dieses Heim ist ein zauberhaftes kleines Schloß.

Thouars. Kurz bevor sich die Straße hinuntersenkt, ruft ein Schild die Touristen auf, langsamer zu fahren und zu bewundern. Und schon tut sich ein wirklich atemberaubendes Stadtpanorama auf. Schade, daß es keinen Parkplatz zum Anhalten gibt. Ich bin leider derart in Zeitdruck, daß ich mit größtem Bedauern hier meinem Grundsatz untreu werde und nicht sofort in die Stadt fahre, um ein paar Tage zu bleiben. Aber ganz groß notiert ist Thouars. Ich sehe, daß Diepholz mit dieser schönen alten Stadt verschwistert ist. Haben die Diepholzer ein Glück!

Auf der Vienne bei Chinon – stundenlang hocken die Angler in ihrem Kahn

Zum Schluß...

Ziemlich zu Anfang meiner Reise habe ich ein paar Tage in Chinon zugebracht. Hier bin ich nun zum Schluß wieder gelandet, habe Shorty noch einmal neben dem Denkmal der Jeanne d'Arc am Ufer der Vienne geparkt. Die Platanen tragen jetzt dichtes Laub. Auf dem Fluß sitzen den ganzen Nachmittag Angler in ihrem Boot und fischen.

Ich sitze im Schatten des Laubdaches und tippe und tippe und hole nach, was noch zu schreiben ist. Madame Toussaint vom Office de Tourisme begrüßt mich überschwenglich und quetscht mich nach meinen Erfahrungen aus. Für morgen hat sie mich zu einer Weinprobe in ihren privaten Keller eingeladen.

Die Reise geht also wirklich zu Ende. In Romorantin, so lange ist es doch noch nicht her, hatte ich ein paar Stunden lang überhaupt keine Lust mehr. Enrico Macias und der rührige Monsieur Moneuse haben mich wieder aufgemöbelt.

Nun sitze ich in Chinon und muß mit der Schreiberei ein Ende finden. Draußen auf dem Platz versammelt sich eine Festgesellschaft. Nicht mir zuliebe, nein, eine Hochzeit ist angesagt. Die Frauen haben ihre »Besten«, die Männer den »Dunklen« angezogen. Eine Hochzeit am Schluß des Buches? Keine schlechte Idee, aber doch irgendwie hergeholt. Ich kenne die Leute doch gar nicht. Da muß ich mir schon was Besseres einfallen lassen. Neben Shorty sitzen zwei ältere Damen und lesen. Da ich höher sitze als sie, weiß ich, was sie interessiert. Die eine ist in schöne Literatur vertieft, die andere studiert einen Führer durchs Tal der Loire. Die Damen sind Engländerinnen. Ich frage sie, ob das Geklapper der Schreibmaschine stört. Ich bin bereit, Shortys Fenster dann zu schließen.

»Aber nein, das stört uns nicht. Würde es stören, hätten wir uns nicht hierher gesetzt. Was schreiben Sie denn an einem solch schönen Sommernachmittag?«

»Wenn es Leute gibt, die lesen, muß es auch solche geben, die schreiben. Ich arbeite an einem Buch. Vor fünf Monaten, da war noch Winter, habe ich an dieser Stelle damit angefangen. Nun bin ich am Schluß.«

So geht das hin und her, es kommen die alten Erklärungen, nur diesmal in Englisch. Smalltalk. Ein richtiges Gespräch ergibt sich nicht. Muß ja auch nicht. Ich sehe den Fluß hinauf, bemerke, wie das Licht sich ändert. Aber das ist auch kein besonderer Ausklang. Da klopft jemand an den Wagen. Ich steige aus. Es ist einer der Festherren im dunklen Anzug.

»Monsieur, guten Tag. Darf mein Sohn Ihnen eine oder zwei Fragen stellen?«

Was jetzt kommt, wäre, wenn es erfunden wäre, nicht schlecht. Aber es ist nicht erfunden. Die beiden Engländerinnen haben daneben gesessen und alles mitgehört.

Abend in Langon an der Garonne

Der Sohn ist zehn oder elf. Er fragt auf deutsch: »Sie sind Deutscher, nicht wahr?« Er hat fast keinen Akzent. »Woher kommen Sie?«

Ohne mir darüber klar zu sein, antworte ich auf französisch. Der Kleine staunt. »Oh, Sie sprechen unsere Sprache!« Und er bleibt in seinem eigenen Idiom. »Wie heißen Sie? Wie lange sind Sie schon in Frankreich? Was tun Sie denn so lange? Waren Sie auch im Süden? Ist es in Deutschland wirklich so kalt? Wenn Sie die Wahl hätten, hier zu leben oder in Deutschland, was würden Sie vorziehen? Was sind die Unterschiede zwischen Franzosen und Deutschen?«

Ich antworte auf jede einzelne Frage so gut ich kann. Eigentlich brauche ich dabei nur aus dem Buch zu rekapitulieren. Der Kleine macht mir wahrhaftig Freude mit seiner Neugierde. Erst sein Vater bremst ihn. »Philipe, was willst du denn noch alles von dem Herrn wissen? Was wird er von dir halten!«

»Ich hoffe, er bleibt immer so neugierig«, werfe ich ein. »Auf diese Weise wird er schneller lernen, worauf es ankommt. Und du, Philipe, zögere nie zu fragen, wenn du eine Antwort brauchst. Das zum Beispiel habe ich auch auf dieser langen Reise durch Frankreich gelernt. Und noch eines habe ich gelernt – ich wiederhole es gern, weil es wirklich wichtig ist. In den wesentlichen Dingen gibt es keine Unterschiede zwischen uns.«

Ich könnte von Jean Taffanel erzählen, von dem ich vorhin noch geschrieben habe, aber das würde wohl zu weit führen. Der Vater sagt: »Philipe lernt gern Deutsch, demnächst will er mit Russisch anfangen. Er nimmt sich viel vor.«

»Hauptsache, er bleibt neugierig.«

Die Hochzeitsgesellschaft ist bereit zum Aufbruch. Vater und Sohn werden gemahnt einzusteigen. Sie geben mir die Hand. Der kleine Philipe sagt: »Danke schön.« Er sagt es auf deutsch.